Simon Liening

Das Gesandtschaftswesen der Stadt Straßburg zu Beginn des 15. Jahrhunderts

Mittelalter-Forschungen

Herausgegeben von
Bernd Schneidmüller und Karl Ubl

Begründet von
Bernd Schneidmüller und Stefan Weinfurter (†)

Band 63

JAN THORBECKE VERLAG

Simon Liening

Das Gesandtschaftswesen der Stadt Straßburg zu Beginn des 15. Jahrhunderts

JAN THORBECKE VERLAG

Gedruckt mit Unterstützung des Förderungsfonds Wissenschaft der VG WORT

Bibliografische Information der Deutschen Nationalbibliothek
Die Deutsche Nationalbibliothek verzeichnet diese Publikation in der Deutschen Nationalbibliografie; detaillierte bibliografische Daten sind im Internet über http://dnb.dnb.de abrufbar.

Verlagsgruppe Patmos in der Schwabenverlag AG, Ostfildern
www.thorbecke.de

Dissertation, angenommen von der Philosophischen Fakultät der Universität zu Köln

Umschlaggestaltung: Finken & Bumiller, Stuttgart
Umschlagabbildungen: Universitätsbibliothek Heidelberg: Hartmann, Schedel, Register des Buchs der Chroniken und Geschichten, 1493 (B 1554 B Folio INC); fol. CXXXIXv-CXLr (Ausschnitt)
Satz: Schwabenverlag AG, Ostfildern
Druck: Memminger MedienCentrum, Memmingen
Hergestellt in Deutschland
ISBN 978-3-7995-4384-2

Inhalt

Vorwort

Die vorliegende Studie wurde von der Philosophischen Fakultät der Universität zu Köln im Sommersemester 2017 als Dissertation angenommen und für die Drucklegung geringfügig überarbeitet. Mein erster großer Dank gilt meiner Betreuerin und Erstgutachterin Prof. Dr. Sabine von Heusinger, die mich immer mit ihrer vollsten Unterstützung gefördert und mit sehr großem Interesse begleitet hat. Prof. Dr. Susanne Wittekind danke ich für ihre Unterstützung, ihr Interesse an meinem Projekt und die Erstellung des Zweitgutachtens. Meinem Drittbetreuer, PD Dr. Christian Jörg, danke ich für seine Unterstützung und wertvolle Impulse seit meiner Studienzeit in Trier.

Für die Aufnahme in die Reihe „Mittelalter-Forschungen" gilt mein Dank Prof. Dr. Bernd Schneidmüller, Prof. Dr. Stefan Weinfurter (†) und Prof. Dr. Karl Ubl. Der Jan Thorbecke Verlag und insbesondere Herr Jürgen Weis ermöglichten mir mit unkomplizierter Unterstützung und sehr guter Zusammenarbeit die Drucklegung dieser Arbeit. Für die finanzielle Unterstützung der Drucklegung bedanke ich mich beim Förderungsfonds Wissenschaft der VG WORT.

Die a.r.t.e.s. Graduate School for the Humanities Cologne hat mich und meine Studie mit einem Promotionsstipendium gefördert und darüber hinaus in vielerlei Hinsicht umfassend unterstützt. Dies haben Prof. Dr. Dr. h.c. Andreas Speer, der Direktor der Graduiertenschule, sowie das gesamte a.r.t.e.s. Team mit ihrer Arbeit ermöglicht. Den Mitgliedern der a.r.t.e.s. Forschungsklasse 1 danke ich für die gemeinsame Zeit mit zahlreichen Diskussionen und interessanten Themen. Für die Bürogemeinschaft während der gemeinsamen Promotionszeit danke ich insbesondere Georg Heinzle, Isabel Hohle, Ralph Lange, Adrian Robanus, Byron Schirbock und Caroline Wiese.

Ein weiterer Dank gilt Dr. Julia Bruch, Eva Cersovsky, Karina de la Garza-Gil, Dr. Nina Gallion, Dr. Ursula Gießmann und Prof. Dr. Olivier Richard, die sich immer wieder in gemeinsamen Diskussionen mit meinem Projekt kritisch und hilfreich auseinandergesetzt haben und mir auch darüber hinaus verschiedentlich eine große Hilfe waren. Wertvolle Hilfestellungen und Hinweise im Straßburger Archiv gab mir freundlicherweise Dr. Bernhard Metz. Bei Dr. Florian Sittig bedanke ich mich für seine vielfältige Unterstützung. Für die gemeinsame Geschichtsbegeisterung seit der Schulzeit sowie für interessierte und aufmerksame Lektüre meiner Arbeit danke ich Philip Aubreville.

Meinen Großeltern, Anita und Johannes Hopp, danke ich für ihre großzügige Unterstützung während meines Studiums. Meinen Eltern, Elke und Martin Liening, bin ich für unermessliches Vertrauen, bedingungslose Unterstützung und die Förderung aller meiner Interessen sehr dankbar.

Mein letzter und ganz besonderer Dank gilt Lisa!

Köln, September 2019 Simon Liening

I. Einleitung

1. Einführung in das Themenfeld

> „Das Gesandtschaftswesen ist keine Institution. Das heisst: es ist nicht zu irgend einer bestimmten Zeit von irgend jemandem geschaffen; vielmehr, es ist aus dem Bedürfnis des allgemeinen menschlichen Verkehrslebens von selbst erwachsen. [...] Gesandter ist eben ursprünglich jeder C, den A (Absender) an B (Adressaten) sendet, um etwas zu überbringen, zu sagen, zu bitten, zu fordern, zu beraten, zu erwirken, was er, A, persönlich überbringen, sagen usw. nicht kann oder nicht will. Solange C mit der Erfüllung der Aufgabe beschäftigt ist, solange bleibt er Gesandter; er hört auf es zu sein, indem er zu seiner gewöhnlichen Lebensweise zurückkehrt. Das Gesandtentum ist von Ursprung nicht ein Amt, sondern nur, allgemein, eine Funktion."[1]

In seiner 1892 erschienenen Studie „Deutsches Gesandtschaftswesen im Mittelalter" formulierte Viktor Menzel diese allgemeine Definition zum Themenfeld. Auch wenn Menzel selbst spezifischere Beschreibungen unterschiedlicher Gesandtentypen[2] in seiner Studie vorlegte und seine Definition sicher nicht auf einen allgemeingültigen Anspruch abzielte, so wies er mit diesen einleitenden Worten dennoch auf zwei grundlegende Merkmale hin. Diese werfen für die Erforschung von „Gesandten" und des „Gesandtschaftswesens" zugleich Probleme auf. Denn wenn das Gesandtschaftswesen keine Institution und die Tätigkeit als Gesandter eher eine Funktion als ein Amt oder ein Beruf war, so erscheinen diese beiden Begriffe zunächst recht allgemein und schwer fassbar zu sein.

Diese Probleme treten auch im Zuge der Erforschung eines städtischen Gesandtschaftswesens im Mittelalter auf und beginnen bereits bei den in den Quellen vorhandenen Terminologien. Die Wörter „Gesandter" und „Gesandtschaftswesen" sind keine Quellenbegriffe des späten Mittelalters. Während sich „Gesandtschaftswesen" auch nicht durch andere Begriffe der Zeit adäquat ersetzen lässt und somit ein moderner Ausdruck zur Beschreibung der mit Gesandten und Gesandtschaften verbundenen Aktivitäten, Organisationsformen

---

1 Menzel, Gesandtschaftswesen, S. 1.

2 Viktor Menzel klassifizierte Gesandte grundsätzlich in Boten, Botschafter und Machtboten. Ebenso unterschied er weltliche und geistliche Gesandte und untersuchte darüber hinaus Gesandschaften der deutschen Fürsten und ebenfalls städtische Gesandte, vgl. hierzu Menzel, Gesandtschaftswesen, S. 3 und S. 161–179. Evelien Timpener unterschied jüngst zwischen drei Typen von Handlungsträgern in der spätmittelalterlichen Diplomatie und Nachrichtenübermittlung: 1) Boten als einfacher Briefträger; 2) Boten als werbender Übermittler; 3) Gesandte, vgl. Timpener, Strategien, S. 82–85.

und Rahmenbedingungen ist, verhält es sich mit dem Wort „Gesandter" im späten Mittelalter anders.[3]

Es finden sich unterschiedliche Quellenbegriffe für Personen, die aus Sicht der heutigen Forschung als städtische Gesandte zu identifizieren sind. Sie werden in den deutschsprachigen Quellen und im städtischen Kontext zumeist als *botten, erbere botten* oder auch *erbere frunde* bezeichnet.[4] Problematisch ist hier zugleich die begriffliche Nähe zu dem, was in der Forschung als klassischer Bote angesehen wird. Auch wenn die Kompetenzbereiche der städtischen Boten und Gesandten nicht immer eindeutig voneinander getrennt werden können, hat es sich jedoch in der mediävistischen Forschung weitgehend durchgesetzt, den Boten eher als Überbringer von Nachrichten zu charakterisieren. Als Unterscheidungsmerkmal zwischen Gesandten und Boten ist insbesondere die Verhandlungstätigkeit der Gesandten hervorgehoben worden.[5] Eine weitere Abgrenzung zum Boten stellt auch das regelmäßige Verfassen von Berichten dar, in denen die Gesandten städtische Gremien und Amtsträger über ihr Vorgehen sowie verschiedene weitere Neuigkeiten informierten.

Städtische Gesandte waren im Regelfall Bürger der Stadt und durch einen Sitz im Stadtrat oder durch die Ausführung hoher Ämter in die Politik ihrer Kommune involviert. Sie führten ihren Dienst normalerweise unentgeltlich aus. Dafür mussten sie ökonomisch abkömmlich sein. Dies bedeutet, dass sie über ein entsprechendes Vermögen oder ein Auskommen verfügten, das sie von täglicher Arbeit unabhängig machte.[6] Erst dadurch war es diesem Personenkreis möglich, an den oft wochen- oder monatelangen Gesandtschaftsreisen teilzunehmen. Anders verhält es sich mit den Stadtschreibern. Sie verfügten über ein regelmäßiges Gehalt, das ihnen von der Stadt ausbezahlt wurde. Im Rahmen ihrer Anstellung waren sie auch in der Funktion des Gesandten tätig. Entweder begleiteten sie eine Gesandtschaft städtischer Politiker oder sie führten eigenständig Verhandlungen im Namen der Stadt.[7]

Die vorliegende Studie befasst sich mit dem Gesandtschaftswesen der Stadt Straßburg zu Beginn des 15. Jahrhunderts. Mit „Gesandtschaftswesen" ist im Folgenden ebenfalls keine Institution gemeint. Der Terminus dient vielmehr als Arbeitsbegriff, um alles das zusammenzufassen, was mit der Durchführung und der Organisation von Gesandtschaften zusammenhängt. Hierzu sind unter anderem verschiedene städtische Akteure, die innerstädtischen Voraussetzungen

---

3 Vgl. hierzu grundlegend Trautz, Art. Gesandte.

4 Vgl. zu diesen Begriffen etwa Jucker, Gesandte, S. 80–83.

5 Vgl. grundlegend zur Unterscheidung von städtischen Boten und Gesandten: Hübner, Im Dienste der Stadt; Hübner, Nüwe mer, S. 272; Hübner, Gesandter, S. 192 f.; Heimann, Brievedregher, S. 262; Jucker, Gesandte, S. 80–83; Kreutz, Städtebünde, S. 423; Jörg, Kontakte, S. 81. Vgl. darüber hinaus auch die zusammenfassenden Ausführungen bei Timpener, Strategien, S. 13; Liening, Überlegungen, S. 133. Zu ähnlichen Ergebnissen kommt die Forschung für den Hanseraum, vgl. exemplarisch Puhle, Gesandten- und Botenwesen, S. 48.

6 Vgl. hierzu Weber, Wirtschaft, S. 1053 f.; sowie die Ausführungen hierzu bei Mandel, Studien, S. 45; Jörg, Gesandte, S. 38; Walter, Kontore, S. 156.

7 Vgl. etwa Burger, Stadtschreiber, S. 182–186; Jucker, Gesandte, S. 110–129.

und Rahmenbedingungen, die Organisation und Vorbereitung der städtischen Gesandtschaftsmissionen und die eigentlichen Tätigkeiten städtischer Gesandter während ihrer Gesandtschaftsreisen zu zählen. Ziel dieser Arbeit ist es somit, diese und weitere Aspekte des städtischen Gesandtschaftswesens Straßburgs für den Beginn des 15. Jahrhunderts erstmals eingehend zu erforschen.

Bevor ausführlich auf den engeren Forschungsgegenstand, die Quellenlage und -auswahl sowie die Ziele und den Aufbau dieser Studie eingegangen wird, folgt zunächst ein Forschungsüberblick zum weiteren Themenfeld der städtischen Außenpolitik und des städtischen Gesandtschaftswesens im späten Mittelalter.

2. Forschungsstand

2.1 Städtische Außenpolitik und städtisches Gesandtschaftswesen

Städtische Außenpolitik im späten Mittelalter ist in der bisherigen Stadtgeschichtsforschung mit unterschiedlichen Schwerpunkten untersucht worden. Neben wenigen umfangreicheren Arbeiten[8] dominieren kleinere Beiträge in Form von Fallstudien[9], die ausgewählte Städte und Aspekte spätmittelalterlicher städtischer Außenpolitik zum Thema haben. Die jüngere Forschung konnte ältere Ergebnisse widerlegen und die Bedeutung einer funktionierenden städtischen Außenpolitik für die Städte jener Zeit herausarbeiten. Dennoch handelt es sich nach wie vor um ein relativ junges Untersuchungsgebiet, welches noch nicht vollends in der Stadtgeschichtsforschung etabliert ist.[10] Dies hängt unter anderem mit den lange vorherrschenden und zum Teil noch immer vorhandenen

8 Die auf diesem Gebiet lange Zeit einzige umfangreichere Studie blieb die Dissertation von Gudrun Mandel aus dem Jahr 1951, vgl. MANDEL, Studien. Die mit zum Teil guten Ansätzen verfasste Studie weist jedoch in vielen Bereichen erhebliche Mängel auf. Insbesondere in der Einschätzung der Kompetenzen und Handlungsspielräume städtischer Gesandter stellte Mandel recht pauschale und zum Teil haltlose Thesen auf. Zur Einordnung der Studie und deren Einzelergebnissen vgl. JÖRG/JUCKER, Einführung, S. 11, S. 14; JÖRG, Gesandte, S. 33 f.; LIENING, Überlegungen, S. 139; LIENING, Interessenvertretung, S. 194 mit Anm. 19, S. 196 Anm. 28. Zu den neueren Monografien gehören JUCKER, Gesandte; HÜBNER, Im Dienste der Stadt; WALTER, Informationen; HESSE, Nachrichten; DIRKS, Konfliktaustragung; TIMPENER, Strategien. Vgl. ebenso die Sammelbände von JÖRG/JUCKER (Hrsg.), Spezialisierung; DEIGENDESCH/JÖRG (Hrsg.), Städtebünde.

9 Exemplarisch sei an dieser Stelle lediglich eine kleine Auswahl an Beiträgen zur Thematik genannt. Weitere Literaturangaben folgen im Verlauf des Forschungsstandes im Zuge der Abhandlung einzelner Themenschwerpunkte. Vgl. JÖRG/JUCKER (Hrsg.), Spezialisierung; MONNET, Jalons; MONNET, Außenbeziehungen; MONNET, Diplomatie; FUCHS, Zu Hans Pirckheimers Gesandtschaftsberichten; FUCHS/SCHARF, Gesandte; SCHMITT, Gesellschaft; PRIETZEL, Briefe.

10 So gibt es etwa im Standardwerk zur deutschen Stadt im Mittelalter von Eberhard Isenmann noch kein eigenes Kapitel zum Themenfeld „Außenpolitik", „Diplomatie" oder „Gesandtschaftswesen". Vielmehr werden städtische Außenbeziehungen in verschiedenen Kapiteln thematisiert, die sich mit den städtischen Kontakten zum deutschen Königtum, den Besuchen von Reichsversammlungen, den Beziehungen zum städtischen Umland und den Städtebünden des Reiches befassen, vgl. ISENMANN, Stadt, S. 304–311, S. 315–326 und S. 670–690.

Vorbehalten innerhalb des Faches gegenüber der Verwendung der Begriffe „Außenpolitik“ und „Diplomatie“ für das Mittelalter zusammen. Die in den letzten Jahrzehnten verstärkt geführten Diskussionen über die Nutzung dieser neuzeitlichen Termini zur Beschreibung und Interpretation der Geschichte der mittelalterlichen Jahrhunderte hat bewirkt, dass sich diese Begriffe mittlerweile in weiten Teilen der Forschung sowohl allgemein als auch speziell für den Bereich der städtischen Politik durchgesetzt haben.[11]

Das Themenfeld ist trotz der erwähnten Detailstudien sowohl bezüglich der ausgewählten Städte als auch der thematischen Schwerpunktsetzungen bei weitem noch nicht umfangreich erforscht. Denn einigen Fragestellungen, durch die zusätzliche Perspektiven eröffnet werden können, wurde bisher noch nicht nachgegangen.

Im Folgenden werden die bisherigen Schwerpunkte und aktuellen Tendenzen der Forschung zur städtischen Außenpolitik und zum Gesandtschaftswesen spätmittelalterlicher Städte erläutert, wobei sich die Darstellung hauptsächlich auf Untersuchungen zu Städten im nordalpinen Reichsgebiet – vornehmlich im süddeutschen Raum – und in der Eidgenossenschaft[12] bezieht. Anschließend wird auf den speziellen Forschungsstand zum Gesandtschaftswesen und zur städtischen Außenpolitik Straßburgs eingegangen.

Begriffe wie „Außenpolitik“ und „Diplomatie“ sind in der Mediävistik generell und mittlerweile auch speziell für den Bereich städtischer Politik im späten Mittelalter problematisiert und geschärft worden.[13] Christian Jörg und Michael Jucker betonten in der Einleitung zu ihrem thematisch programmatischen Sammelband zur städtischen Außenpolitik im Jahr 2010: „Ein Kernproblem bleibt in diesem Zusammenhang die Einordnung einer spezifisch städtischen Ausprägung von Außenpolitik.“[14] Dies trifft trotz wichtiger Forschungsarbeiten auf diesem Gebiet auch noch heute zu, auch wenn in diesen verschiedene Definitionsversuche unternommen wurden. Darüber hinaus kommt erschwerend

---

11 Dies zeigen bereits die Titel einschlägiger Publikationen, die zumeist „Außenpolitik“ oder „Diplomatie“ als zentrale Begriffe beinhalten. Vgl. hierzu exemplarisch die folgenden Titel, deren Zahl sich mühelos erweitern ließe: Dünnebeil/Ottner (Hrsg.), Aussenpolitisches Handeln; Zey/Märtl (Hrsg.), Frühzeit; Kubon, Grundzüge der Außenpolitik; Timpener, Strategien.

12 Einige Arbeiten sind bisher zur Eidgenossenschaft entstanden. Aufgrund der räumlichen Nähe und der vorhandenen Verbindungen zwischen Städten beider Gebiete werden diese Studien im Folgenden mit einbezogen, was nicht zuletzt auch aufgrund ähnlicher thematischer Schwerpunkte in der Forschung und einiger übergreifender Studien zum schweizerisch-oberdeutschen Raum sinnvoll ist, vgl. hierzu etwa Hübner, Im Dienste der Stadt; Walter, Informationen.

13 Vgl. zur Forschungsdiskussion dieser Begriffe und Themenfelder in der Mediävistik exemplarisch Zey/Märtl (Hrsg.), Frühzeit; Kintzinger, Westbindungen; Kintzinger, Europäische Diplomatie; Péquignot, Diplomatie; Berg/Kintzinger/Monnet (Hrsg.), Politik; Berg, England; Berg, Imperium; Berg, Deutschland; Dünnebeil/Ottner (Hrsg.), Aussenpolitisches Handeln; Wefers, Versuch; Wefers, Primat; Reitemeier, Außenpolitik; vgl. mit interessanten Überlegungen Kubon, Grundzüge der Außenpolitik, S. 30–35, der sich insbesondere mit den Forschungen Dieter Bergs und dessen Definitionen von „Außenpolitik“ kritisch auseinandersetzt.

14 Jörg/Jucker, Einführung, S. 11.

hinzu, dass sich die Mehrzahl der Arbeiten entweder gar nicht mit der Terminologie auseinandersetzen oder aber lediglich die grundsätzliche Problematik benennen, jedoch nicht nach tatsächlichen Lösungen suchen und die Schwierigkeiten mit ausweichenden Formulierungen umgehen.[15] Eine scharfe terminologische Trennlinie zwischen „städtischer Diplomatie" und „städtischer Außenpolitik" wurde zumeist nicht gezogen, sodass die Begriffe oft synonym gebraucht wurden.[16]

In der umstrittenen, viel zitierten und lange Zeit einzigen größeren Arbeit zur städtischen Außenpolitik im Spätmittelalter ging die Verfasserin Gudrun Mandel zwar kaum auf die Begriffsproblematik ein, legte aber dennoch eine kurze Definition ihrer Auffassung von städtischer Außenpolitik vor: „Unter Außenpolitik wird hier die Politik der Reichsstädte verstanden, die nach außen gerichtet ist, aber gebunden an das Reich, an die Beziehungen der Städte untereinander und zu anderen Reichsständen."[17] Neuere Forschungen erweiterten diesen Definitionsversuch Mandels aus dem Jahr 1951, indem sie den Begriff der städtischen Außenpolitik verstärkt an das Handeln politischer Akteure koppelten und somit weniger von staatlicher Souveränität abhängig machten. Demnach lasse sich nach Christian Jörg und Michael Jucker städtische Außenpolitik wie folgt definieren: „[…] die Gesamtheit der über die Stadtmauern hinausgehenden auswärtigen Beziehungen der städtischen Führungsgremien […], die wiederum von diesen in unterschiedlicher Weise zugehörigen oder verbundenen Einzelpersonen maßgeblich getragen werden konnten"[18]. Dabei seien insbesondere die Verbindung von innerstädtischen Vorgängen und politischen Konstellationen mit der Situation im außerstädtischen Umfeld und die bei Gudrun Mandel nicht berücksichtigte über das Reich hinausgehende „internationale" Kontaktebene einiger Städte zu beachten.[19] Zwar betont auch diese Definition anhand der Stadtmauer die Notwendigkeit einer räumlichen Grenze, welche „innen" und „außen" klar voneinander abzugrenzen scheint, doch liegt der entscheidende Fokus auf den Akteuren – den städtischen Führungsgremien, ihren jeweiligen Mitgliedern und weiteren mit diesen in Verbindung stehenden Einzelpersonen. Diese akteurzentrierte Perspektive wurde etwa von Bastian Walter aufgegriffen. Die handelnden Personen – wie Gesandte, Boten, Stadtschreiber – wurden als Ausgangspunkt für Aktivitäten und zugleich gewissermaßen in ihrer Wahrnehmung städtischer Politik als Gradmesser für städtische Außenpolitik betrachtet. Dabei stand weniger ein Vorhandensein staatlicher

---

15 So etwa in der Dissertation von Hesse, Nachrichten, S. 8. Der Autor weist auf die Begriffsproblematik und die verschiedenen Definitionsversuche hin und versucht das Problem schließlich durch die Verwendung der Begriffe „auswärtige Politik" und „Außenbeziehungen" zu umgehen. Vgl. auch mit der Bezeichnung „außenpolitisch-diplomatisch" Folkens, Gesandte, S. 190, der hierfür keine weitere Erklärung oder Definition liefert.

16 Anders bei Timpener, Reichsstadt, S. 139 f., Anm. 10, die den Begriff der städtischen Diplomatie bevorzugt, da die Trennung zwischen „innen" und „außen" nicht immer klar sei, mit Verweis auf Autrand, France.

17 Mandel, Studien, Zitat im Vorwort ohne Seitenangabe.

18 Jörg/Jucker, Einführung, S. 14.

19 Jörg/Jucker, Einführung, S. 14.

Gebilde im Fokus, sondern vielmehr ein Bewusstsein der unterschiedlichen Akteure für ein Innen und ein Außen der Stadt und städtischer Politik.[20] Die Grenze zwischen Innen- und Außenpolitik wurde demnach von den Zeitgenossen durchaus wahrgenommen.[21]

Einschränkend wurde jedoch von Stefanie Rüther angemerkt, dass sich die Termini nicht immer für die Beschreibung städtischer Politik eigneten. Gerade in Bündniskonstellationen oder in Kriegszeiten sei eine eigenständige Außenpolitik der Städte mitunter schwierig durchführbar gewesen.[22] Hierbei ist jedoch zu hinterfragen, ob Außenpolitik immer ein eigenständiges Programm, eine Agenda voraussetzt oder ob nicht Reaktionen auf andere Bedürfnisse und Kompromisse mit Bündnispartnern auch als Außenpolitik einer Stadt betrachtet werden können und darüber hinaus eventuell sogar spezifisch für städtische Außenpolitik im späten Mittelalter waren.

Die vorliegende Arbeit schließt sich den oben genannten neueren Definitionen zur städtischen Außenpolitik an, da eine auf die Akteure konzentrierte Perspektive zu einer erweiterten Betrachtung spätmittelalterlicher städtischer Außenpolitik beitragen kann. Sie ist gerade nicht vom Staatsbegriff abhängig und daher für die Stadt des späten Mittelalter die bisher am besten geeignete Perspektive.

Viele Studien konzentrieren sich auf einzelne Städte, Regionen und Ereignisse oder sind als Vergleichsstudien angelegt. Innerhalb dieser räumlich und ereignisgeschichtlich ausgerichteten Beiträge lassen sich wiederum verschiedene Fragestellungen erkennen. Bestimmten Regionen, Räumen und auch der zwischenstädtischen Dimension städtischer Außenpolitik – so etwa den Städtebünden des späten Mittelalters – wurde immer wieder Interesse entgegengebracht.[23] Ein weiterer Schwerpunkt liegt auf den Themenbereichen der Akteure, Kommunikationsformen und Techniken städtischer Außenpolitik. Zu Fragen der Kommunikation konnten beispielsweise Arbeiten zum Boten- und Nach-

---

20 Insbesondere bei Walter, Informationen, S. 17, Walter versteht hier Außenpolitik „[...] in Abgrenzung *zu* und in enger Verbindung *mit* Innenpolitik [...]". Dem schloss sich Katharina Jeckel an, vgl. Jeckel, Integrationsmechanismen, S. 190.

21 Walter, Informationen, S. 17–19.

22 Rüther, Krieg, besonders S. 118.

23 Vgl. zu den Städtebünden etwa Kreutz, Städtebünde; Distler, Städtebünde; Kießling, Städtebünde; sowie die einzelnen Beiträge in Buchholzer-Rémy/Richard (Hrsg.), Ligues. Ebenso sei auf die Begriffe „Städtelandschaft – Städtenetz – zentralörtliches Gefüge" hingewiesen, die in der Forschung zur Beschreibung von Beziehungen, kommunikativen Kontakten und Hierarchien zwischen Städten Verwendung gefunden haben, vgl. hierzu exemplarisch den Sammelband Escher/Haverkamp/Hirschmann (Hrsg.), Städtelandschaft. Zum Thema Städtebünde und städtische Außenpolitik vgl. Deigendesch/Jörg (Hrsg.), Städtebünde. Zu nennen sind in diesem Kontext auch Beiträge der Hanseforschung wie etwa Puhle, Gesandten- und Botenwesen; Behrmann, Herrscher; Dirks, Konfliktaustragung. Für die Eidgnossenschaft vgl. exemplarisch Jucker, Gesandte sowie Hübner, Im Dienste der Stadt. Zur städtischen Außenpolitik und zu zwischenstädtischen Kontakten im Kontext der Hungersnöte des 15. Jahrhunderts vgl. Jörg, Teure, S. 272–318.

richtenwesen der Städte neue Erkenntnisse hervorbringen und zwischenstädtische Kontaktnetze sowie die diesbezüglich gute Informationsinfrastruktur vieler Städte herausarbeiten. Für die städtische Außenpolitik waren insbesondere die ein- und ausgehenden Briefe von und an andere politische Akteure von hoher Bedeutung. Zudem korrespondierten auch die städtischen Gesandten mit dem Stadtrat und weiteren Straßburger Akteuren. Ein funktionierendes Boten- und Nachrichtenwesen war somit für die Städte unverzichtbar.[24] Darüber hinaus sind auch alternative Kommunikations- und Informationswege der Städte in der Forschung thematisiert worden. Hier ist zum Beispiel an die Rolle von Wirtshäusern, Händlern, Kundschaftern und Spionen innerhalb der Außenpolitik der Städte zu denken.[25] Zum Themenbereich Kommunikation zählen weiterhin auch Untersuchungen zur Art und Weise der Berichterstattung der städtischen Gesandten in schriftlicher sowie mündlicher Form.[26] Vor allem im Kontext dieser Berichterstattung wurde in der Forschung auf weitere Techniken hingewiesen, die etwa zum Zwecke der Geheimhaltung[27], Authentifizierung, Steuerung und Archivierung der Nachrichten im Sinne einer erfolgreichen Außenpolitik Anwendung fanden.[28] Briefverschlusssiegel[29], *cedulae inclusae*[30] und sogenannte Gedächtniszettel[31] wurden von den städtischen Akteuren hierzu gezielt eingesetzt.

Insbesondere den verschiedenen außenpolitischen Akteuren der Stadt – wie städtischen Gesandten und Stadtschreibern – wurde in den bisherigen Arbeiten besondere Aufmerksamkeit geschenkt. Einzelne Gesandtenpersönlichkeiten wurden in biographischen Arbeiten einer genaueren Betrachtung unterzogen.[32] Ebenso sind exemplarisch für spezifische Gruppen – wie etwa die der Stadtschreiber – einzelne Akteure herausgehoben worden.[33] Im Wesentlichen wurde versucht, die soziale Herkunft, die jeweilige Ausbildung und politische Veror-

24 Vgl. hierzu Heimann, Brievedregher; Kreutz, Mainz; Kreutz, Botenwesen; Hübner, Nüwe mer; Hübner, Geschwindigkeit; Hübner, Gesandter; Hübner, Im Dienste der Stadt; Jörg, Kontakte; Rüther, Krieg; Liening, Interessenvertretung.

25 Vgl. etwa Walter, Spionage; Walter, Spionage am Oberrhein; Walter, Informationen, S. 245–280.

26 Vgl. etwa Jucker, Geheimnis, S. 78 f.; Liening, Überlegungen, 132–138.

27 Zum Themenkomplex Geheimnis und Geheimpolitik in der städtischen Außenpolitik vgl. Jucker, Geheimnis.

28 Vgl. zum Thema Schriftlichkeitsproduktion und der Entstehung von Kommunikationsstrukturen durch Gesandte und Schreiber insbesondere Jucker, Gesandte.

29 Vgl. allgemein zu Briefverschlusssiegeln Maué, Briefe; Maué, Siegel. Speziell zum Gebrauch von Briefverschlusssiegeln in der städtischen Diplomatie vgl. Jucker, Geheimnis, S. 85.

30 Walter, Informationen, S. 284–292; Walter, Transmettre des secrets.

31 Liening, Überlegungen, S. 136 f.

32 Vgl. etwa für Frankfurt folgende Arbeiten zum Gesandten Walter von Schwarzenberg und weiteren Gesandtenpersönlichkeiten: Kirchgaessner, Walter von Schwarzenberg; Rothmann, Diplomaten; Folkens, Gesandte. Vgl. zum Gesandten Henman Offenburg in Basel: Gilomen-Schenkel, Henman Offenburg; Kälble, Fremdwahrnehmung. Vgl. zu den beiden Nürnberger Gesandten Sebolt Pfintzing und Petrus Volkmeir: Frenken, Nürnberg; Frenken, Nürnberger Angelegenheiten.

33 Walter, Informationen S. 154–172 und S. 195–205; Jucker, Gesandte, S. 110–130.

tung der Gesandten innerhalb der jeweiligen Städte genauer zu bestimmen.[34] Auf derartigen Fragestellungen aufbauend fokussierten sich einige Untersuchungen auf die Handlungsspielräume und Kompetenzen städtischer Gesandter[35], insbesondere da ihnen in älteren Forschungsarbeiten zum Teil sehr eingeschränkte oder überhaupt keine eigenständigen Handlungsmöglichkeiten attestiert wurden. Vielmehr entwarf die ältere Forschung ein Bild des städtischen Gesandten, der strikt unter Weisung des Rates und von diesem an Instruktionen gebunden handelte und zu handeln hatte.[36] Dabei wurden die wesentlichen Faktoren zur Beurteilung jener Handlungsspielräume – wie soziale Herkunft, Ausbildung und politische Verortung der Gesandten in der Stadt – nicht berücksichtigt. Damit einhergehend hat insbesondere die jüngere Forschung nach Spezialisierungs- und Professionalisierungstendenzen der städtischen Außenpolitik im Spätmittelalter gefragt.[37] Hier konzentrierte man sich unter anderem auf einzelne Gesandte mit spezieller Ausbildung, diplomatischen Spezialgebieten[38], die Verflechtung von militärischen und diplomatischen Aufgaben[39] sowie die Entwicklungen hin zu professionellen Strukturen städtischer Außenpolitik am Beispiel gelehrter Juristen[40], die im Verlauf des 15. Jahrhunderts vermehrt in städtischen Diensten auch in der Außenpolitik tätig waren.

Quellen zum städtischen Gesandtschaftswesen finden sich zum Teil in einer großen Zahl in den einschlägigen Editionen zur Reichs- und Stadtgeschichte. Die etwa in den Reichstagsakten vorhandenen Gesandtenberichte wurden lange Zeit eher unter ereignisgeschichtlicher Perspektive betrachtet und dienten aufgrund ihrer Dichte an Informationen von Reichs- und Städtetagen als Fundgrube für eine narrative Reichsgeschichtsschreibung.[41] Seit einigen Jahren wird in der Forschung jedoch verstärkt auf die Vielseitigkeit der Betrachtungs- und Bearbeitungsmöglichkeiten dieser Berichte hingewiesen, weshalb auch der Anstoß gegeben wurde, sie aufgrund spezifischer Merkmale als eigene Quellengattung zu begreifen.[42] Diesbezüglich gibt es laufende Forschungsprojekte, die sich auf der Basis einer hohen quantitativen Quellengrundlage und eines langen Unter-

34 So etwa die Arbeiten von Kirchgaessner, Walter von Schwarzenberg; Gilomen-Schenkel, Henman Offenburg; Jeckel, Integrationsmechanismen.

35 Jörg, Gesandte; Liening, Überlegungen; Liening, Interessenvertretung.

36 Vgl. hierzu Menzel, Gesandtschaftswesen; Mandel, Studien.

37 Jörg/Jucker (Hrsg.), Spezialisierung; Jeckel, Integrationsmechanismen, S. 197, die allerdings den Begriff „Expertentum" statt „Profession" bzw. „Professionalisierung" bevorzugt, da es in Nördlingen keine vollständige Professionalisierung der Gesandtentätigkeit gegeben habe.

38 Vgl. hierzu Walter, Informationen, S. 27–147.

39 Vgl. hierzu Liening, Diplomatie, insbesondere S. 132–135.

40 Vgl. Kaiser, Meiger; Heimpel, Berichte; Wriedt, Gelehrte.

41 Zur Rezeptionsgeschichte von Gesandtenberichten Schwarz, Politische Kommunikation, S. 63 f.; Schwarz, Mittelalter-Rezeption, S. 113–125.

42 Schwarz, Politische Kommunikation, S. 62–66; Schwarz, Mittelalter-Rezeption, insbesondere S. 13 f., der dafür plädiert, diese Quellen verstärkt in der Lehre an Universitäten und auch im Schulunterricht zu verwenden.

suchungszeitraums die Untersuchung der Entwicklung städtischer Gesandtenberichte einer einzelnen Stadt zum Ziel gesetzt haben.[43]

Daneben ist das Potenzial verschiedenster Quellentypen in einigen Arbeiten aufgezeigt worden. Zusätzlich zu den Gesandtenberichten bietet die in manchen Städten vorhandene Rechnungsbuchüberlieferung Einblicke in die Häufigkeit, Reichweite, Rahmenbedingungen und Kosten städtischer Gesandtschaftsmissionen. Aber auch für die tatsächliche Praxis städtischer Diplomatie sind diese Quellen aufschlussreich. Nachweisbar sind etwa Geldzahlungen für die Ausstellung von Privilegien durch den König oder veranschlagte Geldbeträge für Geschenke,[44] die beispielsweise von Nürnberger Gesandten als Mittel der Diplomatie eingesetzt wurden.[45] Weitere gewinnbringende Quellenbestände wie Brief- und Botenbücher wurden ebenfalls bereits zur Analyse spätmittelalterlicher Diplomatie herangezogen.[46]

Darüber hinaus sind noch Themenbereiche zu nennen, die bisher weniger im Fokus der Forschung standen. Dazu zählen Forschungen zum Geleit(recht)[47] und zur Immunität von städtischen Gesandten und Boten.[48] Diese erfuhren weniger Betrachtung in einem breiteren Rahmen, als vielmehr eine Behandlung im Zuge von Einzelfallbeispielen.[49]

Weiterhin wurde wenig zu Ritualen und symbolischer Kommunikation im Kontext von städtischen Gesandtschaften geforscht.[50] Dies ist erstaunlich, da die Quellen in vielen Fällen für derartige Themenkomplexe eine Fundgrube darstellen und die genannten Forschungsfelder in der Geschichtswissenschaft sehr prominent vertreten sind. Dennoch ist das Thema im Kontext städtischer Gesandtschaftsforschung noch nicht etabliert.[51]

Nicht dezidiert erforscht ist insbesondere die Frage, wie sich ein „Gesandtschaftswesen" in spätmittelalterlichen Städten des Reiches tatsächlich ausgestaltete. Zwar ist auch der nicht zeitgenössische Begriff des Gesandtschaftswe-

---

43 Dies strebt Katharina Jeckel (Freiburg) in ihrem Dissertationsprojekt „Die Entwicklung des Nördlinger Gesandtschaftswesens im Spätmittelalter aus der Perspektive der Gesandtschaftsberichte" an.

44 Vgl. zum Thema Geschenke als Mittel der städtischen (Außen-)Politik im späten Mittelalter Groebner, Geschenke.

45 Eine Auswertung Nürnberger Bestände liefern Fuchs/Scharf, Gesandte, speziell zum Aspekt der Geldzahlungen und der Geschenkvergabe als Mittel der Diplomatie vgl. hier S. 309–313; vgl. für Basel mit einem ähnlichen Ansatz Fürderer, Rechnungsbuch; in Ansätzen zum Thema Gerichtsverfahren und Geschenke in der Nürnberger Diplomatie vgl. Fuchs, Praxis, S. 263 und 271.

46 Monnet, Außenbeziehungen, hier speziell zu Korrespondenz und Botenbüchern in Frankfurt vgl. S. 213 f.; Seyboth, Nürnbergs Rolle, S. 10, hier speziell zu den Briefbüchern Nürnbergs.

47 Vgl. hierzu allgemein etwa Kintzinger, Cum salvo; mit einem städtischen Fokus Haferlach, Geleitswesen.

48 Dies machte bereits Pierre Monnet als Forschungsdesiderat aus, vgl. Monnet, Außenbeziehungen, S. 209.

49 Vgl. etwa Rüther, Geleit.

50 Vgl. etwa Jucker, Gesandte, S. 253–269; Jucker, Körper; Selzer, Professionalisierung sowie Timpener, Strategien, die im Gegensatz zu den anderen Beiträgen die geringe Bedeutung symbolischer Kommunikation in der Diplomatie am Beispiel der Stadt Augsburg hervorhebt.

51 Vgl. hierzu Kapitel IV in dieser Studie, welches sich dem Themenfeld ausführlich widmet.

sens als Teil einer städtischen Außenpolitik durchaus gängig und zur Beschreibung und Interpretation genutzt worden. Doch was man sich tatsächlich im Einzelfall darunter vorzustellen hat, wie ein solches „System" funktioniert haben könnte, ist erst in Ansätzen erforscht.[52] Dabei lässt sich gerade über den Nachweis organisierter Strukturen verdeutlichen, dass Gesandte und Gesandtschaften und die damit einhergehenden Organisationsprozesse elementare Bestandteile der städtischen Politik im späten Mittelalter waren. Die Erforschung dieser für ein Gesandtschaftswesen notwendigen Strukturen und Rahmenbedingungen ist noch immer ein Desiderat der Mediävistik. Die negative Beurteilung städtischer Außenpolitik durch die deutsche Diplomatiegeschichtsschreibung des späten 19. und frühen 20. Jahrhunderts ist hierfür mitverantwortlich.[53]

Auch Abhandlungen, welche städtische Diplomatie allein unter dem Aspekt der vom Königtum ausgehenden Beziehungen zu den Städten untersuchten und das initiative und längerfristige diplomatische Handeln dieser Städte nicht in Betracht zogen, haben sicherlich zur gegenwärtigen Situation beigetragen.[54] Gewiss zu Recht wurde von der neueren Forschung die bisher vorhandene pauschale Geringschätzung der Möglichkeiten städtischer Außenpolitik beklagt.[55] Unter diesen Prämissen erklärt sich auch das Desinteresse an der Analyse eines städtischen Gesandtschaftswesens.

2.2 Straßburger Außenpolitik und Gesandtschaften

Zur Straßburger Außenpolitik und zum Gesandtschaftswesen der Stadt im späten Mittelalter ist ebenfalls bereits geforscht worden. Dies geschah zunächst in breiter angelegten Studien zur Stadt- und Diplomatiegeschichte, in denen unter anderem auch Straßburger Gesandtschaften thematisiert wurden. Bereits Viktor Menzel und Gudrun Mandel verwiesen auf die Berichte der Straßburger Gesandten, denen sie eine besonders hohe Qualität bescheinigten.[56]

---

52 Monnet, Außenbeziehungen, S. 208: „[…] und allmählich halten manche Städte ein Informations- und Gesandtschaftssystem für genauso wichtig wie die Stadtbefestigung: Den Frieden bewahren heißt vorausschauen, abwägen und warnen, kurz: einfach wissen. Aber die Einrichtung eines solchen Systems im Dienst der Stadt, sowie die Führung einer städtischen Diplomatie stellen spezifische Probleme."

53 Vgl. hierzu den Forschungsüberblick und weitere Literaturangaben bei Jörg/Jucker, Einführung.

54 Diesen Umstand schildert Monnet, Außenbeziehungen, S. 201; sowie Monnet, Diplomatie, S. 74. Überlegungen zum Verhältnis von Königtum und Stadt aus städtischer Perspektive finden sich etwa bei Timpener, Reichsstadt; Folkens, Gesandte.

55 Vgl. Monnet, Außenbeziehungen, S. 201.

56 Menzel, Gesandtschaftswesen, S. 70 f., hier S. 70: „Alle hier vermissten Dinge, und andre mehr, finden sich in den Berichten der Strassburger Gesandten von ebenda. Ich kann nicht finden, dass diese ‚Wichtiges und minder Wichtiges bunt durcheinander' melden […] im Gegenteil, ihre Berichte scheinen mir klar disponiert und aus der […] Fülle des Gehalts prägnant das Wichtigste herausgehoben […]"; Ähnliche Äußerungen bei Mandel, Studien, S. 156: „Die Strassburger Gesandtschaftsberichte vermögen oft allein Aufschluss über die Ereignisse eines Reichstages zu geben. Sie zeichnen sich aus durch Sachlichkeit, Genauigkeit, Ausführlichkeit und Lückenlo-

Auch Martin Alioth behandelte im Kontext seines Werkes über die sozialen Gruppen der Stadt im spätmittelalterlichen Straßburg das Thema in Ansätzen. Er hob insbesondere die Bedeutung eines städtischen Ratsausschusses im Zusammenhang mit Gesandtschaften hervor. Der Ausschuss der Neun und spätere Dreizehner Ausschuss sei bereits am Beginn des 15. Jahrhunderts für die städtische Außenpolitik verantwortlich gewesen und habe für Kontrolle und Instruktion der Straßburger Gesandten gesorgt.[57] Diese Position wurde von mir anhand eines Nachweises starker personeller Überschneidungen zwischen Gesandten und Mitgliedern dieses Ausschusses bereits in Frage gestellt. Darüber hinaus wurden in meinem Beitrag weitere grundlegende Fragen bezüglich des Gesandtschaftswesens der Stadt Straßburg zu Beginn des 15. Jahrhunderts angesprochen.[58] In einem weiteren Beitrag habe ich mich unter anderem mit der Rolle von Straßburger Gesandtschaften und Gesandten im Kontext des Romzugs König Ruprechts im Jahr 1401/02 auseinandergesetzt.[59]

Neben diesen ersten Ansätzen zu einer Erforschung des Straßburger Gesandtschaftswesen am Anfang des 15. Jahrhunderts sind weitere Studien verfasst worden, die sich mit der Thematik in anderen Zeiträumen auseinandergesetzt haben. Eher allgemein zur Straßburger Bündnispolitik im 14. Jahrhundert als speziell zum Gesandtschaftswesen hat Bettina Fürderer Beiträge verfasst.[60] Einen wichtigen Aufsatz verfasste Sigrid Schmitt zu zwischenstädtischen Kommunikationsprozessen im Oberrheingebiet im Kontext der Armagnakeneinfälle in den 1440er Jahren, in dem sie auch auf grundlegende Fragen des Straßburger Gesandtschaftswesens, wie etwa die paritätische Zusammensetzung Straßburger Gesandtschaften aus Mitgliedern der Zünfte und des Patriziats, einging.[61] Weitere wertvolle Forschungen zu Themen der Straßburger Außenpolitik und des Gesandtschaftswesens kamen vor allem von Bastian Walter, der eine Dissertation zu den Akteuren und Techniken städtischer Außenpolitik der Städte Bern, Straßburg und Basel zur Zeit der Burgunderkriege 1468–1477 verfasst und in zahlreichen weiteren Beiträgen zu spezifischen Aspekten des Themenfeldes in jener Zeit, unter anderem auch zu Straßburg, geforscht hat. Insbesondere seine Ergebnisse zum Umgang mit Informationen, deren Weiterleitung und Beschaffung haben dabei wichtige Erkenntnisse für das Funktionieren städtischer Außenpolitik in Straßburg hervorgebracht.[62]

---

sigkeit." Mit weiteren Ausführungen und einer Einschätzung zu den Positionen vgl. Liening, Überlegungen, S. 134 f.

57 Alioth, Gruppen, S. 140.

58 Liening, Überlegungen, hier S. 145–147.

59 Liening, Interessenvertretung.

60 Fürderer, Bündnispolitik; Fürderer, Bündniskonstellationen.

61 Vgl. Schmitt, Gesellschaft.

62 Walter, Informationen. Vgl. weiterhin etwa Walter, Spionage am Oberrhein; Walter, Spionage.

3. Forschungsgegenstand

3.1 Untersuchungszeitraum und Fallbeispiele

Der Untersuchungszeitraum der Studie umfasst die ersten beiden Jahrzehnte des 15. Jahrhunderts. Sowohl verschiedene innerstädtische Entwicklungen und politische Einschnitte in Straßburg als auch außenpolitische Herausforderungen jener Zeit bilden einen guten Rahmen zur Erforschung der Thematik.

Auf der innerstädtischen Ebene liefern etwa die Neuordnung der Stadtverwaltung von 1405 und die am Ende des 14. Jahrhunderts entstehenden und sich zu Beginn des 15. Jahrhunderts etablierenden Ratsausschüsse nicht nur Einblicke in das Gesandtschaftswesen, sondern zugleich in dessen verfassungspolitische Rahmenbedingungen. Zudem war der Rat der Stadt bezüglich der Teilhabe unterschiedlicher Gruppen in diesem Zeitraum keinem grundsätzlichen Wandel ausgesetzt. Die Zusammensetzung des Rates änderte sich erst 1420 zugunsten der Zünfte, die seither eine bedeutende Mehrheit im Rat hatten.[63] Die paritätische Beteiligung der sozialen Gruppen an der Ratsherrschaft eröffnet für die Erforschung des Gesandtschaftswesens aufschlussreiche Perspektiven. So lassen sich möglicherweise gruppenspezifische Handlungsfelder oder auch Konkurrenzen herausarbeiten, die wiederum weiterführende Erkenntnisse zum Themenfeld ermöglichen.[64]

Außenpolitische Herausforderungen waren im Untersuchungszeitraum vielfach vorhanden. Die vorliegende Studie konzentriert sich dabei auf wenige, dafür jedoch in der Überlieferung gut greifbare und unterschiedlich gelagerte Fälle. Hierzu wird ergänzendes Quellenmaterial aus dem Untersuchungszeitraum – und wo sinnvoll darüber hinaus auch im zeitlichen Vor- oder Rückgriff – immer wieder zum Zwecke einer vergleichenden Analyse und Kontextualisierung herangezogen. Durch die Untersuchung von drei ausgewählten Beispielen können unterschiedliche Herausforderungen an das Gesandtschaftswesen der Stadt Straßburg in den Blick genommen werden. Der Thronwechsel im deutschen Reich (1400), der sogenannte Marbacher Bund (1405–1410) und das Konstanzer Konzil (1414–1418) werden im Fokus stehen. Auch wenn nicht primär die historischen Ereignisse, sondern Straßburger Gesandtschaften und ihre Organisation umfassend analysiert werden, so ist eine Untersuchung eben jener Fallbeispiele aus den genannten Gründen sinnvoll. Die getroffene Auswahl begründet sich sowohl durch die gute Quellenüberlieferung als auch durch die Bedeutung der Ereignisse für Straßburg und die aus den unterschiedlichen Kontexten resultierenden vielfältigen Anforderungen an das städtische Gesandtschaftswesen. Ebenso bietet sich innerhalb dieses Rahmens die Möglichkeit, grundlegende Fragen zum Gesandtschaftswesen der Stadt zu Beginn des 15. Jahrhunderts zu untersuchen.

---

63 Vgl. hierzu die tabellarische Übersicht bei von Heusinger, Zunft, S. 211.

64 Vgl. hierzu Kapitel II (1.1).

3.1.1 Thronwechsel

Im Jahr 1400 kam es zu einer höchst ungewöhnlichen Situation im Reich. König Wenzel wurde im August des Jahres auf einem Tag der Kurfürsten in Oberlahnstein abgesetzt.[65] Geleitet von anderen Interessenschwerpunkten fand die Betrachtung der Städte beziehungsweise einzelner städtischer Perspektiven bei der Königsabsetzung von 1400 in der Forschung eher am Rande statt. Die Arbeiten zur Thematik innerhalb der letzten Jahre haben jedoch deutlich gezeigt, dass die Städte von den unterschiedlichen politischen Hauptakteuren der Ereignisse durchaus beachtet wurden und um ihre Fürsprache in dieser Angelegenheit geworben wurde.[66] Doch trotz dieser bisherigen Ergebnisse zur Rolle der Städte fehlt es weiterhin an Detailuntersuchungen, die sich mit den inner- und zwischenstädtischen Prozessen des Jahres 1400 befassen, auch wenn neue Perspektiven in Bezug auf zwischenstädtische Aushandlungsprozesse im Kontext der Königsabsetzung eingenommen und dadurch wichtige Ergebnisse für die Beurteilung städtischer Außenpolitik erzielt wurden.[67]

Paul Joachim Heinig verwies zu Recht darauf, dass bestimmte Städte im Kontext der Absetzung König Wenzels divergierende Interessen hatten, so etwa Nürnberg und Frankfurt. Deshalb müsse man auch mit Verallgemeinerungen sehr vorsichtig sein, da eine politische Einheit „der Städte" nicht zwangsläufig angenommen werden könne.[68] Unabhängig von Art und Intensität der Einbindung, Einmischung und Tätigkeit der oftmals als Einheit bezeichneten Städte muss in jedem Fall die politische Aktivität einzelner Städte respektive bestimmter Städtegruppen zur Kenntnis genommen werden.

Fragt man nach den politischen Handlungsmotiven einzelner Kommunen und deren Umsetzung, sind vor den geschilderten Hintergründen und den historischen Zusammenhängen ebenfalls die Wahl und Krönung Ruprechts sowie die Privilegienverhandlungen mit dem neuen König in die Untersuchung mit einzubeziehen. Denn nicht nur die Phase vor der Absetzung Wenzels und das damit einhergehende Bemühen der verschiedenen Parteien um die Gunst der Städte war für jene höchst problematisch, sondern auch die Phasen zwischen Absetzung und Neuwahl und potenzieller Anerkennung des neuen Königs. Schließlich stand zu keinem Zeitpunkt fest, inwiefern sich Ruprecht auch tatsächlich als neuer König behaupten können würde und ob sich Wenzel nicht sogar zur Wehr setzen würde. Eine isolierte Betrachtung der Absetzung schränkt die Aussagemöglichkeiten zudem unnötig ein, da möglicherweise bestimmte städtische Motivationen und Handlungen nur durch die Betrachtung der Vorgänge in Gänze erklärt werden können. Somit soll in dieser Arbeit der gesamte Thronwechsel aus der Perspektive Straßburgs und des Gesandtschaftswesens untersucht werden.

---

65 Vgl. zu den historischen Rahmenbedingungen des Thronwechsels exemplarisch Gerlich, König, S. 9–21.

66 Diese Deutung etwa bei Holtz, Reichsstädte, S. 190 f.

67 So bei Jörg, Gesandte.

68 Heinig, Reichsstädte, S. 179.

Von der Beschaffung von Informationen über den Absetzungs- und den Neuwahlprozess, über zwischenstädtische Absprachen bezüglich der unsicheren Situation im Reich und die Anerkennung des neu gewählten Königs, bis hin zu den konkreten Privilegienaushandlungen und -bestätigungen waren Straßburger Gesandtschaften in die Angelegenheiten des Thronwechsels eingebunden. Darüber hinaus besitzt dieses Fallbeispiel auch bezüglich ähnlicher oder vergleichbarer Aktivitäten anderer beteiligter Städte das Potenzial für Aussagen zur städtischen Außenpolitik, die über den Einzelfall Straßburg hinausgehen und zudem zeigen, wie lohnenswert die Betrachtung von Ereignissen mit reichspolitischer Relevanz aus eben jener Perspektive sein kann.

3.1.2 Marbacher Bund

Am 14. September 1405 gründete sich in Marbach am Neckar ein Bündnis verschiedener Städte und Herren.[69] Der sogenannte Marbacher Bund war vordergründig mit dem Ziel der Friedenssicherung gegründet worden, doch tatsächlich verbarg sich dahinter eine Vereinigung gegen König Ruprecht. Erzbischof Johann von Mainz, Markgraf Bernhard von Baden, Graf Eberhard von Württemberg, Straßburg und 17 schwäbische Reichsstädte fanden sich als Gründungsmitglieder in Marbach zusammen und hatten unterschiedliche Motive, um in Opposition zum Reichsoberhaupt zu treten. Unbestätigte Privilegien, territoriale Konflikte sowie Zahlungsforderungen an die Reichsstädte und Einflussnahme im Herrschaftsbereich unterschiedlicher Städte seitens des Königs waren maßgebliche Faktoren, die zum Zusammenschluss führten.[70]

Straßburg war verschiedentlich mit Ruprecht in Konflikt geraten, da dieser durch seine politischen Aktivitäten den Straßburger Einflussbereich vermehrt störte. Aufgrund der geplanten Heiratspolitik des Königs mit dem Hause Habsburg, die eine Veräußerung elsässischer Besitzungen an die Habsburger vorsah, befürchtete Straßburg durch diese eine verstärkte Einflussnahme im Elsass.[71] Hinzu kam das stark belastete Verhältnis der Stadt zum Straßburger Bischof Wilhelm von Diest, der wiederum mit Ruprecht eng verbunden war. Unter dem Bischof hatte eine negative Entwicklung innerhalb des Bistums stattgefunden. Insbesondere die durch Wilhelm angehäuften Schulden hatten 1405 dazu geführt, dass das Bistum fortan von einem Verwaltungsgremium, bestehend aus jeweils einem Vertreter der Stadt, des Domkapitels und des Bischofs, geführt wurde.[72] Zudem hatte der Bischof einige zum Straßburger Stift

---

69 Das Bündnis wurde in der Forschung bisher nur am Rande bearbeitet. Neben einer Einzelstudie aus dem 19. Jahrhundert ist der Marbacher Bund hauptsächlich in Abhandlungen zur Königsherrschaft Ruprechts thematisiert worden. Vgl. ausführlich zu den historischen Rahmenbedingungen und den folgenden Ausführungen exemplarisch folgende Titel mit weiterer Literatur: Friedländer, Geschichte; Lindner, Deutsche Geschichte, S. 212–226; Gerlich, König, S. 34–41; Auge/Spiess, Ruprecht, S. 457 f.; Auge, König Ruprecht, S. 180.

70 Zu den unterschiedlichen Motiven und den Ereignissen, die zur Gründung des Marbacher Bundes führten, vgl. ausführlich Friedländer, Geschichte, S. 5–36.

71 Friedländer, Geschichte, S. 25 f.

72 Wunder, Landgebiet, S. 76–86.

gehörige Besitzungen an den König abgetreten.[73] Weiterhin löste Ruprecht die Reichspfandschaften zur Hälfte ein, die im Besitz des Straßburger Stifts waren.[74]

Der Bund erweiterte sich nach seiner Gründung noch um einige Mitglieder, wurde aber bereits nach wenigen Jahren durch Bündnisse des Königs mit dem Mainzer Erzbischof (1407) und mit Straßburg sowie den elsässischen Städten entscheidend geschwächt. Bis zu seinem vertragsmäßigen Ende im Jahre 1411 blieb der Bund zwar formal bestehen, doch fehlte es ihm an politischer Stärke.[75]

Das gewählte Fallbeispiel bietet die Möglichkeit, das Straßburger Gesandtschaftswesen und Gesandtschaftsmissionen im Kontext eines Bündnisses und im direkten Konflikt mit dem König zu untersuchen. Dies ist deshalb reizvoll, da Bündnisse spezifische Anforderungen an die städtische Außenpolitik stellten. Relevante Untersuchungsaspekte sind die Vorbereitung, Verhandlung und der Abschluss des Bundesvertrages, Verhandlungen unter den Verbündeten sowie gemeinsame Verhandlungen der Verbündeten mit ihren Kontrahenten. An den Vertragsverhandlungen, so stellte es bereits Ernst Friedländer in seiner Abhandlung zum Marbacher Bund fest, hatte Straßburg einen erheblichen Anteil, selbst untersuchte er diese aber nicht genauer.[76] Straßburg musste in den Jahren der Mitgliedschaft zum einen innerhalb des Marbacher Bundes versuchen, die eigenen politischen Ziele durchzusetzen. Zum anderen war jedoch – jenseits der eigenen Position – der Kompromiss mit den Verbündeten und schließlich auch die gemeinsame Opposition gegen die politischen Kontrahenten wichtig. Im Falle der Mitgliedschaft Straßburgs ist für die Untersuchung von Außenpolitik und Gesandtschaften zudem interessant, dass Straßburg durch ein Bündnis mit Ruprecht im Jahre 1408 de facto aus dem Marbacher Bund ausschied. Die Verhandlungen mit dem König bieten dementsprechend ein weiteres Untersuchungsfeld.[77]

3.1.3 Das Konstanzer Konzil und der Konflikt mit dem Straßburger Bischof

Die Auseinandersetzungen mit dem Straßburger Bischof Wilhelm von Diest dauerten weiterhin an. Im Jahre 1415 erreichte der Konflikt einen vorläufigen Höhepunkt. Eine Koalition aus Straßburger Domkapitel und Stadt nahm den Bischof Anfang Dezember 1415 gefangen.[78] Dabei kam dem Straßburger Domdekan – Hügelmann von Finstingen – eine besondere Rolle zu. Vonseiten der Stadt waren mehrere Bürger am Überfall auf den Bischof beteiligt.[79] Diese waren

73 Als Antwort besetzte Straßburg die zum Bistum gehörigen Orte Kochersberg und Oberkirch. Anschließend schloss man mit dem Straßburger Domkapitel ein Bündnis gegen den Bischof, dazu Friedländer, Geschichte, S. 29 f.

74 Friedländer, Geschichte, S. 25–31.

75 Friedländer, Geschichte, S. 50 f.; Gerlich, König, S. 40 f.

76 Friedländer, Geschichte, S. 37.

77 Friedländer, Geschichte, S. 50 f.

78 Vgl. grundlegend hierzu Finke, Elektenprozess; Finke, König, S. 90–130.

79 Finke, Elektenprozess, S. 106–108.

führende Politiker und häufig auch als Gesandte tätig.[80] Für die Beteiligung Straßburgs an der Entführung lassen sich nach Heinrich Finke keine plausiblen Gründe finden. Die Stadt habe keinen wirklichen Vorteil aus der Angelegenheit ziehen können, weshalb Finke vermutet, dass Straßburg zur Teilnahme gedrängt worden sei und die damit verbundenen Risiken nicht erkannt habe.[81] Die Folgen waren für Straßburg tatsächlich gewaltig und erforderten von der städtischen Politik in den Jahren des Konstanzer Konzils größere Anstrengungen. Denn Straßburg wurde wegen der Gefangennahme vor das Konzilsgericht in Konstanz geladen und die Stadt mit dem Interdikt belegt. Der Gerichtsprozess und die Bemühungen, wieder vom Interdikt befreit zu werden, beanspruchten das Gesandtschaftswesen in außergewöhnlicher Art und Weise. Dies zeigt gerade die städtische Korrespondenz dieser Jahre, die eine Vielzahl an städtischen Gesandtenberichten beinhaltet und daher die Intensität diplomatischer Aktivitäten erkennen lässt. Ebenso zeigt sich anhand der verschiedenen Akteure, die für Straßburg in der Außenpolitik in jener Zeit agierten, dass besondere Maßnahmen ergriffen werden mussten. Zu nennen ist hier beispielhaft die stärkere Einbindung des Stadtschreibers Ulrich Meiger in städtische Gesandtschaftsmissionen, der aufgrund seiner Kenntnisse der lateinischen Sprache und seiner juristischen Ausbildung für den Gerichtsprozess in Konstanz geradezu prädestiniert war.[82] Weiterhin waren auch verschiedene Advokaten für Straßburg tätig. Hinzu kommt die enge Zusammenarbeit mit dem Straßburger Domkapitel, die etwa zusätzliche Absprachen erforderte. Dementsprechend lassen sich anhand der Geschehnisse auf dem Konzil viele Facetten des Gesandtschaftswesens aufzeigen und untersuchen.

3.2 Quellenlage und -auswahl

Der Untersuchungszeitraum und insbesondere die drei genannten Fallbeispiele, auf deren Quellengrundlage diese Arbeit maßgeblich aufbaut, stellen eine gute Basis für eine Erforschung des Straßburger Gesandtschaftswesens dar. An gedrucktem Material sind hier zunächst die grundlegenden Quelleneditionen zur Straßburger Stadtgeschichte im späten Mittelalter zu nennen. Das „Urkundenbuch der Stadt Straßburg"[83] bietet mit seinen sieben Bänden eine unverzichtbare Grundlage für die Erforschung der Straßburger Stadtgeschichte im späten Mittelalter. Ebenso wichtig für die vorliegende Studie ist der Band „Verfassungs-, Verwaltungs- und Wirtschaftsgeschichte der Stadt Straßburg"[84] von Karl Theodor Eheberg. Von zentraler Bedeutung sind auch die für den Untersuchungs-

80 Vgl. zur Gruppe der Ammeister und Altammeister in der städtischen Außenpolitik bereits Liening, Überlegungen, S. 143–145.

81 Finke, Elektenprozess, S. 109.

82 Zum Stadtschreiber Ulrich Meiger vgl. Kaiser, Meiger.

83 UB I-VII.

84 Eheberg.

zeitraum relevanten Bände aus der Reihe „Deutsche Reichstagsakten"[85], die wichtige Quellen zu zentralen Themen der Reichspolitik des späten Mittelalters beinhalten. Neben diesen häufig benutzten und daher an dieser Stelle besonders hervorgehobenen Quelleneditionen wird weiteres Material aus unterschiedlichen Editionen bei Bedarf herangezogen werden.

Der weitaus größte Anteil der benutzen Quellen stammt aus dem Straßburger Stadtarchiv.[86] Weitere ergänzende Archivrecherchen wurden im Staatsarchiv Basel durchgeführt. Insbesondere ist die Straßburger Korrespondenz für das vorliegende Projekt unverzichtbar. Dabei kann sich die Studie nur zum Teil auf ediertes Quellenmaterial stützen, welches insbesondere in den Reichstagsakten zu finden ist. Da die Bände des Urkundenbuches der Stadt Straßburg nur bis zum Jahr 1400 reichen, wurden diese eher ergänzend hinzugezogen. Während der Straßburger Archivrecherchen konnte die gesamte städtische Korrespondenz für den Untersuchungszeitraum eingesehen werden. Sie liefert die wesentliche Quellenbasis für die vorliegende Arbeit. Die Gesandtenberichte jener Zeit sind die wichtigsten Quellen. Ihre Zahl umfasst im Untersuchungszeitraum mehrere hundert Stück. Darüber hinaus konnte auch auf eingehende Korrespondenz, Briefe an Gesandtschaften und Gesandteninstruktionen zurückgegriffen werden, die in jenen Beständen zu finden sind.

Da die städtischen Rechnungsbücher im deutsch-französischen Krieg verbrannt und die Ratsprotokolle der Stadt seriell erst ab der Mitte des 15. Jahrhunderts überliefert sind, kann auf derartige Quellen nur je nach Verfügbarkeit punktuell Bezug genommen werden. Doch gerade Protokolle von innerstädtischen Beratungen in verschiedenen Gremien finden sich immer wieder verstreut in unterschiedlichen Beständen. Neben der Serie AA aus dem Straßburger Stadtarchiv, die die Korrespondenz der Stadt beinhaltet, wurden demnach weitere Bestände immer wieder herangezogen, in denen im Zuge der Recherchen relevantes Quellenmaterial ausfindig gemacht wurde.

Im Staatsarchiv Basel ist die eingehende Korrespondenz der Stadt überprüft worden, da sie Briefe der Stadt Straßburg an Basel aus jener Zeit beinhaltet. Da die beiden Städte grundsätzlich über eine enge Beziehung verfügten und sich gerade auch im Kontext des Konstanzer Konzils gegenseitig unterstützten, war die Überprüfung und Auswertung dieser Bestände inhaltlich hilfreich.

3.3 Ziele und Aufbau der Arbeit

Der Untersuchungszeitraum wurde bereits eingehend dargestellt und begründet sich durch Quellenlage, Art der Fallbeispiele sowie einen generellen Mangel an Forschungen zu Straßburger Gesandtschaften zu Beginn des 15. Jahrhunderts. Vor dem Hintergrund der bisherigen wissenschaftlichen Arbeiten zur städtischen Außenpolitik und zum städtischen Gesandtschaftswesen – sowohl

85 RTA.
86 Archives de la ville et de l'Eurométropole de Strasbourg (=AVES).

in einem breiteren Rahmen als auch speziell für die Stadt Straßburg im späten Mittelalter – ergeben sich verschiedene Möglichkeiten der weiteren Erforschung.[87]

Zunächst werden Organisation und Zuständigkeiten im Gesandtschaftswesen der Stadt im Kapitel II in den Blick genommen. In einem ersten Teilkapitel stehen die diesbezüglichen innerstädtischen Voraussetzungen im Mittelpunkt des Interesses. Als erstes werden dabei grundlegende verfassungspolitische Voraussetzungen für das Gesandtschaftswesen in Straßburg aufgezeigt. Darauf aufbauend erfolgt eine Überprüfung der innerstädtischen Zuständigkeitsbereiche für die Außenpolitik der Stadt, indem nach den tatsächlichen Kompetenzen verschiedener Ämter und Gremien auf der Grundlage der Quellenüberlieferung des gesamten Untersuchungszeitraums gefragt wird. Im Anschluss werden die Rahmenbedingungen städtischer Gesandtschaftsmissionen untersucht. Hier werden sowohl rechtliche Rahmenbedingungen mit der tatsächlichen Praxis in der städtischen Diplomatie konfrontiert, als auch grundsätzliche Aspekte der Organisation der Gesandtschaftsmissionen analysiert. In einem zweiten Teilkapitel werden diejenigen Akteure betrachtet, die außerhalb der Stadt als Boten und Gesandte für die städtische Diplomatie zuständig waren. Zunächst richtet sich hierbei der Fokus auf die städtischen Boten und ihre Tätigkeit der Nachrichtenübermittlung. Anschließend wird anhand ausgewählter Beispiele das Spektrum der unterschiedlichen städtischen „Gesandtentypen" aufgezeigt werden, die zu Beginn des 15. Jahrhunderts für Straßburg tätig waren.

Im darauffolgenden Kapitel III stehen die drei ausgewählten Fallbeispiele und ihre kontextspezifischen Herausforderungen an Gesandte und das Gesandtschaftswesen im Mittelpunkt. Dabei werden unterschiedliche Zugänge und thematische Schwerpunkte gewählt, um die vielfältigen Tätigkeiten städtischer Gesandtschaften darzulegen und spezifische Maßnahmen der städtischen Diplomatie zu analysieren.

Das letzte inhaltliche Kapitel IV widmet sich dem Themenfeld der symbolischen Kommunikation. Dieses Forschungsthema ist in der mediävistischen Geschichtswissenschaft längst etabliert, doch hat sich die Forschung damit bisher nur marginal im Kontext von städtischen Gesandtschaften befasst. Mit unterschiedlicher thematischer Fokussierung und anhand von Beispielen aus dem gesamten Untersuchungszeitraum soll zum Abschluss dieses bisher besonders vernachlässigte Forschungsthema ausführlich behandelt werden. Ein inhaltliches wie gleichsam methodisches Schlusskapitel wird die herausgearbeiteten

87 Hierzu mit grundlegenden Überlegungen und Ansätzen zu den Möglichkeiten und wichtigen Aspekten bei der Erforschung unterschiedlicher Gesandtschaftswesen, an denen sich die vorliegende Studie orientiert: Märtl/Zey, Frühzeit, S. 20f., die folgenden Zitate S. 20, die drei Bereichen besondere Relevanz einräumen. Demnach müssten insbesondere die „Organisation von Gesandtschaften und deren Strukturen", die „Personengeschichte des Gesandtschaftswesens" sowie „kommunikations- und kulturgeschichtliche Aspekte" berücksichtigt werden. Vgl. ebenso Schwinges/Wriedt, Einführung, S. 11–13, die Aspekte wie Person, Ort, Sprache, Formalia und Zeremoniell in den Vordergrund einer Erforschung des Gesandtschaftswesens stellen und somit ebenfalls einen eher strukturellen Ansatz bevorzugen.

Ergebnisse gebündelt darstellen und weitere Perspektiven und methodische Konsequenzen für die generelle Erforschung des städtischen Gesandtschaftswesens im späten Mittelalter aufzeigen.

Ziel dieser Arbeit ist es, eine Studie über das Gesandtschaftswesen der Stadt Straßburg zu Beginn des 15. Jahrhunderts vorzulegen, die sowohl innerstädtische Voraussetzungen, Organisationsformen und Rahmenbedingungen städtischer Außenpolitik als auch die Perspektive der Gesandtschaften, ihrer Akteure und Tätigkeiten berücksichtigt. Es soll somit durch einen multiperspektivischen Blick auf das Thema herausgefunden werden, wie das Gesandtschaftswesen organisiert war und in der diplomatischen Praxis funktionierte.[88]

---

88 Die Notwendigkeit einer möglichst multiperspektivischen Erforschung des Themas betonten bereits Jörg/Jucker, Einführung, S. 22.

II. Organisation und Zuständigkeiten: Gesandtschaften und Außenpolitik

1. Innerstädtische Voraussetzungen: Akteure und Rahmenbedingungen

Die Umsetzung städtischer Außenpolitik durch Gesandtschaften beruhte auf bestimmten innerstädtischen Voraussetzungen, wie der politischen Verfasstheit der Stadt oder rechtlichen Aspekten. Von besonderer Bedeutung sind hierfür die verfassungspolitischen Entwicklungen der Stadt bis zum Beginn des 15. Jahrhunderts und die daraus hervorgegangenen verschiedenen Akteure, die in die Außenpolitik involviert waren. Der Begriff „Akteure“ meint in diesem Zusammenhang nicht nur einzelne Personen, sondern auch soziale Gruppen, Ämter und unterschiedliche Gremien der Stadt.[89] Rechtliche Voraussetzungen wurden für die Rahmenbedingungen städtischer Gesandtschaften geschaffen. So wurden etwa durch städtische Verordnungen insbesondere Regelungen zur Finanzierung festgelegt. Ziel dieses Kapitels ist es, die grundlegenden innerstädtischen Voraussetzungen und Rahmenbedingungen des Gesandtschaftswesens zu untersuchen.

Dabei werden in einem ersten Schritt zunächst verfassungspolitische Entwicklungen in Straßburg bis zum Beginn des 15. Jahrhunderts und die Bedeutung der verschiedenen Akteure für das Gesandtschaftswesen nach dem Stand der bisherigen Forschung dargelegt. Im Anschluss daran erfolgt eine kritische Überprüfung dieser Forschungsergebnisse auf der Grundlage eigener Quellenfunde und -analysen.

In einem weiteren Abschnitt werden Rahmenbedingungen der Gesandtschaftsmissionen, wie Ausstattung, Transportmittel und Unterbringung der Gesandten, auf der Grundlage städtischer Verordnungen und städtischer Korrespondenz analysiert.

1.1 Verfassungspolitische Voraussetzungen des Gesandtschaftswesens

Straßburg wurde im späten Mittelalter durch zahlreiche Veränderungen auf der Ebene der Stadtherrschaft und der Verfassung geprägt. Für das Thema der vorliegenden Studie sind die Entwicklungen des 14. Jahrhunderts bezüglich der Teilhabe verschiedener sozialer Gruppen an der Ratsherrschaft, der Genese der

---

89 In Anlehnung an Walter, Informationen, S. 17, mit Anm. 28.

wichtigsten Ratsämter und der Entstehung sowie Bedeutung verschiedener Ratsgremien in Straßburg von besonderer Relevanz.[90]

Es stellt sich für die Erforschung des städtischen Gesandtschaftswesens der Stadt Straßburg die Frage, inwiefern sich jene Neuerungen der innenpolitischen Machtverhältnisse des vorherigen Jahrhunderts auch in der Organisation und Durchführung städtischer Gesandtschaftsmissionen zu Beginn des 15. Jahrhunderts widerspiegelten. Hatten sie einen Einfluss auf die Zuständigkeiten und Kompetenzen im Gesandtschaftswesen der Stadt? Inwiefern lassen sich Zuständigkeiten im Bereich der Straßburger Außenpolitik mit den vorhergegangenen Entwicklungen erklären?

Bevor jedoch die konkrete Teilhabe verschiedener Gruppen, Ämter und Gremien der Stadt Straßburg bezüglich der städtischen Außenpolitik im Untersuchungszeitraum genauer analysiert werden kann, müssen diese und ihre jeweiligen Entstehungszusammenhänge genauer dargelegt und die bisherige Forschung zur Bedeutung jener Gruppen, Ämter und Gremien für die Außenpolitik und die Gesandtschaften der Stadt zusammengefasst werden.[91]

Eine der wichtigsten Straßburger Verfassungsänderungen des späten Mittelalters ereignete sich in den Jahren 1332 und 1333.[92] Erstmalig wurden die Zünfte an der Ratsherrschaft beteiligt. Auslöser für diese Umstrukturierung des Rates war ein Konflikt zwischen den verfeindeten Adelsfamilien Zorn und Mülnheim im Jahr 1332, der wiederum Kämpfe in der ganzen Stadt zur Folge hatte. Die in den Quellen als „Geschölle" bezeichneten gewalttätigen Auseinandersetzungen zogen die Absetzung des bisherigen Rates nach sich. Zuvor hatten die sogenannten Edlen, ein Teil des Straßburger Patriziats (Constofler), die alleinige Ratsherrschaft inne.[93] Neben den Zünften gelang es nun auch den Burgern, die ebenfalls wie die Edlen zu den Constoflern gehörten, in diesem Jahr zum ersten Mal in den Rat der Stadt einzuziehen.[94] Im neu konstituierten Rat hatten die

90 Vgl. exemplarisch zur spätmittelalterlichen Stadtgeschichte Straßburgs allgemein sowie insbesondere in Bezug auf die hier angesprochenen Veränderungen und Strukturen bzgl. der Stadtherrschaft: Chrisman, Strasbourg; Berthold, Auseinandersetzungen; Dollinger, L' emancipation; Dollinger, La ville; Alioth, Gruppen; Egawa, Stadtherrschaft; von Heusinger, Zunft, besonders Kapitel 1.4 sowie Kapitel 4; Gloor, Handeln, S. 278–294. Bezüglich der Verfassungswechsel in Straßburg differenzierte Sabine von Heusinger ihre bisherigen Annahmen, vgl. von Heusinger, Old Boys.

91 Die folgenden Ausführungen erheben in keiner Weise den Anspruch einer auf Vollständigkeit beruhenden Darstellung der verfassungsgeschichtlichen Entwicklungen. Vielmehr geht es darum, die grundlegenden Sachverhalte bezüglich der Gruppen, Ämtern und Gremien in Straßburg darzulegen, die für die Fragestellung der vorliegenden Studien von Bedeutung sind. Für einen umfassenden Überblick vgl. die oben angegebene Literatur.

92 Zur Entwicklung der Stadt und des Rates im mittelalterlichen Straßburg bis 1332 allgemein Egawa, Stadtherrschaft. Zu den Entwicklungen unmittelbar vor 1332 von Heusinger, Old Boys, S. 153–156.

93 von Heusinger, Zunft, S. 39 f.

94 von Heusinger, Zunft, S. 172–175.

Zünfte die Hälfte der Ratssitze inne, die andere Hälfte wurde von den Constoflern besetzt.[95]

Diese paritätische Aufteilung zwischen Zünften und Constoflern findet sich bis in das 15. Jahrhundert hinein auch in anderen städtischen Gremien wieder und sicherte den verschiedenen sozialen Gruppen politische Teilhabe.[96] Davon blieb auch das Gesandtschaftswesen Straßburgs nicht unberührt. Ein wesentlicher Aspekt, der in der Forschung diskutiert wurde, betrifft die personelle Teilnahme der verschiedenen sozialen Gruppen der Stadt an Gesandtschaften.[97] Inwiefern sich beide Gruppen personell zu gleichen Teilen an Gesandtschaftsmissionen beteiligten und sich die Aufteilung der Ratssitze also auch im diplomatischen Dienst für die Stadt wiederfindet, ist diskutiert und unterschiedlich beantwortet worden.[98] Für die erste Hälfte des 15. Jahrhunderts wurden in verschiedenen Fallstudien paritätische Zusammensetzungen von Gesandtschaftsdelegationen festgestellt, die oftmals in der Entsendung von Ammeistern beziehungsweise Altammeistern sowie Stettmeistern respektive ehemaligen Stettmeistern zum Ausdruck kam.[99] Zum Ende des 15. Jahrhunderts lassen sich vermehrt die Ammeister und Altammeister ohne Constofler auf Gesandtschaftsreisen nachweisen. Die gleichzeitige Beteiligung von Constoflern und Zünften sei vorrangig bei bedeutenden und stark repräsentativen Missionen notwendig gewesen, so Bastian Walter.[100] Anhand dieser Forschungsergebnisse lässt sich bereits ein grundlegender Wandel der Besetzung von Gesandtschaften in Straßburg im Verlauf des 15. Jahrhunderts erahnen. Auch wenn deshalb nicht zwangsläufig eine bestimmte Entwicklung angenommen werden kann, so verweisen diese unterschiedlichen Ergebnisse zumindest auf die Notwendigkeit einer jeweils kontextuellen Betrachtung. Im vorliegenden Untersuchungszeitraum finden sich zumeist ebenfalls beide soziale Gruppen mit mindestens einem Mitglied in den Gesandtschaften wieder, sofern mehrere Gesandte daran beteiligt waren. Eine paritätische Zusammensetzung war dabei jedoch nicht immer vorhanden.

Eine weitere Neuerung des Jahres 1333 – in diesem Jahr kam der Verfassungswechsel zu seinem Abschluss – stellt die Aufwertung des Ammeisteramtes dar.[101] Es wurde infolge der Veränderungen im Rat zum mächtigsten Amt der

---

95 Vgl. zu den hier geschilderten Ereignissen der Jahre 1332/33 in Straßburg folgende Beiträge mit ausführlicher Darstellung und weiteren Details zu den Vorgängen: Alioth, Gruppen, S. 119f. sowie S. 283–286; Egawa, Stadtherrschaft, S. 198–222; von Heusinger, Zunft, S. 169–179; von Heusinger, Old Boys, S. 157–164, jeweils mit weiterführenden Literaturangaben.

96 Vgl. hierzu im Folgenden die Ausführungen zum Neuner Gremium.

97 Berthold, Auseinandersetzungen, S. 183f., stellt bereits für die Mitte des 14. Jahrhunderts die Beteiligung der unterschiedlichen Gruppen an Gesandtschaften fest.

98 Vgl. hierzu bereits Liening, Überlegungen, S. 141, Anm. 51.

99 Vgl. hierzu die Ergebnisse von Mandel, Studien, S. 165f.; Schmitt, Gesellschaft, S. 294; Liening, Überlegungen, S. 141 sowie S. 144, Anm. 77.

100 Vgl. hierzu Walter, Informationen, S. 82.

101 Ausführliche Darstellungen des Ammeisteramtes finden sich bei Alioth, Gruppen, S. 460–489; von Heusinger, Zunft, S. 148–159. Sabine von Heusinger stellt die Entwicklung des Amtes in

Stadt. Der Ammeister verfügte über weitreichende Kompetenzen und exekutive Funktionen.[102] War das Amt als Vorsteher der Zünfte zwar schon 1333 neu definiert worden, so hatten es dennoch bis in das Jahr 1349 nicht die Zünfte selbst inne, sondern Mitglieder der Burger. Zwischen 1332 und 1349 sei daher die Gruppe der Burger die mächtigste politische Gruppe innerhalb der Stadt gewesen, so Sabine von Heusinger.[103] Im Jahre 1349 kam es im Zuge der Pest wieder zu einer Absetzung und Veränderung des Rates.[104] Eine entscheidende Neuerung betraf wieder das Amt des Ammeisters, der von nun an aus den Reihen der Zünfte und deren Ratsmitgliedern gewählt wurde. Dadurch erhöhte sich der Einfluss der Zünfte in der städtischen Politik erheblich und sie entwickelten sich zur führenden politischen Gruppe in Straßburg. Bei der Wahl des Ammeisters – der, von einer einzigen Ausnahme abgesehen, zwischen 1349 und 1482 immer nur für ein Jahr im Amt war[105] – ist allerdings zu berücksichtigen, dass lediglich einige wenige Zünfte den Ammeister stellen durften. Insbesondere zwischen 1386 und 1419 handelte es sich dabei um einen eng begrenzten Kreis, in den keine neuen Zünfte mehr aufgenommen wurden. In dieser Zeitspanne ist zudem besonders auffällig, dass das Amt des Ammeisters von vergleichsweise wenigen, aber einflussreichen Personen besetzt wurde, welche das Amt zum Teil mehrfach innehatten.[106]

Diese Zuspitzung auf einen engen Personenkreis kann bereits – wenn auch in abgeschwächter Form – seit etwa 1362 beobachtet werden.[107] Eine Art elitärer Status jener Gruppe, welcher sich offensichtlich mit der Zeit entwickelte, kommt nach Martin Alioth auch in den häufigen Konflikten um das Ammeistertum zum Ausdruck. Oftmals wurden Personen, die den Ammeister beleidigt hatten, aus der Stadt verbannt oder anderweitig bestraft. Ammeister und Altammeister seien daher als elitäre und abgesonderte Gruppe betrachtet worden.[108] Dementsprechend gab es häufig Streit im Zuge der Ammeisterwahl. So klagten die teilweise im Kontext des Dachsteiner Krieges 1419 ausgezogenen Constofler darüber, dass die Ammeister im Grunde schon für mehrere Jahre im Voraus bestimmt seien.[109] Auch 1385 war es schon zum Streit um die Wahl des Ammeisters gekommen, da die zuvor stattgefundenen Wahlabsprachen bekannt

---

sieben Phasen zwischen 1332 und 1482 dar. Im Folgenden wird sich die Betrachtung auf die Entwicklung bis zum Beginn des 15. Jahrhunderts beschränken.

102 Vgl. von Heusinger, Zunft, S. 173. Zur vorherigen Bedeutung des Ammeisters vgl. Alioth, Gruppen, S. 460.

103 Vgl. von Heusinger, Zunft, S. 173.

104 Vgl. zu den im Folgenden geschilderten Veränderungen im Jahr 1349 ausführlich Egawa, Stadtherrschaft, S. 223–238; von Heusinger, Zunft, S. 180–186; von Heusinger, Old Boys, S. 164–170.

105 Die alljährliche Wahl eines Ammeisters wurde im Schwörbrief vom 18. Februar 1349 festgelegt. Vgl. UB V, Nr. 199, S. 186–188. Hierzu ebenso Egawa, Stadtherrschaft, S. 235; sowie die Übersicht bei von Heusinger, Zunft, S. 156–159.

106 von Heusinger, Zunft, S. 150; Alioth, Gruppen, S. 462. Mit genaueren Angaben zu den Zünften, welche Ammeister stellen durften, von Heusinger, Zunft, S. 154 f.

107 von Heusinger, Zunft, S. 149, konstatiert für die 1360er Jahre eine „beginnende Professionalisierung des Amtes", da in dieser Zeit bereits Einzelpersonen dieses Amt mehrfach ausübten.

108 Alioth, Gruppen, S. 465 f.

109 Alioth, Gruppen, S. 475; sowie mit weiterführenden Überlegungen Richard, Ehre.

geworden waren.[110] Zu Beginn des 15. Jahrhunderts sei die Innen- und Außenpolitik der Stadt von einer kleinen Gruppe von Ammeistern und Altammeistern absolut dominiert worden, so Martin Alioth.[111] Der Ammeister hatte unterschiedliche Zuständigkeitsbereiche, an denen sich der Einfluss des Amtes deutlich ablesen lässt. Er hatte die Befehlsgewalt über das städtische Wehrwesen inne, welches zu den zentralen Herrschaftsbereichen innerhalb der Stadt gehörte.[112] Ebenso stand er verschiedenen Ratsgremien vor.[113] Sein Status wird auch in dem von der Gemeinde gegenüber dem Ammeister geschworenen Eid deutlich, welcher im Vergleich mit allen anderen Eiden seit 1334 eine Vorrangstellung einnahm.[114] Sinnbildliches Zeugnis seiner hervorgehobenen Stellung innerhalb der Stadt war die Straßburger Fronleichnamsprozession. Der Ammeister ging unmittelbar hinter der Hostie und nicht etwa zusammen mit seinen Zunftgenossen.[115] Die Reihenfolge, in der die Teilnehmer solcher Prozessionen hinter der Hostie liefen, kann als Spiegelbild der sozialen Ordnung innerhalb der Stadt betrachtet werden.[116]

Eine weitere Änderung des Jahres 1349 betraf das Amt des Stettmeisters. Die Stettmeister hatten neben dem Ammeister eine wichtige Position in der Stadt. Das Amt findet zum ersten Mal im sogenannten zweiten Stadtrecht von 1214 Erwähnung, in welchem die Institutionalisierung des städtischen Rates in Straßburg festgeschrieben wurde. Zunächst gab es maximal zwei Stettmeister, die aus den Reihen der Ratsmitglieder gewählt werden sollten. Diese Zahl änderte sich im Verlauf der nächsten beiden Jahrhunderte noch mehrfach.[117] Für den hier ausgewählten Untersuchungszeitraum von 1400 bis 1420 galt folgende Regelung: Im jährlichen Wechsel wurden vier Stettmeister vom gesamten Rat bestimmt. Sie stammten aus den Reihen der Constofler, amtierten jeweils für ein Vierteljahr und leiteten in dieser Zeit die Ratssitzungen.[118] Dies geht aus dem Schwörbrief von 1349 hervor.[119] Zwar stand das Amt grundsätzlich auch Mit-

---

110 von Heusinger, Zunft, S. 189–191. Hierbei handelt es sich um die Wahl Walter Wasichers. Dieser hatte zusammen mit Johans Cantzler und Hans Philippes die Politik Straßburgs von 1378 bis 1385 maßgeblich bestimmt. In der Folge dieses Konflikts wurden Wasicher und Philippes aus der Stadt verbannt.

111 Alioth, Gruppen, S. 474 f., in Hinblick auf die Außenpolitik bezieht sich Alioth hier allerdings lediglich auf ein Schreiben des Grafen Johann von Leiningen-Rixingen vom 17. April 1401, mit dem jener vier Straßburger Altammeister bezüglich eines Verhandlungstages kontaktierte, den die Straßburger ausgehandelt hatten, vgl. hierzu Fester, Nr. 1972, S. 204.

112 Alioth, Gruppen, S. 461; Egawa, Stadtherrschaft, S. 236 f.; von Heusinger, Zunft, S. 160.

113 Alioth, Gruppen, S. 140.

114 Alioth, Gruppen, S. 460 f. Diese Regelung wurde im Schwörbrief von 1334 festgelegt und in der Verfassungsänderung von 1349 bestätigt. Zum Schwörbrief von 1334 vgl. UB V, Nr. 32. Zur Verfassungsänderung von 1349 vgl. UB V, Nr. 199.

115 Alioth, Gruppen, S. 465.

116 von Heusinger, Handwerksbruderschaften, S. 130–132.

117 Egawa, Stadtherrschaft, S. 54 f. Vgl. zur Entwicklung dieses Amtes von Heusinger, Zunft, Kapitel 4; Egawa, Stadtherrschaft, S. 132 f., S. 210, S. 215 f. sowie 235 f.

118 von Heusinger, Zunft, S. 183; Alioth, Gruppen, S. 182.

119 UB V, Nr. 199, S. 187: *[...] gemeinlich vier erber unversprochen man kiesen zů vier meistern unser vorgenanten unserre stat zů Strazburg [...] Und súllent och die nit lenger meister sin danne ieglicher ein*

gliedern der Zünfte zur Ausübung offen[120], es wurde jedoch faktisch ausschließlich von den Straßburger Constoflern beherrscht.[121] Ebenso wie dem Ammeister sollte die Stadtgemeinde auch den vier Stettmeistern einen Treueeid schwören. Hier zeigt sich auch die verminderte Stellung im Vergleich zum Ammeister, dessen Eid Vorrang hatte.[122] Ebenfalls hatten die vier Stettmeister im Falle eines Geschölles oder eines Brandes eine Funktion, die sie jedoch unter der Amtsgewalt des Ammeisters ausführten. Wenn die sogenannte Mortglocke vom Ammeister geläutet wurde, sollte jeder Bürger unbewaffnet zum Straßburger Münster zum Ammeister und den vier Stettmeistern kommen und von ihnen weitere Anweisungen entgegennehmen.[123] Gleiches galt für den Ausbruch eines Feuers innerhalb der Stadtmauern. Hier hatten sich die Zunftmitglieder zu bewaffnen und mussten ebenso wie die Constofler vor dem Münster erscheinen, letztere jedoch nur auf spezielle Anweisung unter der Mitnahme von Waffen.[124]

An dieser Bestimmung innerhalb des Schwörbriefes wird die Dominanz der Zünfte innerhalb der städtischen Gemeinschaft deutlich. Yuko Egawa vertritt die These, dass sich die letztgenannte Regelung auch dadurch erkläre, dass die Zünfte eventuelle bewaffnete Unruhen seitens der Patrizier zu vermeiden versuchten.[125] Trotz dieses politischen Ungleichgewichts zwischen Zünften und Patriziern, welches vor allem aufgrund des nun zünftigen Ammeisteramtes entstanden war, verfügten beide Parteien in etwa über die gleiche Anzahl von Ratssitzen.[126] Die genannten Regelungen des Jahres 1349 bestanden im Grunde bis zum Jahre 1420.[127] Dann änderte sich die Zusammensetzung des Stadtrates fundamental durch den Auszug eines Teils der Straßburger Ritterschaft aus der Stadt und der daraus resultierenden Schwächung der Constofler im Rat, deren Sitze um die Hälfte verringert wurden. Im Untersuchungszeitraum von 1400 bis 1420 bestand der Straßburger Stadtrat aus insgesamt 57 Personen. Jeweils 28 Ratssitze entfielen auf Zünfte und Constofler. Zu den 28 Räten der Constofler gehörten auch die vier Stettmeister, hinzu kam noch der Ammeister. Die Zünfte

---

vierteil jars den rat zu. Zum Schwörbrief und den folgenden Ausführungen Egawa, Stadtherrschaft, S. 235–237.

120 UB V, Nr. 199, S. 187: *[…] sie sint von rittern, von knehten, von burgern oder von antwerklúten […].*

121 von Heusinger, Zunft, S. 183.

122 UB V, Nr. 199, S. 187: *Man sol och sweren dem vorgenannten ammeister und den vier meistern und dem rate und irem gerihte gehorsam zů sinde getruwelich geräten und beholfen zů sinde gegen allen den, die sich gegen in und irem gerihte setzent oder setzen woltent; doch sol des ammanmeisters eyt vor allen dingen vor gän.*

123 UB V, Nr. 199, S. 187 f.: *Were och, daz got wende, daz ein geschelle wúrde, so sol sich nieman weffene, ez were danne, daz man die mortglocke lute. Und sol och die glocke nieman heiszen lúten danne ein ammanmeister, der danne ammanmeister ist. Und wenne man sie also lute, so sol menglich zogen zů fûs vúr daz múnster und da bi dem ammanmeister und den andern meistern bliben. Und wenne sie der ammanmeister und die meister heime heiszent zogen, so súllent sie bei dem eide unverzoegenlich heime zogen.*

124 UB V, Nr. 199, S. 188. Vgl. ebenso Egawa, Stadtherrschaft, S. 236 f.

125 Egawa, Stadtherrschaft, S. 236.

126 UB V, Nr. 199, Art. 3, S. 187: Der Rat bestand aus elf Edlen, 17 Burgern und 28 Mitgliedern der Zünfte.

127 Egawa, Stadtherrschaft, S. 237.

waren demzufolge mit einer Person mehr vertreten. Durch den Auszug aus Straßburg und dem damit einhergehenden offenen Konflikt zwischen Teilen der Straßburger Constofler und dem Stadtrat wurden ihre Sitze auf 14 reduziert.[128] Der Rat wurde jährlich vom alten Rat neu gewählt. Dieses höchste Gremium der Stadt hatte Gesetzgebungs- und Rechtssprechungsgewalt und war für die Verwaltung der Stadt verantwortlich.[129]

Neben dem Stadtrat hatten sogenannte Ratskollegien beziehungsweise Ausschüsse verschiedene Aufgaben in der städtischen Politik zu Beginn des 15. Jahrhunderts, so der bisherige Konsens in der Forschung. Die Relevanz dieser ständigen Gremien, deren Mitglieder auf Lebenszeit partizipierten, habe in der Sicherung der Kontinuität in der Straßburger Politik bestanden. Ihre Entstehung wurde an das Ende des 14. Jahrhunderts verortet.[130] Diese Gremien hätten insbesondere Planungs-, Kontroll- und Beratungsfunktionen wahrgenommen, seien aber weniger in die konkrete Entscheidungsfindung eingebunden gewesen. Auch setzten sie sich – ebenso wie der Rat – im Grunde genommen paritätisch zusammen, sodass Zünfte und Constofler gleichermaßen vertreten waren.[131] Durch den Vorsitz des Ammeisters in vielen Gremien hatten die Zünfte jedoch – wie im Rat auch – zumeist eine Überzahl von einer Person.[132]

Mehrere dieser Gremien übten neben dem Stadtrat Einfluss auf die Durchführung und Organisation von Gesandtschaften und städtischer Außenpolitik aus. Dies wurde in der bisherigen Forschung unterschätzt,[133] man ging schließlich bisher von der Existenz eines speziellen Ausschusses für die städtische Di-

128 Vgl. hierzu Alioth, Gruppen, S. 117–125; von Heusinger, Zunft, S. 142–146. Zur Zusammensetzung des Rates im 14. und 15. Jahrhundert vgl. die tabellarische Übersicht bei von Heusinger, Zunft, S. 211. Die Ratslisten liegen von 1332 bis einschließlich 1400 im UB VII, Nr. 56–124, S. 886–954 vor. Ab 1401 finden sich edierte Ratslisten bei Hatt.

129 von Heusinger, Zunft, S. 142.

130 Begründet wird dies mit der Abschaffung des zehnjährigen Ammeistertums und einem dadurch entstandenen Kontinuitätsdefizit in der städtischen Politik, das durch diese Gremien aufgefangen werden sollte, vgl. hierzu Alioth, Gruppen, S. 139. Anders von Heusinger, Zunft, S. 146, die die Einrichtung dieser Kommissionen an die Verwaltungsreform im Jahre 1405 knüpft und sich dabei auf Schmoller, Straßburg, S. 45–62, beruft, der jedoch unklare Angaben macht. So wird etwa die Entstehung des Neuner Gremiums zunächst in das 14. Jahrhundert datiert (S. 47) und schließlich eine Konsolidierung für das Jahr 1405 (S. 49) konstatiert. Das Neuner Gremium bestand in jedem Fall bereits im Jahre 1401 und hatte elementare Entscheidungskompetenzen, wie sie sich beispielhaft an der Aufstellungsbefugnis für das städtische Kontingent zum Italienzug König Ruprechts aufzeigen lassen. Vgl. hierzu Alioth, Gruppen, S. 140, der die Gründung dieses Kollegiums auf die 1390er Jahre datiert; sowie Liening, Interessenvertretung, S. 194 f.; Liening, Überlegungen, S. 145 f.

131 Alioth, Gruppen, S. 139; von Heusinger, Zunft, S. 146 f.

132 von Heusinger, Zunft, S. 211.

133 Eine umfassende Untersuchung zu den verschiedenen Gremien in Straßburg steht noch aus, was sicherlich auch der mangelnden Quellengrundlage geschuldet ist. Den bisherigen Forschungsstand mit einem weiteren Überblick zur Thematik und weiterer Literatur etwa bei Alioth, Gruppen, S. 117–150; von Heusinger, Zunft, S. 142–148 sowie S. 169–211; Gloor, Handeln, S. 290–294, mit einem stärkeren Fokus auf die Zeit nach 1420.

plomatie und das Kriegswesen in Straßburg aus.[134] Möglicherweise wurde dieses Gremium ursprünglich eingerichtet, um darin über Fragen der städtischen Außenpolitik und des Krieges zu beraten. Seine Entstehung wurde in die 1390er Jahre datiert. Es seien zunächst sieben Personen gewesen, die im Zuge des Bischof-Friedrichs-Krieg (1392/93) eingesetzt wurden.[135] Denkbar erscheint aber auch, dass die Stadt das Gremium bereits in den 1380er Jahren im Kontext des ersten Süddeutschen Städtekrieges einsetzte und dabei von den Strukturen des Rheinisch-Schwäbischen Städtebundes inspiriert wurde.[136] An der Wende zum 15. Jahrhundert sei dieses Gremium durch die sogenannten Neun ersetzt worden.[137] Dieses bestand 1401 aus zwei Edlen, zwei Burgern, vier Altammeistern und dem gegenwärtigen Ammeister, der zugleich den Vorsitz innehatte. Die vier Vertreter aus den Reihen des Patriziats waren zuvor bereits alle Stettmeister gewesen.[138] Das Gremium war demnach unter den beiden führenden städtischen Gruppen aufgeteilt und verdeutlicht abermals die Bedeutung der beiden Ämter des Stett- und Ammeisters. Die Neun waren befugt, eigenmächtig Geld für diplomatische Vorgänge auszugeben.[139] Sie wurden ab 1416 allmählich vom Ausschuss der Dreizehn abgelöst, der im Grunde dieselben Aufgaben hatte.[140]

---

134 Über die Existenz eines speziellen Gremiums für Diplomatie und Kriegswesen besteht in der bisherigen Forschung Konsens. Vgl. hierzu auch im Folgenden etwa Chrisman, Strasbourg, S. 22–25; Alioth, Gruppen, S. 139–144; von Heusinger, Zunft, S. 147; Walter, Informationen, S. 78; Gloor, Handeln, S. 290; kritisch zu den Kompetenzen des Gremiums bereits Liening, Überlegungen, S. 145–147; Liening, Interessenvertretung, S. 194.

135 Vgl. hierzu die Angaben bei Alioth, Gruppen, S. 140, in Bezug auf Hegel, S. 1047 f.

136 Vgl. hierzu Liening, Diplomatie, S. 135–137.

137 Alioth, Gruppen, S. 139 f.; Schmoller, Straßburg, S. 47, geht ohne Angaben von Quellen davon aus, dass es sich bereits 1392 um die Neun gehandelt habe und sieht ihre Zuständigkeit lediglich in Kriegsangelegenheiten.

138 Alioth, Gruppen, S. 141. Die von Alioth genannte Zusammensetzung des Gremiums deckt sich mit einer Aufzeichnung der Neun, die im Kontext des Romzugs König Ruprechts im Jahre 1401 entstanden ist. Hier sind die Namen von acht Mitgliedern des Ausschusses genannt. Vgl. hierzu RTA V, Nr. 190, S. 249 f., 38 sowie 1–6: *[...] do komend unser herren meister und rat schoeffel und amman úberein, das man unserm herren dem Roemischen kúnige dienen wollte úber berg gen Lamparthen, und wurfent die schoeffel und der rat den dienst uf die núne, die úber den krieg gesetzet sind, mit nammen hern Heinrich von Muelnheim ritter, Adam Loeselin, Johans Bock, hern Peter Summer den ammanmeister, hern Wilhelm Metziger, hern Heinrich Kranich, hern Uelrich Gossen, und hern Ruelin Barpfennig altammanmeistere zue Strasburg, denselben dienst ußzuerichtende und zue besorgende.* Zusätzlich zu diesen acht Personen scheint laut Anmerkungsapparat auch das letzte Mitglied des Rates, der Stettmeister Ber von Heiligenstein, am Rand der Quelle eingetragen zu sein: Vgl. RTA V, Nr. 190, S. 250, Anm. b.

139 Hierzu bereits Alioth, Gruppen, S. 140; Liening, Überlegungen, S. 146. Vgl. ebenso in der Neuordnung der Stadtverwaltung von 1405 Eheberg, Nr. 10, Art. 25, S. 17: *[...] daz die núne, die über den krieg gesetzet sint, beduhte, daz man iemanne ützit lihen oder geben sollte sachen zů werbende, daz unser stette nütze und gůt were, des sollent sie maht und gewalt haben und sol man das besonder eim ammanmeister getruwen.*

140 Vgl. zu den Dreizehn Alioth, Gruppen, S. 141–144. Die Entwicklung vom Neuner zum Dreizehner Gremium fälschlich in das Jahr 1405 datiert von Chrisman, Strasbourg, S. 22: „The first of these to emerge was the Council of IX [...]. In a sweeping reorganization of the city ordinances in 1405, four members were added to the original nine, and the group of thirteen was made responsible for the conduct of war and military affairs [...] From 1405 this group assumed the

Auffällig ist auch hier die Sitzverteilung im Gremium zwischen Constoflern und Zünften, welche sich nach der Verfassungsänderung von 1420 mit der Zeit an die Sitzverteilung im Stadtrat anglich. Demnach stellten die Constofler nur noch ein Drittel der Mitglieder in diesem Ausschuss.[141] Interessant ist auch die Entwicklung dieses Gremiums, das seine Mitgliederzahl zwischen 1392 (7 Personen) und 1416 (13 Personen) fast verdoppelte. Hier muss offenbleiben, ob dies auf rein verfassungsgeschichtliche Gründe zurückgeht oder ob die Diplomatie und das Kriegswesen der Stadt derart beansprucht wurden, dass ein größeres Gremium mit der Zeit notwendig erschien. Auch wenn die Aufgaben der Dreizehn mit denjenigen der Neun im Grunde identisch waren, ist dennoch eine entscheidende Veränderung bezüglich der Kompetenzen zwischen den beiden Gremien festzustellen. Der Ausschuss der Dreizehn hatte im Gegensatz zum Ausschuss der Neun spätestens seit 1448 keine Finanzkompetenz mehr.[142] Die Zuständigkeitsbereiche in der innenpolitischen Organisation der städtischen Außenpolitik in Straßburg veränderten sich demnach also im Verlauf des 15. Jahrhunderts auf der verfassungsrechtlichen Ebene. Es stellt sich für die weitere Betrachtung des Gesandtschaftswesens der Stadt Straßburg die Frage, inwiefern eine Beteiligung dieser Gremien nicht nur von den städtischen Führungsgruppen ursprünglich intendiert war, sondern auch tatsächlich umgesetzt wurde. Inwiefern waren Neuner bzw. Dreizehner also de facto in die Organisation und Durchführung von Gesandtschaftsmissionen eingebunden? Sabine von Heusinger schreibt dem Straßburger Rat die Hauptverantwortlichkeit für Angelegenheiten der Außenpolitik zu und dem Neuner respektive Dreizehner Gremium lediglich beratende Tätigkeiten.[143] Nach Martin Alioth habe eine wesentliche Aufgabe des Ausschusses darin bestanden, die Gesandten der Stadt zu instruieren und zu kontrollieren.[144] Letztere Ansicht wurde bereits vor dem Hintergrund neuerer Forschungsergebnisse – die den Gesandten weitreichende Handlungskompetenzen bescheinigen[145] – in Frage gestellt. Es konnte bereits von mir nachgewiesen werden, dass zahlreiche Mitglieder dieses Gremiums selbst als Gesandte tätig waren, weshalb fraglich ist, inwiefern Instruktionen und Kontrollen durch dieses Gremium sinnvoll gewesen wären und ob es dementsprechend über derartige Kompetenzen verfügte.[146]

Weiterhin ist die in der Forschung allgemein konstatierte hohe Kompetenz des Gremiums in der städtischen Außenpolitik aus verschiedenen Gründen

---

direction of foreign affairs, a function it always retained." Vgl. hierzu die Neuordnung der Stadtverfassung bei Eheberg, Nr. 10, Art. 25, S. 17, in der von den Neun die Rede ist.

141 Zur Sitzverteilung im Stadtrat nach dem Dachsteiner Krieg vgl. von Heusinger, Zunft, S. 198 und 211: Das vormalige Gleichgewicht verschob sich zugunsten der Zünfte. Die Constofler besaßen nun lediglich 14 Ratssitze und stellten demnach nur noch ein Drittel der Ratssitze. Die Zünfte behielten ihre 28 Vertreter im Rat. Zur Zusammensetzung der Dreizehn vgl. Alioth, Gruppen, S. 143.

142 Eheberg, Nr. 45, S. 159–162. Vgl. hierzu ebenso die Ausführungen bei Alioth, Gruppen, S. 143 f.

143 von Heusinger, Zunft, S. 147.

144 Alioth, Gruppen, S. 140.

145 Vgl. hierzu Jörg/Jucker, Einführung, S. 11; Jörg, Gesandte, S. 32 f.

146 Liening, Überlegungen, S. 145–147.

problematisch: Der Ausschuss der Neun taucht oftmals in kriegerischen Kontexten auf und wird in den jeweiligen Quellen sehr häufig als Kriegsgremium bezeichnet. Allerdings gibt es auch Bezeichnungen, die dieses Gremium als eine Art Geheimhaltungsinstanz kennzeichnen.[147] Da sich die Neun in diplomatischen Angelegenheiten verhältnismäßig selten in der Überlieferung finden, hingegen die Einbindung des Stadtrates in diplomatische Prozesse insbesondere über die städtische Korrespondenz nachweisbar ist, muss die bisherige Forschung hinterfragt werden. Gegen die These eines speziellen Ausschusses, der quasi die diplomatischen Geschicke der Stadt leitete und Gesandte instruierte, spricht zusätzlich, dass weitere Ratsgremien bei diplomatischen Fragestellungen eine Rolle spielten. Zwar war das Neuner Gremium in der städtischen Außenpolitik aktiv, doch gestaltete sich die Kompetenzverteilung und Arbeitsteilung zwischen den einzelnen Gremien vermutlich differenzierter als bisher angenommen.

Ein weiteres dieser Gremien, das im Gegensatz zu den Neun bisher nicht mit städtischer Diplomatie und Außenpolitik in Verbindung gebracht wurde, ist das Gremium der Einundzwanzig. Nach Alioth handelte es sich dabei um ehemalige Ratsmitglieder, die bei Bedarf – auf Antrag der Stett- oder Ammeister – zu Beratungszwecken einberufen werden konnten. Es sei ein Gremium gewesen, das einigen wenigen Familien die Machstellung in Straßburg sichern sollte. Wer aufgrund der Wahlregularien nicht im Rat vertreten sein konnte, dem habe prinzipiell die Möglichkeit der politischen Partizipation bei den Einundzwanzig offengestanden.[148]

In der Straßburger Stadtgeschichtsforschung wurde dem Einundzwanziger Gremium in Bezug auf außenpolitische Angelegenheiten und im Bereich des Gesandtschaftswesens kaum Aufmerksamkeit geschenkt.[149] Die Quellen zeigen hingegen, dass dieser Ausschuss durchaus eine Bedeutung für das Gesandtschaftswesen hatte.

Vermutlich weniger ein offizielles Gremium, aber dennoch eine feste Gruppe von Amtsträgern, waren die in den Quellen als *die funfe*[150] bezeichneten fünf Meister der Stadt, zu denen die vier Stettmeister eines Jahres und der amtierende

---

147 Eheberg, Nr. 10, Art. 25, S. 17: *[…] daz die nüne, die über den krieg gesetzet sint […]*; RTA V, Nr. 190, S. 250: *[…] die núne, die úber den krieg gesetzet sind […]*; Das Gremium der Neun wurde auch außerhalb der Stadt als Gremium für Kriegsangelegenheiten wahrgenommen: AVES, AA 1437, 26: *[…] die nune, die by uch uber den krieg gesetzet sint […]*; 1398 richtete der Adlige Dietrich von Wasselnheim einen Brief an den damaligen Ammeister Cunrat Armbruster und die Neun und bat darum, in den militärischen Dienst der Stadt aufgenommen zu werden; AVES, VIII, 134, 52. Hingegen mit einer anderen Bezeichnung, die auf eine Art Geheimhaltungsinstanz schließen lässt, AVES, AA 1444, 19: *[…] die Nune, die in der Stat Straßburg zû ernstlichen und heimlichen sachen geordent sint.*

148 Hierzu von Heusinger, Zunft, S. 143.

149 Schmitt, Gesellschaft, S. 294, erwähnt eine Regelung vom Ende des 15. Jahrhunderts, die besagt, dass nicht mehr die Ammeister, sondern der Stadtrat und die Einundzwanzig die Gesandten auswählen sollen.

150 AVES, AA 168, 78.

Ammeister gehörten. Auch die Fünf nahmen Funktionen im Gesandtschaftswesen wahr, diese wurden jedoch ebenfalls bisher nicht genauer betrachtet.

1.2 Zuständigkeiten im Gesandtschaftswesen

Die vor allem anhand der verfassungsgeschichtlichen Entwicklung Straßburgs vorgestellten Gruppen, Ämter und Gremien waren alle in das städtische Gesandtschaftswesen eingebunden. Im Folgenden wird anhand der konkreten diplomatischen Praxis die Beteiligung der einzelnen Akteure in Straßburg genauer untersucht. Grundlage der Analyse sind hauptsächlich die städtische Korrespondenz sowie Beschlussfassungen, Instruktionen respektive Handlungsempfehlungen und Protokolle von Beratungen.

Zuerst wird die Rolle der Gesandten und Gesandtschaften beleuchtet. Unter besonderer Berücksichtigung der Gesandtenberichte soll geklärt werden, wen die Gesandtschaften kontaktierten und weshalb. Es wird zu klären sein, inwiefern städtische Gesandte durch ihre Schlüsselposition als Berichterstatter an unterschiedliche Akteure die innerstädtischen Zuständigkeiten zumindest temporär beeinflussten. Wie die städtische Korrespondenz zu Beginn des 15. Jahrhunderts zeigt, waren die Gesandtenberichte an unterschiedliche Akteure adressiert. Diese Personen und Gremien wurden demnach auch in unterschiedlicher Art und Weise in die Gesandtschaftsmissionen einbezogen.

Zudem ist die Perspektive der innerstädtischen Akteure selbst von Interesse. Anhand der städtischen Korrespondenz wird herausgearbeitet, welche Akteure in Straßburg Kontakt zu den Gesandtschaften aufnahmen und ihnen Instruktionen beziehungsweise Handlungsratschläge übermittelten. In einem weiteren Teilkapitel wird überprüft, wer Gesandtschaften zusammenstellte und aussandte. Ebenfalls wird die konkrete Entscheidungsfindung in außenpolitischen Angelegenheiten durch innerstädtischer Akteure – etwa anhand von Beratungsprotokollen und Beschlüssen – untersucht. Ebenso lassen sich Straßburger Gremien als Schiedsinstanzen für Angelegenheiten auswärtiger Akteure nachweisen, deren Betrachtung ebenfalls Teil dieses Kapitels sein wird. Diese Schiedsgremien agierten entweder innerhalb Straßburgs oder aber auch als größere Delegationen, die an Orten außerhalb der Stadt Konflikte schlichteten.

Schlussendlich ist neben diesen eher qualitativen Aspekten auch die Quantität, mit der die jeweiligen Akteure in Erscheinung traten, zu berücksichtigen. Wen schrieben die Gesandten am häufigsten an? Welche Akteure suchten wie oft Kontakt zu den Gesandtschaften? Welche Gruppen, Ämter oder Gremien waren in die Entscheidungsfindung besonders häufig oder selten involviert? Ziel der folgenden Abhandlungen ist es, erstmals eine tiefergehende und differenzierte Analyse der innerstädtischen Zuständigkeiten für städtische Außenpolitik und Gesandtschaftsmissionen in Straßburg vorzulegen.

1.2.1 Einbindung und Ausschluss durch Gesandtenberichte

In der Straßburger Korrespondenz finden sich Anzeichen für die gezielte Steuerung von Informationen. Dabei wurde im Falle gewünschter Geheimhaltung der übermittelten Nachrichten explizit durch die Verfasser um Diskretion gebeten. Ebenso sind parallel geführte Korrespondenzen an verschiedene Adressaten überliefert. Zumeist richteten sich die Gesandten dabei im Wechsel mit unterschiedlichen Briefen sowohl an den Ammeister als auch an den Stadtrat. Fraglich ist, ob sich hinter diesem Vorgehen eine bestimmte Systematik verbirgt.

Das folgende Kapitel untersucht diejenigen Quellen, an denen sich exklusive Informationsweitergabe festmachen lässt. Damit sollen vor allem die Entscheidungsgewalt und der Handlungsspielraum verschiedener Akteure in den Vordergrund gestellt werden, die durch die Weitergabe aller, reduzierter oder gar keiner Informationen über Einbindung und Ausschluss entschieden. Ebenfalls wird die Frage aufzugreifen sein, inwiefern zu Beginn des 15. Jahrhunderts die Gruppe der Ammeister und Altammeister als Vertreter der Zünfte auch in der Außenpolitik der Stadt versuchten, unter Ausschluss anderer Gruppen und Gremien die Politik der Stadt zu steuern.

Als im Jahr 1419 Teile des Straßburger Patriziats aus der Stadt auszogen, um gegen die politischen Verhältnisse in der Stadt und ihre eigene angebliche Benachteiligung gegenüber den Zünften im Rat zu protestieren, fertigte diese Gruppe eine Schrift an, in der sie ihre Beschwerden dem Rat darlegte.[151] In einem anderen Schriftstück griff der Rat der Stadt diese Beschwerden auf, indem er sie zusammenfasste und zu den einzelnen Vorwürfen direkt Stellung nahm. Ein Vorwurf thematisierte die Frage nach Einbindung und Ausgrenzung innerhalb des Gesandtschaftswesens. Die Patrizier beklagten, dass man ihnen die heimlichen Angelegenheiten der Stadt vorenthalte, da die Ammeister darüber alleine berieten. Zudem erhielten Gesandte aus dem Patriziat weniger Informationen und seien gegenüber den aus Zünften stammenden Gesandten somit gezielt benachteiligt. Dies sei, so die Argumentation, insbesondere deshalb nicht verständlich und ebensowenig tolerierbar, da man selbst in der Vergangenheit die Ehre der Stadt stets verteidigt und dafür das eigene Blut vergossen habe.[152] Die Beschwerde über eine angeblich nicht ausreichend vorhandene Einbindung in die städtische Außenpolitik diente der Gruppe der Patrizier hier also als Argument in einer Auseinandersetzung um ganz grundsätzliche Fragen von städtischer Identität, politischer Teilhabe und Machtbalance. Folgt man der Argu-

---

151 Zu den Hintergründen des Konfliktes und den einzelnen Beschwerdepunkten bereits Alioth, Gruppen, S. 475; Richard, Ehre, S. 164; Liening, Honneur, S. 258.

152 AVES, I, 15, 10, 33v: *Und alz her Burckart sprichet, daz su* [gemeint ist hier und im Folgenden die Gruppe der ausgezogenen Patrizier, S. L.] *der stette heimelicheit nit wissent. So werdent ouch su darzu nit gezogen danne die Ammeister die koppffe zesamen stossent [...]. Und bisunder so man botten uff tage geschicket habe so wisse der eine die heimlichen sachen und der ander nit. Uber daz su doch allezit der stette friheit und ere gerne sehent und behuttent und ouch ire vordern ir blut darumb vergossen habent.*

mentation, so war die Beteilgung an Gesandtschaften und das Wissen um diesbezügliche Verhandlungsinhalte Ausdruck der politischen Stellung und Annerkennung von Personen und Gruppen der Stadt.

Diese Vorwürfe waren tatsächlich nicht neu, denn bereits seit dem 14. Jahrhundert hatte man den Kreis der Ammeister, selbst innerhalb der Zünfte, stark kritisiert.[153] Das Ammeistertum sei in dieser Zeit in Straßburg laut Martin Alioth ein „Kristallisationspunkt patrizischer Aggression gegen die Zunftherrschaft" und ein wesentlicher Grund für den Konflikt gewesen.[154]

Die Antwort des Rates lautete wie folgt: Man halte es durchaus für möglich, dass einige Gesandte besser informiert seien als andere, dies könne jedoch nicht mit der Zugehörigkeit der jeweiligen Gesandten weder zu den Zünften noch zum Patriziat in Verbindung gebracht werden. Möglicherweise, so der Rat, sei ein solcher Umstand mit der Mitgliedschaft jener Gesandten im Dreizehner Ausschuss erklärbar, deren Mitglieder schließlich immer umfassender informiert seien als andere Gesandte.[155]

An diesem Beispiel sind zwei Aspekte besonders aufschlussreich: Zum Ersten trifft der Rat der Stadt eine Aussage darüber, wie innerhalb der Stadt die Verteilung außenpolitisch relevanter Informationen vorgesehen war und dass dem heimlichen Ausschuss – den Dreizehnern – dabei eine Vorrangstellung eingeräumt wurde.

Zum Zweiten steht trotz der Erklärung des Stadtrates der Vorwurf im Raum, dass die Gruppe der Patrizier im Kontext von Gesandtschaften vorsätzlich benachteiligt wurde. Die zumeist paritätische Zusammensetzung von Gesandtschaften aus Patriziern und Zunftmitgliedern lässt bereits vermuten, dass man die Ansprüche beider Gruppen gleichermaßen berücksichtigen wollte, die Ratsverhältnisse abzubilden versuchte und damit eine Kontrolle der beiden Gruppen untereinander gewährleisten wollte.[156] Die aus der Stadt ausgezogenen Patrizier stellten die Existenz einer tatsächlichen Gleichberechtigung der Gruppen jedoch mit ihrer Beschwerde infrage. Da der vorgebrachte Missstand jedoch nicht genauer spezifiziert wurde, bleibt unklar, ob es sich um einen pauschalen Vorwurf beziehungsweise einen allgemeinen Eindruck handelte oder auf konkrete Ereignisse zurückging. Im Folgenden soll anhand von Beispielen aufgezeigt werden, dass die Vorwürfe der Patrizier tatsächlich als Reaktion auf konkrete Vorkommnisse gelesen werden könnten.

Von den zahlreichen Gesandtschaftsmissionen zum Konstanzer Konzil sind einige Briefe erhalten, die unter der Fragestellung der Einbindung und Ausgrenzung von Personen und Gruppen aufschlussreich sind. Im Jahr 1418 – also

153 Vgl. hierzu die Ausführungen in Kapitel II (1.1) sowie Alioth, Gruppen, S. 466.

154 Alioth, Gruppen, S. 466.

155 AVES, I, 15, 10, 34r: *So setzet man su zu allen heimelichen sache mit namen zu den Dritzehen zu den ein und zwentigen. So schicket man sie uffe alle tage. Und het in langer keinen Antwergman zu tage geschicket dann underwilent ein Altammeister daz doch an ime selbs billich ist. Und als her Burckart meynet so man su underwilent zu tage geschicket habe, daz danne eynre wisse und der ander nit, ist daz geschehen daz hett vil lihte geton daz einre der Dritzehen ist daz er me wissen sol von heimelichen sachen dann der ander der nit ditzehner ist, obe aber daz beschehen sy oder nit wissen wir nit.*

156 Schmitt, Gesellschaft, S. 294; Liening, Überlegungen, S. 141 sowie S. 144, Anm. 77.

ein Jahr bevor die dargelegten Vorwürfe gegen den Stadtrat erhoben wurden – war eine Gesandtschaft, bestehend aus dem Altammeister Hug Drizehen, dem Patrizier Cunrat zum Rust und dem Stadtschreiber Ulrich Meiger, in Konstanz beim Konzil anwesend. Neben den offiziellen Berichten an den Rat der Stadt, die von Drizehen selbst oder im Namen der gesamten Gesandtschaft verschickt wurden,[157] unterhielt der Altammeister noch einen gesonderten Schriftverkehr mit dem amtierenden Ammeister Ulrich Gosse.[158] Die Tatsache, dass ein Mitglied einer Gesandtschaft im Zuge einer Gesandtschaftsmission eigenständig eine Art parallele Korrespondenz führte, ist durchaus bemerkenswert und wirft Fragen nach der Notwendigkeit einer solchen Vorgehensweise auf.

Zunächst ging es dem Gesandten um inhaltliche Absprachen, die er mit dem amtierenden Ammeister vornehmen wollte. Dafür hätte der Altammeister Drizehen auch den Rat der Stadt anschreiben können, zog es aber offenbar vor, die Angelegenheiten mit dem Ammeister Ulrich Gosse allein zu klären.[159] An diesem Beispiel zeigt sich, was das ausgezogene Patriziat ein Jahr später grundsätzlich beklagte. Die Ammeister und Altammeister waren offenkundig in der Lage, in politischen Angelegenheiten unter Ausschluss des Rates zu handeln.

Ein weiteres Motiv schilderte Drizehen explizit in einem nachfolgenden Brief. Der Gesandte forderte den Ammeister Gosse dazu auf, geheime Nachrichten nur an ihn selbst und den Stadtschreiber Ulrich Meiger zu adressieren, nicht aber an den Gesandten Cunrat zum Rust. Der jeweilige Bote sollte hierfür extra instruiert werden und die Nachrichten heimlich übergeben, um den Gesandten nicht zusätzlich zu verärgern. Denn Cunrat zum Rust würde die Geheimhaltung sicherlich nicht gutheißen, so die Einschätzung Drizehens: *[...] dz esz den zum Rust verdrusse und esz nit in gut uf neme soelte er versten, dz utzit vor im gehaeltet wurde.*[160] Einige Tage zuvor hatte der Altammeister Hug Drizehen noch einen Bericht an den Rat der Stadt geschrieben und tat dies auch wenige Tage nach seinem Brief an den Ammeister erneut, diesmal jedoch gemeinsam mit eben jenem Cunrat zum Rust.[161]

Es lässt sich nicht mit Sicherheit nachweisen, dass dem Gesandten zum Rust in der Folge tatsächlich Informationen vorenthalten wurden. Der Brief des Altammeisters Drizehen an den Ammeister Gosse belegt jedoch eindeutig die Absicht, an dem patrizischen Gesandten Rust vorbei zu kommunizieren. Sicherlich nicht zufällig waren es in diesem Fall ein Altammeister und ein Ammeister, die einen Patrizier außen vorließen. Auch wenn kein sicherer und direkter kausaler Zusammenhang zwischen den Vorwürfen der Patrizier von 1419 und den hier dargelegten Geschehnissen des Jahres 1418 hergestellt werden

---

157 AVES, AA 168, 62, 63, 64, 66, 67.

158 AVES, AA 168, 65, 68, 70, 73. Gemeinsam mit dem Stadtschreiber Ulrich Meiger an den Ammeister Ulrich Gosse und die Fünf, AVES, AA 168, 78.

159 Vgl. hierzu den Brief AVES, AA 1443, 59.

160 AVES, AA 168, 65: *ouch wissend woeltend ir oder min herre der Techen* [Dekan, S. L.] *mir und Meister Ulrich utzit schreiben, dar zu geschwigen soelt werden, so befellend dem botten, dem ir die brief gebend, dasz er unsz die haimlich gebe, dan ich und Meister Ulrich verstanden wol, dz esz den zum Rust verdrusse und esz nit in gut uf neme soelte er versten, dz utzit vor im gehaeltet wurde.*

161 Vgl. hierzu die Briefe AVES, AA 168, 64 und 66.

kann, so findet sich die Beschwerde der Patrizier in den Vorgängen des Vorjahres dennoch exakt wieder. Zudem stand Hug Drizehen in einer starken Opposition zum städtischen Patriziat. In seinem Amtsjahr als Ammeister kündigt er etwa an, gegen Edle in der Stadt massiv vorgehen zu wollen.[162]

Zwei sehr aufschlussreiche wie gleichsam seltene Briefe an Hug Drizehen sind aus seiner ersten Amtszeit als Ammeister 1417 überliefert und zeigen anschaulich, mit welchen verdeckten Methoden Drizehen innerhalb des Gesandtschaftswesens agierte.[163] Darin werden Informationen über eine Gesandtschaftsreise und die Gesandten selbst übermittelt, aber auch Informationen weitergegeben, die der Geheimhaltung unterlagen.[164] Der Verfasser war ein Straßburger Geistlicher, der in den Quellen Meister Hermann Ritter[165] genannt wird. Jener war für Straßburg und das Straßburger Domkapitel ebenfalls beim Konstanzer Konzil tätig und auch im Umfeld der städtischen Gesandten zu finden, jedoch nicht wirklich Teil der offiziellen Gesandtschaften. Er bezeichnet die Gesandten als *stett boten* und *uwern botten*[166], was eine gewisse Distanz zur Gruppe der städtischen Gesandten zum Ausdruck bringt. Er reiste mit den Gesandten und war mit ihnen in einer Herberge untergebracht, wurde aber von Beratungen zum Teil explizit ausgeschlossen, was wiederum seinen speziellen Status unterstreicht. Außerdem, und dies gibt den Briefen noch eine zusätzliche Brisanz, wollte der Verfasser, dass seine Berichte vernichtet werden. Daher forderte er den Ammeister am Ende seiner Briefe dazu auf, diese zu zerreißen beziehungsweise zu verbrennen, damit außer ihnen beiden niemand von diesen erfahre. Lediglich einem nicht näher bezeichneten Rulin, vermutlich handelt es sich dabei um den Straßburger Altammeister Rulin Barpfennig, könne er die Briefe zeigen.[167] Die beiden Berichte erwecken den Eindruck, dass sich der Ammeister gezielt von einer Person aus dem Gefolge der Gesandtschaft Informationen zukommen ließ, um die Gesandten zu kontrollieren und zusätzliche Auskünfte zu erhalten, die ihm die Gesandten nicht lieferten. Das Vorgehen des

162 Alioth, Gruppen, S. 467. Alioth sieht in der Amtszeit des Hug Drizehen eine gewisse Auflockerung der gefestigten Verbindungen innerhalb der Ammeisterelite, da dieser mit vorherigen Ammeistern nicht verwandt war, Alioth, Gruppen, S. 476. Dass dies jedoch die Haltung gegenüber dem Patriziat und dessen versuchte Benachteiligung nicht tangiert haben muss, zeigen die dargelegten Ausführungen. Weitere Informationen zu Drizehen bei von Heusinger, Zunft, S. 402, Nr. 651.

163 AVES, AA 1443, 47 und 48f. Zwar ist der Brief nicht datiert, doch lassen die geschilderten Kontexte im Brief in der Kombination mit der Tatsache, dass Hug Drizehen im Jahr 1417 Ammeister war, auf die Abfassung des Briefes im Jahr 1417 schließen.

164 Weitere Belege zur Person: AVES, AA 1443, 48f.; AVES, AA 169, 29.

165 Weitere Belege zur Person: AVES, AA 1443, 37–39, 47–49; AVES, AA 1444, 22; AVES, AA 169, 29; AVES, AA 1459, 71v-72r.

166 Zur Benennung der Gesandten in den Quellen Liening, Überlegungen, S. 133.

167 AVES, AA 1443, 37: *[...] besorgent diesen brieff das nieman lesen denne her Ruelin deme ir uch wol getruwet und esz dar nach zerzerret beide dasz nut ieman widersz zu lese*; AVES, AA 1443, 38: *[...] verbrennet diese brieff das in nieman me finde oder lese so ir in oder her Ruelin gelesend.* Warum die beiden Briefe nicht vernichtet wurden und sich heute im städtischen Archiv wiederfinden, kann nicht geklärt werden. Möglicherweise ist dies ein Hinweis darauf, dass die Geheimhaltung in diesem Fall gerade nicht funktioniert hat.

Ammeisters Hug Drizehen spricht möglicherweise für ein erhöhtes Misstrauen gegenüber der Gesandtschaft beziehungsweise einzelnen Personen.

Diese Beispiele zeigen, dass Altammeister und Ammeister mitunter durchaus bestrebt waren, die Außenpolitik der Stadt zu kontrollieren und selbst maßgeblich zu beeinflussen. Indem man innerhalb dieser Gruppe gesonderte Absprachen traf, eigene Informationskanäle generierte und Gesandte heimlich kontrollierte, versuchte man andere Personen und möglicherweise auch Gruppen auszugrenzen. Die nachweisbare Benachteiligung eines Gesandten der Patrizier bleibt zwar ein Einzelfall, doch scheinen die diesbezüglichen Vorwürfe der ausgezogenen Patrizier 1419 – gerade weil sich die Ereignisse ein Jahr zuvor abgespielt hatten – nicht gänzlich abwegig zu sein.

Der geschilderte Fall für eine systematische Benachteiligung des Patriziats im Gesandtschaftswesen soll nun auf der Grundlage einer größeren Quellenbasis in einen breiteren Kontext eingebettet werden. Wer wurde unter welchen Bedingungen in die Außenpolitik der Stadt eingebunden? Gab es klar definierte Zuständigkeitsbereiche?

Die meisten der überlieferten Gesandtenberichte sind an den Rat der Stadt adressiert. Etwa unter der Formel *Den ersamen fursichtigen und wisen dem meister und dem Rat zu Straßburg unsern lieben heren und frunden*[168] berichteten Gesandte regelmäßig an den amtierenden Stettmeister und den Stadtrat. Briefe an die Ammeister sind weitaus weniger überliefert. Daneben gab es auch Berichte an bestimmte Gremien[169] oder weitere Personen[170] in der Stadt, manchmal wurden die Briefe sowohl an ein Gremium als auch einen Amtsträger zugleich adressiert.

Fragt man also nach Einbindung und Ausgrenzung im Gesandtschaftswesen, so spricht die Quantität eher für eine stärkere Einbindung des Stadtrates. Dennoch wird im Folgenden nach den Ausnahmen von der Regel gefragt, um zu überprüfen, wie Informationskanäle abseits der offiziellen Ratskorrespondenz funktionierten. Insgesamt soll vor allem das breite Panorama der Überlieferung aufgezeigt werden.

Die Ammeister wurden – nach dem Rat – von den Gesandten am häufigsten kontaktiert. Unter den Absendern finden sich verschiedene Akteure, was bereits verdeutlicht, dass die Briefe an den Ammeister nicht generell mit dem Ausschluss anderer sozialer Gruppen in Verbindung gebracht werden können. Sowohl Altammeister[171] als auch Patrizier[172] oder paritätische Gesandtschaften aus Zunftmitgliedern und Patriziern[173] sowie der Stadtschreiber Ulrich Meiger[174]

168 AVES, AA 168, 2.

169 AVES, AA 152, 11: *Den ersamen wisen den Drizehen zu Straszburg unsyn lieben herren.* Gesandtenbericht an die Dreizehn.

170 AVES, AA 169, 37, Brief an den Rentmeister; AVES, AA 1443, 71, Brief an Ulrich Bock den Alten. AVES, AA 169, 55, Brief an Friedrich von Zollern und den Ammeister Ulrich Gosse.

171 Briefe von Altammeistern an einen Ammeister: AVES, AA 165, 11, sowie die oben zitierten Briefe des Altammeisters Hug Drizehen.

172 Briefe von Pariziern an einen Ammeister: AVES, AA 168, 1, 31; AVES, AA 1443, 18; AVES, AA 1443, 68, 80.

173 Briefe von paritätischen oder gemischten Gesandtschaften an den Ammeister: AVES, AA 166, 13; AVES, AA 1443, 4 f., 18; AVES, AA 168, 37.

richteten Schreiben exklusiv an den Ammeister.[175] Bisweilen wurde der Ammeister auch gemeinsam mit einem Altammeister[176] oder einem Stettmeister[177] angeschrieben. Diese vereinzelten Belege für Mehrfachadressierung müssen jedoch als absolute Ausnahme angesehen werden. Der Großteil der Gesandtschaftsberichte an den Ammeister war ausschließlich an ihn allein gerichtet.

Dabei lässt sich nicht immer grundsätzlich sagen, weshalb diese Berichte ausgerechnet dem Ammeister und nicht etwa dem Stadtrat geschickt wurden. Unter anderem wurden Berichte an den Ammeister gesendet, die geheim gehalten werden sollten.[178] Andere Berichte verdeutlichen sowohl die Zuständigkeit des Ammeisters als auch verschiedener Gremien der Stadt. Es finden sich Briefe, die neben dem Ammeister zusätzlich an ein Gremium adressiert waren, wie etwa an die Neun, die Dreizehn oder die Fünf.

Vermutlich wurde bei Nachrichten, die nicht dem gesamten Stadtrat mitgeteilt werden sollten, zunächst nur der Ammeister oder ein Gremium, in dem dieser Mitglied war, informiert. Ein Bericht legt diese Vermutung sehr nahe: Die Gesandten schrieben dem Ammeister, dass ihr Brief geheim sei und grundsätzlich nur von ihm selbst beziehungsweise den übrigen der Fünf gelesen werden solle. Welche der übermittelten Inhalte er an die Räte persönlich weiterleiten wolle, solle er selbst entscheiden.[179]

Durch gezielte Weitergabe von Nachrichten hielt man den Rezipientenkreis vorerst bewusst klein. Dem Ammeister wurde im geschilderten Fall somit sowohl die Möglichkeit der Zensur eingeräumt als auch die weitere Verteilung der Informationen an einen größeren Kreis überlassen. Dabei war vermutlich auch gar nicht zwangsläufig vorgesehen, dass weiten Teilen des Rates diese Informationen grundsätzlich vorenthalten werden sollten. Wahrscheinlich ist eher, dass man in derartigen Fällen den Ammeister zuerst informierte, um ihm einen Wissensvorsprung zu ermöglichen oder weil man sich mit einer entscheidungsbefugten Person absprechen wollte, ohne dass der Sachverhalt direkt im gesamten Stadtrat besprochen wurde.

---

174 Briefe des Stadtschreibers Ulrich Meiger an den Ammeister: AVES, AA 169, 3, 5; 9, 10, 21 (innerhalb Rotulus), 22 (innerhalb Rotulus), 27, 28, 35, 44, 54; 58, 59, 64, 66, 72; AVES, AA 1443, 64, 65 f., AVES, AA 1438, 4 f.

175 Vgl. hierzu exemplarisch folgende Berichte: AVES, AA 165, 11; AVES, AA 166, 13, 19; AVES, AA 168, 1, 5, 31, 37, 68, 69, 70; AVES, AA 169, 3, 5; 9, 21 (innerhalb Rotulus), 22 (innerhalb Rotulus), 27, 28, 35, 44, 58, 59, 64, 66, 72; AVES, AA 1438, 4 f.; AVES, 1441, 1 (Nennung eines Briefes an den Ammeister); AVES, AA 1443, 4 f., 64, 68, 80; AVES, I, 16, 42.

176 AVES, AA 169, 74; AVES, AA 1451, 3 (hier kommt der Brief nicht von einem Gesandten, sondern vom Ammeister aus Basel).

177 AVES, AA 1443, 56 f.; AVES, AA 1443, 61 f. (und an Hügelmann von Finstingen).

178 AVES, AA 166, 12; AVES, AA 168, 7, 9, 65; AVES, AA 169, 10; 54; AVES, AA 1443, 18; 37 f., 47, 48 f., 65 f.

179 AVES, AA 168, 78: *[...] und wissend ir wol wasz in disem brief zu verschwigend ist dasz ander moegend ir sagen wen ir woellend [...] Lieber her der ammanmeister disen brief lesend ir und die funf und wasz den Raeten zu gehoeret daz moegend ir in sagen.* Auffällig ist, dass hier Hug Drizehen wieder einmal zu den Absendern gehörte. Gemeinsam mit dem Stadtschreiber Ulrich Meiger hatte er den genannten Brief an den Ammeister Ulrich Gosse und die Fünf geschickt.

Weitere Gesandtenberichte stützen die Annahme, dass nicht unbedingt eine dauerhafte Geheimhaltung beabsichtigt war. Im Jahr 1417 legten Straßburger Gesandte dem Ammeister Claus Arge nahe, den Erhalt der Nachricht und die übermittelten Informationen geheim und den Brief so lange unter Verschluss zu halten, bis man den Bericht quasi selbst freigebe. Es wurde also lediglich eine temporäre Zurückhaltung der Informationen empfohlen. Im Folgenden berichtete dieselbe Gesandtschaft dann auch wieder ausschließlich an den Stadtrat.[180] In einem weiteren Bericht wurde angemerkt, der Ammeister könne die Inhalte des Briefes ruhig an den Dreizehner Ausschuss und weitere Personen seiner Wahl weitergeben.[181]

Bei anderen Berichten lässt sich die Absicht einer dauerhaften Geheimhaltung zumindest nicht ausschließen. So gaben Gesandte zum Beispiel explizit an, dass nur Ammeister und Neuner Ausschuss informiert sein sollten.[182] Auch berichtete der Straßburger Stadtschreiber Ulrich Meiger in verschiedenen Fällen direkt an den Ammeister, so auch im Jahr 1418, als er dem Ammeister Ulrich Gosse erfreuliche Nachrichten in Aussicht stellte, die er ihm mündlich überbringen wollte. Doch solle der Ammeister dies als Geheimnis für sich behalten.[183] Im selben Jahr folgte noch ein weiterer Brief von Meiger an Gosse, auch hier wurde der Ammeister auf die Vertraulichkeit der darin behandelten Angelegenheiten hingewiesen.[184]

Allerdings kann keinesfalls gesagt werden, dass sämtliche Briefe an den Ammeister zum Zwecke der temporären oder dauerhaften Geheimhaltung an diesen geschickt wurden oder zwangsläufig bestimmte Gremien oder Personenkreise dadurch ausgeschlossen werden sollten. Dies lässt sich etwa an mehreren Briefen des Straßburger Stadtschreibers Ulrich Meiger zeigen. Denn Meiger kommunizierte in einem Bericht an den Stadtrat, dass er zuvor dem Ammeister bereits einen Brief geschrieben hatte und man darin die neuesten Sachverhalte finden werde.[185] Ein ähnlicher Hinweis findet sich in einem Brief von 1415.[186] Ebenso wurde in einem Bericht an den Ammeister angemerkt, dass zuvor bereits

---

180 AVES, AA 1443, 18: *[...] und unsz gefellet wol dz ir disz in ziehent und in heimlichkeit haltent so ir best koendent bisz wir uch andersz wissen laussent und embiettent [...].* Zu den weiteren Briefen dieser Gesandtschaft an den Stadtrat vgl. etwa AVES, AA 1443, 19–21.

181 AVES, AA 166, 12: *[...] und disz moegent Ir ouch wol den xiii und wem uch dan gut bedunket verkunden [...].*

182 AVES, AA 168, 7: *[...] und lont dis by uch und den nunen beliben.*

183 AVES, AA 169, 10: *[...] und wan ich zu uch kome so will ich uch maere sagen die ir gern hoeren werdend und haltend dasz vast heimlichen dasz ist not [...].*

184 AVES, AA 169, 54: *und haltend disz so ir heimlichest moegend [...]*; AVES, 1443, 65: *[...] woellend wissen in einer grossen geheimed [...].*

185 AVES, AA 169, 30: *also hett ich minem herren dem ammanmeister ein brief geschr den ich ouch diesen botten gegeben han* [gestrichen: *uch*] *in hin hab zebringend dar ynne ir wol senhen werdent wie alle sachen yetz und stond [...] ich han minen heren dem ammanmeister alle sachen verschrieben, die ich susz yetz weisz [...].*

186 AVES, AA 1443, 52 f., hier 52r: *[...] als ich das uch und minem herren dem ammanmeister und her Johans Lumbart hette geschriben [...].*

ein Brief an den Rat der Stadt verschickt wurde.[187] Zum einen zeigen die Aussagen über seinen vorherigen Briefwechsel mit dem Ammeister, wie unproblematisch und gängig es offenbar war, sowohl an den Rat der Stadt als auch gesondert an den Ammeister zu berichten. Zum anderen ist anzunehmen, dass Briefe, die an den Ammeister gerichtet waren, mit Sicherheit auch an den Rat weitergereicht und dort vermutlich auch verlesen und besprochen wurden, sofern nicht von den Gesandten explizit zu deren temporärer oder dauerhafter Geheimhaltung aufgefordert wurde. Als der Stadtschreiber Meiger beispielsweise an den Ammeister Ulrich Gosse schrieb, er werde aufgrund zu erledigender persönlicher Angelegenheiten erst später als geplant wieder zurück nach Straßburg kommen, bat er den Ammeister darum, ihm diese Verspätung nicht übel zu nehmen. Zugleich ging er offenbar davon aus, dass der Stadtrat ebenfalls von seinem Brief Kenntnis nehmen werde und bat diesen gleichermaßen um Verständnis.[188]

Drei weitere Fälle, in denen der Stadtschreiber abwechselnd seine Berichte an den Rat der Stadt und den Ammeister richtete, sind aus den Jahren 1415, 1416 und 1417 überliefert.[189] Auch hier lassen sich keine besonderen Auffälligkeiten feststellen, die die Art der Berichterstattung erklären würden. In jedem Fall scheint es auch hier nicht Sinn und Zweck gewesen zu sein, bestimmte Gruppen oder Akteure gezielt besser oder schlechter zu informieren. Das Beispiel des Stadtschreibers ist bezüglich der hier behandelten Frage allerdings insofern ein Sonderfall, als er selbst ursprünglich nicht aus Straßburg stammte und den sozialen Gruppen der Stadt nicht wirklich zugeordnet werden kann. Er war, anders als die anderen Gesandten, offiziell bei der Stadt gegen Entlohnung beschäftigt und hatte somit keinen eigenen Sitz im Rat inne.[190] Dementsprechend war er sicherlich in innerstädtische Verwicklungen und Konkurrenzen der einzelnen Gruppen weniger stark involviert. Eine parallel geführte Korrespondenz musste somit nicht zwingend problematisch sein, wie sie es im oben geschilderten Fall des Gesandten und Altammeisters Hug Drizehen war.

Es lässt sich also oftmals kein klares Muster oder System bezüglich der Einbindung und des Ausschlusses von Personenkreisen erkennen. Es wurde nach Bedarf an verschiedene Akteure geschrieben, allerdings nur zum Teil mit bestimmten Absichten wie etwa Geheimhaltung. In anderen Fällen wurde die wechselnde Adressierung in der Korrespondenz offen thematisiert. Der Ammeister wurde neben dem Rat vielleicht auch deshalb häufig kontaktiert, weil er als wichtigster Amtsträger in Straßburg im Grunde informiert werden musste

187 AVES, AA 169, 72: *und laussz uch wissen alsz ich minen heren meister und Rat verschrieben han von minesz herren von Cur wegen [...].*

188 AVES, AA 169, 59: *[...] darumb bit ich uch lieber herr das ir die will nit zurnend und ouch min genedig lieben herren meister und Rat dasz sy es nit fur ubel uf nemend dann ich will dar nach in allen sachen dester williger sin [...].*

189 1415: AVES, AA 169, 2, 3, 4, 5, 6, 26; 1416: AVES, AA 169, 8, 9; 1417: AVES, AA 169, 41, 44.

190 Vgl. grundlegend zu Ulrich Meigers Biografie Kaiser, Meiger, hier zu seiner Tätigkeit in Straßburg S. 169–197.

und man an der Person des Ammeisters eben nicht vorbeikam, wenn man die politischen Spielregeln nicht verletzen wollte.

Der Versuch, den Kreis der Mitwissenden möglichst klein zu halten, lässt sich nicht nur in Briefen an den Ammeister, sondern auch im Austausch zwischen Stadtrat und Gesandten beobachten. Der Stadtrat sollte in einem Fall einen Brief vorerst in den eigenen Reihen behalten und in keiner Form weiterleiten.[191] In einem anderen Fall baten die Gesandten darum, dass die Ratsmitglieder und der Einundzwanziger Ausschuss explizit zur Verschwiegenheit aufgerufen werden sollten.[192] Damit wollte man sicherlich verhindern, dass interne Informationen schnell in der Stadt verbreitet wurden. Eine derartige Interpretation lässt in jedem Fall ein Gesandtenbericht an Meister und Rat der Stadt von 1418 zu. Die Gesandten baten darin explizit um Geheimhaltung, schließlich, so die Argumentation, sei es nicht gut, wenn über derartige Dinge gesprochen werde.[193] Im Zuge der Absetzung König Wenzels im Jahr 1400 arbeiteten Gesandte verschiedener Städte, darunter auch Straßburger Vertreter, ein Schriftstück aus, in dem Vorschläge für das weitere Verhalten gegenüber den Kurfürsten und für eine gemeinsame Position in der Frage der Absetzung an die unterschiedlichen Stadträte gemacht wurden. Dieses Schrifstück und seine Inhalte sollten ebenfalls im Kreis der verschiedenen Stadträte verbleiben. Somit versuchte man also lediglich, die zwischenstädtischen Absprachen möglichst diskret durchzuführen.[194]

Ein Bericht, der ebenfalls innerhalb des Rates geheim gehalten werden sollte, zeigt recht anschaulich weitere Vorgehensweisen und Sicherungsmaßnahmen auf. Der Stadtschreiber Ulrich Meiger verwies nicht nur auf Geheimhaltung, sondern schrieb seine Ausführungen auf einen zusätzlichen Zettel, den er seinem offiziellen Bericht beilegte. Er begründete sein Vorgehen damit, dass der Rat den offiziellen Brief sicherlich den Vertretern des Straßburger Domkapitels vorlegen werde. Die zusätzlichen Informationen seien geheim zu halten, weshalb er sie separat mitteile.[195]

Auch wurden Gremien von den Gesandten explizit in die Außenpolitik eingebunden. Zur Geheimhaltung einer Nachricht wurden die Straßburger Dreizehn

---

191 AVES, AA 168, 32: *[...] ouch dunket uns guot sin dz ir disen brief uf dz nehste by uich lant blyben [...].*

192 AVES, AA 168, 52: *[...] dan von uwer sachen wegen gegen dem ellecten da woellend wissen und ouch in geheimed bliben laussen dz den Raetten und den ein und zweintzigen gebetten wird zu schwigend [...].*

193 AVES, AA 1443, 63: *doch lassend dis allez in heimlichkeit beliben dann ir wol verstand daz nit guot waere sollte dar uf* [gestrichen: *etwasz*] *gerett werde [...].*

194 RTA III, Nr. 167, S. 212: *Auch ist der egnanten stete frunde meinunge als die itzund zu Mencze gewest sint: obe iß iren reten wole gevellet, daz man alle und igliche vorgeschriben stucke in den reten verbiede also daz die sachen verswiegen verbliben und nit ußschellig werden.* Vgl. hierzu bereits Jörg, Gesandte, S. 49.

195 AVES, AA 169, 18: *Ouch wissen genadigen lieben heren in einer geheimed [...] genaedigen heren ich han disz dar umb in ein zedel geschriben dasz es heimlichen blibe* [sic!] *ob ir och den brief susz liessend hoeren min heren von dem Cappitel dasz dan disz heimelichen blibe dan ir wol verstand dz mir unwille darvon ufferstunde [...].*

in einem an sie adressierten Gesandtenbericht aufgefordert.[196] Der Stadtschreiber Meiger informierte den Ammeister Johans Lumbart 1416 schriftlich über Truppensammlungen am Neckar, damit Lumbart dies an den Rat der Stadt weiterleiten könne.[197]

Außerdem versuchten Gesandte die Zusammenkunft von Gremien selbst zu initiieren, so ist es etwa in einen Brief an den Ammeister Claus Gerbotte aus dem Jahr 1420 überliefert. Der Gesandte schlug vor, dass sowohl der Stadtrat, die Einundzwanzig als auch die Neun in einer Angelegenheit zu Beratungen zusammenkommen sollten.[198] Im selben Jahr berichtete eine Gesandtschaft dem Straßburger Stadtrat von Gesprächen mit König Sigismund in Breslau und erinnerte in diesem Brief an vorherige Beratungen in Straßburg. Demnach hatte der Gesandte Cunrat zum Rust mit den Einundzwanzig über Einzelheiten der bevorstehenden Beratungen mit dem König gesprochen. Die Gesandtschaft gab an, vor dem König jene inhaltlichen Standpunkte vertreten zu haben, wie es der Gesandte zuvor vor den Einundzwanzig getan hatte.[199]

Weitere Belege für eine mündliche Berichterstattung von Gesandten oder städtischen Boten vor einem Gremium finden sich beispielsweise auf sogenannten Gedächtniszetteln. Darauf vermerkten Gesandte mit wenigen Stichworten oder kurzen Sätzen, über welche Inhalte mündlich in Straßburg berichtet werden sollte.[200] Diese Zettel geben zum Teil auch Auskunft über die Empfänger dieser mündlichen Nachrichten, darunter befindet sich das Neuner Gremium.[201] Diese Schriftstücke wurden entweder von den Gesandten selbst nach Straßburg mitgebracht oder bereits vorab mit einem Gesandtenbericht übersendet, wie ein Beispiel aus dem Jahr 1422 zeigt. Zwei Gesandte verwiesen in ihrem Bericht an den Ammeister auf einen Zettel, der dem Brief beigelegt worden war. Dieser sollte von ihm und seinen *frúnden* – hiermit könnten Mitglieder eines Gremiums

---

196 AVES, AA 152, 11: *[...] das lont in geheime by uch bliben [...]*. Adressierung: *Den ersamen wisen den Drizehen zu Straszburg unsyn lieben heren.*

197 AVES, AA 169, 28: *ouch wissent lieber herr minen lieben heren meister und Rat zu verkoendent dz ein gar grosse samlung hie umb den Bodensee, and der Tenow, an dem Neker und durch minesz heren von Wirtemberg land sich hebet und wirbet ouch min her von Wirtemberg selber vast und sol sich dasz volk umb den Neker sameln uf aller heiligen tag und da nach bi zwein tagen da wissent uch nach zu rihtend.*

198 AVES, I, 16, 42: *[...] dar umb beduht uch un uwer frunt guot sin, so mugent ir den rot un die ein und zwentzick besenden so ez in sleht uf unser frouwen huz und die viiii so ze in sleht, so will ich ouch do sin un uch sagen wie ich gescheiden bin.*

199 AVES, AA 152, 8: *also sint wir uff hutte sunendag fur sine gnode komen nach fruegem Imbisz und habent Ime do erzalt von des dienstes wegen als er uch geschrieben het in der mossen als ich Cunrat zum Ruste das uch erzalte vor den einundzwenzigen do ich do heime was.*

200 Vgl. hierzu und den folgenden Ausführungen bereits Liening, Überlegungen, S. 136–138.

201 RTA VI, Nr. 126, S. 166 f.: *[...] Von der von Spire wegen, wie man do úberkommen ist, daz man helfen sol, vúr die nún [...] Wie Cůnrad von Gutzberg mit úch geretd het von Balsheims von Dischingen wegen, den uß vorchten zů loßende, vúr die nún [...] Wie ir mit den von Spire geretd hant von Lútolcz und Georien von Kolboczheims wegen, vúr die núne. [...] Gedenkent an Eberhartz von Ramberg seligen brůder, vúr die nin [...] Wie von Dietherich zům Hirtzhorn wegen mit úch geretd ist, vúr die 9.* Hierzu bereits Liening, Überlegungen, S. 136.

gemeint sein – geheim gehalten werden.[202] Nach ihrer Rückkehr wollten die Gesandten hierzu weitere Erklärungen folgen lassen.[203] Wenige Tage zuvor hatte dieselbe Gesandtschaft bereits einen Brief mit geheimen Nachrichten an den Rat der Stadt geschickt. Auch hier zeigt sich also wieder einmal eine parallel geführte Korrespondenz. Darin heißt es, dass man bei Bedarf die Dreizehner informieren könne.[204]

Die hier dargelegten Ausführungen zeigen, dass Gesandtschaften auf unterschiedliche Art und Weise die politischen Akteure in Straßburg an ihren Missionen und somit auch an der Außenpolitik teilhaben ließen. Dafür konnte zum Teil recht eindeutig ausgemacht werden, dass bestimmte Nachrichten der Geheimhaltung unterlagen und sich hieraus auch die vorgenommene Adressierung an bestimmte Akteure ergab. In diesen Fällen wurde zumeist explizit auf Geheimhaltung hingewiesen. Diese musste nicht von Dauer sein, sondern konnte lediglich temporären Charakter haben. Zwar lässt sich über die Korrespondenz an einigen Stellen zeigen, dass die Gruppe der Altammeister und Ammeister versuchte, am Patriziat vorbei zu agieren, doch lassen sich hieraus keine generellen Aussagen über eine grundsätzlich vorhandene gezielte Benachteiligung des Patriziats ableiten. Auch die parallel geführten Korrespondenzen können nicht zwangsläufig mit Bevor- oder Benachteiligung bestimmter Akteure erklärt werden. Sowohl den Ammeister als auch den Rat der Stadt im Verlauf einer Mission zu informieren, war eine gängige Vorgehensweise und die Weitergabe der Informationen wurde von den Gesandten auch erwartet. In der Regel wurde der Stadtrat oder der Ammeister von den Gesandten angeschrieben. Darüber hinaus scheint die Entscheidung der jeweiligen Gesandtschaften über die Verteilung von Informationen sehr kontextabhängig gewesen zu sein.

1.2.2 Schreiben an Gesandte: Informationen, Beschlüsse und Instruktionen

Wechselt man die Perspektive und untersucht diejenigen Briefe, die an die Gesandten geschickt wurden, so fällt zunächst die viel geringere Menge der überlieferten Schreiben auf. Dieser Umstand hängt sicherlich nur zum Teil damit zusammen, dass die Gesandten vermutlich mehr Briefe verfassten als an sie

---

202 In einem anderen Kontext bezeichnete ein Ammeister das Neuner Gremium als *min frunde die nune*, vgl. AVES, AA 1441, 1. Allerdings konnte die Bezeichnung *frunde* eine breite Anwendung finden, etwa auch um städtische Gesandte zu benennen, vgl. hierzu beispielhaft RTA VI, Nr. 1, S. 16: *[…] begeren wir mit ernste, das ir uwer erber frunde mit gantzer macht off denselben tag gein Mentze schickent […].* Vgl. exemplarisch zu den unterschiedlichen Verwendungskontexten des Begriffs die terminologischen Überlegungen bei Teuscher, Bekannte, S. 75–84, der am Beispiel der Stadt Bern um 1500 insbesondere auf die Verwendung des Begriffs zur Kenntlichmachung verwandtschaftlicher Verbindungen verweist, jedoch auch auf weitere Anwendungszusammenhänge – wie etwa die gegenseitige Bezeichnung der Ratsmitglieder als *ratsfründ* – eingeht.

203 RTA VIII, Nr. 132, S. 143 f.: *ouch schickent wir úch ein zedell hie inne geslossen, den lont in geheime bi uwern frúnden bliben, und heissent úch den zedel gehalten; so wellent wir fúrbaß mit úch reden noch des zedels besagung, so wir zů uch heim kumment.* Hierzu bereits Liening, Überlegungen, S. 136.

204 RTA VIII, Nr. 131, S. 143: *und dunket úch gůt, so bringet dis fúr die drizehen, daz es in geheime blibe.*

selbst geschrieben wurden. Berichte an Gesandtschaften wurden vornehmlich dann verschickt, wenn eine Kurskorrektur der bisherigen Zielvorgaben notwendig war, zusätzliche Informationen, Beschlüsse oder Instruktionen übermittelt werden mussten oder die Akteure selbst Neuigkeiten von den Gesandten einforderten. Oftmals wurden Informationen, Handlungsempfehlungen und Anweisungen von den Gesandten eher in Eigeninitiative angefragt.[205]

Es lassen sich Strukturen nachweisen, die durchaus auf regelmäßige Schreiben an die Gesandten hindeuten. Der Stadtschreiber Ulrich Meiger beklagte sich beispielsweise vehement über die mangelnde Kommunikation seitens des Stadtrates, da dieser dem im Vorfeld verabredeten regelmäßigen Nachrichtenverkehr nicht nachkam.[206]

Bei der Beurteilung der Überlieferung muss berücksichtigt werden, dass höchstwahrscheinlich nur wenige der an die Gesandten verschickten Briefe wieder zurück nach Straßburg gelangten, da sie von den Gesandten nicht mit zurückgenommen, sondern eher vernichtet und somit auch nicht archiviert wurden.

Die folgenden Ausführungen untersuchen diese an die Gesandtschaften gerichteten Briefe unter der grundlegenden Fragestellung nach Zuständigkeiten und Organisation von Gesandtschaften und Außenpolitik. Weniger sollen jene Schreiben in Bezug auf ihre tatsächliche Wirkung untersucht werden. Es spielt also zunächst keine Rolle, ob die Inhalte der Briefe für die Gesandten hilfreich waren und ob sie sich an Beschlüsse des Rates oder Anweisungen anderer Akteure gehalten haben. Von Interesse ist in diesem Kapitel vielmehr die Frage, von welchen Akteuren sie kontaktiert wurden und zu welchem Zweck. Betrachtet man diese Frage unter quantitativen Aspekten, so ist die Quellenlage hier ebenfalls eindeutig, denn trotz einiger Ausnahmen stammten die meisten jener Schreiben vom Rat der Stadt.

Absender, Gründe, Absichten und Umsetzung der schriftlichen Kommunikation mit den Gesandten stehen im Fokus der Analyse. Dabei muss berücksichtigt werden, dass die wenigsten Briefe an die Gesandten nur aus einem

---

205 Vgl. hierzu exemplarisch die folgenden Quellenbelege: AVES, AA 169, 12: *[...] land uns ouch wissen von stund [...]*; AVES, AA 169, 15: *[...] dar umb bedunket mich gut dz ir unsz on verziehen wissend lausszend wasz uwer meinung dar umb sige [...] und dar umb wasz uwer meinung in werde dasz woellend mich onverzogenlichen wisszen lausszen*; AVES, AA 169, 25: *[...] land mich ouch wisszen wie ich mich mit der herberge und susz halten soelle dan dz zil der herberge uf Samstag uszgat [...]*; AVES, AA 1443, 5: *[...] da wissen wir nit uf welhe wege man reden wolt [...] uf wasz wege man joch reden woelt so moehtend ir uns dasz wisszen lausszen [...]*; AVES, AA 1443, 59: *[...] dar um woellend mich uwer antwurt furderlichen lausszen wissen wie ich mich dar ynne halten soelle [...]*.

206 AVES, AA 169, 13: *[...] so han ich bisz uf diesen zenhenden tag nie kein botschaft von uch gehapt dasz mich wunderlich nimet dan doch min her der ammanmeister meinet ich soelt alletag einen botten von uch haben un waisz ich von nieman der zu der stett gehoert wie esz da heimen stett dz ich mich doch weste dar nach zu rihtent so getar ich ouch nit von hinnen Ritten mir were dan vor etwasz botschaft von uch komen ir sint in einer grossen sache die sich von tag zu tag schweret /ist dasz man nit andersz dar zu tut. So besorge ich dz esz hertter werd weste ich aber etwasz uwers willen oder moeht zu uch heimen komen, die sache soelt noch zu mal gut werden. Dar umb land uch so vil geltz nit beduren schikend mir einen botten dz ich nu wissz wie ir uch da heimen haltent und wasz ir vorhanden habent, so will ich dar zu dz beste tun.*

Grund geschrieben wurden. Vielmehr waren darin, wie auch auch in den meisten Gesandtenberichten, unterschiedliche Inhalte und Anliegen gebündelt zusammengefasst. Es ist demzufolge auch wenig zielführend, alle diese Aspekte im Einzelnen aufzuführen. Die Untersuchung beschränkt sich daher auf die Darstellung eines Panoramas dominierender Themen anhand einzelner Beispiele. Mithilfe dieser Vorgehensweise soll überprüft werden, welche Akteure mit unterschiedlichen Anliegen versuchten, Einfluss auf Gesandtschaftsmissionen zu nehmen.

Nimmt man zunächst die Briefe in den Blick, die im Namen des Stadtrates verschickt wurden, so fällt auf, dass diese oftmals Anweisungen beinhalten, die von ganz unterschiedlichem Charakter sind. Anhand einiger Beispiele ist es möglich, dieses inhaltliche Spektrum zu veranschaulichen. Es reichte von der Aufforderung an einen anderen Ort zu reisen beziehungsweise die Rückreise anzutreten über die Bitte in bestimmten Angelegenheiten weitere Informationen zu beschaffen bis hin zu inhaltlichen Absprachen und Kurskorrekturen bezüglich laufender Verhandlungen.

Aus einem Antwortschreiben des Stadtschreibers Ulrich Meiger an den Rat der Stadt lässt sich auf eine vorherige schriftliche Kontaktaufnahme des Rates schließen. Andere Straßburger Gesandte benötigten die Unterstützung des Stadtschreibers, weshalb ihm der Rat den Auftrag erteilt hatte, zum Aufenthaltsort der Gesandtschaft zu reisen.[207] Dem Rat kam hier also eine Schlüsselfunktion bei der Koordination einer laufenden Gesandtschaftsmission zu. Er stellte den notwendigen Kontakt zum Stadtschreiber her und sorgte dafür, dass dieser die Gesandten bei der Erfüllung ihres Auftrages zur Seite stand.

Eine koordinierende Funktion des Stadtrates lässt sich ebenfalls in einem Brief an eine Gesandtschaft aus dem Jahr 1414 feststellen. Darin forderte der Rat die Gesandten auf, ihre Mission zu beenden und zurück nach Straßburg zu kommen. Die Gesandtschaft befand sich in Oberkirch und sollte zu einer Versammlung nach Offenburg reisen. Da diese jedoch kurzfristig abgesagt wurde, informierte der Rat die Gesandtschaft darüber. In der Zwischenzeit hatte der Rat bereits ein Treffen mit dem Straßburger Bischof in Zabern verabredet, bei dem die Gesandten nach erfolgter Rückkehr erscheinen sollten.[208]

Für den Abbruch von Gesandtschaftsmissionen konnten auch die hohen Kosten verantwortlich sein. In einem Brief an eine Gesandtschaft aus dem Jahr

---

207 AVES, AA 169, 67: *[...] als ir mir verschriben hand dasz ich zu uwern erbern botten gen stollhofen komen soellen usz soelicher geschrift zu redend so uch her Augustin geschriben hat, also woellend wissen dasz ich dasz mit guotem willen gern tuon will und will also uf den naehsten Samstag nach dem pfingstag zo tag zit da sin und getruw uch ouch wol zuo ratend und ze helfend in den sachen die ir zu hof hand uf welhen wege ir joch genaiget sind und bekenne mich dasz ich dasz billichen tuon dan mir guotlichen bi uch geschenhen ist [...].*

208 AVES, AA 1438, 11: *Wir Johans Mansz der Junge der Meister und der Rat zuo Straszburg enbieten unsern erbern botten die yetze von unsern wegen gen Oberkirch gevertiget siend waz wir guts vermögent. Als der tag uf morn dunrstag zu Offenburg sin solt mit dem edeln heren margrafen Otten [...] dar umb so ist der tag disz mal wendig [...] darumb so machent uch furderlichen hereim, daz man zuo dem tage [...] gen Zabern kome, da by er auch sin will alsz er uns daz verschriben und muntlich geseit hat.*

1418, die sich zu dieser Zeit bei Papst Martin V. aufhielt, wurde explizit die finanzielle Belastung als Grund für die angeordnete Rückreise angegeben. Es war dem Rat zu kostspielig, alle Gesandten vor Ort zu belassen, weshalb zwei der vier Gesandten zurück nach Straßburg kommen sollten.[209]

Ein weiterer Grund zur Kontaktaufnahme mit Gesandten bestand für den Rat der Stadt, wenn er über den Verlauf der Mission oder bestimmte Themen informiert werden wollte. Entweder beklagte man einen grundsätzlichen Mangel bei der Informationsversorgung durch die Gesandten[210] oder wünschte spezielle Informationen, die von den Gesandten gezielt beschafft werden sollten. Das Interesse konnte sich dabei auf den Aufenthaltsort bestimmter Personen[211] oder konkrete Ereignisse, wie die Flucht Johannes XXIII. aus Konstanz,[212] beziehen.

Ein elementarer Bestandteil von Briefen an Gesandtschaften waren inhaltliche Empfehlungen und Anweisungen bezüglich der zu erledigenden respektive zu verhandelnden Angelegenheiten. Manchmal wurden diese jedoch weniger auf eigene Initiative der innerstädtischen Akteure, sondern vielmehr als Antwort auf zuvor erhaltene Schreiben der Gesandten verschickt. In einem Brief des Ammeisters Rulin Barpfennig an zwei Gesandte wurde unter anderem die Frage beantwortet, welche Reiserouten die Gesandten wählen sollten. Auf Nachfrage der Gesandten empfahl dieser ihnen, mit dem Schiff über den Rhein zu reisen, nachdem er dies zuvor im Neuner Gremium besprochen hatte.[213] Daraus lässt sich nun schwerlich ableiten, dass der Ammeister gemeinsam mit den Straßburger Neun explizit für die Organisation von Reiserouten zuständig war. Das Beispiel macht vielmehr deutlich, was im vorherigen Kapitel bereits in ähnlicher Weise festgestellt worden ist: Zuständigkeiten waren nicht zwangsläufig festgelegt oder im Einzelfall immer relevant. Im skizzierten Fall waren offenbar pragmatische Gründe dafür ausschlaggebend, sich an den Ammeister zu wenden. Denn die Gesandten hatten sich neben dieser Frage auch bezüglich anderer Themen an den Ammeister gewandt. Es war daher sinnvoll, den Ammeister mit allen Themen und offenen Fragen zu konfrontieren. Daher lässt dieses Beispiel keine sicheren Rückschlüsse auf eine spezielle Zuständigkeit zu.

---

209 AVES, AA 167, 2: *[...] das die sache domit gehindert werde daz man so kostlich zu hofe lige dar umb, so ist unsz meynunge und enpfelhen uch ouch mit ernste dz mit namen ir, her Johanns Rudolff von Endingen, und ouch du, Jacop Mansz, furderlich her heim zuo uns riten wollent und daz du, Bluomenstein, und ouch ir, Meister Uolrich, zu hofe bliben sollent.*

210 Vgl. hierzu bereits Liening, Interessenvertretung, S. 196–202.

211 AVES, AA 167, 4: *[...] befelhen wir uch mit ernste, daz ir do obenan zu Costentz uwer erfaren habent an den, die dan von unsern heren dem kunig kumment, ob sy utzit von dem obgenannten hern Heinrichen wissend, ob er uf der stroß sie oder wo er sich uszher richte.*

212 AVES, AA 167, 6: *Wir haben wol gesehen in welher masz ir uns verschriben hant, sunderliche die swere sache unsern heiligen vatter Bobst Johannes antreffende, als der entwichen ist. Enpfelhen wir uch, waz ir da von oder andern sachen, die uns zu verschriben sind, furbasz enpfindent, daz ir uns das zu wissend tugent.* Zur Flucht Papst Johannes XXIII. aus Konstanz vgl. etwa Koller, Kaiser.

213 AVES, AA 1441, 1: *[...] und als ir mir geschr[iben] hant welhen weg ir varen sollend do duncket under min frunde die nune und mir das ir den Ryn har abe varen sollend.*

1.2.3 Wer entsendet Gesandtschaften?

Für die Beurteilung von Zuständigkeit und Organisation im Gesandtschaftswesen ist ein weiterer Aspekt von Bedeutung. Gesandtschaften begaben sich nicht selbstständig im Namen der Stadt auf ihre Missionen, sondern wurden ausgewählt und mit einem Auftrag ausgestattet. In unterschiedlichen Quellen, wie etwa Instruktionen, Beschlüssen, Protokollen und Briefen, finden sich Hinweise auf verschiedene Akteure und Prozesse. Die folgenden Ausführungen sollen auf dieser Grundlage überprüfen, welche Akteure in welcher Form an diesen Entsendungen beteiligt waren.

Gesandtschaften wurden entweder auf eigene Initiative städtischer Akteure ernannt und entsendet oder von auswärtigen Akteuren aus unterschiedlichen Gründen angefordert. War beispielsweise die Mithilfe Straßburger Gesandter bei einer Streitschlichtung gewünscht, so richteten sich derartige Bitten auswärtiger Akteure in der Regel an den Rat der Stadt.[214] Nicht ausschließlich Schreiben im Kontext jener Schiedsverfahren verdeutlichen die Rolle des Rates als offiziellen Ansprechpartner, vielmehr ist diese Funktion des Gremiums breit überliefert, diese soll im Folgenden anhand einiger Beispiele dargelegt werden: Als König Ruprecht im Oktober 1405 darum bat, Gesandte mit Vollmachten zu einem Hoftag nach Mainz auszusenden, war das Schreiben an *Den ersamen unsern lieben getruwen meister und rat der stad zů Straßpurg* adressiert.[215] Ruprecht forderte eine umgehende Antwort des Rates, ob man Gesandte zu ihm schicken werde. Die Rückmeldung sollte über den königlichen Boten erfolgen, der zuvor den Brief nach Straßburg gebracht hatte.[216] Da die erwünschte Bestätigung ausblieb, schickte der König etwa zwei Wochen später erneut ein Schreiben an den Stadtrat und bekräftigte darin abermals die Notwendigkeit einer Aussendung von Gesandten mit umfassenden Handlungsvollmachten.[217] Ebenso forderte etwa König Sigismund im Jahr 1416 von Straßburg, einen königlichen Tag zu besuchen und schrieb in dieser Angelegenheit an *Den ersamen ammeister und rate der stat zu Straßburg unsern und des richs lieben getruen.*[218]

Somit folgten diese Schreiben der gängigen Konvention, Briefe an Straßburg auch direkt an den Rat der Stadt zu adressieren. Wenn der Stadtrat formell

---

214 Vgl. hierzu beispielhaft AVES, AA 1427, 2: *Den Erbern wisen und bescheiden dem Meister und dem Rate zů Hagenau unsern fruntlichen dienst [...] als ir uns einen tag [...] verkundet habent [...] und wellent zů dem selben tage komen und wellent ir ouch uwer erbern botten dar zuo schicken [...].*

215 RTA VI, Nr. 1, S. 16: *[...] begeren wir mit ernste, das ir uwer erber frunde mit gantzer macht off denselben tag gein Mentze schickent [...].*

216 RTA VI, Nr. 1, S. 16: *[...] und begern herumbe uwer verschriben antwůrt mit dissem botten.*

217 RTA VI, Nr. 2, S. 16 f.: *[...] doruff ir uns noch keyn antwort geben habent: begern wir aber mit ernst, daz ir uwer erbere frunde mit ganzter macht off den obgenanten der heiligen drier kunige tag zů uns gein Mencze schicken wollent [...] und begern heruff uwer verschrieben antwort mit diesem bodten [...] Den ersamen unsern lieben getrůwen meister und rate zů Straßpůrg.*

218 RTA VII, Nr. 196, S. 309: *[...] dorumb begern wir von euch und gebieten euch ouch ernstlich und vesticlich mit diesem brief, daz ir euch dortzu fertigen schicken und bereiten sollet, wenn und alsbald wir euch anderwerf unser schrift und manung tun und eynen genanten tag verkunden werden, daz ir dann unvertzogentlich zu Renß uf dem Rine bij uns sijn sollet.*

angeschrieben wurde, sagt dies weniger etwas über die tatsächlichen Abläufe der Entsendung einer Gesandtschaft aus, sondern vorrangig über die Art und Weise, mit der auswärtige Akteure in diesen Angelegenheiten an Straßburg herantraten. Gerade weil ein solches Vorgehen den grundsätzlichen Konventionen entsprach, sollte daraus nicht auf die tatsächlichen innerstädtischen Zuständigkeiten geschlossen werden. Diese Beispiele bringen daher zunächst nur offizielle Zuständigkeiten in der Wahrnehmung außerstädtischer Akteure zum Vorschein. Somit weisen sie aber bereits auf das grundsätzliche Problem der Unterscheidung zwischen offizieller und inoffizieller Ebene bei der Entsendung von Gesandtschaften hin, welches im Folgenden eingehender erörtert wird.

Explizite Aussagen über die Entsendung von Gesandtschaften finden sich in offiziellen Dokumenten, wie Schlichtungsvereinbarungen, die unter Beteiligung Straßburger Gesandter zustande gekommen waren. Darin wurde betont, dass die Gesandten im Auftrag des Rates der Stadt handelten. In einer Schlichtungsvereinbarung von 1407, die von zwei Straßburger Gesandten und dem Straßburger Bischof für andere Parteien verhandelt wurde, vermerkte man explizit, dass die Gesandten durch Meister und Rat der Stadt ausgesandt worden seien.[219] 1416 bedankte sich der Herzog Reinalt von Urslingen beim Rat dafür, dass man den Altammeister Ulrich Gosse zur Schlichtung einer Angelegenheit zu ihm geschickt hatte.[220] Selbst bezeichneten sich mehrere Straßburger als *botten von des Rates wegen darzu geordent und gesetzet*. Sie hatten gemeinsam mit den Pflegern eines Klosters die Finanzen desselben geprüft.[221] In einem Gesandtenbericht an den Rat der Stadt aus dem Jahr 1406 bezog sich die Gesandtschaft darauf, dass man vom Rat ausgesandt worden sei: *als ir uns uzgevertiget hant […].*[222] Aus einer mehrseitigen Quelle, die von Gesandten verfasst wurde, jedoch nicht als klassischer Gesandtenbericht einzordnen ist, und in der diese über eine Gesandtschaftsmission berichteten, geht gleiches hervor.[223] Man sei von *Meister*

219 AVES, AA 1434, 11: *Wir Wilhelm von gottes gnaden Erwelt und Bestetiget Bischof ze Strazburg fundent mengelichen mit disem briefe das wir mit helffe der Erbern wissen unsern lieben getruwen Johans Bockes und hern Wilhelm Metzigers Altammanmeisters zu Strazburg meister und Rates der Stette zu Strazburg erbern botten, die meister und Rat ze Strazburg von irer stette wegen harzu geschicket hat einen friden vurbazz beretd habent zwischent […].* Ebenso sind ähnliche Formulierungen in den Konzepten dieser Vereinbarung zu finden, vgl. AVES, AA 1434, 9 f.

220 AVES, AA 135, 4: *[…] und aber ir hern Uolrich Gossen alt ammeister als ein gemeinen dar geben hant uns bed pten zu betragend nach dem den berett was. Des ich uch zu mol vaste dancken.*

221 AVES, X, 381: *Als wir Bertholt von Roszheim und Johans Nellesheim von den erbern unsern meister und Rate zuo Straszburg zu pflegern des huses der wissen Brüder und wir Uolrich Gosse Ammanmeyster Uolrich Bock und Peter Sunner Altammanmeyster zu botten von des Rates wegen darzu geordent und gesetzet sind zuo besehende die zinsen, gulten, nutzen und gefellen des selben huses und zuo erfindende den kosten des huses und eins gegen den andern zuo legen […].*

222 RTA VI, Nr. 67, S. 97.

223 AVES, AA 1450, 71–73. Bei dieser Quelle handelt es sich um einen Bericht, der auf mehreren, zu einem Heft gefalteten Bögen verfasst wurde, jedoch keinen Adressaten oder die für einen Gesandtenbericht üblichen Anredeformeln enthält. Er ist aus der Perspektive einer Gesandtschaft verfasst, vgl. AVES, AA 1450, 72r: *[…] alz antwurtent wir, die obgeschr Botten von Stroßburg, den heren den Botten vom Capittel do vor genant […].*

und Rates der Stat Straspurg […] uff dise zit in Botten wise gon Spire geschickt worden.[224]

Auch in Vollmachten stellte man die Position der Gesandten als stellvertretende Verhandlungspartner des Stadtrates heraus. In einem solchen Dokument, das für Sigismund von Luxemburg bestimmt war, teilte der Rat dem König die Gesandten mit vollem Namen mit, die für die Stadt auf Wunsch des Reichsoberhauptes nach Breslau reisten.[225]

Gesandtenberichte bestätigen diese Beobachtungen: In einem Brief an den Ammeister Johans Lumbart thematisierte der Stadtschreiber Ulrich Meiger, dass der Rat beabsichtige, weitere Gesandte nach Konstanz zu schicken, weshalb Meiger für die Gesandten eine Unterkunft organisiert hatte.[226]

Selten finden sich hingegen die Neun respektive Dreizehn als entsendende Instanz. Im Jahr 1416 wurde der Straßburger Berthold Zorn von den Dreizehn damit beauftragt, in Konstanz Informationen darüber zu sammeln, was der Stadt Schaden zufügen oder Nutzen bringen könnte.[227] Diesem Gremium wurde von der Forschung – wie bereits angedeutet – eine zentrale Rolle in der Außenpolitik zugewiesen. Das muss vor dem Hintergrund dieser Ergebnisse für den Untersuchungszeitraum dieser Studie stark bezweifelt werden.

Auch interne Dokumente aus Straßburg geben Einblicke in die Entsendung von Gesandtschaften und sind hinsichtlich diesbezüglicher Entscheidungsprozesse aufschlussreich. Als der Straßburger Bischof Wilhelm von Diest zum Zweck seiner Bestätigung durch Papst Martin V. vom Rat der Stadt forderte, eine Gesandtschaft zum Kirchenoberhaupt auszusenden, beratschlagten darüber verschiedene Akteure, bevor eine Entscheidung gefällt wurde:[228] Nachdem ein Gesandter des Bischofs vor dem Stadtrat und den Einundzwanzig die Anliegen des Bischofs vorgebracht hatte, entschieden sich die beiden Gremien, das Schöffengremium der Stadt in die Beschlussfassung mit einzubinden. Diese stimmten der Entsendung einer Gesandtschaft unter bestimmten Bedingungen

---

224 AVES, AA 1450, 71.

225 AVES, AA 152, 5: *[…] schicken wir zu uwern kuniglichen gnaden unsz erbern trefflichen frunde und botten mit namen die fromen vesten hern Peter Zorn von Du[ntzen]heim Ritter, Cunraten zum Rust wylent Stettmeister zu Straszburg und Hansen Armbrostern uwern kuniglichen gnaden dienstlich nach uwer begerunge zu warten und engegen ze sin.*

226 AVES, AA 169, 27: *wie mijn genedige heren meister und rat […] verschreben hatten under anderm wie dasz me Erbern botten her uf her komen soelten und also hann ich die herberg einen manet vorbasser bestanden.*

227 AVES, AA 169, 19: *genaedigen lieben heren als dieser brief geschrieben wart do kam her Bertholt Zorn zu mir und seit mir in welher masz er fur die xiii besent were worden mit namen daz er da gebetten were hoeret er utzit dasz der stat schad oder nutz were dz er dasz verkoendet […].*

228 Es handelt sich um ein Heft mit fünf Seiten. Auf einer der beiden außenliegenden Seiten wurde das Dokument in einem Satz zusammengefasst und scheint eine Art Überschrift für das Schriftstück zu sein, evtl. diente dies auch der internen Archivierung. AVES, AA 1450, 2–5, hier 5v: *Item die urteil die meister und rot scheffel und amman uber kome sint und der brief wie unserm heiligen vatter dem bobest dar umb siner heilikeit ferschriben ist zuo hoerende.*

zu.[229] Unter anderem wurde festgelegt, dass der Rat gegenüber den Gesandten weisungsbefugt sei.

Die hier dokumentierten innerstädtischen Abläufe und Beratungen zeigen von den ersten gemeinsamen Gesprächen des Stadtrates und den Einundzwanzig mit dem Abgesandten des Bischofs über die Einbindung der Straßburger Schöffen in die Entscheidungsfindung bis hin zur gemeinschaftlichen Erklärung, dass die Zuständigkeiten und Organisationsschritte, die mit einer Gesandtschaftsentsendung einhergehen konnten, durchaus vielschichtig waren. Zwar war die Entsendung einer Gesandtschaft zum Papst eine nicht alltägliche und deshalb auch besonders wichtige Entscheidung, an der möglichst viele Akteure beteiligt wurden. Doch zeigt gerade dieser Spezialfall, dass das Gesandtschaftswesen flexibler und weniger eindeutig organisiert war, als dies die bisherige Forschung zur Kenntnis genommen hat. Denn der vermeintlich hauptsächlich für die städtische Außenpolitik verantwortliche Neuner/Dreizehner Ausschuss hatte an den dargelegten Entscheidungsprozessen offenbar keinen Anteil. Dass dieser bei einer derart bedeutenden Angelegenheit bezüglich einer auszusendenden Gesandtschaft zum Papsthof nicht eingebunden war, lässt stark an der tatsächlichen Zuständigkeit des Gremiums – zumindest in den ersten beiden Jahrzehnten des 15. Jahrunderts – zweifeln, auch wenn eine solche Zuständigkeit ursprünglich höchstwahrscheinlich intendiert war.[230]

Dieses Beispiel veranschaulicht ebenfalls das Problem der Unterscheidung zwischen offiziellen und inoffiziellen Zuständigkeiten. Die Tatsache, dass die Gesandten oftmals offiziell vom Rat ausgesandt wurden, sagt tatsächlich noch nichts über die Beteiligung weiterer Akteure am Entstehungsprozess der Entsendungen aus.

Verschiedenen Stadtverordnungen aus dem 15. Jahrhundert zeigen vielmehr, dass Gesandte zwar offiziell im Namen der Stadt ausgesandt wurden und stellvertretend für den Rat Verhandlungen führten, doch war für die Entsendung der Gesandtschaften im Untersuchungszeitraum offiziell eigentlich der Ammeister zuständig. In der Straßburger Stadtordnung von 1405 findet sich ein Eintrag, der verdeutlicht, dass die Entsendung von Gesandten durch den Ammeister vorgenommen werden sollte.[231] Eine Bestätigung hierfür findet sich in

---

229 AVES, AA 1450, 2–4: *So hatt her Wilhelm der Bischoff sine erber Botschafft mit namen Wirichen von Homburg alhar geschicket vur unser Rete und die Einundzwentzige und der hat von der egenant hern Wilhelms des Bischofes wegen an uns gefordert und begeret, daz die Stat von Straspurg ire erbern Botten zuo unsern heiligen vatter dem Bobste schicken wellent und daz die von sinen und der stette wegen getruwelich werben soellent daz die Sache uszgetragen werde daz er confirmieret [...] wurde [...] Und alz erkantent die Rete und die einundzwentzig, daz man die Schöffel besamenen sollte und ine die sache furlegen in die wise alz vergeschriben stat und alz wurdent die schöffel besament uf fritag vor grosse vastnaht und nach deme und su die sache verhoeret habent so hant meister und rat schöffel und amman mit reht urteil erkant daz man furderlich eine erber Botschafft zu unerm heiligen vatter dem Babpste vertigen und schicken sol [...] daz soellent su furderlich meister und Rat underschribe und nutzit zü der sache tuon untz daz ine meister und Rat Botschaft tut [...].*

230 Vgl. hierzu Liening, Diplomatie, S. 135–137.

231 Eheberg, Nr. 10, Art. 209, S. 59: *Die herren hant ouch gerotslaget, das sü der stette gar erlich nützlich und gut beduhte sin, wenne ein ammanmeister erber botschafft zu tagen schicket [...].*

einer anderen Verordnung vom Ende des 15. Jahrhunderts, in der diese Regelung verändert wurde. Fortan sollte nicht mehr der Ammeister die Gesandten auswählen, sondern der Rat und die Einundzwanzig. Bezeichnenderweise steht darin geschrieben, dass es vorher *gewohnlich gewesen ist, das ein ammeister boten gemaht hat, die man von der stette wegen usser der statt zů tagen zů ritende geschicket hat, das sol kein ammeister me tůn.*[232] Demnach sollte also zumindest offiziell der Ammeister bis zu diesem Zeitpunkt derjenige sein, der Gesandte auswählte, welche man anschließend *von der stette wegen* aussandte.

Ein Gesandtenbericht an den Stadtrat aus dem Jahr 1416 macht dieses Vorgehen deutlich. Der Rat hatte den Gesandten Ulrich Bock offenbar schriftlich gebeten, länger als geplant in Konstanz zu bleiben. Daraufhin verwies der Gesandte auf Absprachen mit dem Ammeister. Daraus lässt sich folgern, von wem er den Auftrag für seine Mission erhalten hatte. Er war nämlich vom Ammeister nach Konstanz geschickt worden und hatte mit jenem vereinbart, nicht länger als 14 Tage in Konstanz bleiben zu müssen. Trotz dieser Vereinbarung erklärte sich Bock bereit, seine Gesandtentätigkeit länger als ursprünglich geplant fortzuführen.[233] Ein weiterer Beleg hierfür findet sich im Kontext einer Gesandtschaftsreise aus dem Jahr 1417. Aus einem Brief der Gesandten geht hervor, dass sie vom Ammeister Claus Arge ausgesandt wurden.[234]

Es lässt sich also festhalten, dass die Gesandten der Stadt vom Rat der Stadt ausgesandt wurden. Der Rat besaß für auswärtige Akteure die Autorität, für die Stadt zu sprechen. Diese Autorität konnte er durch Vollmachten auf die Gesandten übertragen, sofern dies verlangt wurde oder notwendig war. Doch waren in den Prozess der Entsendung mitunter mehrere Akteure involviert. Offiziell war dafür der Ammeister zuständig. Er sollte geeignete Gesandte auswählen und entsenden, was anhand der Quellenbestände jedoch nur sehr selten in dieser Form nachweisbar ist. Am Beispiel der Gesandtschaft zum Papst wird deutlich, dass auch größere Kreise in die Entscheidung mit eingebunden wurden. Zwar gab es offizielle Regelungen für die Entsendung der Gesandtschaften, doch wurden diese in der Praxis durchaus unterschiedlich gehandhabt.

---

232 Eheberg, Nr. 270, S. 517: *Als gewohnlich gewesen ist, das ein ammeister boten gemaht hat, die man von der stette wegen usser der statt zů tagen zů ritende geschicket hat, das sol kein ammeister me tůn; dann wann man boten von der stette wegen yergenthin uszwendig oder innewendig der statt zu tage schicken will, es sii zu fürsten, herren oder stetten, die sollent meister und rat und die XXI in der gemeinde erkennen, ouch die boten mit einander machen, welhe die sin sollent, und die sie beduncket, die der statt aller erlichst und die besten siient.* Vgl. hierzu auch Schmitt, Gesellschaft, S. 294.

233 AVES, AA 168, 26: *[…] alsz ir mir verschribent habent dz ich die oben zu Costentz bliben soelle bisz das ir mir anderest uwer botschaft tuegent da weisz der ammanmeister wol do er mich heruf her ordent zu rittend dz ich in do seit dz ich nit wol longer dan xiiii tag moeht hie obenen bliben doch so will ich gern dieweil und bisz mir anderest uwer botschaft und uwer meinung dar umb komet hie obenen bliben und dasz best tun […].*

234 AVES, AA 168, 37: *[…] Ersamer fursichtiger und wiser lieber herre der ammanmeister […] als wir dan von uch her uf gevertiget sigen […].*

1.2.4 Beratung und Entscheidungsfindung durch innerstädtische Akteure

Eine essentielle Frage für die Beurteilung von Zuständigkeiten und Organisation betrifft die Beratung und Entscheidungsfindung durch innerstädtische Akteure bezüglich städtischer Gesandtschaften und Außenpolitik. Denn sowohl die nachgezeichneten Kontakte mit den Gesandtschaften als auch die Nennung offizieller Auftraggeber sagen zunächst einmal mehr über die Kommunikation von Entscheidungen aus und weniger über die eigentlichen Beratungs- und Entscheidungsprozesse, wie bereits am Beispiel der Entsendung einer Gesandtschaft zum Papsthof im vorherigen Teilkapitel gezeigt werden konnte. Auch lässt der genannte Fall erahnen, dass stark standardisierte Entscheidungsfindungsprozesse vermutlich eher die Ausnahme waren oder nur zu einem gewissen Grad existierten. Dieser Aspekt war für die innerstädtischen Akteure keine unwichtige Angelegenheit, wie bereits das angeführte Beispiel der aus Straßburg ausgezogenen Ritterschaft und die in diesem Zusammenhang vorgebrachte Beschwerde über die Benachteiligung des Patriziats bei Gesandtschaften gezeigt hat.

Die nachfolgenden Ausführungen sollen daher Einblicke in die vorherrschenden Formen der Beratung und Entscheidungsfindung für außenpolitische Angelegenheiten sowie der daran beteiligten Protagonisten ermöglichen.

Bei einigen Quellen stellt sich insbesondere die genauere Bestimmung der beteiligten Akteure als problematisch oder sogar als unmöglich dar. Denn gerade Beratungsprotokolle, Beschlussfassungen und Instruktionen geben häufig keine genauere Auskunft über die Entscheidungsträger. Oft sind daher allgemeine Formulierungen zu finden, in denen lediglich darauf Bezug genommen wird, dass man sich beraten hat: *Dar uff ist gerotslaget.*[235] Manchmal kann zumindest auf eine Gruppe geschlossen werden, die sich beraten oder Beschlüsse gefasst hat. Ob es sich dabei um den Stadtrat oder ein anderes Gremium handelte, kann nicht genau gesagt werden. So heißt es in diesen Quellen etwa recht allgemein: *do hant die heren gerotslaget, das […],*[236] oder *Ein meynunge und begeren der heren.*[237] Diese Art und Weise der Verschriftlichung lässt darauf schließen, dass diese Dokumente für den internen Gebrauch bestimmt waren und die entsprechenden Personen sicherlich wussten, wer mit den *heren* gemeint war.

Trotz dieser oft vorherrschenden allgemeinen Formulierungen lassen sich dennoch Aussagen über die an Beratung und Entscheidungsfindung beteiligten Akteure treffen. Hierbei zeigt sich wieder einmal die in Straßburg vorhandene Vielfalt der Protagonisten. Insbesondere Gremien und Amtsträger spielten eine wichtige Rolle. Doch auch die Gesandten waren in die innerstädtischen Beratungen und Entscheidungsfindungsprozesse aktiv eingebunden. Man legte Wert auf ihre Beurteilung der außenpolitischen Begebenheiten, gerade wenn durch sie bereits Vorverhandlungen außerhalb von Straßburg stattgefunden hatten. Doch bevor dieses Zusammenspiel zwischen Gesandtschaften und innerstädtischen

---

235 AVES, AA 1450, 46.

236 AVES, AA 1450, 41. Für weitere Beispiele vgl. etwa AVES, AA 1450, 42, 44; 68 f.

237 AVES, AA 1450, 79.

Akteuren genauer beleuchtet wird, seien zunächst einige Beispiele vorangestellt, in denen die Beteiligung der verschiedenen innerstädtischen Akteure exemplarisch sichbar wird.

Der Rat der Stadt taucht in zahlreichen Prozessen der Entscheidungsfindung auf und wurde auch von den Gesandten als Entscheidungsinstanz angesehen. Oftmals erscheint in Gesandtenberichten an den Rat die Bitte, dem Gesandten oder der Gesandtschaft die Meinung des Rates zu den darin angesprochenen Angelegenheiten zu übermitteln.[238] Manchmal gab es sogar regelrechte Beschwerden bezüglich mitunter auftauchender mangelnder Kommunikation: Der Stadtschreiber Ulrich Meiger beklagte sich 1416, dass er vom Rat keine Rückmeldungen zu wichtigen Verhandlungen erhalte, obwohl diese doch für sein weiteres Vorgehen in Konstanz von Bedeutung seien.[239]

Lassen sich derartige Beobachtungen noch eher als Meinungsaustausch respektive Meinungsbildung beschreiben und weniger als Entscheidungsfindungsprozesse, sind dagegen auch Abläufe in der Korrespondenz sichtbar, die den Rat der Stadt als Entscheidungsfindungsgremium klar ausweisen.

Aus Konstanz schrieb der Gesandte Ulrich Bock an Meister und Rat und forderte eine Entscheidung des Stadtrates bezüglich einiger Prozessangelegenheiten in Konstanz. Denn bereits zum Zeitpunkt seiner Abreise aus Straßburg habe man ihm versichert, dass sich der Rat der Stadt in der Angelegenheit beraten werde. Dem Gesandten Bock war aber trotzdessen keine Entscheidung des Rates mitgeteilt worden, weshalb er diese, aufgrund der dadurch entstandenen eingeschränkten Handlungsmöglichkeiten, nun selbst einforderte.[240] Nachdem Ulrich Bock noch mehrere Briefe nach Straßburg geschickt hatte, in denen er vom Rat weitere Anweisungen forderte, bekam er schließlich eine Antwort.[241] Meister und Rat, so geht es aus einem weiteren Brief hervor, kamen schlussendlich doch zu einer Beratung zusammen und teilten dem Gesandten die getroffene Ent-

---

238 Vgl. exemplarisch AVES, AA 168, 51: *[…] dan sendent uns botten bi den wir uch hin wider geschrieben koennen und embietent uns ouch uwer meinung bi den selben in allen sachen […]*; AVES, AA 168, 60: *[…] daz ir uwer meinunge schribent […].*

239 AVES, AA 169, 13: *[…] weste ich aber etwasz uwers willen oder moeht zu uch heimen komen die sache soelt noch zu mal gut werden dar umb land uch so vil geltz nit beduren, schikend mir einen botten, dz ich nu wissz wie ir uch da heimen haltent und wasz ir vorhanden habent, so will ich dar zu dz beste tun.*

240 AVES, AA 168, 22: *[…] und bin ich von uch noch nit underwisen, wie man die sachen furhande nehmen soelle dar umb wir her gevertiget sigent und ward doch uf unsern frowen husz, do ich von uch schied, dar usz gerette, dz ir meinent zu Ratschlagent wasz zu den sachen ze tuond were und mir dz nach zu verschriben und ist mir doch noch bisz uf hut mitwochen kein botschaft von uch worden, so hand ir mir ouch noch nuzt von denselben sachen geschrieben, darumb so wellent dar uber sitzen und mich und Meister Uolrichen verschrieben wissen laussen, wasz wir fur hand nehmen soellen […].*

241 Vgl. hierzu AVES, AA 168, 23–26. Eindrücklich ist die wiederholte Forderung in AVES, AA 168, 25: *[…] ouch wundert mych und Meister Uolrich, dasz ir uns nutz verschr[iben] habent und sigen doch xii Tag usz gesin und wissen nit ob uch botten niderligent oder nit oder wasz wir tun suellen nach dem und wir anders dan also von uch ghescheiden sind und daz nu der fierd oder funfte brief ist, den ich uch han ghesendet […].*

scheidung mit. Er bekam den Auftrag, den Prozess nach Möglichkeit weiter in die Länge zu ziehen.[242]

Ein Gesandtenbericht aus dem Jahr 1417 macht deutlich, dass der Rat sowohl vor der Entsendung der Gesandtschaft als auch im Verlauf der Mission für die inhaltliche Ausrichtung der Verhandlungen Verantwortung übernahm. Darin erfragten die Gesandten explizit den aktuellen Standpunkt des Rates und wünschten eine Mitteilung darüber, ob sich die Meinung des Rates seit ihrer Abreise in Straßburg verändert habe, da man andernfalls wieder die Heimreise antreten wollte.[243] Ähnliche Beobachtungen können auch bezüglich der Fortsetzung von Gesandtschaften gemacht werden. Mitunter erfragten die Gesandten beim Rat der Stadt, ob sie die Gesandtschaft beenden, fortsetzten oder Teile der Gesandtschaft heimkehren sollten.[244]

Neben diesen Belegen für eine Entscheidungskompetenz des städtischen Rates sind weitere Quellen insofern aufschlussreich, als sie die Einbindung weiterer Akteure zum Vorschein bringen, die entweder in bestimmten Fragen beratend tätig waren oder gemeinsam mit weiteren Akteuren, etwa dem Stadtrat, über Angelegenheiten der Außenpolitik entschieden.

Auf eine Art ‚ad hoc Gremium', das sich bezüglich der Straßburger Außenpolitik zu Beratungen versammelte, deutet ein Beratungsprotokoll hin. Die Quelle wird mit der Nennung der versammelten Akteure eingeleitet, die den Ammeister und eine nicht weiter spezifizierte Gruppe von *heren* als Beratungsgremium ausweist: *Item min her der ammanmeister und die andern heren, die er dar zü genomen hät, hand gerätschlagat uber dis nach geschriben artikel insemlicher mäß als her nach geschriben stät.*[245]

Im genannten Protokoll werden unterschiedliche Themen angesprochen, deren genaue Erörterung an dieser Stelle zu weit führen würde. Erwähnenswert ist allerdings, dass dieses Gremium nicht nur Empfehlungen zur außenpolitischen Positionierung aussprach, sondern auch Vorschläge für Handlungsabläufe von Gesandtschaften machte. Ein Themenaspekt bezog sich auf die Bestätigung städtischer Freiheiten durch König Sigismund. Darüber sollten sich Straßburger Gesandte in Konstanz mit allen anderen anwesenden Gesandten anderer Städte besprechen und in Erfahrung bringen, wie jene diesbezüglich vorzugehen ge-

242 AVES, AA 168, 26: *[…] Ersamen fursihtigen und wissen lieben heren, ich han wol verstanden, wie ir mir verschrieben habent, wie ir uber die artikel, so uch hin ab gesendet sint, habent tuon sitzen und Ratschlagen, wie man darzu antwurten soelle und meinent dz ich dasz best darzu tuon solle, dz dz zil darzu ze antwurtent, gelengent wird und ye laenger dz moege gesin, ye lieber […].*

243 AVES, AA 1443, 26: *[…] doch so duont wir andersz nut vurbasz zu den sachen wenne also wir von uch gescheiden sint und werdent ir utzent andersz zuo rotte dz laszent uns so tag so nacht furderlich wiszen, wenne meindent ir do by zuo bliben, also wir von uch gescheiden sint, so ducket unsz beszer sin, dz wir unsz schiere zuo uch fyegent […].*

244 RTA VI, Nr. 141, S. 192: *ouch, lieben herren, ist do uwer meinunge, das wir daruf zuo úch heim ritten súllen oder unser ein deil oder ob wir út vúrbasser werben súllen, was harine uwers willen sige, das lont uns fúrderlich wissen, das wir uns wissen darnoch zû rihtende.*

245 AVES, AA 152, 22.

dachten.[246] Ein vergleichbarer Befund findet sich in einem Gesandtenbericht aus dem Jahr 1417, in dem auf ein vorheriges Zusammentreffen zwischen dem Stadtschreiber Ulrich Meiger, dem Ammeister sowie nicht näher benannten *alten heren* verwiesen wird. Der Stadtschreiber hatte dem Ammeister und den *alten heren* von Unterredungen mit König Sigismund berichtet. Die Gesandten wollten nun nach erfolgter Beratschlagung des Ammeisters mit den *alten heren* über deren Einschätzung der Sachlage und Handlungsempfehlung in Kenntnis gesetzt werden.[247] Dass es sich bei dieser Gruppe sehr wahrscheinlich um die Altammeister der Stadt handelte, legt ein anderer Gesandtenbericht nahe. Der Stadtschreiber Ulrich Meiger berichtete darin über eine gemeinsame Mission mit dem Altammeister Johans Lumbart, den er in der Quelle zunächst als Altammeister und im weiteren Verlauf der Quelle mehrfach als *alt herre* bezeichnet.[248] In den genannten Fällen kam demnach dem Ammeister und weiteren ungenannten Personen (höchstwahrscheinlich den Altammeistern) eine beratende und beschlussfassende Funktion zu.

Hingegen sind auch mehrere Quellen überliefert, die die Zusammenarbeit des Stadtrates und der Einundzwanzig in außenpolitischen Belangen aufzeigen. Dies erfahren wir unter anderem auch durch einen Hinweis in einem Gesandtenbericht. Darin heißt es, dass der Stadtschreiber, wie im vorherigen Beispiel, über den Verlauf von Gesandtschaften persönlich in Straßburg berichtete. Diesmal tat er dies jedoch vor dem Stadtrat und den Einundzwanzig und nicht vor dem Ammeister und den *alten heren*.[249]

Ergebnis der Beratungen zwischen Rat und Einundzwanziger Gremium konnten etwa Beschlüsse und Richtlinien für die Durchführung von Gesandtschaften sein. Dabei ging es zum Beispiel um inhaltliche Vorgaben und die Frage der Beschlussfähigkeit durch die Gesandten.[250] Dass sich der Rat der Stadt häufiger in bestimmten Fragen mit den Einundzwanzig beratschlagte, zeigt eine weitere Quelle über einen Vorfall aus dem Jahr 1410. Diese Aufzeichnungen wurden im Zuge eines Streits mit dem Stadtschreiber Werner Spatzinger ange-

---

246 AVES, AA 152, 22: *Item von der frigung wegen ist der heren meinung, das man mit aller stett botte, die dann gen Costentz koment, sich under reden sol, wie die stett by ir frigung beliben […].*

247 AVES, AA 168, 37: *[…] nun haben wir von meister Uolrich wol verstanden, dz er zu ziten mit unszerm heren dem koenig in etlichen reden gewesen sige, die er uch, her der ammeister und den alten heren, die dan bi uch uf die zit gewesen sint, ouch eins teiles geseit und erzelet habe, da moegend ir uber Ratschlagen und ouch anderwege, die uwer wisheit wol bedenken mag und uns dan desz uwer meinung verschrieben, ob wir von den sachen red hoeren oder selber dar usz reden soellen und uf welhen wege.*

248 AVES, AA 169, 39: *[…] woellent wisszen alsz min here her Johans Lumbart alt ammanmeister heimen ist uf die meinung asz er uch wol geseit hat, also han ich den selben sachen furbasz nachgefraget und han etwasz me da von gehoeret, dz es waere sige, dan do der alt her hinnen fuor und ich han Rat gehept an den ende do der alt herre und ich muot hetten einen imbisz zu essent ungeladet, alsz er wol wisz […] alsz der von Linigen mit dem alten herren gerett hett alsz von einesz friden wegen*

249 AVES, AA 169, 44: *[…] so uwer botten zu rat wurden, dz man tuon soelt, do sie hie oben woren und alsz ich vor den Raeten und xxi erzalt […].*

250 AVES, AA 1450, 50: *[…] aldar wir, meister und Rat, unser erbern Botten ouch ze schicken meynent, und dar uf so haben wir mit Rete der heren Einundzwentziger mit rehter urteil erteilet, sy daz* [gestrichen: *die selben*] *unsern erbern Botten die stucke* [gestrichen: *von das*] *noch deme und die verschriben sint gefolgen mogent, und als dar uff gerotslaget ist, das su danne macht haben soellent.*

fertigt, der sich um seinen Lohn betrogen sah und deshalb im Kontext vorbereitender Maßnahmen für eine Gesandtschaft der Stadt seinen Dienst verweigerte.[251] Dieser Vorfall wurde von städtischer Seite ausführlich dokumentiert, weshalb auch die geplanten Vorbereitungsmaßnahmen und vorgesehenen Beratungen für die Gesandtschaft detailliert aufgezeichnet wurden. Anhand dieser Ausführungen lassen sich viele Details über die Praxis der Beratschlagung und Entscheidungsfindung bezüglich der städtischen Außenpolitik festmachen: Ausgangspunkt für die im Folgenden geschilderten innerstädtischen Abläufe war ein geplantes Treffen mit Markgraf Bernhard von Baden. Der Ammeister wollte aus diesem Grund den Rat der Stadt und die Einundzwanzig zu Beratungen versammeln, um die Entsendung einer Gesandtschaft nach Baden vorzubereiten. Es sollten die bereits im Vorfeld bekannten Verhandlungsgegenstände vorbereitet und darüber hinaus weitere Themen festgelegt werden, die mit dem Markgrafen zu verhandeln waren. Hierfür beauftragten die genannten Gremien den Stadtschreiber Werner Spatzinger, der zu diesem Zweck aus den städtischen Kopialbüchern entsprechendes Material zusammenstellen und den Gremien bei einer künftigen Besprechung vorlegen sollte.[252] Auf dieser Grundlage wollte man eine schriftliche Zusammenfassung der relevanten Anliegen zur Aushändigung an die Gesandtschaft erstellen, nach der diese ihre Mission dann auszurichten hatte.[253]

Der Stadtschreiber Werner Spatzinger wollte die erforderlichen Unterlagen zusammenstellen und gab dem Ammeister Bescheid, dass er nun die beiden Gremien einberufen könne, was dieser auch tat. Der Ammeister scheint demnach für die Einberufung derartiger Versammlungen verantwortlich gewesen zu sein.[254] Da das Material nach Angaben des Stadtschreibers jedoch derartig umfangreich war, schlug dieser vor, mit zwei Vertretern des Rates oder auch selbständig eine Vorauswahl der Unterlagen vorzunehmen, da eine Besprechung

---

251 Vgl. hierzu AVES, III, 24, 2, 5–9 (ediert zu finden bei Eheberg, Nr. 15, S. 68–74). Vgl. hierzu bereits Buchholzer/Richard, Jurer, S. 83; Schuler, Notare, S. 432.

252 AVES, III, 24, 2, 5r: *So ist zu wissende also wir ein tag zu Baden leisten soltent mit dem marggraven von Baden uff die mitwoche noch aller heiligen vorfir von der zuospruche wegen, die der egen marggrave meinet an unsz stat zu habende, die selben zuospruche er ouch unser stat geschriben geben het und uff die selben zuspruoche det uner here der ammenmeister die Rete und die xxi besamenen vor hin by guter zit zuo rotslagende wie die botten, die man denne uff den selben tag schickende wurde, die selben zuspruche verantwurten woltent und ouch zu frogende und zu suchende, obe unser stat von ir selbes oder irer burgere wegen utzig an den vorgen marggrafen zu sprechende hettent. Also wurden die rete und die xxxi mit in zu Rote, das her Wernher Spatzinger uber die Copien buecher sollte sitzen und dar inne suchen ob er utzig funde, das man ouch an den marggraven zu sprechende hette oder obe er susz utzit funde redelicher sache, das er die verzeichente und die uf ein tag den Reten und xxi zoegete sich wissen dar nach ze rihtende.*

253 AVES, III, 24, 2, 5r: *[...] was denne die Rete erkantent das nutze und gute zu den sachen wer, dz sollte man verzeichen und das den botten geben, die danne uf den tag Riten werden, dz su sich wusten dar nach ze Rihtende [...].*

254 AVES, III, 24, 2, 5r-v: *[...] und rette mit unszme herren dem ammanmeister, wenne er wollte, so möhte er die xxi besenden und die sache vor die hende nehmen, so wolte er die buecher vur den Rat und die xxi tragen, das det unser here der ammanmeister und det den Rat und die xxi besenden.*

aller Schriftstücke mit den versammelten Gremien zu viel Zeit in Anspruch nehmen würde.[255]

Auch wenn hier nur der ursprüngliche Plan und dessen Durchführung bis zu einem gewissen Punkt skizziert ist und in der Praxis – aufgrund der späteren Verweigerungshaltung des Stadtschreibers Spatzinger – tatsächlich nicht umgesetzt wurde, so bietet der geschilderte Fall einen guten Einblick in die vorgesehenen Vorbereitungen für eine Gesandtschaftsmission durch innerstädtische Akteure. Die Ausführlichkeit der Darstellung ist dabei eine Seltenheit und lediglich dem Umstand geschuldet, dass diese aufgrund der Auseinandersetzung mit dem Stadtschreiber als notwendig erachtet wurde. Die Beratungen und Entscheidungen bezüglich der zu verhandelnden Angelegenheiten wurden in diesem Fall durch den Rat der Stadt und das Einundzwanziger Gremium durchgeführt, auch dem Stadtschreiber kam eine wichtige Aufgabe in diesem Prozess zu. Der Ammeister koordinierte das Vorgehen der einzelnen Akteure. Doch handelte es sich hierbei keinesfalls zwangsläufig um einen standardisierten Ablauf, sondern eher um eine von vielen Möglichkeiten, über außenpolitische Aktivitäten im Vorfeld zu beraten und diese vorzubereiten.

Eine weitere Quelle bringt zudem das Schöffengremium mit außenpolitischen Entscheidungen in Verbindung. Der Stadtschreiber Ulrich Meiger schrieb an den Ammeister Ulrich Gosse im Jahr 1418, damit der Ammeister ihm eine Entscheidung der Schöffen zukommen lasse. Zu diesem Zweck bot er sogar die Dienste des berittenen Knechtes seiner Mutter an, der sich noch in Straßburg aufhielt.[256]

Abschließend wird nun auf eine Beobachtung einzugehen sein, die für das Verständnis des städtischen Gesandtschaftswesens wichtig ist. In einigen Fällen waren nämlich nicht ausschließlich innerstädtische Akteure an Beratungs- und Entscheidungsprozessen beteiligt, sondern darüber hinaus auch städtische Gesandte.

Diesbezüglich konnten von der Forschung bereits wichtige Erkenntnisse für die Beurteilung der Handlungsspielräume städtischer Gesandter gewonnen werden. Am Beispiel von Gesandteninstruktionen wurde hierbei exemplarisch nachgewiesen, dass Gesandte unterschiedlicher Städte auf der Grundlage gemeinsamer Vorverhandlungen diesbezügliche Entscheidungen ihrer Stadträte massiv beeinflussten und ihre eigenen Instruktionen für zukünftige Missionen sogar vorformulierten.[257] Auch für Straßburg im Speziellen können derartige und weitere Beobachtungen gemacht werden, die eine Einbindung der Ge-

---

255 AVES, III, 24, 2, 5v: *[…] also viel her Wernher in die sache und meinde, es wurde zu vil lang, die sache vor dem Rate und den xxi zu verhörende, man sollte zwene erbere botten von dem Rate darzu schicken, die die briefe in den büchern verhoerent und was die beduhte, dz man anzeichen sollte, dz wollte er anzeichen oder aber er wollte durch kurtzerunge willen, alleine uber die bücher sitzen und usz ieglichem buche zeichen und verschriben was in beduchte, daz der stett nutze und gut were […].*

256 AVES, AA 169, 64: *[…] ouch wissend lieber herre, dz ich miner Muoter kneht, der mir von ir ist komen han zu Straszburg haissen warten zuo Rossz, uf dz, so die schoeffel an Samstag schaiden, woellend ir mir dan utzit verschr[iben] oder embieten dz er mir dz bringe […].*

257 Vgl. hierzu Jörg, Gesandte, S. 47–52.

sandten in Entscheidungsprozesse und Beratungen belegen und das Zusammenspiel zwischen städtischen Gremien und Amtsträgern mit den Gesandten offenlegen.

Zwei Beschlüsse aus dem Jahr 1418 zeigen eine Aufgabenteilung zwischen Gesandten und innerstädtischen Akteuren bei städtischen Verhandlungen. In beiden Fällen bereitete die Gesandtschaft einen vorläufigen Vertragsentwurf mit Auswärtigen vor. Über den ersten Vorschlag berieten sich in Straßburg der Rat der Stadt, die Einundzwanzig sowie Schöffel und Amman. Anschließend beschlossen diese gemeinsam, den Vorlagen der Gesandten zuzustimmen.[258] Zum gleichen Ergebnis kamen im zweiten Beschluss der Stadtrat sowie Schöffel und Amman, die in diesem Fall über einen weiteren ausgearbeiteten Vorschlag der Gesandten berieten und sich in ihrer Entscheidung auch auf den vorherigen Beschluss, der wohl von derselben Angelegenheit handelte, bezogen.[259] Den zweiten Vertrag sollten die Gesandten direkt vor Ort und stellvertretend für die Stadt besiegeln.[260] Es liegt demnach ein ähnliches Muster vor wie bei den erwähnten Instruktionen, die Gesandtschaften bereits für kommende Missionen selbst ausarbeiteten und städtischen Gremien zur Zustimmung vorlegten. Die eigentlichen inhaltlichen Entscheidungen wurden hier ebenfalls von den Gesandten selbst ausgearbeitet und verhandelt. Die städtischen Gremien stimmten auch in diesem Fall den Vorlagen uneingeschränkt zu.

In einem anderen Dokument wurde sogar explizit vermerkt, dass sich städtische Gesandte mit weiteren Straßburger Politikern und dem Münzmeister zu Beratungen versammelten. Diese schlugen gemeinsam vor, dass der Rat der Stadt zwei Leute benennen sollte, damit diese wiederum auf der Grundlage vorheriger Verhandlungen der Gesandten bezüglich der städtischen Münze tätig werden konnten.[261]

---

258 AVES, AA 1453, 6: *Meister und Rat, Schoeffel und Amman sind mit Rate der ein und zwentizger uber ein komen und hant esz ouch erteilet, alsz wir unsere erbere Botschafft uff dem tage zu Offemburg gehaben hant vor unserm gnedigen herren Hertzoge Ludewige, und aldo ein nottel begriffen worden ist, die uns ouch unsere erbern Botten uffe die zit von dannan broht habent, dar uber meister und Rat, Schoeffel und Amman gesessen sint und habent dar noch mit Rehter urteilet erteilet, daz die Stat der selben nottel gegen dem Bischofe also ingon sol.*

259 AVES, AA 1453, 6: *Unserer herren Meister und Rat, Schöffel und Amman sint uberein komen und hant es ouch erteilet, alz vormals ein Urteil geben ist daz man der nottel so unsere erbern Botten von dem tage der zu Offemburg gewesen ist braht habent, daz man der nach gon sol, noch demme und die selbe urteil wiset, und alz die selben unsere erbern Botten do noch aber von unsern und der sachen wegen zuo Zabern gewesen sint, aldo aber ein nottel begriffen ist, die uns die selben unsere erbern botten ouch broht habent, do ist mit urteil erteilet, daz man der selben hindersten nottel ouch noch gon sol und die sache fur handen nehmen noch der beder nottel besage […].*

260 AVES, AA 1453, 6: *[…] und soellent ouch die selben unsere erbern botten die hinderste nottel besigeln von unsern wegen, noch deme und daz uszgetrage ist […].*

261 AVES, XII, 58, 7: *Dis ist dz ander rotslagen dz der stette erbern botten mit hern Ulrich Bock, hern Claus Merswin, Andres Rinoewe, Jacob Friburger, Peter Riffe und Ceinhensz dem Munszmeister gerotslaget hant […] Zum ersten ist ir meynunge und sint ouch daz einhellicliche uberkomen, dz meister und rat sullent zum ersten zwene erber man orden und setzen wo hin denne meister und Rat getruwent do es aller beste sie und die zwene sullent danne die geschrift und daz rotslagen, dz der stette erber botten zu Mentze miteinander gerotslaget hant, vur sich nehmen[…].*

Interessante Einblicke in den Ablauf von Beratungen liefert ein Protokoll aus der Zeit des Konstanzer Konzils. Wie bereits im Verlauf dieses Kapitels mehrfach gezeigt wurde, handelte es sich auch in diesem Fall bei den Beratenden höchstwahrscheinlich nicht um ein festes Gremium, sondern um eine namentlich aufgezählte Gruppe von Männern.[262] Darunter befanden sich führende Politiker der Stadt, der Stadtschreiber und auch ein gewisser Johannes Blumenstein, der zwar nie ein politisches Amt innehatte, jedoch im Kontext des Konzils mehrfach als Gesandter für Straßburg in Erscheinung trat.[263]

Unter den im Protokoll aufgeführten Namen finden sich neben dem Stadtschreiber Ulrich Meiger und dem Gesandten Johannes Blumenstein weitere Personen, die in dieser Zeit als Gesandte tätig waren. Dies geht auch aus der Quelle selbst hervor, da die Versammelten Berichte von Gesandten, die zuvor in Konstanz gewesen waren, als Grundlage für ihre Gespräche nutzten.[264] Einige der bei den Beratungen anwesenden Personen waren wiederum selbst Teil dieser Gesandtschaften gewesen.[265] Somit liegt hier ein weiteres Beispiel für eine innerstädtische Versammlung ohne die Beteiligung der offiziellen Gremien vor, an dem sich zudem die Teilnahme von Gesandten festmachen lässt.[266]

Die Gesandten nahmen teilweise schon im Vorfeld dieser innerstädtischen Beratungen Einfluss auf die Art und Weise der Durchführung von Beratungs- und Entscheidungsprozessen. Schon im Zuge einer Gesandtschaft schrieb der Gesandte Cunrat zum Rust an den Ammeister Claus Gerbotte, er möge doch den Rat, die Einundzwanzig sowie die Neun auf dem *frouwen huz* – gemeint ist die Straßburger Münsterbauhütte – versammeln, er selbst werde dann auch kommen und von seiner Gesandtschaft berichten. Dies zeigt nicht nur, dass Beratungen zwischen den verschiedenen Gremien und den Gesandten stattfanden,

---

262 AVES, AA 1450, 54–56, hier 54r: *Item als die heren gerotslaget hant, die ob der Stett sache gesessen sint, mit namen her Heinrich von Landesperg Ritter, her Hug Voltsche, her Ulrich Bock her* [gestrichen: *Johans Bock, her Hetztel Rebstock*], *her Johannes Heilman,* [gestrichen: *her Michel Melbruge*], *her Johannes Lumbart, Johans Blumenstein und Meister Ulrich* [Meiger, S. L.]. Weshalb in der Quelle einige Namen gestrichen wurden, kann nicht eindeutig gesagt werden. Möglicherweise wurde mit ihrer Anwesenheit bei den Beratungen gerechnet und da sie jedoch letztlich fehlten, wurden ihre Namen aus dem Protokoll gestrichen.

263 Vgl. zu Johannes Blumenstein Modestin, Quellen, S. 230–243, sowie Kapitel II (2.2.3) in der hier vorliegenden Studie.

264 AVES, AA 1450, 54r: *Also hant sy dez ersten die Briefe gelesen und gezeichent, die zuo der sache tuond die man yetzund vor handen het, die die botten die zuo Costenz gewesen sind und min her der Dechan, Meister Uolrich und Meister Herman her geschribn hant [...].*

265 Dies geht deutlich aus den Schilderungern im Protokoll hervor. Dort decken sich einige Gesandtennamen mit den Beratschlagenden. Demnach waren der Stadtschreiber Ulrich Meiger, Johannes Blumenstein und der Altammeister Johans Heilmann in Konstanz gewesen, AVES, AA 1450, 54v: *[...] Aber do her Johans Bock und Blumenstein und Meister Hermann mit Hern Heilman zuo Meister Ulrich hin uf* [nach Konstanz, S. L.] *kamen [...].*

266 Der Interpretation von Martin Alioth, dass es sich bei den genannten Personen um das Neuner Gremium gehandelt habe, kann nicht zugestimmt werden. Bereits das Fehlen einiger Mitglieder dieses Gremiums und die Tatsache, dass mit Johannes Blumenstein eine Person anwesend war, die überhaupt keine politischen Ämter in Straßburg innehatte, sprechen eindeutig gegen die Auslegung von Alioth, vgl. Alioth, Gruppen, S. 140, Anm. 5.

sondern auch, dass der Gesandte über die Notwendigkeit der Einberufung verschiedener Akteure offenbar in diesem Fall Bescheid wusste. Womöglich waren die Straßburger Neun bei der Versammlung deshalb anwesend, weil auch mögliche zukünftige kriegerische Auseinandersetzungen thematisiert werden sollten.[267]

Auch wenn es keine weitere explizite Begründung im Brief für die Beteiligung der verschiedenen Gremien gibt, macht das Beispiel dennoch gerade im Kontrast zu den bisherigen Ergebnissen sehr anschaulich deutlich, dass Beratungs- und Entscheidungsprozesse im Straßburger Gesandtschaftswesen kontextabhängig waren und unterschiedlich umgesetzt wurden. Der Impuls für Beratungen konnte dabei von innerstädtischen Akteuren, aber auch von den Gesandten selbst kommen.

1.2.5 Gremien als Gesandtschaften und Schiedsinstanzen: Die Neun

Die Straßburger Neun traten auch als Schiedsinstanz zwischen auswärtigen Parteien in der städtischen Außenpolitik in Erscheinung. Diese Tätigkeit kann sowohl in Straßburg selbst als auch außerhalb der Stadt nachgewiesen werden. Im letztgenannten Fall handelte es sich dabei um größere Delegationen, die entweder das gesamte Gremium umfassten oder ausschließlich beziehungsweise zum überwiegenden Teil aus dessen Mitgliedern bestanden. Nicht immer lässt sich das Gremium durch die namentliche Nennung in den Quellen nachweisen, doch der Abgleich der entsprechenden Gesandten mit den Mitgliedern des Ausschusses zeigt deutliche Überschneidungen. Bei diesen Delegationen handelte es sich nicht um gewöhnliche Gesandtschaften, da die Anzahl von bis zu zehn Teilnehmern die gängige Größe deutlich überschritt.[268] Zudem waren die amtierenden Ammeister an diesen auswärtigen Verhandlungen als Gesandte beteiligt. Das war in Straßburg im Grunde nicht üblich, da durch längere Gesandtschaftsreisen die Amtsausübung in Straßburg unmöglich war.[269] In den folgenden Fällen war die Beteiligung des Ammeisters deshalb umsetzbar, da sich die Zielorte dieser Gesandtschaften im unmittelbaren Umfeld der Stadt befanden. Die Teilnahme des Ammeisters ist ein weiteres Indiz dafür, dass diese Missionen von den Neun durchgeführt wurden, da er dem Gremium vorstand.

Erhalten ist das Konzept einer Schlichtungsvereinbarung aus dem Jahr 1407, die in Straßburg getroffen wurde und an der sieben Straßburger Gesandte mitwirkten. Da für die Zeit zwischen 1401 und 1409 keine Mitgliederlisten des Gremiums vorliegen und das Eintrittsjahr der Mitglieder ebenfalls nicht belegt ist, kann nicht sicher gesagt werden, ob die an diesen Verhandlungen beteiligten Gesandten Mitglieder im Ausschuss der Neun waren. In jedem Fall sind die

---

267 AVES, I, 16, 42: *do wollt er allez sin bestez zuo duon, wenne ime zuo mol leit sige, sülle die sache zuo kriege komen, dar umb beduht uch un uwer frunt guot sin, so mugent ir den rot un die ein und zwentzick besenden so ez in sleht uf unser frouwen huz und die viiii so ze in sleht, so will ich ouch do sin un uch sagen wie ich gescheiden bin.*

268 In der Regel waren etwa bis zu fünf Gesandte an einer Delegation beteiligt.

269 Zu dieser Beobachtung bereits Liening, Überlegungen, S. 144 f.

genannten Gesandten in der Schlichtungsvereinbarung entweder 1401 oder 1409 oder in beiden Jahren als Mitglied der Neun identifizierbar. Daher ist es möglich, dass 1407 alle aufgezählten Gesandten zu diesem Gremium gehörten. Mit Sicherheit war die Gesandtschaftsdelegation personell eng mit dem Neuner Gremium verbunden.[270] Eine ähnliche Mission ereignete sich im Jahre 1405, als acht Gesandte zu Verhandlungen in das nahegelegene Kloster St. Arbogast aufbrachen, wo der Wechsel auf dem Straßburger Bischofsstuhl ausgehandelt werden sollte.[271] Auch hier sind aufgrund der Zusammensetzung der Gesandtschaft personelle Überschneidungen mit dem Gremium der Neun nachweisbar. Insgesamt waren mindestens fünf der acht Gesandten in diesem Ausschuss. Der Gesandte Reinbolt Huffelin ist erst 1409 sicher als Neuner nachweisbar, was seine Mitgliedschaft 1405, wie oben dargelegt, nicht zwangsläufig ausschließt. Als Ammeister war Rulin Barpfennig Teil der Gesandtschaft.[272] Ausdrücklich wird das Neuner Gremium in einem Brief des Straßburger Bischofs an den Rat der Stadt erwähnt. 1412 hatten Gespräche zwischen dem Ammeister Johans Meiger und den Neun auf der einen Seite und dem Straßbruger Bischof Wilhelm von Diest auf der anderen Seite stattgefunden.[273]

Die Neun sind auch explizit als Schiedsinstanz für auswärtige Akteure belegt. Über den Verlauf eines solchen Schlichtungsverfahrens geben Quellen aus dem Jahr 1409 anschaulich Auskunft. Das Gremium wurde in einer Streitsache zwischen der Stadt Basel und Markgraf Bernhard von Baden als Schiedsinstanz bestimmt. Alles begann mit der Gefangennahme eines Knechtes aus einer Pfandschaft Basels. Der Knecht war im Zuge der Auseinandersetzungen zwischen dem Markgrafen und Herzog Friedrich von Österreich von den Truppen des Markgrafen aufgegriffen, beraubt und gefangengenommen worden.[274] Basel informierte Straßburg im Januar 1409 schriftlich über den Vorfall und bat zugleich darum, sich für die Freilassung des Knechtes bei Markgraf Bernhard einzusetzen.[275] Dieser Bitte kam Straßburg nach und wandte sich schriftlich an

---

270 AVES, AA 1434, 35. Folgende Gesandte werden darin aufgeführt: *Meister und Rates der Stette ze Straßburg erbern botten mit namen her Heinrich von Mülnheim in Brandgasse her Reinbolt Huffelins her Heinriches von Mülnheim den man sprichet von Landesberg stettemeister ritter hern Johans Heilmans* [gestrichen: *alt*] *ammeister, Johans Bockes, Adam Loselin unde her Wilhelm Metzigers altammeisters.* Vgl. zum Mitgliedsnachweis im Ausschuss der Neun auch im Folgenden die Übersicht bei Alioth, Gruppen, S. 141, sowie Liening, Überlegungen, S. 146 mit Anm. 84. Der in der Quelle als Altammeister bezeichnete Johans Heilmann war zum Zeitpunkt der Vertragsverhandlungen Ammeister.

271 Zu den Hintergründen Alioth, Gruppen, S. 27–32.

272 AVES, AA 1430, 31: *[...] unsere erbern botten mit namen her Claus Zorn Schultheiss unser stettmeister, her Heinrich von Mulnheim, her Reinbolt Huffel, drie ritter, her Rulin Barpfennig unß ammanmeister, Peter Sunner, Wilhelm Metziger, egen Ulrich Gosse, drie altammeister, und Claus Merswin in ein closter by unz stat gelegen genant Sant Arbogast [...].*

273 AVES, AA 1437, 26: *[...] wie her Johans Meiger uwer ammeister und die nune die by uch uber den krieg gesetzet sint by uns werent und mit uns Rettent [...].*

274 Zum Vorfall vgl. die Regesten bei Fester, S. 262–269. Vgl. zu diesem Fall ebenso: AVES, AA 90, insbesondere mit Nachweisen für die Tätigkeit der Neun vgl. Nr. 13, 15, 21, 28. Weiterhin auch StABas, Politisches A2 Briefe (Einläufe), Schachtel 1406–1419, Heft 1409, Nr. 34.

275 Fester, Nr. 2540, S. 262.

den Markgrafen, wie aus einem Schreiben desselben an die Stadt Ende Januar 1409 hervorgeht. Darin wird bereits Straßburg als Vermittlungsinstanz zwischen den beiden Parteien in Betracht gezogen. Bernhard von Baden willigte ein, sich einem Schiedsspruch der Straßburger in dieser Angelegenheit zu beugen, falls Basel von der Forderung einer Freilassung des Knechtes nicht zurücktreten wolle. Markgraf Bernhard von Baden selbst sah sich im Recht, da seiner Meinung nach der gefangene Knecht ein Hintersasse Friedrichs von Österreichs sei und er diesen daher nach geläufigem Kriegsrecht habe festsetzen dürfen.[276]

In diesem und einem weiteren Streitpunkt[277] kam es im Februar 1409 zu weiteren diplomatischen Aktivitäten Straßburgs, wie die Korrespondenz zwischen den verschiedenen Beteiligten und die Entsendung von Straßburger Gesandten an den Markgrafen zeigen.[278] Diese dienten der Vorbereitung des Schlichtungsverfahrens vor den Straßburger Neun,[279] auf das sich die Konfliktparteien Anfang März einigten. Eine durch Straßburg ausgestellte Urkunde gibt Einblicke in den geplanten Verlauf des Schlichtungsverfahrens. Darin wurde zunächst der Gegenstand der Schlichtung benannt und die Neun im gegenseitigen Einverständnis als Entscheidungsinstanz festgelegt.[280] Das weitere Verfahren war folgendermaßen geplant: Basel sollte innerhalb einer bestimmten Zeitspanne den Neun eine Anklageschrift nach Straßburg schicken. Nachdem Straßburg diese dann an den Markgrafen weitergeleitet hatte, sollte jener hierzu eine schriftliche Stellungnahme nach Straßburg zurücksenden. Auf der Grundlage von Anklage und Antwort mussten die Straßburger Neun dann ein Urteil über die Rechtmäßigkeit der Gefangennahme fällen.[281]

Es verging ein weiterer Monat, in dem Straßburg mit Hilfe von Gesandtschaften zwischen den Konfliktparteien vermittelte. Am 6. März erzielten Straßburger Gesandte mit dem Markgrafen hinsichtlich der Freilassung des Gefangenen und der Herausgabe der in diesem Kontext beschlagnahmten Güter eine Einigung. Der Markgraf verpflichtete sich, den Gefangenen freizulassen

---

276 Fester, Nr. 2545, S. 263; AVES, AA 90. Das Schreiben an den Markgrafen ist nicht überliefert.

277 Hierbei ging es um den Raub von 52 Tonnen Hering durch den Markgrafen bzw. seiner Gefolgsleute, vgl. hierzu AVES, AA 90, Nr. 26; Fester, Nr. 2555.

278 AVES, AA 90, Nr. 20. Fester, Nr. 2556, S. 264.

279 Dies geht aus der getroffenen Vereinbarung zur Schlichtung hervor. AVES, III, 166, 13, 1: *So habent wir der Meister und der Rat der Stadt zu Straszburg unser Statt insigel wan wir und ouch unsz erbern botten von unszers das als vorgesz[schriben] stet beredt und beteidinget haben gehenckt an diesen brieff [...].* Vgl. ebenso ediert im UB Basel VI, Nr. 3, S. 2–4, als Regest bei Fester, Nr. 2559, S. 264.

280 AVES, III, 166, 13, 1: *Des sint die voergenannten unser herren der Marggrave und ouch die von Basel der selben sache komen und bliben uff die nune des rates zů Strazburg mit nammen Heinrich von Mulnheim, Reimbolt Huffelin, Hans Zorn rittere, Hans Bock, Adam Loeselin, Růllin Barpfenning ammanmeister, Peter Sunner, Wilhelm Mecziger, Ulrich Gosz und Johans Heilman alt ammeister der stette zů Strazburg.*

281 AVES, III, 166, 13, 1: *herkennent die obgen nune oder der merteil under ine zum rechten nach der von Basel anesprachen und unsers herren des marggraven antwurt, die su ouch den selben nunen in geschrift under iren ingesigeln versigelt antwurten sollen in der zit, als hernachgeschrieben stat [...] Und also sollen die vorgen[annten] von Basel ire ansprache in geschrifft schicken gen Straszburg under ire stat ingesigel uff den suntag oculi [...] Und die selben ansproche sollent die von Straszburg unszin heren dem marggraven von stunt morgens am mentag geen Baden schicken. Der sol sin antwurt daruff tun und die den von Straszburg ouch in geschrifft und under sinem ingesigel versigelt schicken [...].*

und die Güter freizugeben und über die Angelegenheit bis zum 21. April von den Straßburger Neun richten zu lassen.[282] Im März folgten weitere Vermittlungen durch eine Gesandtschaft an den Markgrafen von Baden, der sich schlussendlich dazu bereiterklärte, die Gefangenen und das Gut in die Hände der Straßburger Neun zu geben.[283]

Am 1. April wurde die mithilfe der Neun erreichte Schlichtung schließlich durch den Basler Rat offiziell urkundlich bestätigt und ein Richtungsbrief für den Markgrafen an Straßburg geschickt.[284] Doch auch im Anschluss waren weitere diplomatische Aktivitäten Straßburgs in der Angelegenheit notwendig, wie Straßburger Gesandtschaftsmissionen, die schriftliche Korrespondenz zwischen den drei beteiligten Parteien und die Verschiebung verschiedener in Straßburg angesetzter Tage vor den Neun in dieser Angelegenheit zeigen.[285]

Interessant bezüglich der Zuständigkeiten für Außenpolitik ist dieser Fall nicht nur, weil die Neun als direktes Schiedsgremium nachweisbar sind, sondern auch, weil Gesandtschaften zusätzlich weiterhin eine entscheidende Bedeutung im Schlichtungsverfahren spielten. Zur exemplarischen Betrachtung bietet sich hierfür eine Gesandtschaft im März 1409 bestehend aus Reinbolt Huffelin und Wilhelm Metziger an. Nach Aussage des Markgrafen Bernhard von Baden haben diese beiden Straßburger zwischen den beiden Parteien verhandelt.[286] Auch ein Brief der beiden Gesandten an den Stadtrat verdeutlicht ihre Funktion als direkter Verhandlungspartner der gegenüberstehenden Parteien innerhalb des Schlichtungsverfahrens.[287] Darin teilten sie dem Straßburger Rat mit, dass Bernhard von Baden sowohl Gefangene als auch die entwendeten Güter in die Verantwortung der Neun stellen wolle. Auf den ersten Blick scheint es so, als ob nun drei unterschiedliche Akteure, nämlich der Rat, die Neun und die Gesandtschaft zu diesem Zeitpunkt in den Prozess mit eingebunden waren. Die Tatsache, dass sowohl die Neun in ihrer Funktion als nominelle Schiedsinstanz als auch die Gesandtschaft zwischen den Parteien schlichtete, erscheint also widersprüchlich. Doch wenn man genau hinsieht, zeigt sich anhand dieses Beispiels, dass Gesandtschaft und Neuner Gremium im vorliegenden Fall nicht als unterschiedliche Akteure begriffen werden können. Denn es handelte sich bei den beiden Gesandten um Mitglieder dieses Gremiums, weshalb anzunehmen ist, dass diese stellvertretend für das ganze Gremium beziehungsweise in dessen Auftrag Verhandlungen führten und somit die Aktivitäten der Gesandtschaft als Teil des Schlichtungsverfahrens durch die Neun verstanden werden müssen.[288] Der Rat wurde trotz Beilegung des Streits mit Hilfe der Neun über diese diplomatischen Vermittlungen und Entwicklungen in Kenntnis gesetzt. Auch wenn er

---

282 Fester, Nr. 2560.
283 Fester, Nr. 2563, 2566, 2567.
284 Fester, Nr. 2572 f.
285 Vgl. hierzu Fester, Nr. 2574, 2577, 2578, 2579, 2581, 2591, 2595, 2596, 2597, 2602, 2603.
286 Fester, Nr. 2563,
287 Fester, Nr. 2566, 2567.
288 Vgl. hierzu die namentliche Aufzählung der Neun: AVES, III, 166, 13, 1 sowie ediert im UB Basel VI, Nr. 3, S. 2–4.

die Verhandlungen nicht führte, war er weiterhin informiert und fungierte in dieser Angelegenheit auch als offizieller Ansprechpartner für die Konfliktparteien, wie es zahlreiche Briefe Basels und des Markgrafen an den Straßburger Stadtrat belegen.[289] Der Rat wiederum leitete dann auch in dieser Funktion eine Abschrift des Gesandtenberichts an Basel weiter.[290]

1.2.6 Zusammenfassung

Ziel dieses Kapitels war es, eine Analyse der innerstädtischen Zuständigkeiten für städtische Außenpolitik und Gesandtschaftsmissionen in Straßburg zu Beginn des 15. Jahrhunderts vorzulegen. Insgesamt bietet sich ein vielfältiges Bild mit unterschiedlichen Akteuren, die für außenpolitische Angelegenheiten der Stadt zuständig waren. Dabei treten der Rat der Stadt und die jeweiligen Ammeister häufig in den Quellen als verantwortliche Akteure zum Vorschein. Darüber hinaus waren sowohl verschiedene Gremien der Stadt als auch nicht genau identifizierbare Personengruppen – die etwa vom Ammeister zu Beratungen ausgewählt wurden – aktiv an der Organisation und Ausgestaltung von Gesandtschaftsmissionen und städtischer Außenpolitik beteiligt. Zudem konnte gezeigt werden, dass die Gesandten zum Teil selbst Einfluss darauf nahmen, welche Akteure im Einzelfall mit Informationen versorgt und in entsprechende Entscheidungsprozesse einbezogen wurden.

Trotz der aufgezeigten Strukturen in der Organisation und Entscheidungsfindung des Straßburger Gesandtschaftswesens lassen sich innerstädtische Zuständigkeiten für außenpolitische Angelegenheiten nicht eindeutig bestimmten Akteuren zuschreiben. Auch wenn der Stadtrat und die Ammeister vorrangig mit den Gesandten in Kontakt standen, Entscheidungen fällten und organisatorische Fragen klärten, waren auch immer wieder andere Akteure beteiligt. Insbesondere aus diesem Grund kann auch dem bisherigen Forschungskonsens in dieser Frage zumindest für den hier untersuchten Zeitraum nicht zugestimmt werden. Denn der Neuner respektive der Dreizehner Ausschuss, dem diesbezüglich von der Forschung weitreichende Kompetenzen zugesprochen wurden, war nur in wenigen Fällen aktiv an der Außenpolitik als Gremium beteiligt und ist eher als Schiedsinstanz und weniger in der innerstädtischen Organisation und Entscheidungsfindung nachweisbar, auch wenn derartige Funktionen des Gremiums von den Zeitgenossen ursprünglich vermutlich vorgesehen waren. Hier muss noch einmal auf die zu Beginn dieses Kapitels geschilderten Vorgänge des Jahres 1419 hingewiesen werden. Im Konflikt zwischen Stadtrat und Straßburger Patriziern kam dem Dreizehner Gremium in der Argumentation des Rates eine zentrale Rolle zu und ihm wurden im Bereich der Außenpolitik damit zentrale Kompetenzen bescheinigt. Der Fall zeigt unabhängig von der Bewertung des dahinterstehenden Konfliktes, dass diesem Gremium eine gewisse Relevanz für die städtische Diplomatie beigemessen wurde, die jedoch in der offiziellen Korrespondenz und in weiteren Quellen nur recht selten zum Vorschein tritt.

289 Vgl. hierzu beispielhaft Fester, S. 262–269.
290 Fester, Nr. 2567.

1.3 Rahmenbedingungen: Finanzen – Ausstattung – Pflichten

Die Stadt Straßburg nahm im Untersuchungszeitraum, genauer im Jahre 1405, eine Neuordnung ihrer Stadtverfassung vor.[291] Dieser Umstand liefert Einblicke in die Rahmenbedingungen, welche die Stadt für die Durchführung von Gesandtschaftsmissionen schaffen wollte. Somit kann zuerst einmal festgehalten werden, dass zu Beginn des 15. Jahrhunderts in Straßburg Gründe vorlagen, Regelungen für die städtische Diplomatie rechtlich festzulegen. Diese sind innerhalb der Stadtverordnung nicht zusammengefasst und systematisch aufgeführt. Es handelt sich vielmehr um einzelne Regelungen, die an verschiedenen Stellen der Verordnung aufgeführt sind. Ein umfassender Regelkatalog bezüglich des städtischen Gesandtschaftswesens liegt demnach nicht vor, was darauf schließen lässt, dass es lediglich in einigen Fragen Unsicherheiten beziehungsweise Regelungsbedarf gab. Hier zeigt sich auch, dass zu Beginn des 15. Jahrhunderts kein rechtlich klar definiertes Gesandtschaftswesen in Straßburg existiert hat. Vielmehr muss man von Organisationsstrukturen ausgehen, die zum einen durch schriftlich fixierte Regeln festgelegt – wie eben in der Stadtverfassung von 1405 – und zum anderen möglicherweise auch ohne schriftliche Fixierung vorhanden waren. Dabei ist auch die Überlieferung zu berücksichtigen. So können bestimmte Praktiken und die daraus ableitbaren Regeln, mit denen sich Rahmenbedingungen des Straßburger Gesandtschaftswesens beschreiben ließen, nur ansatzweise erfasst werden. Dies gilt insbesondere für den Bereich der städtischen Rechnungslegung, die für Straßburg gar nicht beziehungsweise nur punktuell greifbar ist.[292] Daher lassen sich die Rahmenbedingungen für Straßburg nicht über serielle Rechnungsbücher umfassend analysieren, wie dies für andere Städte möglich ist.[293] Vielmehr muss sich eine solche Betrachtung auf die normative Ratsschriftlichkeit und einen Abgleich mit anderen Quellentypen, wie den Gesandtenberichten, beschränken.

Neben der Verfassung von 1405 können weitere vereinzelt überlieferte Regelungen aus dem Untersuchungszeitraum herangezogen und Einzelaspekte aus der bisherigen Forschung und den eigenen Archivrecherchen hinzugefügt werden. Die schriftlich festgehaltenen Regeln lassen sich insbesondere auf dem Gebiet der Finanzen ausfindig machen. Dazu sind sowohl die Bezahlung der Gesandten, Knechte, Boten und Stadtschreiber, die im Dienst der Stadt auf auswärtige Missionen geschickt wurden, als auch Bestimmungen zur Ausstattung der Gesandtschaften sowie einzelner Akteure der städtischen Diplomatie zu zählen – etwa Regeln über Bereitstellung von Pferden und Kleidung. Bedeutsam für die Durchführung von Gesandtschaftsmissionen war auch die Unterbringung der Gesandten und ihrer Pferde. Hierzu sind zwar keine Verordnungen überliefert, doch können über zahlreiche Quellen ebenfalls wichtige Erkenntnisse gewonnen werden.

---

291 Vgl. hierzu Eheberg, Nr. 10, S. 11–59.

292 Die Rechnungsbücher sind im 19. Jahrhundert bereits im Kontext des deutsch-französischen Krieges verbrannt. Vgl. zu diesem Problem der Quellenüberlieferung das Kapitel I (3.2).

293 Vgl. etwa für Nürnberg Fuchs/Scharf, Gesandte.

Ein weiterer Bereich, der ebenso in Teilen die eigenen Finanzen betrifft, sind Regelungen bezüglich der Vergabe von Geschenken auf Kosten der Stadt. Auch wurde reglementiert, inwiefern Geschenke und Einladungen zu Mahlzeiten von den Gesandten und weiteren städtischen Handlungsträgern von Dritten angenommen werden durften. Auch Pflichten der städtischen Akteure, so zur Berichterstattung der Gesandten über ihre Missionen, fanden Niederschlag in Verordnungen.

1.3.1 Finanzierung und Ausstattung

Straßburger Gesandtschaften sollten auf verschiedene Art und Weise finanziert und ausgestattet werden.[294] Es lassen sich Unterschiede zwischen bestimmten Personenkreisen und ihren jeweiligen Aufgabenbereichen ausmachen. Gesandte, Stadtschreiber und Boten erhielten unterschiedliche Bezüge in Form von Lohn, Tagegeld, Tuch für Kleidung und zusätzliche Absicherungen. Regelmäßigen Lohn erhielten lediglich die von der Stadt fest angestellten Boten und Stadtschreiber. Die Straßburger Boten wurden darüber hinaus mit sogenannten Botenbüchsen ausgestattet. Diese Büchsen waren keine Behältnisse, mit denen man Briefe transportierte, sondern kleine, häufig aus Silber hergestellte Abzeichen. Auf ihnen war das Wappen des Auftraggebers angebracht und kennzeichnete somit den jeweiligen Boten.[295] Es sind verschiedene Ordnungen überliefert, die über die Ausstattung dieser im Dienste der städtischen Außenpolitik agierenden Personengruppen Auskunft geben.[296]

Städtische Gesandte übernahmen hingegen diplomatische Tätigkeiten ohne dafür bezahlt zu werden.[297] Sie verfügten während ihrer Gesandtschaftsreisen pro Person lediglich über einen Tagessatz von *zwo untze pfenninge*[298], der zur Deckung von Unkosten vorgesehen war. Ferner bestanden Verbote bezüglich des Einkaufs von Gebrauchsgegenständen mit städtischen Geldern. Die Gesandten durften beispielsweise weder für sich noch für andere Personen Kleidungsstücke oder andere Gebrauchs- und Ausrüstungsgegenstände auf Kosten

---

294 Zum Vergleich lassen sich bezüglich der Kosten von städtischen Gesandtschaften folgende Beiträge zu Nürnberg anführen: Seyboth, Gesandte, S. 304 f.; Fuchs/Scharf, Gesandte.

295 Vgl. hierzu Hübner, Im Dienste der Stadt, S. 143–145; Gachot, Louffende Botten, S. 16–19; Heimann, Brievedregher. Vgl. ebenso die Stadtordnung von 1405, Eheberg, Nr. 10, Art. 165, S. 51: *Es sol ouch kein louffender botte me bühssen haben dann eine; und waz bühssen sü me und vürbaz haben, sollend sü unszem statschriber geben [...].*

296 Vgl. hierzu Eheberg, Nr. 9, S. 10 f. Es handelt sich um ein Verzeichnis aus der Zeit vor 1405, in dem im Dienst der Stadt stehende Personen aufgeführt sind, welche jährlich von der Stadt Tuch zur Herstellung von Kleidung erhielten. Darunter der Stadtschreiber Werner Spatzinger, der 14 Ellen Tuch erhielt. Ebenso bekamen die beiden Unterschreiber Claus und Friderich jeweils 14 Ellen Tuch, den vier *rotesbotten* standen je 14 Ellen, den *zwene louffenden botten* je 8 Ellen zu. Auch in der Neuordnung der Stadtverfassung von 1405 gab es Regelungen bzgl. der Finanzierung und Ausstattung der Boten, vgl. Eheberg, Nr. 10, Art. 165, S. 50 f.

297 Anders bei Timpener, Reichsstadt, S. 137 sowie S. 145 f. Anm. 85.

298 Eheberg, Nr. 10, Art. 28, S. 18. Zu diesem Tagessatz für Gesandte lässt sich ein Vergleichswert des Rheinischen Bundes aus dem Jahr 1385 anführen. Gesandte sollten dort vier Gulden pro Tag bekommen, Kreutz, Botenwesen, S. 96.

der Stadt erwerben: Sättel, Hosen, Hüte, Gürtel, Messer, Taschen oder Handschuhe mussten Gesandte demnach selbst bezahlen.[299] Weiterhin wurde den Gesandten und ihren Knechten durch die Stadtordnung von 1405 der Besuch der Badestube, das Scheren des Haares, das Flicken von Kleidung, das Einfetten von Stiefeln und die Ausbesserung von Sätteln und Zaumzeug mit städtischen Geldern untersagt. Diese Regelungen verweisen auf die Notwendigkeit der ökonomischen Abkömmlichkeit der Gesandten. [300] Die Gesandtentätigkeit lieferte in der Regel kein Auskommen, sondern war ein unentgeldlicher Dienst für die Stadt. Die Regelungen könnten darauf hindeuten, dass die städtischen Gesandten in der Vergangenheit zumindest versucht hatten, auf städtische Kosten ihre Ausrüstung anzuschaffen oder auszubessern.

1.3.2 Verwaltung des Tagegeldes und Rechnungslegung

Für die Verwaltung des Geldes sollte ein einzelner Gesandter verantwortlich sein, der in den Quellen als *seckeler*[301] bezeichnet wird. Er war für die Rechnungsführung zuständig und dazu bestimmt, nach Beendigung der Gesandtschaftsreise über das ausgegebene Geld Rechenschaft abzulegen.[302] Die Höhe der Ausgaben war entweder an die Dreier auf dem Pfennigturm (*drigen, die über daz ungelt gesetzet sint*), die Brotherren (*bretherren*) oder diejenigen, die im Bedarfsfall von Meister und Rat dafür bestimmt wurden, in mündlicher Form weiterzuleiten. Anschließend sollten die Ausgaben in das Kostbuch der Stadt eingetragen werden, das bereits in einer Rechnung des Jahres 1400 anlässlich einer Gesandtschaftsmission zum Zwecke der Privilegienverhandlung mit König Ruprecht erwähnt wird. Daraus wird ersichtlich, dass auch Ausgaben, welche für die Bestätigung von Privilegien getätigt wurden, gesondert im Kostbuch aufgeführt werden sollten. Dies erfolgte jedoch nach der Privilegienbestätigung durch Ruprecht offenbar nicht.[303] Es war vorgesehen, den Gesandtschaften die Tagegelder im Voraus auszubezahlen. Dies geht aus einer Bestimmung hervor, die die Rückführung ungenutzter Tagegelder regelte. Demnach war der jeweilige Restbetrag nicht grundsätzlich dem sogenannten Rentmeister vorbehalten, vielmehr hatte sich dieser eine Weisung bezüglich der weiteren Nutzung der Gelder einzuholen.[304]

---

299 Eheberg, Nr. 10, Art. 28f., S. 18.

300 Weber, Wirtschaft.

301 Eheberg, Nr. 10, Art. 28, S. 18.

302 Eheberg, Nr. 10, Art. 28, S. 18. Zu ähnlichen Vorgehensweisen in Nürnberg vgl. Seyboth, Gesandte, S. 304. Fuchs/Scharf, Gesandte, S. 306 f., haben insbesondere auf die detaillierte Rechnungslegung Nürnberger Gesandter am Beispiel des Gesandten Niklas Muffel hingewiesen.

303 Eheberg, Nr. 10, Art. 28, S. 18. Zur Rechnung von 1400 vgl. UB VI, Nr. 1593, S. 805 f: *uff die zit hat kunig Růprecht der stat ir friheit bestetiget und stet im costbuch nit geschriben, das útzit umb die friheit geben sy, doch meint man, es sy in die egmelt sume des costens gerechnet.* Zu vergleichbaren Prozessen der Rechnungslegung sowie Geschenken im Zusammenhang mit Gesandtschaftsmissionen zur Privilegienbestätigung vgl. Fuchs/Scharf, Gesandte, S. 309–313.

304 Eheberg, Nr. 10, Art. 88, S. 30: *Wenne man ouch reysen vert oder erber botten uf tage sendet von unser stette wegen, wanne danne das herwider broht wurt, das aldo überbliben ist, das sol Heinrich Riffe nit ime*

1.3.3 Pferde und Begleitpersonal

Weiterhin sicherte sich die Stadt in verschiedenen Bereichen ab. Es wurde festgelegt, was Gesandte auf ihren Reisen mitführen durften. Eine Einschränkung gab es etwa bei der städtischen Haftung für die notwendigen Pferde, von denen höchstens vier mitgenommen werden sollten. Diese konnten zuvor im städtischen Stall erworben werden. War der Verlust eines Tieres zu beklagen, so konnte der Betrag prinzipiell erstattet werden, jedoch nur zum vorher gezahlten Einkaufspreis.[305] Missachtete ein Gesandter diese Regel, hätte er im Falle des Verlustes eines Tieres den Schaden selbst tragen müssen. Zusätzlich durfte noch ein Maultier (*mülin*) oder ein *ledig pferdelin* mitgeführt werden.[306] Im Kontext der Privilegienverhandlungen mit König Ruprecht ist eine Rechnung über die Kosten der Gesandtschaftsmissionen überliefert, welche bereits zu dieser Zeit die in der Stadtordnung festgelegte Zahl von maximal vier Pferden für einen Gesandten als gängig ausweist.[307] Ein weiterer Fall zeigt ebenso, dass die Umsetzung dieser Regelung in der diplomatischen Praxis noch einige Jahre nach der Verordnung nachweisbar ist. Als auf Anordnung des Rates im Jahr 1418 von einer vierköpfigen Gesandtschaft zwei Gesandte wieder zurück nach Straßburg kommen sollten, gab man ebenfalls eine Anweisung bezüglich der bei den beiden anderen Gesandten zu verbleibenden Pferde. Den beiden sollten demnach insgesamt maximal acht Pferde, also vier Pferde pro Person, überlassen werden, was den gemachten Vorgaben aus der Stadtverordnung von 1405 entsprach.[308] Als Papst Martin V. 1418 in Konstanz erwartet wurde und sich bereits in Bern aufhielt, wollte Straßburg eine Gesandtschaft zu diesem nach Konstanz schicken. Der Stadtschreiber Ulrich Meiger rechnete offenbar mit einem längeren Aufenthalt des Papstes in Bern und empfahl daher aufgrund der hohen Kosten, die Pferde und Gesandte verursachen würden, die Gesandtschaft erst nach Konstanz zu schicken, nachdem ein Kundschafter in Bern den Aufbruch des

---

selber behaben noch nieman von sinen wegen, weder lützil noch vil, danne er sol das alles sament den drien, die über das ungelt gesetzet sint, zoeugen und was in die drie domitte heissent tuon oder lossen, es sie mit verkouffende oder in andere wege, das sol er tuon und den drien domitte gehorsam sin.

305 Eheberg, Nr. 10, Nr. 38, S. 21: *Wer ouch hengeste oder pferde uff der stette stall koufft, gont die in der stette dienste abe, die sol man nit höher bezalen, danne als sü von dem stalle gekouffet sint [...].* Vgl. zur Schätzung von Pferden und Kompensationszahlungen im kriegerischen Kontext Clauss, Waffe, S. 61 f.

306 Eheberg, Nr. 10, Art. 28 und Art. 33, S. 18 f. Vgl. zur Mitnahme von Pferden die Vorgaben des Rheinischen Bundes 1385 für seine Gesandten, die jeweils fünf Pferde mitführen sollten, Kreutz, Botenwesen, S. 96. Für Nürnberg lässt sich für das Ende des 15. Jahrhunderts eine Gesandtschaft mit sechs Gesandten und 19 Reit- und Lastpferden nachweisen, vgl. hierzu Seyboth, Gesandte, S. 305.

307 UB VI, Nr. 1593, S. 805: *item her Johanns von Muelnheim 40 untze vier pferden; item her Thoman vn Endingen tantundem; item Ulrich Bock dem jungen tantundem; item Ruelin Barpfennig; item her Wernher Spatzinger tantundem.*

308 AVES, AA 167, 2: *[...] daz du, Bluomenstein, und ouch Ir, Meister Uolrich, zu hofe blibn sollent und nit uber aht pferde bi juch behebent und die andern alle herheim schickent [...].*

Papstes mitgeteilt habe. Man könne dadurch vermeiden, dass die Gesandtschaft unnötig und kostenintensiv in Konstanz auf den Papst warte.[309]

Allerdings standen den Gesandten nicht zwangsläufig über den gesamten Zeitraum ihrer Missionen Pferde zur Verfügung. Aufgrund längerer Aufenthalte an einem Ort wurden sie mitunter gar nicht längerfristig benötigt. Diese Annahme lässt sich anhand von Berichten belegen, in denen Gesandte darauf verwiesen, Pferde noch im Verlauf ihrer Mission wieder zurück nach Straßburg bringen zu lassen.[310] Ebenso zeigen nachfolgende Fälle, dass den Gesandten auch Pferde zu ihren Verhandlungsorten gebracht werden mussten, damit sie die Rück- oder Weiterreise antreten konnten. Im Jahr 1400 schrieben vier Gesandte an den Rat der Stadt und äußerten unter anderem den Wunsch, dass man ihnen am nächsten Donnerstag in Mainz Pferde zur Weiterreise bereitstelle.[311] Der Gesandte und Stadtschreiber Ulrich Meiger bat den Rat 1416 darum, ihm mittels der nach Konstanz kommenden Gesandten zwei Pferde zu schicken, damit er die Rückreise antreten könne.[312] Ein Jahr später meldete er sich ebenfalls mit dem Anliegen, ihm Pferde zu schicken, um damit gemeinsam mit den anderen städtischen Gesandten zurück nach Straßburg zu reisen.[313] Nach Heidelberg sollten dem Stadtschreiber im Zuge einer anderen Mission ebenfalls Pferde gebracht werden. Ulrich Meiger wollte König Sigismund auf seiner weiteren Reise begleiten und brauchte diese dementsprechend für sich und seinen Knecht.[314] Hatten die Gesandten einmal keine Pferde vor Ort, wurde mitunter auch das Schiff als Reisemittel genutzt.[315] Dass das Schiff bisweilen auch bevorzugt wurde, konnte bereits in einem vorherigen Teilkapitel am Beispiel einer Entscheidung des Ammeisters und der Neun gezeigt werden, die sich für die Rückreise der Gesandten mit dem Schiff aussprachen, ohne dies jedoch weiter zu be-

---

309 AVES, AA 1443, 64: *ir verstandent, dasz der bapst gen Bern kome, dasz ir dan einen kuppligen gesellen hin nach sendent der uch sinen ufbruch von Bern sag und dasz man dan dar nach botschaft zu im tuege alszo ersparet man gelt, dan solt man dort ligen mit vil pferden so verzarte man vil und schueffe doch nutz […].*

310 AVES, I, 16, 41: *[…] der uberigen pferde schicke ich uch einteil heim […]*; AVES, AA 1443, 18: *uf dz haben wir die gesellen umb desz kosten willen mit uns hin uf gefueret und ouch dasz die pferit dester sich er bi in wider heimen komen.*

311 AVES, AA 116, 47 (sowie RTA IV, Nr. 167, S. 190–192): *Ouch lieben herren bestellent, daz wir die pferde uf disen kunftigen dunrestag zü Wormisze haben.*

312 AVES, AA 169, 51: *[…] darumb bitte ich uch, dz ir mir zwei pfert mit uwern erbern botten heruf her senden woellent, dz ich heim keme […].*

313 AVES, AA 169, 18: *[…] genaedigen lieben heren, schikend mir pfert, dz ich mit uwern botten heimen moege komen […].*

314 AVES, AA 1438, 6: *[…] mich bedunckt guot, dz man mir und Erharten pfert gen Heidelberg schikte, dan mich bedunckt der konig welle in dem lande ritten, die schlosz besenhen und villiht ouch gen Stuggarten […].*

315 Vgl. zu diesem Aspekt exemplarisch: AVES, AA 169, 42: *[…] will ich kein pfert hon, so muosz ich uf dem wasser hin ab […]*; RTA IV, Nr. 166, S. 190: *[…] daruff hant wir uns bestalt daz wir morne so wir fruegeste moegent die Moene uff varent gen Franckfurt […]*; AVES, AA 116, 47 (sowie RTA IV, Nr. 167): *Geben uff dem Moen by dem zoll zuo hoechste uff dem wasser an der mitwochen […]*; AVES, I, 16, 27: *un losse uch wissen dz ich mit minem herren von Mentze in sime schiffe gefaren bin von Wesel untze gon Mentze […].*

gründen.[316] Derartige Entscheidungen im Verlauf von Gesandtschaften konnten auch organisatorische Herausforderungen mit sich bringen. Im Jahr 1421 fragten drei Straßburger Gesandte, die im Kontext militärischer Konflikte offenbar an ihrer Weiterreise aufgrund abgeschnittener Wege gehindert wurden, ebenfalls beim Ammeister nach, ob sie mit einem Schiff reisen sollten. Dabei stellte sich jedoch zugleich die Frage, was man in einem solchen Fall mit den Hengsten machen solle, auf denen man zuvor geritten war. Eine weitere Möglichkeit sei, so die Gesandten, einen bewaffneten Trupp zu schicken, der die Gesandten aus ihrer Lage befreie. Im letzteren Fall solle man zudem sicherstellen, dass man über eine im Brief nicht weiter spezifizierte Brücke reisen könne.[317]

Die Frage des Reisemittels und die Koordination der Bereitstellung von Pferden oder Schiffen musste also zwischen den innerstädtischen Akteuren und den Gesandten oftmals genau abgesprochen werden.

Je nach Anzahl der mitgeführten Pferde und Größe der im Dienste der Stadt ausreitenden Personengruppe (Knechte, Gesandte, Boten) gab es einen festgelegten Tagessatz, der von der Stadt gezahlt wurde.[318] In Straßburg waren vor Ort für die Versorgung der Pferde des städtischen Stalles Stallherren, ein Hufschmied und seine Knechte verantwortlich. Der Hufschmied sollte täglich je nach Bedarf ein- oder zweimal im Stall die Pferde versorgen und die Stallherren nach bestem Wissen und Gewissen beraten. Er bezog ein jährliches Gehalt ebenso wie seine Knechte, bekam seine Materialkosten erstattet und hatte jährlich einen Eid zu leisten.[319]

Im Verlauf von Gesandtschaftsmissionen waren hingegen die Knechte der Gesandten für das Beschlagen der Pferde verantwortlich, wofür gesonderte Beträge bereitgestellt wurden. Die Knechte kümmerten sich auf den Reisen grundsätzlich um die Pferde.[320] Diese Personengruppe taucht in der Quellenüberlieferung recht selten auf, sodass man ihre Anwesenheit zwar voraussetzen, jedoch ansonsten eher wenig über sie in Erfahrung bringen kann.[321] Jedenfalls

---

316 Vgl. AVES, AA 1441, 1 sowie Kapitel II (1.2.2).

317 AVES, I, 16, 30: *[…] lont uch wissen dz ums eigenlichen fur kummen ist, dz die vigende ii gantze dage gehalten hant an iii enden und kunnent in keinen andern weg sicher heim kummen ir schicket uns den ein harst der uns entpfahe […] ist aber uwer meinunge dz wir in schiffe enweg soellent so bestellent, dz wir wissen wo wir su findent und wie wir mit den hengesten duon sollent, ist uwer meinunge ieman gegen uns zuo schicken, der uns hole, so bestellet dz die brucke gemaht werde, dz wir furderlichen uber kumment.*

318 Eheberg, Nr. 10, Art. 39, S. 21.

319 Eheberg, Nr. 10, Art. 141, S. 43: *Man sol eime ieglichen hůpsmide, der unser stette hůpsmit ist, zum iar 8 lib. f geben und sinen knehten 10 ß f vür ir iartringgelt und nit me noch anders ungeverlich. Und sol er darumbe alle tage uff den stal gon ein mol oder zwür, noch dem und es notdurftig ist, und das beste und wegeste zů hengesten und pferden tůn, die uff dem stalle stont, und daz nützeste den stalherren roten by dem eyde, den er iares darumb tůt. Und sol man ime sine roszysen, nagel, pulver und ander dinge bezalen, die er danne bruchet zů solichen hengsten und pferden, aso man bitzhar geton het.*

320 Eheberg, Nr. 10, Art. 30, S. 19. Vgl. ähnliche Zuständigkeiten bei den Nürnberger Gesandtschaften zum Ende des 15. Jahrhunderts, Seyboth, Gesandte, S. 297 f.

321 Die Knechte wurden beispielsweise in Geleitbriefen mit aufgeführt, AVES, AA 138, 49: *[…] als die itzund by uns hie zu Costentz gewesen und off dem wege wyder heim sint mit yren knechten und pferden*

waren sie nicht nur für die Pferde verantwortlich, sondern konnten den Gesandten bei Bedarf auch in anderen Dingen behilflich sein. Als etwa der Gesandte Cunrat zum Rust während einer Gesandtschaftsmission schwer erkrankte, musste er in Heidelberg Station machen. Sein Begleiter, der Altammeister Hug Drizehen, fürchtete sogar um dessen Leben und ließ zur Unterstützung zwei Knechte in Heidelberg zurück. Er selbst führte die Mission fort.[322] Ein weiteres Beispiel zeigt, wie wesentlich Pferde und Knechte für einzelne Gesandte sein konnten. Der Straßburger Rat hatte 1415 den Gesandten und Altammeister Johans Heilman aufgefordert nach Straßburg zurückzukehren. Doch der Gesandte war offenbar ohne Pferd und Knecht unterwegs und konnte beziehungsweise wollte unter diesen Umständen nicht zurückkehren.[323]

Einen Einblick in die Ausrüstung städtischer Knechte liefert ein Gesandtenbericht von 1415. Der Verfasser wollte mit seiner Nachricht anschaulich machen, dass man kurz vor der Abreise vom Verhandlungsort gestanden hatte, dann aber eine Botschaft König Sigismunds den Aufbruch verhinderte. Die Knechte hätten bereits Panzer und Lederhosen angelegt und die Pferde seien gesattelt gewesen, so der Gesandte.[324]

Ein Gesandter, der allein im Auftrag der Stadt auf eine Versammlung reiste, durfte weder einen Koch mitnehmen noch Gewürze oder Kerzen mit sich führen, da er in Wirtshäusern essen sollte.[325] Bei Gesandtschaften mit mehreren Teilnehmern konnte hingegen der städtische Koch mitgenommen werden. Dies ist beispielsweise für das Jahr 1400 belegt, als ein Koch die bereits oben erwähnte Gesandtschaft zu König Ruprecht begleitete.[326] Der städtische Koch verfügte 1405 über einen festgelegten Wochenlohn und bekam jährlich acht Ellen Tuch gestellt. Davon hatte er sich einen speziellen Rock, nach Art und Weise wie ihn sein Vorgänger (*vorfar*) getragen hatte, anzufertigen, den er auf Gesandtschaftsreisen zu Ehren der Stadt tragen sollte.[327] Städtisches Eigentum, wie etwa

---

und andern yrer habe also wider heim gein Straspurg zu komen sicher, ungeleidiget, ungehindert und unoffgehalten rijten faren und wandeln laszen [...].

322 AVES, I, 16, 41: *[...] uch wisse dz her Cuonrat zuo dem Ruost un ich uf sundag zu obende gon Heidelberg kommen sin und do kam her Cuonrat zuo dem Ruoast krangheit [...] doch so hoffe ich dz er der krangheit halp nut sturbet [...] ouch wisset dz her Cuonrat zuom Ruost zuo Heidelberg bliben ist un habe bi im zwene knehte gelossen, mit namen Claus sino kneht un Peter [...].*

323 AVES, AA 163, 9: *[...] lieben herren, aso ir mir fursriben hant und mir bestellent, daz ich furderliche zuo uch kummen solt do losse ich uch wissen, dz ich weder kneht noch pfert by mir habe so ist mir och nit gefueglich aso einig zu ritten in dissen loeffen, wenne ich aber min kneht und pfert by mir hette, wenne ir mir den sribent und mich bettent zuo uch zue kummen, so wolt ich furderlich kummen [...].*

324 AVES, AA 168, 5: *[...] doch getruwen wir ouch balde heime komen soellen, dan unser kneht hetten bantzer und lederhosen an geton und weren die pfert gesetelt dz wir von stuond geritten sin wollten, were unsz desz koenigesz botschaft nit komen alsz da vor ist geschr[iben].*

325 Eheberg, Nr. 10, Art. 32, S. 19.

326 UB VI, Nr. 1593, S. 805.

327 Eheberg, Nr. 10, Art. 149, S. 45: *Man sol meister Nithart, dem koche, alle woche 5 ß f geben und alle jare 8 elen duochs zu eime rocke. Den sol er tragen, so er mit unser stette botten zu tage ritet; und ist das unser stette ere, das er danne in sogetanen cleidern gat. Und sol denselben rock zweyerslaht tragen und mit lappen, also sin vorfar tet.* Vgl. zusätzlich die Verordnung zum Einkauf des Tuchs für städtische Amtsträger bei Eheberg, Nr. 10, Art. 161, S. 49.

Gewürze und Kerzen, hatte er sorgsam zu behandeln und durfte dieses nicht ohne Erlaubnis der städtischen Gesandten anderen überlassen oder selbst behalten. Nach seiner Rückkehr hatte er darüber Rechenschaft abzulegen. Weitere Regelungen betreffen die Auswahl der Zutaten und seinen Wochenlohn, den er weder durch Stettmeister oder Ammeister noch durch den Rat versuchen sollte aufzubessern. Auch der Straßburger Koch musste einen Eid schwören.[328]

1.3.4 Unterkünfte

Gesandte benötigten auf ihren Reisen Unterkünfte, in denen sie übernachten und ihre Pferde unterstellen konnten. Hierzu sind zwar keine städtischen Verordnungen überliefert, doch können Erkenntnisse zur Frage der Unterbringung über die Gesandtenberichte und weitere städtische Korrespondenz gewonnen werden. In der Regel erfährt man relativ wenig über diesen Aspekt der Rahmenbedingungen städtischer Gesandtschaftsmissionen. Er wurde zumeist nur dann thematisiert, wenn diesbezüglich etwas organisiert werden musste oder Probleme auftauchten. Gerade Konstanz kam zur Zeit des Konzils bezüglich der Einquartierung der Konzilsteilnehmer an die Grenzen der örtlichen Möglichkeiten.[329] Dies zog auch für Straßburg und seine Gesandtschaften in einigen Situationen Mehraufwand nach sich, da Herbergen beispielsweise im Voraus reserviert werden mussten, um eine Unterbringung der Gesandten zu ermöglichen.

Bereits im Vorfeld des Konzils kümmerte sich der Straßburger Rat um eine Unterkunft für seine Gesandten in Konstanz und konnte dabei auf die Hilfe der Stadt Basel zurückgreifen, wie es aus einem Schreiben Straßburgs an Basel hervorgeht. Der Rat der Stadt Basel organisierte bereits im September 1414 eine Unterkunft, die die Straßburger und Basler Gesandten gemeinsam beziehen sollten. Aus der Quelle geht hervor, dass die Zuteilung der Herbergen an die Konzilsteilnehmer vom Konstanzer Rat koordiniert wurde. Ein Mitglied des Basler Rates war deshalb sogar persönlich nach Konstanz gereist und hatte dort offiziell beim Rat der Stadt bezüglich der Bereitstellung einer Unterkunft für Gesandte angefragt.[330]

---

328 Eheberg, Nr. 10, Art. 149, S. 45 f. Weitere Belege für Köche im Gefolge von Gesandtschaften: Seyboth, Gesandte, S. 297.

329 Grundsätzlich zum Problem der Unterbringung bei größeren städtischen Ereignissen Schenk, Zeremoniell, S. 263 f.

330 StABas, Politisches A2 Briefe (Einläufe), Schachtel 1413–1416, 144: *[…] darumb ir einen uwers Rotes gon kostentz geschicket habent den Burgermeister und Rete do selbesz zuo bittende uwern und unsern erbern botten, die do hin komende werdent ein herberge zu bestellend dz su geton und uns beiden teilen ein herberge bestalt haben, mit me dan zuo zwölff bettestetten und kein stallunge, als dz uwer brief mit me worten voellicher ynneheltet, den wir verstanden haben, uwer gute fruntschaft wolle wissen dz wir auch nit anders gewisset habent, dan dasz ir und wir mit einer herbergen versehen gewesen sin soltent, wile aber dz nit gescheen ist, so dancket wir uwer guoten fruntschaft ernstlich mit flisz dasz ir also an uns von der unszn, so esz nit besser sin kann, ouch gedaht haben.* Quelle und Zusammenarbeit zwischen Straßburg und Basel bereits erwähnt bei Gilomen-Schenkel, Henman Offenburg, S. 42.

Die Notwendigkeit einer vorausschauenden Planung griff auch der Gesandte Ulrich Bock in einem Bericht aus Konstanz auf. In diesem wies er den Stadtrat darauf hin, dass man sich aufgrund der aktuell hohen Besucherzahlen in Konstanz rechtzeitig um die Unterkünfte für weitere Gesandtschaften kümmern müsse. Hintergrund war, dass sich Konstanz in Erwartung des Erscheinens König Sigismunds mit zahlreichen Besuchern konfrontiert sah, weshalb auch Straßburger Gesandte ihre Herberge kurzfristig zugunsten des Passauer Bischofs Georg von Hohenlohe verlassen mussten. Dieser war, wie weitere weltliche und geistliche Fürsten, aus diesem Anlass nach Konstanz gereist.[331] Dass es nicht nur schwierig war, eine Herberge zu bekommen, wenn etwa der König in Konstanz erwartet wurde, sondern auch kostspieliger als sonst, berichtete der Stadtschreiber Ulrich Meiger. Die Nachfrage für Unterkünfte sei so groß, dass der Wirt seiner Herberge täglich Anfragen nach freien Übernachtungsplätzen erhalte. Zudem stiegen auch die Preise, da man die Ankunft des Königs in Konstanz erwarte.[332]

In einem anderen Kontext hatte der Rat dem Stadtschreiber Ulrich Meiger im Oktober 1416 die Ankunft weiterer Gesandter in Konstanz angekündigt. Der Stadtschreiber verlängerte daraufhin die Reservierung der Herberge für einen Monat und bezahlte hierfür zwölf Gulden im Voraus. Dies lässt sich indirekt über einen Brief des Stadtschreibers an den amtierenden Ammeister Johannes Lumbart erschließen, dem er darüber hinaus weitere Details schilderte.[333]

Wie es aus einem weiteren Bericht an den Ammeister Johannes Lumbart hervorgeht, organisierte Meiger darüber hinaus auch einen Vorrat an Heu und Stroh für die Pferde. Die entstandenen Kosten für die Herberge führte er erneut auf.[334] Doch die Gesandten kamen offenbar nicht in Konstanz an: So wandte sich der Stadtschreiber zum wiederholten Mal an den Straßburger Rat und erbat mehrfach eine Rückmeldung, ob er die Herberge weiterhin für die zu erwar-

331 AVES, AA 168, 27: *[...] ouch wissent dasz esz aber zu Costentz vast enge beginnet werden, dann man sich vast uf den koenig da rihtet und dz fursten und heren, geistlich und weltlichen, die herbergen vast ufdingent und muessen wir morn usz unser herberg, dan der bischoff von Passow dar in komet, versehent ir uch da dz ir uwern erbern botten zu dem kung, so er herusz komet, her uf tun werdent, geviel esz uch dan so moehtent ir gedenken, dz uch ouch ein herberge wurde bestellet oder ir und uwer bottent werdent vil liht mit der herberge so die zit komet gesumet.*

332 AVES, AA 169, 18: *[...] so get die zit umb min herberg usz, da laussend mich wisszen wie ich mich da mit halten soelle, dan wa ir mich nutzit wisszen land so wil ich die herberg nit furbasz bestellen, so hat der wirt alle tag lute die dar umb bittend, dan so man hoert, dz der koenig in dasz lant komet, so schlahent die herberg wider uf.*

333 AVES, AA 169, 27: *wie mijn genedige heren meister und rat [...] verscreben hatten under anderm wie dasz noch me Erbern botten her uf her komen soelten und also hann ich die herberg einen manet vorbasser bestanden um xii gulden.*

334 AVES, AA 169, 28: *[...] ouch wissent also ich verstuond, dasz der stett erbern botten heruf komen solten, die doch noch nit sint komen do bestuond ich die herberg furbasz einen monad umb xii gulden, da hett mir sie her Uolrich vor ein wochen umb dri guld bestanden dz wirt xv gulden, bisz uf Samstag nach martini und hon ouch etwas hoewe und strow uf sie gekouffet.* Der Gesandte Ulrich Bock hatte auf die ursprüngliche Mietsumme von zwölf Gulden noch drei Gulden aufgeschlagen und somit die Mietdauer der Herberge verlängert.

tenden Gesandten freihalten sollte. Jene war nur noch wenige Tage für die Straßburger reserviert.[335]

Über die Anmietung einer Herberge gibt ein weiterer Bericht des Stadtschreibers aus dem Sommer 1417 detailliert Auskunft. Demnach hatte er zwölf Betten einer Herberge und einen im selben Haus befindlichen Stall für die Pferde der Gesandten angemietet und auch Feuerholz bestellt. Vom Rat erbat er bezüglich der Unterkunft und den angegebenen Mietkonditionen eine Zu- oder Absage.[336]

Die Herbergen waren nicht ausschließlich deshalb ein wichtiger Bestandteil der Organisation von Gesandtschaftsmissionen, weil sie den Gesandten eine Übernachtungsmöglichkeit boten und ihre Pferde dort untergebracht werden konnten. Denn darüber hinaus dienten sie der Gesandtschaft als wichtige Ausgangsbasis für ihre Missionen. In den Herbergen wurden Nachrichten für sie abgegeben und entgegengenommen. Auch konnten Verhandlungspartner sie dort persönlich aufsuchen, sodass mitunter auch Verhandlungen in den Räumlichkeiten dieser Häuser stattfanden.[337]

Im Kontext einer Gesandtschaft in den Ort Mollersheim verhandelten Straßburger Gesandte mit dem Rat der Stadt, der zu Gesprächen in die Herberge der Gesandten kam.[338] Aus Konstanz berichtete der Straßburger Stadtschreiber Ulrich Meiger 1418, dass König Sigismund einmal in der Nacht vor der Herberge erschienen war und ein Gespräch zwischen den beiden vor der Unterkunft stattgefunden hatte.[339] Auch in Hagenau erfolgte 1408 ein Gespräch zwischen Gesandten und dem Landvogt Reinhart von Sickingen in der Herberge der Straßburger.[340] Derartige Treffen in den Unterkünften von Gesandtschaften lassen sich noch in mehreren Fällen nachweisen und waren gängige Praxis.[341]

---

335 AVES, AA 169, 25: *[...] und han uch da mit verschr[iben], wie ich mich mit der herberg halten solle, da wirt mir kein antwurt dz ist schware und bringt mir sorge [...] land mich ouch wisszen wie ich mich mit der herberge und susz halten soelle dan dz zil der herberge uf Samstag uszgat [...].*

336 AVES, AA 169, 43: *Ich han uwer herberg bestanden iii monad mit xii bettstetten und dem stal im husz und sol unsz holtz geben umb xiiii guld und soellend mir dar umb bisz Samstag ne naht an oder ab sagen, sagend ir mir an, so gat der monad darnach uber aht tag an. Sagend ir ab, so ist esz nutz.*

337 Vgl. hierzu Walter, Informationen, S. 249–251.

338 AVES, AA 1437, 23: *[...] das do der rat unde die gemeinde miteinander hute by uns in die herberge sint gekomen [...].*

339 AVES, AA 1443, 64 (als Kopie, AVES, AA 169, 57): *[...] dan der kunig stunt naeht vor des bischoffes von Rige und unszer herberg, also gedaht ich, ich woelt besehen, ob ich sinesz willen utzit gewar moeht werden und trat zu im und sprach genaediger her [...].*

340 RTA VI, Nr. 187, S. 244: *und lont ůch wissen, das also hůte, also die glocke nůne wollte slahen, der veste ritter her Swartz Reinhart von Sickingen der lantfoget zů uns an unsere herberge kam.*

341 AVES, AA 168, 54: *Ersamen fursichtigen und wissen lieben heren und frunde. Nach unsern fruntlichen dienst woellend wisszen dz unser Herr von Zoller, Meister Heinrich Bellen uwer pturator und her Cunrat Lupfe ruf mentag naht vergangen zu unsz in unszer herberg komen [...]*; AVES, AA 168, 70: *[...] do willend wissen, daz der von Schwartzburg selig und der von Nellenburg zuo uns iren botten in unsz herberge santen [...]*; AVES, AA 163, 7: *[...] und lont uch wissen das wir uff disen Samestag zuo naht gen Basel komen sint und habent dem meister und den ammeister gebeten dz su irre frunde ettwie manigen an den sunnen dage fruege bynander haben welten, wir hetten etwas mit in zuo Reden, als uns empfolhen were. Also koment su an dem Sunnendage fruege zuo uns in unszer herberge. Do rettent wir mit in von*

Damit man die Straßburger Gesandten für diese Treffen und die Nachrichtenzustellung schneller ausfindig machen konnte, wurde etwa an einer Konstanzer Herberge im Jahr 1414 an der Außenseite des Gebäudes das *stette schilt* der Straßburger angebracht. Dies wurde, genau wie die Unterkunft selbst, ebenfalls vom Rat der Stadt Basel für Straßburg organisiert.[342] Dies war sicherlich kein Verfahren, das bei jeder Straßburger Gesandtschaftsmission angewendet wurde, doch kam das Anbringen von Wappen an Quartieren durchaus öfter vor.[343] Insbesondere bei Besuchen von Königen und Kaisern in den Städten war dies der Fall.[344] Doch durch die Länge des Aufenthaltes beim Konstanzer Konzil und die zahlreichen anderen Besucher in städtischen Herbergen erleichterte diese Maßnahme die tägliche Kommunikation für alle Beteiligten.

Dass die problemlose Auffindbarkeit der Gesandten auch negative Begleiterscheinungen haben konnte, davon berichtet ein Brief Ulrich Meigers. Der Stadtschreiber musste seine eigentliche Herberge verlassen und sich in einer anderen Unterkunft geheim einquartieren, da er von vier Offiziellen des Konzils gesucht wurde. Diese hatten sich zuvor in seiner Herberge nach ihm erkundigt und dem Wirt aufgetragen, keine Straßburger Gesandten mehr aufzunehmen.[345]

Auch die Wirte der Herbergen konnten mitunter eine wichtige Funktion für Gesandtschaften erfüllen, da sie durch die zahlreichen Besucher viele Neuigkeiten erfuhren und somit für Gesandtschaften als Informanten dienen konn-

---

unszer heren wegen von Österrich als wir von uch gescheiden sint. RTA VI, Nr. 187, S. 244: *[...] das also húte, also die glocke núne wolte slahen, der veste ritter her Reinhart von Sickingen der lantfoget zů uns an unsere herberge kam.*

342 StABas, Politisches A 2 Briefe (Einläufe), Schachtel 1413–1416, 156: *Unsern sundern guten frunden und Eidgen, dem burgermeister und dem Rate zuo Basel. Enbn wir, Johans Mansz der Jung, der meister und der Rat zu Straszburg unsern fruntlichen gewilligen dienst. Lieben frunde, wir hant wol gesehen, wie ir uns geschriben und Rockwilrs husz zu Costentz den unsern fur ire herberge bestalt und unser stette schilt daran geslagen geton habent.*

343 Selzer, Überlegungen, S. 261: „So wie auch städtische Gesandte im Spätmittelalter ganz selbstverständlich ein Wappen an ihre Herberge anschlagen ließen und auf angemessene Kleidung achteten, wofür Kölner und Nürnberger Rechnungslegungen von Reisen zu Reichstagen eine höchst sprechende Quellengattung sind."

344 Vgl. zur Anbringung von Wappen bei Königsbesuchen Schenk, Zeremoniell, S. 255, mit Anm. 83. Schenk verweist zudem auf einen Quellenbeleg von 1474 aus Frankfurt. Der Rat hatte in diesem Fall beim Besuch des Kaisers für die Kennzeichnung der Herberge gesorgt, vgl hierzu Janssen, S. 305, Nr. 461: *Und hatte der rad dem keyser und sinem sone ire wapen fur die herbergen slahen und daruff c cleiner adelar schilde, die man fur den bestalten herbergen uff slaen laißen und yeder namen, der darinne ligen solte, daran schreiben laißen. So hatten die frunde davon einen zcedel und ging daz alles ordenlich zu [...].*

345 AVES, AA 169, 49 f.: *Als ich nu in uwersz wirtesz Hansen Zapfen husz kame do seit er mir, dz fier von dem Concilio uf suntag naehst vergangen in sin husz komen weren und hetten nach der stett von Stroszburg erbern botten gefraget. Do seit er in, dasz si hin wege weren, do antwurten si und sprachen, si westen esz wol aber er soelte keinen von Stroszburg me halten. Unde were von Stroszburg keme, dasz soelte er in verkunden. Und alsz er mir dz seit, do kam Jo[hannes] Magistri zu gan in den hof, also warnet mich der wirt und meinet, soelte mir dehein schmacheit oder schade in sinen husz zu gefueget werden, dz were im leit, dz ich fur mich selber lueget. Also reit ich wider usz der stat bisz uf den naht imbisz, do gieng ich zu fuosz in desz Latzembokes herberg und lies die pfert von der stat in einesz heimlichen wirtes husz ston [...] wer mich sucht der vindet mich zu dem blanken satel nach bi sant Paulus in desz Latzenbokes herberg.*

ten.[346] Der Stadtschreiber Meiger verabredete beispielsweise mit dem Wirt der Herberge der Straßburger in Konstanz, dass dieser ihn in seiner Abwesenheit bei wichtigen Neuigkeiten kontaktieren sollte.[347] In einer Herberge in Neuenburg informierte eine Wirtin die Straßburger Gesandten über einen Vorfall vom Vortag. Der Straßburger Bischof Wilhelm von Diest hatte nämlich dort übernachtet und während seines Aufenthaltes einen Brief der Straßburger erhalten, über den er sich offenbar lautstark aufgeregt und unchristliche Schimpfwörter von sich gegeben hatte.[348]

Die Unterbringung der Gesandten war ein wichtiger Bestandteil für die erfolgreiche Durchführung von Gesandtschaftsmissionen, weshalb diesem organisatorischen Aspekt mitunter viel Aufmerksamkeit geschenkt werden musste. Am Beispiel des Konstanzer Konzils konnte gezeigt werden, dass bereits im Vorfeld der Gesandtschaftsreisen die Organisation einer Herberge notwendig war. Dabei konnte Straßburg auf die Hilfe der Stadt Basel zurückgreifen, die beim Rat der Stadt Konstanz eine Unterkunft organisierte, da letztgenannter die Verteilung der Herbergen vor Beginn des Konzils offenbar koordinierte. Die Kennzeichnung der Herberge, die auf den Aufenthaltsort der Straßburger hinweisen sollte, hebt zudem die Bedeutung der Herberge für Gesandtschaften hervor. Auch während des Konstanzer Konzils mussten jedoch immer wieder Maßnahmen ergriffen werden, um die Unterbringung der Gesandten zu garantieren. In den hier geschilderten Fällen wurde die Anmietung von Herbergen in Konstanz durch Gesandte an den Rat der Stadt oder den Ammeister kommuniziert. Im Bedarfsfall versuchte man sich abzusprechen, die wesentlichen Faktoren waren dabei die Kosten und Kapazitäten. Diese wurden in den Briefen immer wieder thematisiert und variierten in Konstanz abhängig von Ereignissen oder anwesenden Persönlichkeiten.

1.3.5 Geschenke

Für Geschenke/Schenkungen sind unterschiedliche Verordnungen überliefert.[349] Wollte ein Gesandter etwas verschenken, um jemandem etwa eine besondere Ehre zu erweisen, so hatte er die Kosten dafür selbst zu tragen. Es war ihm unter

346 Zu derartigen Funktionen von Wirten und Wirtshäusern beziehungsweise Herbergen vgl. Walter, Informationen, S. 249–251.

347 AVES, AA 1443, 64 (als Kopie AVES, AA 169, 57): *[…] so han ich mit unsern wirt bestelt, wurde sich die sachen hie andern dz er esz mir dan heimen gen Holtzgerungen verschribet […].*

348 AVES, AA 1430, 7v: *Gestern zu naht legent wir zu Nuwenburg und was der von Diest und der Lantvogt die vörder naht ouch do gelegen und seite unser wirtin, daz gestern morgen, do dem von Diest der tuomherren und unser brief wurde, do lese man die briefe in irer stuben und do der von Diest die briefe gehorte, do wurder er der zornigste man und swuere die übelsten unkristenlichen swüre die ie kein man gehorte […].* Zum Begriff „schwören" im Sinne von „fluchen" vgl. Holenstein, Huldigung, S. 49, mit weiterer Literatur.

349 In diesem Abschnitt wird lediglich auf die von der Stadt durch Ordnungen intendierten Praktiken eingegangen. Zur Bedeutung von Geschenken in der städtischen Diplomatie und zu Fragen der symbolischen Kommunikation in diesem Zusammenhang vgl. die entsprechenden Ausführungen in Kapitel IV (2.2).

Eid verboten, in Ammeisterstuben anderer Städte oder an anderen Orten Geschenke auf Kosten der Stadt zu machen.[350] Wurden die Gesandten auf ihren Missionen von anderen Straßburger Bürgern begleitet, durften sie diesen auf Kosten der Stadt eine Mahlzeit bezahlen. Hingegen sollten Futter, Heu und Stroh für Pferde der Mitreisenden nicht übernommen werden.[351] Indirekt erfährt man aus einer Verordnung zum Schenkgeld, dass Auswärtige diese Abgabe mitunter in Straßburg zu zahlen hatten, Straßburger Gesandtschaften hingegen Schenkgeld in den Städten Speyer, Worms und Mainz nicht zahlen mussten, demnach kostenlos mit Wein bewirtet wurden.[352] Grundsätzlich durfte städtisches Gut in Straßburg nicht verliehen oder vergeben werden. Allerdings wurde eine Ausnahme gemacht: Der Neuner Ausschuss hatte die Erlaubnis, dies unter Vorsitz des Ammeisters zu tun, um – bei entsprechendem Nutzen für die Stadt – für städtische Angelegenheiten zu werben.[353] Vereinzelt lassen sich Belege für von der Stadt angeworbene Pfeiffer ausfindig machen, welche die Gesandtschaften begleiteten. Diese hatten vorrangig einen repräsentativen Charakter und waren wahrscheinlich bei Festlichkeiten anwesend.[354]

1.3.6 Richtlinien für die Berichterstattung

Die Berichterstattung der städtischen Gesandten, welche von einem Ammeister ausgesandt werden sollten, hatte nach der Rückkehr vor dem Ammeister, dem Stettmeister und dem Rat zu erfolgen, so ebenfalls festgelegt in der Stadtordnung von 1405.[355] Dass diesbezüglich eine Regelung vorliegt, illustriert die der Berichtspflicht durch den Stadtrat beigemessene Bedeutung. Zudem lässt die Regelung vermuten, dass es in der Vergangenheit Schwierigkeiten gegeben hatte, weshalb sich der Rat bei der Neuordnung der Verfassung für einen derartigen Passus entschied. Als problematisch stellten sich offenbar häufig vorkommende Verzögerungen in der Berichterstattung der Gesandten heraus, durch die der Stadt Kosten und Unannehmlichkeiten entstanden waren. Die neue Regelung hielt die Gesandten folglich dazu an, spätestens vier Tage nach ihrer Rückkehr

---

350 Eheberg, Nr. 10, Art. 29, S. 18f.: *Es sol ouch der seckeler noch der andern botten deheinre von unser stette gelte yme selber noch nieman anders, wer der ist, deheinre hande dinge kouffen [...] noch deheine letze uff deheins ammanmeisters stube noch niergen anderswo lossen noch geben by iren eyden. Woltent aber unser botten ützit kouffen, domitte sie die lüte eren woltend, oder hinweg schenken oder soliche letzen lossen alhie in der stat, das süllent sie von ireme eigenen gelte tůn und nit usz der stette gelte.*

351 Eheberg, Nr. 10, Art. 29 und Art. 31, S. 18f.

352 Eheberg, Nr. 10, Art. 116, S. 36.

353 Eheberg, Nr. 10, Art. 25, S. 16: *[...] uszgenommen were es, daz die nüne, die über den krieg gesetzet sint, beduhte, dz man iemanne ützit lihen oder geben sollte sachen zuo werbende, daz unser stette nutze und guot were, des soellent sie maht und gewalt haben und sol man das besondere im ammanmeister getruwen.*

354 Zu ähnlichen Zwecken unterhielt Straßburg im Gefolge während des Italienzuges König Ruprechts ebenfalls Pfeiffer, vgl. hierzu RTA V, Nr. 204, S. 265, Z. 9–13 und Liening, Honneur, S. 255. Vgl. für Nürnberg zu Beginn des 16. Jahrhunderts Seyboth, Gesandte, S. 298. Allgemein zur Bedeutung von Pfeiffern Mersiowsky, Wege, S. 20.

355 Vgl. hierzu und im Folgenden Eheberg, Nr. 10, Art. 209, S. 59.

Bericht zu erstatten.[356] Denkt man an die Ausführungen im vorangegangenen Kapitel zur Beteiligung der einzelnen Gruppen, Gremien und Ämter, so ist dieser Abschnitt der Stadtverordnung aus folgenden Gründen interessant: Zum einen sagt er aus, dass der Ammeister für die Entsendung von Gesandtschaften vorgesehen war, und zum anderen bestand die Absicht, die Gesandten zu einem Bericht vor dem Stadtrat und den wichtigsten Straßburger Amtsträgern zu verpflichten. Dass dies in der Praxis durchaus unterschiedlich gehandhabt wurde, konnte bereits im vorherigen Kapitel gezeigt werden.

2. Akteure in der Außenpolitik: Straßburger Boten, Gesandte und Stadtschreiber

2.1 Straßburger Boten und Nachrichtenübermittlung

Das städtische Botenwesen im späten Mittelalter ist bereits eingehend erforscht worden.[357] Die Relevanz der Boten für die städtische Außenpolitik wurde dabei eindrücklich herausgestellt. Entweder erledigten festangestellte Boten der Städte den Briefverkehr oder es handelte sich um Boten, die temporär und nur bei Bedarf für einzelne Botengänge angeworben wurden. Städtische Boten waren jedoch weitaus mehr, als nur Briefträger, die Nachrichten in schriftlicher und mündlicher Form vom Absender zum Adressaten brachten. So wurden sie beispielsweise auch als Späher oder für Finanztransaktionen der Städte eingesetzt.[358] Im oberdeutschen Raum existierten spätestens seit dem ausgehenden 14. Jahrhundert organisierte zwischenstädtische Nachrichtensysteme. Mit sogenannten Botenstafetten – bei denen mehrere Boten dieselbe Nachricht jeweils nur über eine Teilstrecke transportierten – und festgelegten Systemen für die Verteilung von Nachrichten wurde deren Übermittlung effektiviert. Beispielhaft kann dies anhand eines Straßburger Gesandtenberichts aus dem Jahr 1417 gezeigt werden. Der Gesandte beschrieb in seinem Brief eine geplante Nachrichtenkette. Er gab genau an, wie sich unterschiedliche Städte nacheinander über eine anstehende Versammlung informieren sollten.[359] Die Entstehung dieser und ähnlicher Maßnahmen ist höchstwahrscheinlich auch auf die Zeit der ober-

356 Eheberg, Nr. 10, Art. 209, S. 59: *[…] wenne solich verzoge erber botschafft zuo verhörende, so sü von tagen komen sind, zu wilen grohsen bresten kumber und kosten kommen ist, und man dicke dodurch anderweile botten zuo tagen schicken muss, daz wol zuom ersten mal versehen were worden; dodurch der stette gross kumber und kosten uferstet.* Zur Bedeutung der Berichterstattung für den Straßburger Rat vgl. auch Liening, Interessenvertretung, S. 196–202.

357 Vgl. hierzu die Angaben im Kapitel I (2.).

358 Vgl. hierzu umfassend Hübner, Im Dienste der Stadt.

359 AVES, AA 166, 14: *und sigen uberkomen eines tages zu Constentz zu sint […] und wollent die von Ulme iren frunden den schwaebischen Stetten den von Nuerenmberg und von Augspurg verkunden, so soellend ir den tag den von Basel verschriben und den von Spir und dasz die selben von Spier ir erbern botten ouch dar senden und dasz sie den tag den von Wormsz, Mentz und Frankenfurt ouch verkunden […].* Mit ähnlichen Beispielen bereits Jörg, Kontakte, S. 83 f. sowie Hübner, Im Dienste der Stadt, S. 185–189.

deutschen Städtebünde des 13. und 14. Jahrhunderts zurückzuführen. Der erhöhte Nachrichtenverkehr jener Zeit sorgte für Innovationen im Nachrichtenwesen.[360]

Zum Botenwesen Straßburgs sind ebenfalls Forschungsarbeiten vorgelegt worden. Die Stadt organisierte das Botenwesen spätestens seit 1332. Im Stadtrecht desselben Jahres finden sich geschworene Boten, die für Straßburg tätig waren. Für den vorliegenden Untersuchungszeitraum ist ebenfalls bereits bekannt, dass Straßburg in der Stadtordnung von 1405 Veränderungen im Bereich des Botenwesens vornahm. Die Anzahl wurde von vormals zwei auf nun vier geschworene Boten erhöht. Zudem gab es ebenfalls die sogenannten *zubotten* in Straßburg, die lediglich für einzelne Botengänge entlohnt wurden.[361] Das Boten- und Nachrichtenwesen ist demnach bereits auch für Straßburg eingehend erforscht worden. Darüber hinaus sind Informationen über diese Personengruppe in der Überlieferung zu Beginn des 15. Jahrhunderts verhältnismäßig selten zu finden. Zumeist werden die Boten der Stadt lediglich in den Gesandtenberichten erwähnt. Im Folgenden wird daher nur schlaglichtartig auf die Boten der Stadt und auf ihre Tätigkeit als Nachrichtenübermittler anhand einiger Beispiele eingegangen werden können.

Der Empfang und die Versendung von Nachrichten wurden zum Teil unter der Nennung des Namens des jeweiligen Boten kommuniziert. Im August 1416 bestätigte ein Straßburger Gesandter den Erhalt von Geld und Briefen. Der Bote Irnin hatte beides zu ihm nach Lüttich gebracht.[362] Im Jahr 1417 berichtete eine Straßburger Gesandtschaftsdelegation vom Boten Genne, der einen Brief zugestellt hatte.[363] Der Gesandte Hug Drizehen bezog sich in einem Bericht von 1418 auf einen von ihm selbst verschickten Brief, den Straßburg schon einige Zeit zuvor erhalten haben musste. Damit man in Straßburg in Erfahrung bringen konnte, auf welchen Brief er sich dabei bezog, gab er zudem den Namen des

---

360 Vgl. zu derartigen Maßnahmen in der Nachrichtenübermittlung etwa Jörg, Kontakte, hier 84 f. Christian Jörg wies in diesem Beitrag bereits auf die Rolle Straßburgs als wichtiges Nachrichtenzentrum hin. Dass auch Straßburg bereits zu Beginn des 15. Jahrhunderts über sehr gute Möglichkeiten der Nachrichtenübermittlung verfügte, habe ich beispielhaft anhand der Straßburger Beteiligung am Romzug König Ruprechts im Jahr 1401/02 analysiert, vgl. hierzu Liening, Interessenvertretung, S. 196–199. Weitere Ausführungen zur Nachrichtenübermittlung Straßburgs zu Beginn des 15. Jahrhunderts bei Liening, Überlegungen, S. 132–138. Ausführlich zu diesem Themenkomplex für die Städte Bern, Straßburg und Basel zur Zeit der Burgunderkriege 1468–1477 vgl. Walter, Informationen, S. 213–243.

361 Vgl. hierzu bereits Gachot, Louffende Botten; Heimann, Brievedregher, S. 263–265; Hübner, Im Dienste der Stadt, S. 18–20; Walter, Informationen, S. 215–217; Liening, Überlegungen, S. 133 f. Zu den genannten Regelungen in der Neuordnung der Stadtverfassung von 1405 vgl. Eheberg, Nr. 6 und Nr. 9 sowie Nr. 10, Art. 165 und Art. 166.

362 AVES, AA 168, 31: *[...] wissent daz Irnin an Sant Johans dag gen Lüttich zuo mir komen ist und het mir daz gelt und der stat brief geantwurt [...].*

363 AVES, AA 168, 50: *[...] woellend wissen, dasz wir uf hut fritag uwern brief den ir uns bi Genne uwern botten gesant habend vor dem morgen Imbisz enpfangen und verstanden haben.*

Boten an: Contzen Grempen hatte den Brief für den Gesandten zugestellt.[364] Die Nennung des Namens erleichterte somit den Kommunikationsvorgang, wenn man sich auf erhaltene oder verschickte Briefe bezog.[365] Zudem wurde häufig auch das Datum und die Tageszeit des ankommenden oder abgehenden Boten angegeben. Als eine Gesandtschaft im Kontext des Thronwechsels 1400 einen Boten nach Straßburg schickte, gab man neben dem genauen Ort auch das Datum der Entsendung des Boten an. Die zusätzliche Information wurde deshalb vermerkt, da der Brief erst einige Zeit nach dem angegebenen Abfassungsdatum abgeschickt wurde.[366] Dies konnte unter anderem den Zweck erfüllen, die Geschwindigkeit der Boten zu ermitteln und den Nachrichtenverkehr zu optimieren.[367] Erkennbar ist auch, dass die Gesandten die Boten nach ihrer Ankunft am Verhandlungsort nicht zwangsläufig sofort nach Straßburg zurückschickten, sondern länger bei sich am Verhandlungsort warten ließen. Mehrfach finden sich in ihren Briefen Schilderungen und Begründungen zu dieser Vorgehensweise. Daraus lässt sich schlussfolgern, dass es sich hierbei jedoch nicht um den Regelfall handelte. Boten reisten vermutlich nach der Übergabe ihrer Nachrichten meist wieder zurück nach Straßburg oder erledigten weitere Aufträge. Einen solchen Ausnahmefall schilderte der Gesandte und Altammeister Hug Drizehen, der den Boten Zwebelin eine Zeit lang von der Weiterreise abhielt. Der Gesandte wartete nämlich auf die Ankunft des Stadtschreibers Ulrich Meiger. Von diesem erhoffte er sich Neuigkeiten, die er dem Stadtrat ebenfalls durch jenen Boten überbringen lassen wollte.[368] Die Erklärung des Gesandten war sicherlich auch im Sinne des Boten, da sich seine verspätete Rückkehr mit dem Vorgehen des Gesandten begründen ließ.[369]

In einem weiteren Fall wurde eine ähnliche Maßnahme ergriffen. Im Jahr 1400 gab eine Gesandtschaft dem Boten Thoman den Auftrag, den Boten Lauwelin ausfindig zu machen. Letzterer befand sich gerade auf einem Botengang für die Stadt. Thoman sollte Lauwelin nach Oppenheim bringen, wo sich die

364 AVES, AA 168, 70: *[...] als ich uch das vor geschr habe mit Conzen Grempen uwern botten [...].*

365 Für derartige Kommunikationsvorgänge vgl. exemplarisch ebenso die folgenden Quellenbelege: AVES, AA 169, 6: *[...] nit me weisz ich uch yetz zu verschr[iben] dan ich uch bi Pilgrim uwerm loeffer uf gester alle maer verschr[iben] han [...]*; AVES, AA 169, 15: *woellent wissen, dasz Bertholt uwer botte mir einen brief geantwurt hat, den ir her Jacob Manse und mir hand getun schr[iben], dar ynne under anderm begriffen ist, daz [...]*; AVES, AA 169, 27: *also kam uwer bot, der Wild, myt enen brieff den er dem selben mynen hern her Uolrichen geantwurtet haben sold, also brach ich den brieff uff*; AVES, AA 169, 30: *[...] und wissen lieben heren als Beinheim uwer botte kame uf fritag [...].*

366 RTA IV, Nr. 167, S. 192: *Geben uff den Moen by dem zoll zu Hoechste uff dem wasser an der mitwochen vor Symonis et Jude anno domini 1400. Doch wart der botte erst von uns gevertiget uf Symonis et Jude fruege.*

367 Vgl. zu diesem Aspekt mit weiteren Beispielen Liening, Überlegungen, S. 138; Liening, Interessenvertretung, S. 197.

368 AVES, AA 168, 68: *Ouch habe ich Zwebelin den Botten tůn warten obe meister Ulrich komen were daz ich uch moehte haben lossen wissen wj es in der sachen gestanden were, denne unser sache stat von gotz gnoden zu male wol.*

369 Vgl. zu dieser Vorgehensweise ebenso das folgende Beispiel, AVES, AA 168, 64: *[...] und laus uch wissen, dasz wir Wilden bi uns behapt haben bisz uf diese zit [...] und dar uf haben wir Beinheim bi uns behapt bi dem selben ich uch aber dar nach mein zu verschr, wie sich die sachen machen werden [...].*

Gesandtschaft aufhielt. Die Gesandten verfolgten damit das Ziel, Einsicht in bestimmte Antwortbriefe von Dritten an den Straßburger Rat zu erhalten, welche eben jener Lauwelin nach Straßburg bringen sollte. Der Bote Thoman fand Lauwelin und die Gesandten erhielten Einblick in die gewünschten Briefe. Anschließend schickte man Lauwelin zurück nach Straßburg, wo er die Schreiben dem Rat übergab.[370] Dieses Beispiel ist aus unterschiedlichen Gründen aufschlussreich. Zum einen zeigt sich daran, mit welchen Mitteln die Gesandten es schafften, möglichst schnell an relevante Informationen zu gelangen. Dabei ist besonders auffällig, dass die Gesandten über den Auftrag des Boten Lauwelin sowie über dessen Aufenthaltsort oder seine Reiseroute informiert waren. Denn ohne diese Informationen hätte der Bote Thoman diesen überhaupt nicht ausfindig machen können. Es handelt sich in diesem Fall um einen ungeplanten Nachrichtenverkehr, da der Bote Lauwelin spontan durch das Erscheinen des anderen Boten seine Route änderte und nicht direkt nach Straßburg zurückkehrte. Entweder waren die Nachrichten des Boten für die Gesandten so wichtig, dass eine derartige Maßnahme ergriffen wurde oder der Aufwand, der in diesem Fall betrieben wurde, war im Vergleich zu alternativen Möglichkeiten verhältnismäßig gering. Vermutlich war es tatsächlich einfacher, den Boten abzufangen, als sich die Informationen aus den Briefen im Nachhinein durch den Straßburger Rat zustellen zu lassen.

Dass die Gesandten ihr Vorgehen nach Straßburg kommunizierten, hängt sicherlich zum einen damit zusammen, dass der Bote später als geplant in Straßburg eintraf. Zudem wollte man den Rat darüber in Kenntnis setzen, dass man nun bereits über jene Neuigkeiten in den Briefen informiert war. Darüber hinaus hatte man die Siegel der Briefe aufgebrochen. Die geöffneten Briefe wurden nun wiederum mit dem eigenen Brief nach Straßburg weitergeleitet. Wahrscheinlich schilderte man den Vorgang in dieser Ausführlichkeit, damit man in Straßburg keine Bedenken haben musste, dass die Briefe von unbefugten Dritten geöffnet und gelesen worden waren. Dass jene Briefverschlussiegel im Nachrichtenverkehr eine Sicherungfunktion hatten, kann an weiteren Beispielen gezeigt werden.

Schriftliche Nachrichten hatten gegenüber mündlicher Berichterstattung den Nachteil, dass sie von Dritten prinzipiell gelesen werden konnten.[371] Um dem Empfänger der Nachricht zu garantieren, dass kein Unbefugter den Brief gelesen hatte, versiegelte man die Briefe. Zusätzlich zur Versiegelung wurde häufig auch

---

370 RTA IV, Nr. 166, S. 190: *[…] wir dotent auch zů Utenheim Thoman den bottel louffen gegen Lauwelin uwerme botten. Und wer es daz er by in keme, so sollte er ini heissen zů uns kommen, durch daz wir empfůnden, was ůch geantwurtet wúrde von den sachen darumbe er hinabegeschicket wart, das wir uns in allen sachen deste baß wustent darnoch ze rihtende. also vant Thoman Lauwelin, und koment bede zů Oppenheim zů uns, und brohte Lauwelin zwene briefe. die brochent wir uff und úberlosent sie und sendent sie ůch in diseme briefe verslossen. Darnoch rihtent wir uns ouch.*

371 Vgl. zu dieser Problematik der Geheimhaltung und den diesbezüglichen Maßnahmen Nürnberger Gesandter SEYBOTH, Gesandte, S. 303 f. Demnach nutzten die Nürnberger Gesandten Tarnbegriffe in ihren Schreiben oder schickten mehrere Exemplare der gleichen Nachricht mit unterschiedlichen Boten nach Nürnberg, um ein möglichst hohes Maß an Geheimhaltung zu garantieren.

im Text selbst auf das Siegel hingewiesen, damit sich der Empfänger davon überzeugen konnte, dass er das richtige Siegel aufgebrochen hatte und es nicht etwa durch ein anderes ersetzt worden war.[372] Die Versiegelungen konnten letztendlich nur verhindern, dass ein Unbefugter die Nachricht unbemerkt lesen konnte. Wurde ein Bote allerdings überfallen und seiner Briefe beraubt, so konnte auch die beste Versiegelung den Inhalt der Nachrichten nicht mehr schützen.[373] Auf diese Art der Briefversiegelung durch Gesandte hat zuletzt Michael Jucker hingewiesen.[374] Auch der Gesandte Wilhelm Metziger nutzte in einem Brief, den er von einer Mission im Kontext des Marbacher Bundes an den Rat seiner Heimatstadt schickte, diese Sicherheitsmaßnahme. Dort heißt es: *[…] besiegelt mit Schylis von der Matten uwers dieners ingesiegel gebresten halb des minen […].*[375] Hier vermerkte der Gesandte zusätzlich zu der Information, dass es sich um das Siegel einer anderen Person – seines Dieners – handelte, dass dies aufgrund momentan mangelnder Verfügbarkeit seines eigenen Siegels geschehe.[376] Ein weiterer Grund für die Versiegelung der Briefe liegt möglicherweise zusätzlich in der Absicht, die Authentizität von Verfasser und Nachricht festzustellen.[377] Hierfür hätte es sicherlich nicht einer derartig aufwendigen Versiegelungstechnik bedurft, da ein einfaches Zeichen oder eine spezielle Unterschrift, welche dem Adressaten bekannt war, ausgereicht hätte. Dennoch konnte auch die oben beschriebene Art der Versiegelung diesen Zweck erfüllen.

In einem weiteren Fall öffneten die Straßburger Gesandten Reinbolt Huffelin und Wilhelm Metziger einen Brief, der eigentlich an den Stadtrat gerichtet war. Dieser Brief wurde ihnen zur Weiterleitung während einer Mission übergeben. Nachdem sie ihn selbst gelesen hatten, legten sie diesen dem eigenen Gesandtschaftsbericht bei und schickten alles zusammen nach Straßburg: *und hette der bott ein beschlossen brief, den wir úch in disem brieff sendend. und habend in darumme uffgebrochen, ob wir út darin funden hettend, daz wir uns dester baß darnach gerichten kondend.*[378]

Ähnlich wie im oben genannten Fall brachen die Gesandten das Siegel des Briefes auf, um die Nachricht lesen zu können. Davon erhofften sie sich wichtige

372 Vgl. allgemein zu dieser Form der Briefversiegelung Maué, Briefe; Maué, Siegel.

373 Dass dies durchaus vorkommen konnte, zeigt ein Brief des Mainzer Erzbischofs Johann II. an Markgraf Bernhard von Baden im Januar 1406, in dem er von einer durch König Ruprecht veranlassten Gefangennahme eines Boten berichtet: RTA VI, Nr. 21, S. 51: *ouch, lieber oehem, laßen wir uwer liebe wißen, daz unser herre der kunig Hans Judenhuet gefangen hat. Und hat den gefuert gen Heydelberg uf boeseittúrne. Und versehen uns wol, daz er tot si oder nit lange lebe. Und hat im ouch alle briefe, die er von Franckenrich oder sust gehabt hat, genomen und ufgebrochen.* Ähnliche Beispiele zum Preußischen Bund finden sich bei Selzer, Professionalisierung, S. 132.

374 Jucker, Geheimnis, S. 85.

375 RTA VI, Nr. 4, S. 19.

376 Ähnliche Beispiele finden sich auch von anderen Straßburger Gesandten: RTA VI, Nr. 67, S. 98: *[…] besiegelt mit min Reimbolt Huffelins ritters ingesiegel von unser aller wegen […]*; RTA VI, Nr. 100, S. 145: *[…] besiegelt mit her Reinbolt Huffelins ingesigel […]*; UB VI, Nr. 921, S. 548: *[…] besigelt mit Hans Bockes ingesiegel […].*

377 Vgl. hierzu Groebner, Schein, S. 113f.: Valentin Groebner weist etwa auf diese Funktion der Beglaubigungszeichen bei Geleit- und Empfehlungsbriefen hin.

378 RTA VI, Nr. 142, S. 193.

und für ihre weitere diplomatische Arbeit nützliche Informationen. An dem hier geschilderten Verhalten der Gesandten wird auch deutlich, über welche Befugnisse sie im Nachrichtenverkehr verfügten. Nachdem nämlich die Gesandten die Nachricht gelesen hatten, schalteten sie sogar den ebenfalls vor Ort anwesenden Markgrafen Bernhard von Baden ein. Sie ließen ihn vom Inhalt der Nachricht wissen, um sich dann mit ihm darüber beraten zu können: *und habend och denselben brief unsern heren den margkraufen lausend hoernd und sin raut gefragt.*[379]

Dass die beiden Gesandten einen an die Stadt adressierten Brief vor der Weiterleitung nach Straßburg ohne Rücksprache öffneten und darüber hinaus eine weitere Person über den Inhalt informierten, zeugt sowohl von der sozialen Stellung als auch den Handlungsbefugnissen dieser Gesandten. Über derartige Freiheiten, welche ihnen ein solches Verhalten ermöglichte, waren sich die Gesandten offensichtlich bewusst. Auch mussten sie in einem solchen Fall über eine gewisse Entscheidungskompetenz verfügen, die es ihnen ermöglichte, den Informationsgehalt einer Nachricht zu prüfen und zugleich zu beurteilen, inwiefern diese Informationen zur Weitergabe an Dritte geeignet waren.

Ebenso zeugt ein Bericht des Gesandten Wilhelm Metziger Ende 1405 von den Befugnissen der Gesandten im Nachrichtenverkehr. Metziger informierte den Rat der Stadt Straßburg über einen vom König erhaltenen Brief. Diesen hatte Metziger nach Straßburg über einen Boten weitergeleitet, sich jedoch zuvor eine Abschrift des Schreibens angefertigt.[380] Der Gesandte tat dies nach eigenen Angaben, um bei den anstehenden Beratungen mit den Marbacher Verbündeten über den Inhalt des Schreibens sprechen zu können: *[…] wenne die erber botschaft die herren und ouch wir anderwerbe zůsammene kument, daz wir danne deste eigenlicher von den sachen gereden kúnnen.*[381]

Dieses Vorgehen ähnelt dem Verhalten im zuvor beschriebenen Fall sehr stark. Der Gesandte fertigte eigenverantwortlich eine Kopie eines königlichen Schreibens an, um sich auf dieser Grundlage mit den Verbündeten zu beraten. Dass auch in diesem Fall aufgrund der Entscheidung eines städtischen Gesandten weitere Personen von den Inhalten einer Nachricht an die Stadt Straßburg in Kenntnis gesetzt wurden, ist abermals ein Indiz für die Entscheidungskompetenzen sowie Freiheiten der städtischen Gesandten.

Es bleibt allerdings fraglich, warum nur einige, aber längst nicht alle Briefe mit dieser Technik versiegelt wurden. Möglicherweise war dies vom jeweiligen Inhalt der Nachrichten abhängig. Demnach wäre es plausibel, dass nur diejenigen Briefe versiegelt wurden, deren Inhalte von besonderer Wichtigkeit waren und somit durch besondere Vorkehrungen gesichert werden mussten. Auf der anderen Seite könnte die nur teilweise stattgefundene Versiegelung der Briefe auch einen ganz einfachen Grund haben. Es ist durchaus möglich, dass einige Gesandtenberichte gar nicht über Boten nach Straßburg geschickt, sondern von den Gesandten selbst nach Straßburg gebracht wurden. Dies scheint in solchen

---

379 RTA VI, Nr. 142, S. 193.

380 RTA VI, Nr. 4, S. 19: *ouch wißent, daz ich unsers herren des kúniges brief, den úch Swebelin bringet, ein abgeschrift by mir behept habe […].*

381 RTA VI, Nr. 4, S. 19.

Momenten naheliegend, in denen ein Bericht abgefasst wurde, jedoch die Abreise der Gesandten schon kurz bevorstand. Die Berichte wären in diesem Fall persönlich mitgebracht und vor Ort ausgehändigt worden.

Ein weiterer Grund für die Versiegelung der Briefe könnten die jeweiligen Nachrichtenübermittler selbst gewesen sein. Zwar verfügte Straßburg über die bereits erwähnten eigenen Boten, doch kam es durchaus vor, dass die Gesandten der Stadt die Boten anderer Städte oder Herrscher für die eigene Nachrichtenübermittlung nutzten.[382] Dies war vermutlich in solchen Situationen der Fall, in denen die Gesandten besonders viele Nachrichten an verschiedene Orte zu schicken hatten oder die Dringlichkeit der Nachricht im Vordergrund stand und kein eigener Bote verfügbar war. Einige Beispiele zeigen, unter welchen Umständen und zu welchen Bedingungen andere Boten im Verlauf von Gesandtschaftsmissionen für die Gesandten Nachrichten übermittelten.

Der Straßburger Stadtschreiber Ulrich Meiger konnte zum Beispiel einen fremden Boten davon überzeugen, seine Route zu ändern und einen Brief nach Straßburg zu bringen. Dafür hatte er ihm eine entsprechende Entlohnung versprochen, die er in Straßburg nach der Übergabe des Briefes erhalten sollte.[383] In einem anderen Gesandtenbrief findet sich eine Schilderung über einen fremden Boten, der seine Weiterreise um einen Tag hinauszögerte, damit er noch eine Nachricht mit nach Straßburg nehmen konnte. Dafür wurde ihm ebenfalls eine gesonderte Bezahlung versprochen.[384]

Die städtischen Gesandten vertrauten jedoch – trotz der Möglichkeit, eine Versiegelung zu nutzen – längst nicht alle Nachrichten fremden Boten an. Der Stadtschreiber Ulrich Meiger beschwerte sich 1416 bei der Stadt darüber, dass man ihm nicht genügend Boten schicke. Damit er Straßburg in wichtigen Angelegenheiten informieren könne, brauche er die eigenen Boten der Stadt, da er Nachrichten mit einer gewissen Tragweite nicht den Boten anderer Leute überlassen wolle.[385] Diese Nachricht hatte er gezwungenermaßen mit einem fremden Boten überbringen lassen. Straßburg sollte diesem nach der Übergabe des Briefes einen Lohn für seinen Dienst auszahlen, den Meiger mit dem Boten zuvor verabredet hatte.[386]

---

382 Vgl. hierzu den bereits erwähnten Bericht des Wilhelm Metziger vom 3. Dezember 1405, in dem er sich auf eine frühere Nachricht an den Straßburger Rat bezieht. Diese wurde offenbar über einen anderen Boten zugestellt. RTA VI, Nr. 4, S. 19: *[...] als wir úch mit juncher Ludewiges von Liehtemberg louffer vor verschrieben hant [...].*

383 AVES, AA 1443, 11v-12: *[...] dieser botte wollte gen Solotern riten, so han ich im verhaissen, ir soellent yme ein schenk tuon, daz er uch disen brief bringe.*

384 AVES, AA 1443, 44: *[...] wie wol dieser bot susz hin ab woelt, so han ich im doch ein schenke verhaissen, dz er min hat einen tag gewartet hat.*

385 AVES, AA 169, 25: *[...] woellend wisszen, dz mich zu mol ubel belanget und wundert, war umb ir mir keinen botten schiken, dan ich uch wol etwiedik etwas wisszen liessz, dasz mich bedunket, dz eines bottes lonesz wert were. So ir mir dan nutz embietent so getar ich uch ouch nit vil botten gewunen, dan ich besorg dz esz uch beture, so sint ouch die sachen also gelegen, dz ich uch kein ernstlich sache bi ander lut botten enbieten oder senden wil [...]*; vgl. ebenso AVES, AA 169, 10: *[...] dar umb schrib ich uch uf das kurzest die wil ich nit aigener botten han [...].*

386 AVES, AA 169, 25: *[...] ich hen disem botten verheissen zwen gulden, die wellent im geben [...].*

Einige Straßburger Boten tauchen häufiger in der Überlieferung auf. Der bereits erwähnte Contzen Grempen findet sich nicht nur in einem Gesandtenbericht von 1418, sondern auch noch zwei Jahre später im Dienste der Stadt.[387] Vermutlich gehörte er zu den oben erwähnten geschworenen Boten Straßburgs. Zumindest lässt sich eine gewisse personelle Kontinuität unter den städtischen Boten an diesem Beispiel festmachen. Eine ähnliche Beständigkeit ist in mehreren Fällen nachweisbar, so etwa bei zwei Boten, die in den Briefen der Gesandten Beingwant und Wild genannt wurden. Beingwant überbrachte sowohl 1416 als auch 1420 Nachrichten zwischen Stadt und Gesandten.[388] Der Bote Wild ist in insgesamt drei Gesandtenberichten von 1416 und 1418 in dieser Funktion erwähnt.[389] Ebenfalls mehrfach nachweisbar ist ein Bote mit dem Namen Heintzeman Swebelin, der explizit als geschworener Bote in einer Quelle aus dem Jahr 1400 ausgewiesen wird.[390] Ein Straßburger Schmied mit dem selben Namen ist für das Jahr 1405 belegt, doch kann eine Personalunion hier nur vermutet, nicht aber nachgewiesen werden.[391] In den Jahren 1405 und 1418 war ebenfalls ein Bote mit jeweils ähnlich lautenden Namen (*Zwebelin, Schwäbelin*) für Straßburg tätig. Ob es sich hierbei immer um die gleiche Person handelte, kann nicht eindeutig geklärt werden, zumal ein Zeitraum von 18 Jahren zwischen dem ersten und dem letzten Quellenbeleg liegt.[392] Möglicherweise bestand auch lediglich ein verwandtschaftliches Verhältnis zwischen den Boten. Am Beispiel Berns konnte Klara Hübner derartige familiäre Beziehungen unter den städtischen Boten nachweisen.[393] Es ist aber dennoch nicht auszuschließen, dass der Bote über einen so langen Zeitraum für Straßburg arbeitete.

Straßburger Boten erledigten nicht nur für Straßburg Botendienste, sondern unter Umständen sogar für den König. Anhand eines Beispiels aus dem Jahr 1420 lässt sich gut zeigen, wie derartige Botendienste von der Stadt unter Be-

---

387 AVES, AA 152, 9: *[…] und dar uff so wellent wir erbeiten was wir kunnent, das die briefen har usz koment und sy uch furderlich senden mit Cuntzen Grempen uwern loeffenden botten.*

388 AVES, AA 1443, 11v: *und wan mir Beingwant komet so will ich uch aber wisszen laussen wie die sach dan stounde […]*; AVES, AA 152, 7: *Als wir uch nehest geschr[iben] haben mit Benigewande uwern loeffenden botten […].*

389 AVES, AA 168, 64; AVES, AA 169, 27; AVES, AA 169, 58: *[…] weisz ich nit dan ich han uch alle maere die ich do weste bi dem Wilden verschriben […].*

390 Für das Jahr 1400 vgl. AVES, II, 118 b, 7: *[…] also wir die Heintzeman Swebelin unserme gesworнen louffenden botten an eime zedelin verschriben geben habent. Darumbe bitten wir alle die den Heintzeman Swebelin unser louffende botte disen brief zoegete […].*

391 Eheberg, Nr. 10, Art. 138, S. 42: *Zu glicher wise soellent Johans Beinheim, unser stette murer, Heintzeman Swebelin unser stette smit und meister Claus unser stette estrichmeister und alle ire nachkommen von irer ambahte wegen sweren zu halten, als danne ze iren ambahten gehoert ungeverlichen.*

392 Für das Jahr 1405 vgl. RTA VI, Nr. 4, S. 19: *ouch wißent, daz ich unsers herren des kúniges brief, den úch Swebelin bringet […].* Für das Jahr 1418 vgl. AVES, AA 168, 68: *Ouch habe ich Zwebelin den Botten tůn warten obe meister Ulrich komen were daz ich uch moehte haben lossen wissen wj es in der sachen gestanden were, denne unser sache stat von gotz gnoden zu male wol*; AVES, AA 1444, 1: *[…] und wir haben daruf Schwäbelin bi unsz behaben […].*

393 Hübner, Nüwe mer, S. 277.

teiligung ihrer Gesandten organisiert wurden. Mehrere Gesandte befanden sich am Königshof und übermittelten über Boten Schriftstücke an den Rat der Stadt. Dieser sollte dieselben Schreiben weiteren Empfängern zustellen und zu diesem Zweck die Straßburger Boten mit der Botenbüchse des Reiches ausstatten.[394]

Im Jahr 1417 wollte Sigismund ebenfalls die Dienste eines Straßburger Boten in Anspruch nehmen. Straßburger Gesandte baten die Stadt in einem ihrer Berichte vom Konstanzer Konzil, dem König diesen Wunsch nicht abzuschlagen, da es dem Verhältnis von Stadt und König zuträglich sei.[395]

2.2 Straßburger Gesandtentypen und -persönlichkeiten

In vielen Arbeiten zur städtischen Außenpolitik sind immer wieder das Gesandtschaftspersonal untersucht und auch einzelne Gesandtenpersönlichkeiten detailliert erforscht worden. Unter anderem durch diese Forschungsansätze konnten negative Einschätzungen der Kompetenzen und Handlungsspielräume jener Personengruppe widerlegt werden.[396] Auch für die Straßburger Gesandten zu Beginn des 15. Jahrhunderts wurden bereits ähnliche Überlegungen angestellt. Dabei konnte gezeigt werden, dass die Gesandten zumeist führende Politiker der Stadt waren.[397]

Im Folgenden sollen in einer Zusammenschau verschiedene Gesandtenpersönlichkeiten vorgestellt werden, die im Rahmen dieser Studie eine Rolle spielen. Dabei geht es weniger darum, möglichst viele Gesandte im Detail zu untersuchen. Es sollen vielmehr anhand von drei verschiedenen Gesandtentypen grundlegende Fragen in Bezug auf das Straßburger Gesandtschaftspersonal erörtert werden. Zuerst werden Straßburger Spitzenpolitiker in den Blick genommen. Danach folgt eine Betrachtung der Stadtschreiber. Abgeschlossen wird dieses Kapitel mit der Vorstellung eines speziellen Gesandten, der sich den anderen beiden Gesandtengruppen nicht zuordnen lässt.

In den untersuchten drei Fallbeispielen können insgesamt 37 Gesandte nachgewiesen werden, die je an mindestens einer Mission teilgenommen haben.

---

394 AVES, AA 152, 6: *Dieselben briefe wir uch mit disem botten sendent, die alle glich stont als die abgeschrift die wir uch ouch senden. Dieselben briefe mugent ir hern Clause und den andern schicken, ob es uch gut beduncket sin und so ir ein unkentlichen botten hatten, den es doch wol gerihten kunde, so es besser were mit des Richs buhsse als uns beduncket*; AVES, AA 152, 7: *Doch so het uns sinde gnode die briefe geben an den herzogen von Lotheringen und Johan von Hassenil, die wir uch hie schickent, die mugent ir mit uwern botten senden dem herzogen und Johann von Hassenil mit des riches buhsse und in heissen ein antwurte vordern von des kunges wegen an bedeteil, also ouch die Copien wisent, die wir uch har Inn verslossen sendent, die antwurte mugent ir wol uffbrechen, das ir uch deste basz wissent dar nach ze rihtende.* Vgl. zur Botenbüchse die Ausführungen in Kapitel II (1.3.1).

395 AVES, AA 168, 36: *[...] und sin genade hat uch getun bitten dasz ir ym von stund einen geritten kneht und botten lihen woellent und den den Rin ab schikent gen Spirgen, Womrsz, gen Mentz [...] und wasz derselbe uwer bott befindet, dasz er dasz von stund unsyn herren dem kung sage zu Kostentz dasz will unper her der kung zu guoten dank von uch uf nehmen und bedunket uns gut sin daz ir sinen genaden daß nit versagend.*

396 Vgl. den Forschungsstand in Kapitel I (2.) in der vorliegenden Studie.

397 Vgl. hierzu LIENING, Überlegungen, S. 141–147.

Davon waren 34 Straßburger Politiker und zwei die beiden Stadtschreiber Werner Spatzinger und Ulrich Meiger. Hinzu kommt der als Sonderfall einzuordnende Gesandte Johannes Blumenstein.

2.2.1 Straßburger Politiker

Die Anzahl von 34 Gesandten, die aus dem Kreis der städtischen Führungsgremien Straßburgs stammten, erscheint zunächst recht hoch. Doch muss bei ihrer Beurteilung beachtet werden, dass nur wenige Gesandte kontinuierlich im gesamten Untersuchungszeitraum als solche tätig waren. Lediglich drei von ihnen waren in allen drei Fallbeispielen dieser Studie an diplomatischen Missionen beteiligt.[398] Fünf Personen waren sowohl während des Marbacher Bundes als auch zur Zeit des Konstanzer Konzils als Gesandte tätig.[399] Zwei Gesandte nahmen für die Stadt an Missionen im Zuge des Thronwechsels und des Marbacher Bundes teil.[400] Es sind also lediglich zehn Politiker über einen längeren Zeitraum als Gesandte nachweisbar. Die übrigen 24 Gesandten lassen sich nur in jeweils einem einzigen Fallbeispiel nachweisen. Ohne an dieser Stelle tiefer in statistische Fragen einsteigen zu wollen, wird klar, dass eine Gruppe von wenigen Gesandten häufiger für die Stadt unterwegs war und eine personelle Kontinuität im Gesandtschaftswesen zu Beginn des 15. Jahrhunderts in Straßburg bestand.

Die folgenden Ausführungen werden sich darauf beschränken, ausgewählte Gesandtenpersönlichkeiten eingehender vorzustellen. Für die Auswahl dieser Personen ist vor allem die Kontinuität ihrer Tätigkeit im Untersuchungszeitraum ein ausschlaggebendes Kriterium. Daneben spielt auch eine Rolle, was man über die jeweiligen Gesandten überhaupt in Erfahrung bringen kann. Da man über einige nur sehr wenige Informationen erhalten kann, ist eine eingehende Betrachtung nicht in allen Fällen sinnvoll. Auch wenn somit nur ein sehr kleiner Teil der Gesandten aus der Führungselite der Stadt genauer betrachtet werden kann, handelt es sich dennoch um eine Auswahl, die Vertreter der beiden wichtigsten sozialen und politischen Gruppen der Stadt beinhaltet. Somit erfahren in dieser Zusammenschau sowohl Zunftmitglieder als auch Patrizier der Stadt eine nähere Betrachtung. Dieses Merkmal ist bedeutsam, da man in Straßburg zu Beginn des 15. Jahrhunderts zumeist Vertreter aus dem Patriziat und aus den Zünften der Stadt gemeinsam auf Gesandtschaftsreisen entsandte. Ich habe bereits an anderer Stelle auf die Überschneidungen zwischen der Gesandtentätigkeit und der Wahrnehmung städtischer Ämter in Straßburg zu Beginn des 15. Jahrhunderts aufmerksam gemacht.[401] Überschneidungen zwischen innerstädtischen Zuständigkeiten in unterschiedlichen Gremien – wie etwa dem Ausschuss der Neun oder dem Stadtrat – und außenpolitischen Aktivitäten waren häufig vorhanden. Amtsführung und Gesandtentätigkeit wurden bei ei-

398 Rulin Barpfennig, Ulrich Bock und Wilhelm Metziger.

399 Claus Merswin, Reinbolt Huffelin, Johannes Heilmann, Claus Zorn, Johans Bock.

400 Thomas von Endingen, Heinrich von Mülnheim.

401 Liening, Überlegungen.

nigen Straßburgern sogar im jährlichen Wechsel vollzogen.[402] Diese Personen finden sich auch unter den im Folgenden kurz präsentierten Gesandten. Sie gehörten zur städtischen Führungselite und waren eng mit der Politik der Stadt vertraut.[403]

2.2.1.1 Ulrich Bock

Die politische Tätigkeit des Gesandten Ulrich Bock[404] begann bereits im 14. Jahrhundert. Im Jahr 1396 ist er als Stettmeister in Straßburg belegt. Im Jahr 1406 wurde er als Bistumsverwalter der Stadt eingesetzt. In dieser Position war er gemeinsam mit jeweils einem Vertreter des Bischofs und des Domkapitels für die Sanierung des finanziell stark angeschlagenen Straßburger Bistums verantwortlich.[405] Einige Jahre zuvor, vermutlich im Jahr 1402, taucht er ebenso mit einer Tätigkeit im Finanzsektor für Straßburg auf. Er war mit mehreren Straßburgern – unter anderem dem amtierenden Ammeister Ulrich Gosse und dem Altammeister Peter Sunner – an der Prüfung der Finanzen eines Klosters beteiligt.[406] Bock ist einer der am häufigsten auftretenden Gesandten zu Beginn des 15. Jahrhunderts und im Kontext aller drei Fallbeispiele dieser Studie in dieser Funktion nachweisbar.[407]

2.2.1.2 Heinrich von Mülnheim

Der Patrizier, Ritter und Stettmeister Heinrich von Mülnheim war im ersten Jahrzehnt des 15. Jahrhunderts mehrfach als Gesandter für Straßburg unterwegs und sowohl an Gesandtschaften rund um den Thronwechsel 1400 als auch an Gesandtschaften im Verlauf des Marbacher Bundes beteiligt.[408] Schon im 14. Jahrhundert ist er als Gesandter nachweisbar. 1395 war er mit einer Ge-

---

402 Liening, Überlegungen, S. 144 f.

403 Für detaillierte Informationen, insbesondere zur Frage der Überschneidung von Gesandten- und Amtstätigkeit, vgl. Liening, Überlegungen, S. 141–147.

404 Oft wird er in den Quellen auch als „der Junge" bezeichnet. Zum Teil tauchen beide Bezeichnungen in einer Quelle auf, weshalb es sich hier höchstwahrscheinlich um dieselbe Person handelt. Vgl. hierzu etwa AVES, X, 381.

405 Vgl. hierzu Wunder, Landgebiet, S. 83–86; Alioth, Gruppen, S. 34; von Heusinger, Zunft, S. 197; Liening, Überlegungen, S. 142 f. Eine Kopie des diesbezüglichen Vertrages findet sich in AVES, AA 1432, 1–6: *[…] die vorgen drier mit namen her Hugelmans von Vinstingen, her Swartz Rudolfs von Andelo und Ulrich Bock des Jungen, wenne die selben drie sullent tun do von die zinse, gulten und schulden jergliche uszrihten […].*

406 AVES, X, 381: *[…] als wir Bertholt von Roszheim und Johans Nellesheim von den erbern wissen meister und rate zu Strasburg zu pflegern des huses der wissen Brüder und wir, Ulrich Gosse ammanmeyster, Ulrich Bock und Peter Sunner Altammeyster zu botten von des rates wegen darzu geordent und gesetzet sind, zu besehende die zinsen gulten nutzen und gefellen des selben huses und zu erfindende den kosten des huses und eins gegen den andern zu legende […].*

407 Im Kontext des Thronwechsels vgl. AVES, AA 116, 47 und 49; AVES, AA 123, 12 f. Im Kontext des Marbacher Bundes vgl. AVES, AA 89, 39, 41; RTA V, Nr. 485; RTA VI, Nr. 4, Nr. 16 f., Nr. 40, Nr. 100, Nr. 116, Nr. 125. Im Kontext des Konstanzer Konzils vgl. AVES, AA 168, 22–27, 32, 37, 43, 45–47; AVES, AA 1443, 3, 14, 17–19, 21 f., 29, 39; AVES, AA 166, 12, 13, 14, 16, 17.

408 Im Kontext des Thronwechsels vgl. AVES, AA 116, 36, 47; AVES, AA 123, 12–15. Im Kontext des Marbacher Bundes vgl. AVES, AA 1430, 27; AVES, AA 1434, 13.

sandtschaft zum Hof König Wenzels nach Prag gereist. Auf dem Rückweg von dieser Gesandtschaftsreise geriet er gemeinsam mit zwei weiteren Gesandten in Gefangenschaft.[409] Die Familie Mülnheim gehörte zu den mächtigsten der Stadt und verfügte schon zu Beginn des 14. Jahrhunderts in der Straßburger Stadtgesellschaft über einen erheblichen Einfluss.[410] Auch Heinrich von Mülnheim war eine bedeutende Persönlichkeit Straßburgs. Dies zeigt sich unter anderem daran, dass er das Straßburger Kontingent auf dem Romzug König Ruprechts in den Jahren 1401/02 als Hauptmann anführte.[411]

2.2.1.3 Wilhelm Metziger

Der mehrfache Ammeister Wilhelm Metziger war einer von wenigen Ammeistern zu Beginn des 15. Jahrhunderts, die dieses Amt mehrfach ausführten. Er hatte es zwischen 1387 und 1406 fünfmal inne und war Mitglied in der Metzgerzunft.[412] Als Gesandter war er für Straßburg sowohl im Kontext des Thronwechsels als auch während des Marbacher Bundes an unterschiedlichen Missionen beteiligt. Im Jahr 1406 war er in einen vermutlich heftigen Streit mit dem Straßburger Politiker und Gesandten Rulin Barpfennig verwickelt, zu dessen Schlichtung sich sogar Markgraf Bernhard von Baden anbot.[413] In den Jahren zwischen 1404 und 1406 lässt sich anhand dieses Gesandten eine bemerkenswerte Beobachtung machen: Wilhelm Metziger war in dieser Zeit im jährlichen Wechsel entweder als Ammeister oder als Gesandter für Straßburg tätig. Dies zeigt deutlich, dass in Straßburg Kompetenzüberschneidungen vorhanden waren und die bedeutendsten städtischen Politiker an Gesandtschaftsmissionen teilnahmen. Zudem wird an diesem Beispiel die Unvereinbarkeit der gleichzeitigen Ausübung beider Tätigkeiten offengelegt. Da Metziger in den Jahren seiner Amtstätigkeiten in Straßburg vor Ort sein musste, konnte er sich nicht auf längere Gesandtschaftsreisen begeben. Deshalb lässt er sich in den jeweiligen Jahren auch nicht als Gesandter in den Quellen ausfindig machen.[414]

2.2.1.4 Rulin Barpfennig

Der Gesandte Rulin Barpfennig war einer der mächtigsten Politiker Straßburgs in der ersten Hälfte des 15. Jahrhunderts.[415] Er hatte über einen Zeitraum von fast dreißig Jahren das Amt des Ammeisters sechsmal inne. Er war Mitglied in der Zunft der Krämer und saß für diese erstmals 1398 im Rat der Stadt. Zuvor hatte er

409 Vgl. hierzu Bischoff, Gefangennahme.

410 Vgl. hierzu Metz/Pelzer/Müllenheim von Rechberg, Art. Müllenheim.

411 Vgl. zur Rolle Heinrich von Mülnheims auf dem Romzug König Ruprechts mit jeweils verschiedenen thematischen Schwerpunktsetzungen Liening, Honneur; Liening, Interessenvertretung.

412 von Heusinger, Zunft, S. 156 f.

413 von Heusinger, Zunft, S. 370, Nr. 142; sowie Fester, Nr. 2343, S. 241: „M. Bernhard an Strassburg. Erbietet sich, selbst in die stadt zu kommen oder seine räthe zu schicken, um die zweiung zwischen dem ammeister Wilhelm (Metziger) und dem altammeister Rulin Barpfennyng beilegen zu helfen."

414 Vgl. hierzu bereits Liening, Überlegungen, S. 144 f.

415 Vgl. zu seiner Person bereits ausführlich Dollinger, Ammeister.

bereits verschiedene wichtige Aufgaben bezüglich der städtischen Finanzen wahrgenommen. Auch wurde Rulin Barpfennig durch unschöne Ereignisse auffällig. Im Jahre 1390 – noch einige Jahre vor dem Beginn seiner politischen Karriere – wurde er für zwei Jahre aus der Stadt verbannt, weil er negativ im Umgang mit Prostituierten aufgefallen war.[416] Im Jahre 1415 war Barpfennig an der Entführung des Bischofs Wilhelm von Diest beteiligt.[417] In seiner Tätigkeit als Gesandter kann Barpfennig spätestens seit 1400 belegt werden. In diesem Jahr war er unter anderem im Zuge der Neuwahl König Ruprechts an verschiedenen Gesandtschaftsmissionen beteiligt.[418] Hierbei war er zusammen mit den Gesandten Thomas von Endingen, Heinrich von Mülnheim sowie Ulrich Bock für die Unterhandlungen mit König Ruprecht und die Bestätigung der Straßburger Privilegien verantwortlich.[419] Auch während des Marbacher Bundes nahm er gemeinsam mit dem Gesandten Hans Bock an einer Gesandtschaft teil.[420] Seine Beteiligung an diplomatischen Missionen zum Konstanzer Konzil ist in den Jahren 1415 und 1416 nachweisbar.[421]

2.2.1.5 Johans Heilman

Johans Heilman war der Schwager von Rulin Barpfennig.[422] Er wurde insgesamt dreimal zum Ammeister gewählt und gehörte der Zunft der Tucher an.[423] Johans Heilman war ebenso wie sein Verwandter Andres Heilmann nicht nur Straßburger Ammeister, sondern auch Gesandter der Stadt.[424] Andres Heilmann hatte 1395 an einer Gesandtschaftsmission zu König Wenzel nach Prag teilgenommen, bei der die drei Gesandten dieser Mission – zu der auch der oben erwähnte Heinrich von Mülnheim zählte – auf der Burg Schwanberg gefangengenommen wurden. Andres Heilman starb in der Gefangenschaft. Johans Heilman war

416 Vgl. hierzu von Heusinger, Zunft, S. 153 und S. 157. Vgl. zur Verbannung Rulin Barpfennigs aus der Stadt UB VI, Nr. 1606, S. 814, 1–4: *Ruelinus Barpfennig het diese stat zwey jor versworen und sol geben fúnfe und drissig pfunt wahses des wahses zwentzig an unser frowen werg, zehent pfunt an den spittal und fúnf pfunt an die ellende herberge umbe daz er varenden doehtern gelt gab darumbe daz sú boht in ire wúde sluegent.*

417 Alioth, Gruppen, S. 38; von Heusinger, Zunft, S. 197; AVES, AA 1451, 7, 26 f.

418 Vgl. hierzu: UB VI, Nr. 1576, S. 795; UB VI, Nr. 1577, S. 796; UB VI, Nr. 1578, S. 796 f.; UB VI, Nr. 1581, S. 799; UB VI, Nr. 1584, S. 800; UB VI, Nr. 1588, S. 804; UB VI, Nr. 1593, S. 805. Ebenso bereits im Jahre 1400: RTA III, Nr. 155, S. 201 f.

419 Vgl. hierzu UB VI, Nr. 1578, S. 796 f.

420 RTA VI, Nr. 79.

421 AVES, AA 168, 1–5, 8–15, 32, 81.

422 Dies ist durch einen Brief Barpfennigs überliefert, der unter anderem an Heilman adressiert war, AVES, AA 1441, 1: *Den Erbern wissen hern Ulrich Bocke dem Jungen und hern Johans Heilman, Altammeyster min Swager, mine besundern guten frunde.*

423 von Heusinger, Zunft, S. 157.

424 Vgl. hierzu die widersprüchlichen Angaben bei Martin Alioth. Alioth, Gruppen, S. 474: Demnach sei Andres Heilman der Vater von Johans Heilman gewesen. Alioth, Gruppen, S. 473, dort heißt es hingegen, Andres Heilman sei der Neffe von Johans Heilman gewesen. Vgl. hierzu ebenso die Ausführungen von Sabine von Heusinger, die sich aufgrund dieser widersprüchlichen Aussagen darauf beschränkt, von einem verwandtschaftlichen Verhältnis der beiden Ammeister auszugehen: von Heusinger, Zunft, S. 150, Anm. 143.

ebenfalls im Kontext von Marbacher Bund und Konzil als Gesandter für Straßburg tätig.[425]

2.2.2 Stadtschreiber

Die Straßburger Stadtschreiber waren ebenfalls an Gesandtschaften beteiligt oder führten eigenständig Missionen durch. Diese direkte Einbindung der Stadtschreiber in die Gesandtschaftsmissionen war keinesfalls nur in Straßburg der Fall, sondern lässt sich vielmehr auch andernorts beobachten.[426] Im Untersuchungszeitraum gab es zwei Personen in Straßburg, die nacheinander dieses Amt ausführten. Werner Spatzinger war von 1384 bis 1410/11 Straßburgs Stadtschreiber. Ihm folgte Ulrich Meiger, der bis 1419 für die Stadt arbeitete.[427]

2.2.2.1 Werner Spatzinger

Der Stadtschreiber Werner Spatzinger ist im Gegensatz zu seinem Nachfolger Ulrich Meiger verhältnismäßig selten als Gesandter im Untersuchungszeitraum nachweisbar. Dies hängt vermutlich mit den unterschiedlichen Herausforderungen an die Außenpolitik in den beiden Amtszeiten zusammen. Das Konzil, wie noch auszuführen sein wird, erforderte eher die Dienste eines Stadtschreibers. Dennoch war Spatzinger im Kontext des Thronwechsels 1400 mit Straßburger Gesandten für die Stadt unterwegs. Zwar wurden die Gesandtenberichte dieser Missionen nicht offiziell von ihm verfasst, sein Name taucht also nicht unter den Namen der Gesandten als Absender auf. Doch erfahren wir über die Berichte von seiner Anwesenheit auf mindestens einer Mission. Daraus geht auch hervor, dass er die Gesandten in verschiedenen Angelegenheiten unterstützte. So konnte er etwa seine Kontakte zum königlichen Hofschreiber Matthias von Sobernheim nutzen, um für die Gesandtschaft wichtige Informationen zu beschaffen.[428]

---

425 Als Gesandter während des Marbacher Bundes vgl. RTA VI, 187. Zu seinen Gesandtschaften im Kontext des Konzils vgl. AVES, AA 168, 16f., 19, 20f.

426 Vgl. hierzu exemplarisch Burger, Stadtschreiber, S. 182–186.

427 Kaiser, Meiger, S. 169 und S. 197.

428 RTA IV, Nr. 171, S. 196f.: *[…] do studendent her Thoman von Endingen und Wernher Spatzinger by hern Mathise nuwen kúniges oberster schriber und hofemeister, sprochetent mit demme und frogetent in wo unser herre der kúnig noch hinnaht ligen wollte. Do seite in her Mathis, sin herre wollte noch hinnaht ligen zů Heidelberg. Und zougte den ein brief und die undergeschrift daran; do stunt an dem briefe, das marggrofe Wilhelm von Missen und burggrofe Johan von Nůremberg dem kúnige verschriben hettent, und die woltent noch hinnaht zů Heidelberg ligen, zů den wollte der kúnig. Und zougte in ein brief, den ließ her Mathis Wernher Spatzinger lesen. Und der laß den brief daz in her Thoman ouch horte. Der brief stunt, das herre Friderich der burggrofe von Nurenberg dem nuwen kúnige verschreip, daz der bischof von Bobemberg dem alten kúnige widerseit hette und mit eim großen gezoge zů ime zúge, und herzoge Ludewig von Peyern ouch mit eim grossen gezoge zů zúge, und er selber mit eim grossen gezoge vúr Tumbach gezogen were, und das er nit anders wuste danne daz die von Eger dem nuwen kúnige hulden woltent, und daz er kein widersatz me hette vor dem Behemischen walde, und das die von Nuremberg dem nuwen kúnige groß nutz und fúrderunge detent gegen allen stetten, item das der kúnig von Ungern sin botschaft ußgefertiget hette zů besehende obe der nuwe kúnig sich zů ime vereinigen wolte […].* Vgl. zur

Um das Jahr 1410 gab es massive Meinungsverschiedenheiten zwischen dem Schreiber und der Stadt, da sich Spatzinger weigerte, bestimmte Aufgaben zur Vorbereitung einer Gesandtschaftsmission für die Stadt zu erledigen.[429] Spatzinger beklagte, dass ihm sein Lohn nicht ausbezahlt worden sei und forderte diesen nun ein. Um in dieser Hinsicht Druck auf den Rat auszuüben, hatte er tatsächlich mehrfach seinen Dienst verweigert. Er sollte bestimmte Schriftstücke heraussuchen, die für eine Gesandtschaftsmission benötigt wurden.[430] Im Zuge eines diesbezüglichen innerstädtischen Verfahrens gegen Spatzinger wurde er vermutlich auch 1410/11 aus dem Dienst der Stadt entlassen. Denn nach diesem Verfahren findet sich sein Name nicht mehr in der städtischen Quellenüberlieferung.[431] Sein Nachfolger im Amt war der vormalige markgräfliche Rat Ulrich Meiger.

2.2.2.2 Ulrich Meiger

Ulrich Meiger stammte ursprünglich aus Schwaben und hatte vermutlich ein Studium der Rechtswissenschaften absolviert.[432] Vor seinem Dienst für Straßburg arbeitete er seit 1408 als Rat für den Markgrafen Bernhard von Baden. In dieser Zeit konnte er bereits zahlreiche Erfahrungen als Diplomat sammeln. 1408 war er Teil einer markgräflichen Delegation zu König Ruprecht und reiste nach dessen Tod mit einer Gesandtschaft im Auftrag der Erzbischöfe von Mainz und Köln zu Sigismund von Luxemburg, um mit ihm über die Thronfolge zu verhandeln. Auch bei den späteren Wahlverhandlungen in Frankfurt war er mit dabei.[433]

Der genaue Beginn seiner Beschäftigung in Straßburg ist nicht überliefert. Es lässt sich jedoch annehmen, dass er nach dem Ausscheiden seines Vorgängers 1410/1411 in den Dienst der Stadt trat. Seit dem Jahr 1413 ist er hingegen sicher als Stadtschreiber belegt. In diesem Jahr war er gemeinsam mit weiteren Straßburger Gesandten für die Bestätigung der Privilegien durch König Sigismund

---

Verbindung Spatzingers mit dem Hofschreiber Sobernheim deren Briefwechsel im Dezember 1400 in RTA III, Nr. 230–232.

429 Vgl. hierzu bereits Buchholzer/Richard, Jurer, S. 83; Schuler, Notare, S. 432; Burger, Stadtschreiber, S. 319 sowie die entsprechenden Quellen bei Eheberg, Nr. 15, 68–74. Vgl. hierzu ebenfalls die Ausführungen in Kapitel II (1.2.4).

430 Eheberg, Nr. 15, S. 73: *Also nů uff mentag sant Symon und Judas obende wart, do det unser herre der ammeister die XXI zů den reten besenden und woltent den botten empfehlhen, die uff den tag gen Baden riten wurdent, wie und was sü uf dem tage tůn und reden soltent. Und als man die sache anehůb, do frogete unser herre, der ammanmeister, her Wernher aber tugentliche und sprach, ob er nützit gesůchet und uszgezeichent hette, noch demme ime empfolhen wer, das die botten mit in uff den tag fürtent, umbe das die sache nit gesumet wurde. Her Wernher antwurte unserm herren dem ammanmeister, er hette nützit gesůchet noch uszgezeichent, wenne er kunde noch enmoehte es nit getůn, man gebe im denne, das ime Heinrich Riffe innebehaben hette. do sproch unser herre der ammanmeister zů her Wernher: […] ir sint mir und den reten ungehorsam gesin […] ir sint aber ungerhorsam gesin und sint also erlosz und meineidig an der stette worden […].* Vgl. hierzu bereits Kapitel II (1.2.4).

431 Kaiser, Meiger, S. 169.

432 Grundsätzlich zu Ulrich Meiger vgl. Kaiser, Meiger, hier S. 162–164. Kurze biografische Angaben finden sich darüber hinaus bei Burger, Stadtschreiber, S. 320.

433 Kaiser, Meiger, S. 165–168.

beauftragt und begleitete diesbezüglich den König auf seiner Reise durch verschiedene Städte des Reiches.[434]

Herausgestellt werden muss vor allen Dingen seine Gesandtentätigkeit für Straßburg im Verlauf des Konstanzer Konzils, von der zahlreiche seiner Gesandtenberichte Zeugnis ablegen. Meiger war für mehrere Jahre immer wieder auch für längere Zeit für die Stadt unterwegs. Dabei führten ihn seine Reisen vor allem nach Konstanz. Im Kontext von Gesandtschaften zum König und zum Papst reiste er sogar bis nach Avignon, Paris und Mantua.[435]

Straßburg benötigte ihn wohl insbesondere aufgrund seiner juristischen Fähigkeiten und seiner Lateinkenntnisse. Diese Fähigkeiten waren im Zuge des Prozesses gegen die Stadt vor dem Konzilsgericht in Konstanz unverzichtbar. Häufig wird deutlich, dass er spezifische Tätigkeiten ausführte, die jene Kenntnisse erforderten – wie Übersetzungsarbeiten oder die Prüfung von Gerichtsdokumenten. Offenbar fungierte er auch als Dolmetscher im direkten Gespräch, so beispielsweise im Zuge einer Audienz bei Papst Martin V., von der mehrere Gesandte im Jahr 1418 aus Mantua berichteten.[436] Darüber hinaus sind seine Kontakte zu König Sigismund besonders auffällig. Diesen versuchte er immer wieder für Straßburg als Unterstützer in der Auseinandersetzung mit Bischof Wilhelm von Diest zu gewinnen.[437]

Doch trotz seiner zahlreichen Missionen und Tätigkeiten für Straßburg wurde Ulrich Meiger im Jahr 1419 aus dem städtischen Dienst entlassen. Zwar finden sich hierzu keine Quellen mit den genaueren Umständen, doch kann angenommen werden, dass sich Meiger aufgrund einiger Verfehlungen im Zuge seiner Gesandtentätigkeit jeder weiteren Chance auf eine Weiterbeschäftigung in Straßburg beraubt hatte. Zum einen hatte Meiger – wahrscheinlich versehentlich – einen geheimen Plan der Stadt verraten. In Konstanz sollten die Konzilsrichter bestochen werden, um einen günstigen Ausgang des Prozesses herbeizuführen. Der Merseburger Bischof Nikolaus Lubich war mit der Bestechungsaktion beauftragt worden. Dieser erfuhr jedoch von Meigers Unvorsichtigkeit und verfasste einen Brief an den Straßburger Rulin Barpfennig, in dem er seine Verärgerung äußerte und sich über den Stadtschreiber beschwerte.[438]

434 Kaiser, Meiger, S. 169–173.

435 Allein der Bestand AVES, AA 169 im Straßburger Stadtarchiv umfasst 70 Berichte aus jener Zeit. Vgl. zu diesen Jahren und der Gesandtentätigkeit Meigers im Folgenden Kaiser, Meiger, S. 173–192.

436 AVES, AA 1453, 7: *[…] do fraeget der baepst […] wir antwurten durch maister augustinus und ouch maister uolrich […]*. Zu Dolmetschern in deutschen Städten des Mittelalters ist wenig bekannt, vgl. hierzu das kleine Kapitel bei Schneider, Dolmetschen, S. 108–111, der insbesondere auf die Bedeutung von Dolmetschern im Hanseraum verweist. Zudem wird hier auch der Straßburger Hans Erhard Tüsch erwähnt, der für dieTruppen der Stadt aufgrund seiner Kenntnis des Französischen in den Burgunderkriegen als Dolmetscher tätig war, vgl. zu Tüsch ebenfalls Warken, Geschichtsschreibung, S. 381–383.

437 Vgl. zu diesen Tätigkeiten im Folgenden das Kapitel III (3.).

438 Kaiser, Meiger, S. 188 f.; AVES, AA 1443, 41: *[…] als wir uns uwer und der stad sache kegin uwern irwelten Bischoffe mit uwern gelimpfe und frume zu zutragen an genomen hatten, also das wir hofften, das die were ztu eyme lobeliche ende bracht, hette man heymelich gehalden, das biliche heymelich blebm solde,*

Zudem stand Meiger im Verdacht, städtische Gelder veruntreut zu haben. Eine Gesandtschaft wurde im Zuge einer Mission im Jahr 1419 damit beauftragt, weitere Nachforschungen in dieser Angelegenheit durchzuführen.[439] Im Anschluss an seine Tätigkeit als Straßburger Stadtschreiber war Meiger wieder beim Markgrafen Bernhard von Baden und in den 1420er Jahren zeitweise auch am Hof König Sigismunds beschäftigt.[440]

2.2.3 Ein Sonderfall: Johannes Blumenstein

Während des Konstanzer Konzils ist eine Person als Gesandter für Straßburg tätig gewesen, die sich den bisher behandelten Personengruppen nicht eindeutig zuordnen lässt. Der Gesandte Johannes Blumenstein hatte zuvor weder ein einflussreiches Amt in Straßburg inne, noch gehörte er zur Gruppe der Stadtschreiber. Der Straßburger Bürger fällt zudem aufgrund seiner Biografie aus dem Rahmen.[441] Am Ende des 14. Jahrhunderts verkehrte er im Kreise der Waldenser von Straßburg, einer Ketzergruppe, der im Jahr 1400 in Straßburg der Prozess gemacht wurde. Auch wenn er nicht offiziell angeklagt wurde, war Blumenstein dennoch in das Gerichtsverfahren involviert. Er galt gewissermaßen als Beschützer der Ketzergruppe, hatte sich dabei sogar einem Dominikanerinquisitor erfolgreich entgegengestellt, der in der Folge sogar sein Amt niedergelegt hatte. Trotz seiner engen Beziehungen zum Kreis der Waldenser, die über seine Mutter zustande kamen, ging Blumenstein aus den Waldenserprozessen im Jahr 1400 offenbar unbeschadet hervor. Er wurde offiziell nicht bestraft und vermutlich im Verlauf des Verfahrens lediglich vorgeladen und angehört. Seine Mutter wurde hingegen aus der Stadt verbannt.[442] Bereits ein Jahr später lässt er sich als Vogt der Stadt nachweisen, auch ist es möglich, dass er zweimal im Rat der Stadt gesessen hat.[443]

Vor dem Hintergrund der bisherigen Erkenntnisse zu den Straßburger Gesandten muss die Gesandtentätigkeit des Johannes Blumenstein als Sonderfall

---

sy des quam Ulrich Meyer zu dem erenwerdigisten m gote veter dem Cardinal von Veron, der yn fragete, worumb wir uns der von Strasborg sachen also ernstlich und heffticlichen annemen. Daruff antwurte Ulrich, das der Cardinal das selbir wol wissen solden, das uns gelt gelobit were, das wir solden etlichen Richtern geben, wenn die sache uzgericht wurde, alß man des mit uns abirkomen were […] und von des wegen Ulrich Meyer dem Cardinal uwer heymelichkeit usgesaget hatte, das ye heymelichen solde bliebin und sin, konde wir nicht darzu komen als uns offte und vil zugesagit waer, von des wegen konden wir uwer dache nicht zu solichem guten ende brengen, als wir getrost werden von allen den, mit den wir davon in rede waren, als wir den uwern gesagit habin. Vgl. ebenso AVES, AA 1443, 36 und 38.

439 Kaiser, Meiger, S. 196 f.; AVES, AA 1450, 64: *Item si soellend er faren ob meister Ulr[ich] […] guld von im gegeben hab oder im selber etwaß da von behalten habe.* Vgl. zu diesem Vorwurf ebenso AVES, AA 169, 66, 69–71, 73.

440 Kaiser, Meiger, S. 197 f. und S. 202–204.

441 Vgl. hierzu die biographische Skizze bei Modestin, Quellen, S. 230–242. Zu den historischen Kontexten des Waldenserprozesses vgl. Modestin, Ketzer.

442 Modestin, Quellen, S. 231–235.

443 Modestin, Quellen, S. 235 f. Demnach saß Blumenstein möglicherweise 1411 und 1424 für die Salzmütter im Rat der Stadt.

angesehen werden.[444] Fraglich ist nur, wie sich dessen Teilnahme an zahlreichen Gesandtschaften zur Zeit des Konstanzer Konzils erklären lässt.[445] Hierzu wurden bereits Interpretationen von Forschern im 18. und 19. Jahrhundert vorgelegt: Demnach sei Blumenstein zum einen ein Gelehrter gewesen, der Straßburg im Streit mit dem Bischof Wilhelm von Diest beraten habe. Zum anderen habe er das Amt des Straßburger Stadtschreibers ausgeführt. Diese Interpretationen sind bereits zurückgewiesen worden, insbesondere das Amt des Stadtschreibers hatte Blumenstein nie inne.[446]

Georg Modestin arbeitete heraus, dass es Blumenstein aufgrund seiner Vermögensverhältnisse durchaus möglich war, der Gesandtentätigkeit für längere Zeit auch unbezahlt nachzugehen.[447] Diese ökonomische Abkömmlichkeit erklärt seine prinzipielle Verfügbarkeit und möglicherweise auch seine Bereitschaft, gemeinsam mit anderen Gesandten für die Stadt diplomatische Aufgaben wahrzunehmen. Dennoch ist damit noch nicht die Frage geklärt, warum Straßburg Johannes Blumenstein als Gesandten auswählte. Nach Georg Modestin sei es „nicht auszuschließen, dass die geleisteten Dienste den Preis für die gesellschaftliche Reintegration Blumensteins nach dem Prozess von 1400 darstellten."[448]

Tatsächlich finden sich bereits im 14. Jahrhundert Hinweise darauf, dass durch die Gesandtentätigkeit eine Art Reintegration in die städtische Gesellschaft ermöglicht werden konnte. Darüber berichtet eine Straßburger Chronik. Im Zuge innerstädtischer Auseinandersetzungen in Straßburg rund um das Jahr 1349 kam es zur Absetzung der drei wichtigsten städtischen Amtsträger. Einer wurde aus der Stadt verbannt, die anderen beiden durften für zehn Jahre nicht mehr im Rat der Stadt mitwirken. Doch fand sich für sie eine andere Aufgabe: *doch nam man sü zuo heimelichen guoten sachen, und schihte sü zu dage und zu stunden, und hette sü lieb und wert alse andere erbere burgere, in irre moße.*[449]

Die Gesandtentätigkeit wird hier demnach als eine Möglichkeit dargestellt, sich innerhalb der städtischen Gemeinschaft zu rehabilitieren. Die vormals abgesetzten Amtsträger wurden trotz ihrer Verurteilung als Gesandte eingesetzt. Der Dienst für die Stadt konnte möglicherweise demzufolge sogar das Ansehen vormals verurteilter politischer Führungspersönlichkeiten wiederherstellen und sie in den Kreis ehrenhafter Bürger reintegrieren.

---

444 Dieser Umstand ist bereits Georg Modestin aufgefallen, Modestin, Quellen, S. 236: „Der Straßburger Bürger (civis Argentinensis) Blumstein ist wie auch später das einzige Gesandtschaftsmitglied, dessen Anwesenheit sich nicht durch ein (früheres) Amt erklären lässt."

445 Vgl. zu diesen Missionen: AVES, AA 168, 16, 17, 21, 30, 35, 39, 54 f., 56 f., 58; AVES, AA 1450, 54–56; AVES, AA 166, 20 f.; AVES, AA 1445, 39, AVES, AA 1443, 33; AVES, II, 51, 3.

446 Zur Darstellung dieser Positionen vgl. Modestin, Quellen, S. 234, mit weiteren Literaturangaben. Modestin hat sich von diesen Positionen distanziert, da für sie keine ausreichende Quellenbasis vorhanden sei.

447 Zu Blumensteins Vermögensverhältnissen vgl. Modestin, Quellen, S. 238 f. und ebenso Modestin, Ketzer, S. 109 f.

448 Modestin, Quellen, S. 239.

449 Hegel, S. 130. Vgl. hierzu bereits von Heusinger, Old Boys, S. 166.

Doch muss auch in Anbetracht dieser Möglichkeit die große Zeitspanne berücksichtigt werden, die zwischen den Waldenserprozessen und dem Konstanzer Konzil liegt. Ein Reintegrationsprozess, der erst etwa 15 Jahre später einsetzte, erscheint durchaus fragwürdig. Zumal Blumenstein die Ereignisse des Jahres 1400 offensichtlich gar keinen schwerwiegenden gesellschaftlichen Schaden zugefügt hatten.[450] Für eine derartige Reintegrationsmöglichkeit hätten sich auch zuvor schon Gelegenheiten ergeben. Darüber hinaus ist auch infrage zu stellen, ob man einen solchen Gesandten für besonders wichtige Gesandtschaften zum Konzil und sogar zu Papst Martin V. ausgewählt hätte. Weniger verantwortungsvolle Gesandtschaften wären dafür sicherlich auch geeignet gewesen. Tatsächlich war Blumenstein über Jahre für Straßburg in außerordentlich bedeutsamen und schwierigen Angelegenheiten unterwegs. Den Höhepunkt stellten Gesandtschaften zum Papst Martin V. dar, mit dem über den Verbleib des Straßburger Bischofs im Anschluss an den Prozess in Konstanz verhandelt wurde. Die Gesandtschaften führten ihn in diesem Kontext nach Mantua und Florenz.[451] Interessant ist, dass gerade Blumenstein als einziger Straßburger Gesandter bei beiden Missionen dabei war. Im Verlauf der ersten Mission wurden zwei Gesandte vom Rat aufgefordert, die Rückreise nach Straßburg anzutreten. Der Stadtschreiber Meiger und Blumenstein sollten hingegen ausdrücklich vor Ort bleiben.[452] Die Teilnahme an diesen Gesandtschaften muss mit bestimmten Fähigkeiten oder Eigenschaften von Johannes Blumenstein zusammenhängen. Möglicherweise war er gerade beim Konzil und am Papsthof gut einsetzbar, da er vielleicht der lateinischen Sprache mächtig war oder sich in kirchenrechtlichen Fragen gut auskannte. Wie bereits aufgezeigt wurde, war der Stadtschreiber Ulrich Meiger aufgrund derartiger Kenntnisse gerade im Kontext des Konzils als Gesandter auffällig häufig für Straßburg unterwegs. Ähnliche Fähigkeiten waren vielleicht auch bei Blumenstein vorhanden. In jedem Fall war er nicht über die sonst üblichen Wege – als vormaliger Amtsinhaber oder Stadtschreiber – in den Dienst der Stadt gelangt.[453]

Auch die vorhandenen Belege zu seiner Person in der Korrespondenz jener Jahre lassen so gut wie keine Rückschlüsse auf die Hintergründe für seine Tätigkeit als Gesandter erkennen. Ebenso können nur wenige Aussagen zu seinen Aufgaben innerhalb der Delegationen gemacht werden. Auffällig ist, dass Blumenstein zum Teil erst später zu den Gesandtschaften hinzustieß oder früher wieder abreiste. Dies war deshalb der Fall, weil er Nachrichten zwischen Stadt

450 Diesen Umstand arbeitete Modestin selbst heraus, Modestin, Quellen, S. 233: „Was die Auswirkungen des Waldenserprozesses betrifft, so lässt Blumensteins Lebenslauf überraschenderweise keinen Knick erkennen […]".

451 Vgl. hierzu bereits Modestin, Quellen, S. 236–238. Zur Gesandtschaftsreise nach Mantua im Jahr 1418: AVES, AA 167, 2; AVES, AA 1444, 1–4, 35, AVES, AA 1453, 7. Zur zweiten Gesandtschaftsreise nach Florenz im Jahr 1419: AVES, AA 1444, 13; AVES, AA 1453, 11, 16.

452 AVES, AA 167, 2: *[…] und enpfelhen uch ouch mit ernste daz mit namen ir her Johanns Rudolff von Endingen und ouch du Jacop Mansz furderlich her heim zu uns Riten wollent und daz du Blumenstein und ouch ir Meister Ulrich zu hofe blibn sollent […].*

453 Vgl. hierzu bereits Modestin, Quellen, S. 236.

und Gesandten übermittelte. Somit erfüllte er eine Art Botenfunktion.[454] Dies machte ihn allerdings noch nicht zu einem städtischen Boten. In der Forschung wurde diese Vorgehensweise als „Pendelverfahren" bezeichnet.[455] Möglicherweise fielen also eher organisatorische Aufgaben – wie eben auch der Austausch von Nachrichten – in das Tätigkeitsfeld Blumensteins. In einem Gesandtenbericht des Jahres 1417 wird explizit erwähnt, dass er für eine Besprechung der Gesandtschaft Schriftstücke aus den mitgenommenen Dokumenten heraussuchen sollte. Ein Dokument war jedoch nicht auffindbar. Man schrieb nach Straßburg und bat um Nachsendung.[456] Als Johannes Blumenstein 1419 gemeinsam mit einem Vertreter des Straßburger Bischofs und einem städtischen Schreiber zu Papst Martin V. entsandt wurde, war er für die Aufbewahrung des mitgeführten Geldes und die anschließende Kostenabrechnung in Straßburg zuständig. Er übernahm somit die bereits geschilderte Funktion des *seckeler*.[457] Dennoch war Blumenstein auch in Beratungen involviert. Dies zeigt ein innerstädtisches Protokoll. Darin wird er als einer von mehreren Gesandten genannt, die an einer innerstädtischen Besprechung bezüglich vergangener Missionen nach Konstanz beteiligt waren.[458]

Vieles ist bezüglich der Person und der Hintergründe für die Gesandtentätigkeit des Johannes Blumenstein im Unklaren. Aufgrund der wenigen und zumeist unspezifischen Aussagen über seine diplomatischen Aktivitäten bleiben die dargelegten Ausführungen daher lediglich Erklärungsversuche. Dennoch zeigt das Beispiel dieses eher außergewöhnlichen Gesandten, dass die Stadt auch Personen außerhalb der städtischen Führungskreise als Gesandte einsetzte. Dies geschah bei Blumenstein vor allem kontextabhängig, da sich seine Tätigkeit auf das Konstanzer Konzil und zwei darauffolgende Gesandtschaften zum Papst beschränkte.

---

454 Vgl. hierzu exemplarisch zwei aufeinanderfolgende Briefe einer Gesandtschaft (August 1416): AVES, AA 168, 17: *[...] woellend wisszen dasz wir nach dem und Blumenstein von uns geritten ist [...] und uf die zedel so wir uch bi Bluomenstein heim gesendet haben [...].* Einige Tage später ist Blumenstein schon wieder aus Straßburg zur Gesandtschaft mit neuen Informationen zurückgekehrt, AVES, AA 168, 21: *[...] und wir woellen uf uwer meinung und den sin als ir uns bi Bluomenstein enbotten hand halten und sůchen, so wir best moegen [...].* Weitere Beispiele: AVES, AA 168, 39 und 54.

455 Kreutz, Botenwesen, S. 99.

456 AVES, AA 168, 35: *[...] lant wir uch wissen alsz wir uf hut zistag uber uwer sache wollten sitzen un Bluomenstein die brieffe her fur suocht, die zů uwern sachen hortten, do funden wir der einunge nut, dar unbe lieben herren, so redet mit her Klauwez dem schriber, daz er su sůche un furderlich har uf schickent [...].*

457 AVES, AA 1453, 16: *[...] und ouch mit den xxviii ducat die Blumenstein her wider mit im braht und den drien an dem ungelt geantwurtet het [...].* Vgl. hierzu auch das Kapitel II (1.3.2) in der vorliegenden Studie.

458 AVES, AA 1450, 54–56, hier 54r-v: *Item als die heren gerotslaget hant, die ob der Stett sache gesessen sint, mit namen her Heinrich von Landesperg Ritter, her Hug Voltsche, her Ulrich Bock [...] her Johannes Heilman, [...], her Johannes Lumbart, Johans Blumenstein und Meister Ulrich [...] Aber do her Johans Bock und Blumenstein und Meister Hermann mit Hern Heilman zuo Meister Ulrich hin uf kamen.*

III. Kontextbezogene Herausforderungen für Straßburger Gesandtschaften

Dieses Kapitel widmet sich den spezifischen Herausforderungen der Gesandtschaftsmissionen in den drei ausgewählten Fallbeispielen der vorliegenden Studie. Vorrangiges Ziel ist es dabei, die kontextbezogenen Aktivitäten der Gesandtschaften darzulegen und spezielle Anforderungen zu benennen. Der Schwerpunkt wird an dieser Stelle somit auf einem Überblick über das breite Tätigkeitsfeld von Straßburger Gesandtschaften zu Beginn des 15. Jahrhunderts liegen. Auch wenn innerhalb der einzelnen thematischen Teilkapitel aus pragmatischen Gründen zumeist eine chronologische Darstellung erfolgt, werden nicht immer alle Gesandtschaftsmissionen der Fallbeispiele berücksichtigt werden können. Insbesondere die zahlreichen Aktivitäten von Straßburger Gesandtschaften zur Zeit des Konstanzer Konzils, aber auch im Kontext des Marbacher Bundes können nicht Mission für Mission behandelt werden. Es geht im Folgenden daher nicht vorrangig darum, eine Ereignisgeschichte der gewählten Fallbeispiele nachzuzeichnen, sondern Anforderungen an und Herausforderungen für Straßburger Gesandtschaften festzustellen.

1. Thronwechsel

Im Jahr 1400 stellte sich im deutschen Reich eine ungewöhnliche Situation ein, nachdem die vier rheinischen Kurfürsten im August des Jahres König Wenzel abgesetzt und den Pfälzer Ruprecht zum neuen König gewählt hatten. Die Absetzung eines Königs war unüblich und von den Kurfürsten zuvor noch nicht durchgeführt worden. Ihr Handeln rechtfertigten sie damit, dass Wenzel dem Reich in vielerlei Hinsicht geschadet habe. Aufgrund ihrer Verantwortung für das Reich sei schlussendlich die Absetzung Wenzels vorangetrieben und Ruprecht zum neuen König gewählt worden. Die Vorwürfe gegenüber Wenzel bezogen sich vorrangig auf dessen Untätigkeit in Reichsangelegenheiten und seine mangelnde Initiative in der Beseitigung des Schismas. Insbesondere untersuchte und diskutierte die Forschung den Vorgang von den Ursprüngen bis zur Absetzung Wenzels und die damit verbundenen Absichten der Kurfürsten, die Frage der Rechtmäßigkeit dieses Vorgehens und die verschiedenen Einflüsse auf den Absetzungsvorgang und die Absetzungsurkunde. Innerhalb der Diskussion haben sich bezüglich der Deutung der Motivation der Kurfürsten bei der Absetzung Wenzels zwei dominierende und gegensätzliche Positionen herausgebildet. Stellvertretend stehen hierfür insbesondere die Arbeiten von Alois Gerlich[459] und Ernst Schubert[460]. Alois Gerlich interpretierte die Absetzung als

459 Vgl. hierzu Gerlich, Habsburg.
460 Vgl. hierzu Schubert, Königsabsetzung.

Ausdruck eines kurfürstlichen Machtstrebens,[461] wohingegen Schubert dieser Auslegung der von ihm als „Machthistoriker" bezeichneten Fachkollegen gänzlich widersprach. Schubert plädierte dafür, den Grund für das Ende der Königsherrschaft Wenzels im Verantwortungsbewusstsein der rheinischen Kurfürsten für das Reich zu suchen. Diese hätten den Herrscher nicht zum Zwecke des eigenen Machtausbaus, sondern zu Gunsten des Reiches abgesetzt.[462] Martin Kaufhold betonte die inaktive Haltung Wenzels zur vermehrt formulierten Kritik an seiner Königsherrschaft und sah darin einen Hauptgrund für seine Absetzung. Die ursprüngliche Kritik am Herrscher allein sei daher nicht die Hauptursache gewesen, sondern vielmehr das Ignorieren dieser Kritik.[463]

Auch die Städte des Reichs wurden, wenn auch nur marginal, in derartige Überlegungen der Forschung mit einbezogen, da sowohl die Parteigänger Wenzels als auch die rheinischen Kurfürsten versuchten, sie für die eigene Position zu gewinnen. Dementsprechend beschränkten sich die meisten Darstellungen auf die Rolle der Städte als Adressat der verschiedenen Interessengruppen und gingen städtischen Aktivitäten im Zusammenhang mit der Königsabsetzung nur vereinzelt und dabei oftmals nicht aus der Perspektive einzelner Städte nach.[464] Zwar wurden die Städte des Reiches durch die Kurfürsten nur marginal in den Absetzungsprozess eingebunden, doch lassen sich dennoch einige Aktivitäten von städtischer Seite gut nachvollziehen. Die Kurfürsten suchten zwar den Kontakt zu den Städten und wollten sich ihrer Unterstützung im Falle einer Absetzung Wenzels sicher sein, so der bisherige Konsens in der Forschung. Doch die Kurfürsten waren nicht bereit, die Städte mit genaueren Informationen bezüglich der eigenen Pläne zu versorgen. Die Städte nahmen daraufhin in der Auseinandersetzung zwischen Kurfürsten und König eine eher vorsichtige und beobachtende Haltung ein. Während Eberhard Holtz das daraus resultierende Verhalten der Städte, die die Pläne einer Königsabsetzung zumindest nicht offiziell unterstützten, als abwartende Haltung charakterisierte,[465] entgegnete Ernst Schubert, den städtischen Obrigkeiten sei vielmehr an einer „innerstädtischen Machtbalance" gelegen gewesen. Er konstatierte demnach eine gewisse Vorsicht bei den städtischen Entscheidungsträgern, da dem „königstreuen gemeinen Mann" eine Herrscherabsetzung nicht zuzumuten gewesen wäre. Weiterhin verwies Schubert darauf, dass das Festhalten an Wenzel auch auf die Eidesleistungen der Städte gegenüber dem Luxemburger zurückzuführen sei. Eine Unterstützung der Kurfürsten in der Absetzungsfrage wäre einem Eidbruch gleichgekommen. Dabei sei dem „Treuebekenntnis zu Wenzel" ein Aushandlungsprozess unter den Städten vorausgegangen.[466] Bezüglich des

461 Hierzu bereits Jörg, Gesandte.

462 Schubert, Königsabsetzung, S. 364–376. Vgl. hierzu auch Kaufhold, Rhythmen, S. 300.

463 Kaufhold, Rhythmen, S. 300 f.

464 Mit stärkerem städtischen Fokus Holtz, Reichsstädte, der jedoch auch die Rolle der Städte als Adressaten der unterschiedlichen Parteien in den Vordergrund stellt und die abwartende Haltung dieser betont, hier S. 185. Zudem zuletzt insbesondere bzgl. städtischer Gesandtschaften Jörg, Gesandte.

465 Holtz, Reichsstädte, S. 186.

466 Schubert, Königsabsetzung, S. 393 f., Zitat auf S. 394.

Eides und der damit verbundenen Privilegien und Freiheiten der Städte betonte zuletzt Christian Jörg die Bedeutung der Unsicherheit innerhalb der städtischen Führungsgremien. Die bei einer Absetzung zu befürchtende Unklarheit in der Frage der Gültigkeit von königlichen Privilegien, die durch Wenzel ausgestellt worden waren, habe die Städte vorerst am amtierenden König festhalten lassen.[467] Unter Bezugnahme auf weitere von der Forschung eher unbeachtete Quellen machte Christian Jörg auch auf die in diesem Kontext zahlreichen zwischenstädtischen Verhandlungen aufmerksam.[468]

Die folgenden Analysen von Gesandtschaftsmissionen sollen die vielfältigen und kontextbezogenen Herausforderungen an die städtischen Gesandtschaften veranschaulichen und die Geschehnisse rund um den Thronwechsel aus einer städtischen respektive Straßburger Perspektive beurteilen. Die Darstellung gliedert sich im Folgenden in zwei Phasen. Zuerst werden Straßburger Gesandtschaften im Kontext der Absetzung Wenzels im Fokus der Betrachtung stehen und danach im Hinblick auf die Anerkennung Ruprechts. Oftmals wird dabei – insbesondere im ersten Teilkapitel – die Perspektive der gesamten Städtegruppe eingenommen.

1.1 Die Absetzung König Wenzels

Die Überlieferung Straßburger Gesandtenberichte und weiterer Straßburger Quellen zur Absetzung Wenzels fällt verhältnismäßig gering aus. Doch gerade aufgrund dieser Situation lohnt sich eine Betrachtung. Denn die Quellen werfen die Frage auf, was Städte wie Straßburg unternahmen, wenn sie selbst den Prozess der Absetzung nicht wesentlich beeinflussen konnten und zwangsläufig durch die Abschottung der Fürsten zunächst in einer Beobachterrolle verharren beziehungsweise sich auf zwischenstädtische Zusammenarbeit beschränken mussten.

Im Folgenden stehen die Geschehnisse von Frühjahr bis Sommer des Jahres 1400 im Fokus der Betrachtung.[469] Anfangs- und Endpunkt bilden dabei die beiden Tage der Fürsten, die im Mai und August in Frankfurt und in Oberlahnstein stattfanden, da hier Aktivitäten Straßburgs insbesondere im Verbund mit anderen Städten gut nachzuvollziehen sind.[470] Nachdem die Städte zunächst

467 Zu diesen Befürchtungen in Bezug auf RTA III, Nr. 167 vgl. Jörg, Gesandte, S. 48 f.

468 Jörg, Gesandte.

469 Die Aktivitäten verschiedener Städte und Städtegesandten im Kontext des Absetzungsprozesses im Jahr 1400 sind in einem breiteren Rahmen bereits eingehend untersucht bei Jörg, Gesandte, S. 43–52. Christian Jörg konzentrierte sich dabei insbesondere auf zwischenstädtische Zusammenarbeit und erörterte am Beispiel der Absetzung Wenzels die Handlungsspielräume städtischer Gesandtschaften.

470 Zwar waren Straßburger Gesandte schon Ende 1399 in Frankfurt in dieser Angelegenheit auf einem Tag der Fürsten anwesend, doch ist dies lediglich über einen anderen Bericht überliefert und bietet daher keine ausreichende Grundlage für eine eingehende Untersuchung, vgl. hierzu

die Aktivitäten der Fürsten auf dem Tag in Frankfurt im Mai 1400 eher beobachteten, versuchten sie anschließend auf zwei Versammlungen das gemeinsame Vorgehen zu koordinieren. Die Treffen fanden Anfang Juli in Mainz und Anfang August in Koblenz statt und dienten insbesondere der Ausarbeitung einer gemeinsamen Position zur Absetzung Wenzels. Zudem war Ende August ein Tag in Oberlahnstein zur Absetzung des Königs von den Kurfürsten geplant. Die Städte des Reiches wurden aufgefordert, Vertreter mit Vollmachten zu entsenden und die Absetzungspläne zu unterstützen.[471] In Oberlahnstein traten die Städte schließlich mit einer diesbezüglichen Antwort vor die Fürsten.[472]

Ein erster Straßburger Gesandtenbericht stammt vom genannten Tag in Frankfurt im Mai 1400. Die Gesandten Ulrich Bock und Rulin Barpfennig lieferten darin anschauliche Einblicke in die allgemeine Situation vor Ort und die Tätigkeiten ihrer Mission. Der Gesandtenbericht fällt insbesondere durch die Erwähnung der anwesenden Fürsten, ihrer jeweiligen Räte und weiterer anwesender Personen auf. Detaillierte Angaben wurden auch zu Verhandlungszeiten gemacht. Man vermerkte sogar, dass der Bischof von Trier geisteskrank geworden sei, weshalb einer seiner Räte dessen Vertretung übernommen habe. Es zeigt sich also zuerst einmal, dass die Gesandten bemüht waren, Informationen zur aktuellen Situation zu bekommen und die Geschehnisse möglichst genau zu beobachten und festzuhalten. Es wurde detailliert protokolliert, wer an bestimmten Verhandlungen teilnahm und wie lange diese andauerten.[473] Zudem beabsichtigten die Gesandten eine ausführliche Aufzählung der anwesenden *grafen, herren und stette* von ihrer Reise mitzubringen.[474] Eine entsprechende Liste ist überliefert.[475] Die Gesandten mussten sich ihre Informationen offenkundig mühsam zusammensuchen, welche dadurch oftmals zunächst unvollständig blieben. Barpfennig und Bock schrieben von verschiedenen Gesprächen, die unterschiedliche Akteure mit den Kurfürsten abgehalten hatten. Zum einen waren Vertreter europäischer Mächte zu Gast, die sich mit den Kurfürsten in der Frage des Schismas besprachen. Zum anderen reiste auch ein königlicher Rat

RTA III, Nr. 93, S. 138. Vgl. zu diesem Tag in Frankfurt, auf dem die Städte noch nicht richtig in die Absetzungsfragen eingebunden wurden, Jörg, Gesandte, S. 44 f..

471 Jörg, Gesandte, S. 46–48.

472 Jörg, Gesandte, S. 51.

473 AVES, AA 116, 49; RTA III, Nr. 155, S. 202: *Lieben herren. wir enbietent úch unser undertenigen willigen dienst. Und lont úch wissen, daz wir koment an den nondage vor mittentage gen Franckefurd, und fundend da minen heren von Colle und hertzog Clem und den hertzogen von Sahsen und dez byschofs rat von Triere, wenn er selber aber fast krang ist an den sinnen als man uns geseit het. Und an dem nondage ze naht kam min herre von Mentze. und sint die vier fursten und des byschofs rat von Triere fruge an dem fritag vor ymbis by einander gewesen wol vier stunde oder fúnfe, nach ymbes aber vier stunde oder fúnfe uf den samest-tag* [sic!], *och also uff den sunnentag nach mittentage aber wol fúmf stunden by enander gewesin. Und het jeder fúrst sine rete zwene geistlich und weltlich by in, und nit me, als uns geseit ist.*

474 AVES, AA 116, 49; RTA III, Nr. 155, S. 202: *und ist hier der hertzog von Brunswig und der hertzog von Lúnnenburg sin brůder, und sussent vil graven und herren und stette die wir úch alle verschriben bringen wellent mit uns.*

475 Eine solche Auflistung, die sehr wahrscheinlich von den Straßburger Gesandten angefertigt wurde, findet sich in RTA III, Nr. 138, S. 184–186.

nach Frankfurt, der ebenfalls mit den Fürsten zu Gesprächen zusammenkam. Auch hier blieb man jedoch über genauere Gesprächsinhalte zunächst im Dunkeln, musste man schließlich konstatieren, dass man nichts weiter in dieser Sache in Erfahrung habe bringen können.[476]

Ebenso sprach der königliche Rat Wenzels mit den verschiedenen Städtevertretern, darunter auch mit den Straßburgern. Er beklagte sich im Allgemeinen über die ohne den Willen des Königs einberufene Versammlung. Zugleich warb er bei den Städten für den König und appellierte an ihre Treue gegenüber Wenzel. Die Städte hätten dem Rat recht allgemein versichert, sich nach den Wünschen des Königs verhalten zu wollen.[477] Ebenso wollten die Kurfürsten mit den rheinischen Städten sprechen, weiteres wisse man aber nicht darüber zu berichten, so die Gesandten in ihrem Brief.[478]

Schließlich konnten die Gesandten doch noch mehr Informationen mit nach Straßburg zurückbringen, als dieser Gesandtenbericht vermuten lässt. Denn es sind noch weitere Schriftstücke und Aufzeichnungen der Gesandten überliefert, die ebenfalls die Absicht der möglichst umfassenden Informationssammlung erkennen lassen. Unter diesen befand sich eine Kopie einer Nachricht König Wenzels an die Fürsten sowie eine eigene Verschriftlichung der Rede des Ritters Johan von Dalburg, der den Städten in Frankfurt die Pläne der Kurfürsten erläutert hatte und dieselben aufforderte, der Absetzung Wenzels zuzustimmen.[479] Diese detaillierte Informationsbeschaffung lässt sich in vielen Berichten der Straßburger Gesandten zu Beginn des 15. Jahrhunderts nachweisen.[480] Durch dieses Vogehen war Straßburg zudem in der Lage, die Stadt Basel, welche keine Gesandten nach Frankfurt geschickt hatte, im Nachhinein mit Informationen über den Frankfurter Tag zu versorgen.[481]

Die angesprochene Aufforderung der Fürsten, der Absetzung Wenzels zuzustimmen, führte nun zur verstärkten Zusammenarbeit der Städte. Noch in

---

476 AVES, AA 116, 49; RTA III, Nr. 155, S. 202: *[…] mit den fürsten zů redende umb ein einhellig hůpt der cristenheit. Wie sú yn aber darúber geantwurtet habent, daz kúnnen wir noch nit dervaren […] und het mit den fürsten gerett. Waz daz ist, daz wissen wir nit.*

477 AVES, AA 116, 49; RTA III, Nr. 155, S. 202: *und het mit den gerett: unser herre der kúnig habe in enbotten als gůt; und habe yn unbillich, daz die fürsten sollich tage machen on yn da er nút umbe wisse, und herren und graven und stette besendent da er doch daz oberst hůpt sy. Und het furbaß geret, daz die stette blibent dahin als doher by unserm herren dem kúnige. Da han ymme die stette geentwurtet einhellicIich: waz sú wústent daz unserm herren dem kúnige liep genode und diest were, daz woltent sú allwegent gerne tůn.* Straßburgs Teilnahme an diesem Treffen mit dem königlichen Rat ist aus dem Gesandtenbericht nicht direkt ersichtlich. Doch waren die Gesandten neben den Vertretern der Städte Köln, Mainz, Speyer, Worms und Frankfurt ebenfalls am Treffen beteiligt, wie ein anderer Bericht über die Unterredung auch aufgrund der identisch wiedergegeben Gesprächsinhalte in beiden Berichten zeigt, vgl. RTA III, Nr. 140.

478 AVES, AA 116, 49; RTA III, Nr. 155, S. 202: *und die fürsten hant sú besandt. Waz sú mit yn reden woellent, daz wissent sie nit, oder warumbe.*

479 RTA III, Nr. 139 und Nr. 142.

480 Menzel, Gesandtschaftswesen, S. 70 f.; Mandel, Studien, S. 156; Liening, Interessenvertretung, S. 196–202; Liening, Überlegungen, S. 138 f.

481 RTA III, Nr. 159 und Nr. 160.

Frankfurt plante man dazu eine eigene Versammlung, die am 1. Juli in Mainz stattfinden sollte, verschriftlichte den Beschluss sogleich und fügte ihn am Ende der zusammengefassten Rede des Ritters Dalburg an.[482] Das Ende des Frankfurter Tages war somit der Beginn für eine verstärkte zwischenstädtische Zusammenarbeit.

Auch Straßburg entsandte Anfang Juli Vertreter nach Mainz. Die Gesandten brachten von dieser Versammlung ein von allen Städtevertretern gemeinsam ausgearbeitetes Schriftstück mit. Darin gingen die Gesandten der Städte Mainz, Worms, Speyer, Frankfurt, Friedberg und Straßburg ausführlich darauf ein, wie man den Kurfürsten auf der bevorstehenden Versammlung in Oberlahnstein bezüglich der eigenen Position zur geplanten Absetzung Wenzels antworten sollte.[483] Zum einen wurde den Räten der Städte ein Vorschlag gemacht, was die Gesandten, die man nach Oberlahnstein zu schicken beabsichtige, den Kurfürsten vortragen sollten.[484] Zum anderen wurde empfohlen, dass man sich in Zukunft wegen der geplanten Königsabsetzung mithilfe schriftlichen Nachrichtenaustausches weiterhin abstimmen sollte.[485]

Bezüglich der Stellungnahme der Gesandtschaften in Oberlahnstein schlugen die Gesandten ein zurückhaltendes Vorgehen vor. Sie sollten, entgegen der Forderung der Kurfürsten, nicht mit voller Handlungsgewalt ausgestattet werden. Bezüglich der inhaltlichen Fragen wurde ein Vorschlag für eine Ansprache formuliert. Es sollte mit Nachdruck auf die problematische Situation der Städte im Falle einer Absetzung Wenzels hingewiesen werden: Die eidliche Verpflichtung gegenüber Wenzel und die hiermit verbundene Unsicherheit bezüglich der von Wenzel bestätigten Privilegien waren wesentliche Punkte, die hervorgehoben wurden. Die Gesandten sollten daher um weitere Informationen bitten, insbesondere bezüglich eines möglichen Nachfolgers auf dem Königsthron. Aufgrund dieser Bedenken, so der Vorschlag für die Argumentation gegenüber den Kurfürsten, könne einer Absetzung Wenzels nicht ausdrücklich zugestimmt werden. Gleichzeitig solle den Kurfürsten dennoch die eigene Verhandlungs- und Gesprächsbereitschaft signalisiert werden. Man verfolgte also die Taktik, sich keiner der gegenüberstehenden Parteien explizit anzuschließen und eine abwartende Haltung einzunehmen.

---

482 RTA III, Nr. 142, S. 190: *Item sollent die stede ire frunde uf den achten tag nach sant Johans tag Baptisten zu mittem somer zu Mencze haben, ob iz iren reten wol gefellit, von der und andern sachen zu ratslagen. Und sal igliche stad den rad zu Mencze ire meinunge dovon, umb ire frunde also zusamenzuschicken, so sie kurzlichsten morgen, lassen wissen.* Vgl. hierzu ebenso RTA III, Nr. 160, Straßburg leitete diese Information auch an Basel weiter.

483 RTA III, Nr. 167. Die Quelle ist bereits ausführlich bei Jörg, Gesandte, S. 47–50, interpretiert worden. Die folgende Darstellung wird sich daher auf diese Ergebnisse stützen, zumal die historischen Ereignisse eher das Vorgehen verschiedener Städte betreffen und die Quellen keine dezidierte Straßburger Vorgehensweise erkennen lassen.

484 RTA III, Nr. 167, S. 211: *daz dan der egnanten stete frunde, die zu deme dage gein Lanstein kommen werden, den fursten eine einmudige antworte geben uf den sin und meinunge als hernach geschriben stet […].* Vgl. Jörg, Gesandte, S. 48.

485 RTA III, Nr. 167, S. 212. Vgl. hierzu und den folgenden Ausführungen Jörg, Gesandte, S. 49 f.

Nachdem die Gesandten der einzelnen Städte diese Vorschläge der Mainzer Versammlung den eigenen Stadträten überbracht und diese den Vorschlägen offenbar zugestimmt hatten, fand ein erneutes Treffen am 8. August in Koblenz statt.[486] Auch in Koblenz veränderte sich die Position der Städte nicht mehr und man blieb bei derselben Antwort an die Fürsten, die bereits zuvor in Mainz vorformuliert worden war.[487] Dieser Aushandlungsprozess zwischen den Städten, der spätestens seit Anfang Juli 1400 mit dem Tag in Mainz konkrete Positionen der Städte hervorrief, fand mit einem mündlichen Vortrag der Städtegesandten vor den Kurfürsten in Oberlahnstein seinen Abschluss.[488] Dort wurde Wenzel schließlich am 20. August 1400 abgesetzt. Auch über diesen Vorgang informierten sich die Straßburger Gesandten wiederum sehr umfangreich: Sie verschriftlichten die gegen Wenzel vorgebrachten neun Artikel, mit denen die Kurfürsten die Absetzung rechtfertigten. Zugleich vermerkten sie die Wahl Ruprechts am darauffolgenden Tag und die dabei anwesenden Personen.[489]

Die Aktivitäten Straßburger Gesandtschaften im Zuge der Absetzung König Wenzels bringen zwei Tätigkeitsfelder zum Vorschein, die eine vorrangige Rolle spielten. Erstens erforderte die spezifische Situation zunächst die Beschaffung von Informationen durch die Gesandten. Da man an den Aktivitäten der Kurfürsten nicht direkt beteiligt war, gleichsam aber von den drohenden Folgen betroffen sein würde, schickte Straßburg Gesandtschaften zunächst zum Tag der Kurfürsten nach Frankfurt. Zwar blieb den Gesandten vor Ort tatsächlich auch nicht viel mehr übrig, als sich auf die Beobachterrolle zu beschränken, doch fällt hier die akribische Informationsbeschaffung auf. Die Gesandten versuchten der spezifischen Herausforderung der Situation gerecht zu werden, indem sie möglichst detailliert anwesende Personen anhand einer ausführlichen Liste erfassten und in den Berichten genaue Angaben zu den einzelnen Handlungsabläufen machten. Die Situation änderte sich schließlich mit der Aufforderung der Kurfürsten, zu den Absetzungsplänen selbst Stellung zu beziehen. Die Straßburger Gesandten waren an den folgenden zwischenstädtischen Verhandlungen beteiligt, welche das zweite wesentliche Tätigkeitsfeld im Kontext der Absetzung bildeten: Hier mussten sich die Straßburger mit den anderen Städtegesandten über die gemeinsame Position einig werden, weitere Treffen und Schritte organisieren und die gemachten Vorschläge sowohl in Straßburg vorlegen als

486 Jörg, Gesandte, S. 51: „In allen zentralen Punkten waren die städtischen Führungsgremien den Vorschlägen ihrer Gesandten gefolgt, die ja unter anderem auch selbst die Vorgaben der Gesandtschaftsinstruktion für die Verhandlungen mit den Fürsten in Oberlahnstein schon bei ihrer Besprechung in Mainz formuliert hatten."

487 Jörg, Gesandte, S. 51.

488 Jörg, Gesandte, S. 51, hob den mündlichen Vortrag der städtischen Gesandten insbesondere vor dem Hintergrund älterer Forschungsansichten zu den vermeintlich nicht vorhandenen Handlungsspielräumen dieser Personengruppe hervor und konnte anhand dieses Beispiels aufzeigen, dass die Gesandten den gesamten Prozess, von der Ausarbeitung der Antwort bis zum abschließenden mündlichen Vortrag vor den Kurfürsten, im Grunde selbst durchführten und eigenständig gestalteten.

489 RTA III, Nr. 215.

auch später vor den Kurfürsten gemeinsam mit anderen Städtegesandten vertreten.

1.2 Die Anerkennung König Ruprechts

Die Städte des Reiches stellte dieser Thronwechsel vor einige Probleme. Konkret ging es dabei um die Frage, wer nun als rechtmäßiger König anzusehen sei. Dies war für die Städte deshalb nicht einfach, da sie dem abgesetzten aber noch lebenden Wenzel in der Vergangenheit als König gehuldigt und von ihm dementsprechende Privilegien und Freiheiten bestätigt bekommen hatten. Dieses Problem war bereits von den Städten im Zuge der Absetzung Wenzels vorgebracht worden. Zwar verlangten die Kurfürsten verbunden mit der Mitteilung der Wahl Ruprechts, diesen als rechtmäßigen König anzuerkennen und ihm zu huldigen, doch dies taten die Städte nicht ohne Weiteres.

Eine aufschlussreiche Quelle, die einem Städtetag in Mainz zuzuordnen ist, entstand vermutlich am 8. September 1400.[490] Die Forschungsdiskussion über diese Quelle ist dabei symptomatisch für die oben skizzierte Beurteilung der Rolle der Städte beim Thronwechsel. Es handelt sich hierbei um ein von der bisherigen Forschung als Gutachten klassifiziertes Schriftstück, welches städtischen Abgesandten von ungenannten *wisen gelerte große phaffen in dem rechten*[491] ausgestellt worden sei.[492] Auch wenn weitere Angaben zu dieser Personengruppe fehlen, wurde die Urheberschaft der Quelle von der Mehrheit der Forscher dem im Dienste Ruprechts stehenden Rechtsgelehrten Job Vener zugeschrieben. Zuerst behauptete dies Hermann Heimpel, der aus einer anfänglichen Vermutung eine Tatsache kreierte.[493] Auch Karl Schnith hatte in Berufung auf Heimpel das Gutachten der kurpfälzischen Partei zugeordnet.[494] Helmut G. Walther nahm 1998 diesen Faden wieder auf und ging in seinen Ausführungen

---

490 RTA IV, Nr. 120.

491 RTA IV, Nr. 120, S. 132.

492 Vgl. hierzu die im Folgenden angegebene Forschungsliteratur.

493 Heimpel, Stadtadel, S. 424: „Als im September 1400 die Städte Straßburg, Mainz, Köln und andere vom Rhein über die Form der Anerkennung des eben sein Königslager haltenden Königs Ruprecht berieten, wurden sie von ‚etlichen weisen Gelehrten, großen Pfaffen in dem Rechte' gutachtlich beraten. Einer von diesen war Meister Reinbolt von Gemunde – wir werden aber zeigen, daß an dem Gutachten auch Job beteiligt war, wenn nicht überhaupt die ‚etlichen Pfaffen in dem Rechte' mit Vater und Sohn Vener identisch sind." Diese Behauptung griff Heimpel in seinem bis heute maßgebenden Werk über die Vener von Gmünd wieder auf. Vgl. Heimpel, Vener von Gmünd, S. 128: Heimpel wollte zunächst „nicht bestreiten, daß Urheber des Gutachtens ‚kurmainzische Juristen' gewesen sein können, ‚die natürlich den Standpunkt der Partei von Oberlahnstein verteidigten'. Aber der auffallende Aufenthalt Reinbold Veners in Mainz deutet doch darauf hin, daß er an dem Gutachten beteiligt war oder es gar verfasst hat [...]", schließlich heißt es dann auf S. 176: „Und gemäß unserer im dritten Kapitel vorgetragenen Kombination war sein erster Dienst für den neuen König ein großer und ein gelehrter Dienst: neben seinem Vater gutachtet Job gegenüber rheinischen Städten im Sinne der Anerkennung des neuen Königs – mit Argumenten aus der Goldenen Bulle: ein glänzender Anfang."

494 Schnith, Gedanken, S. 318 und S. 323.

noch über die Interpretation seiner Vorgänger hinaus: Demnach sei Job Vener sogar von Ruprecht als königlicher Bote zu den rheinischen Städten entsandt worden, um jene für dessen Seite zu gewinnen. Deshalb habe er auch das von ihm und seinem Vater Reinbolt Vener entworfene Gutachten den städtischen Abgesandten persönlich erläutert.[495] Nach Walther ergriffen also nicht die Städte die Initiative, holten sich also nicht selbständig ein Gutachten in der strittigen Thronfrage ein, sondern der neue König selbst sei es gewesen, der den Städten unaufgefordert ein Gutachten unterbreitet habe. Der Darstellung Walthers folgte wiederum im Jahr 2003 Martin Kaufhold und sah ebenfalls die Initiative für das Gutachten auf Seiten des neu gewählten Königs.[496]

Belege gibt es hierfür allerdings keine und auch vor dem Hintergrund der bisher geschilderten städtischen Bemühungen in der Frage des Thronwechsels und den noch aufzuzeigenden weiteren Aktivitäten muss eine derartige Interpretation in Zweifel gezogen werden. Auch wenn diese Interpretation auf den ersten Blick nicht völlig abwegig erscheint, so muss bei ihrer Beurteilung doch daran erinnert werden, dass die Personen, von denen sich die Gesandten verschiedener Städte beraten ließen, in der Quelle als *wisen gelerte große phaffen in dem rechten* bezeichnet wurden und diese nicht eindeutig zu identifizieren sind.[497] Vor diesem Hintergrund muten die dargestellten Interpretationen doch recht merkwürdig an, zumal weitere Indizien gegen diese Annahme sprechen: So wird in keiner der hier genannten Studien in Betracht gezogen, dass sich die Städte eigenständig um ein solches Gutachten in der politisch komplexen Situation des Jahres 1400 bemüht haben könnten. Somit liegt eine Blickverengung vor, durch die die städtischen Aktivitäten im Kontext des Thronwechsels zu Unrecht unterschätzt wurden. Der Mainzer Städtetag war nämlich ausdrücklich einberufen worden, um sich in der Sache des Thronwechsels zu beraten.[498] Bereits die ersten Zeilen der Quelle und ihr gesamter Aufbau zeigen, dass darin eine Beratung geschildert wird, welche von den versammelten Städten selbst stark beeinflusst wurde. Es kommen bei genauerer Betrachtung zugleich starke Zweifel auf, ob es sich tatsächlich um ein schriftliches Gutachten oder vielmehr um eine Mitschrift der städtischen Gesandten handelt, die die Beratung zusammenfassten. Die Einordnung der Quelle ist deshalb von Bedeutung, da die Forschung dem vermeintlichen Gutachten einen erheblichen Einfluss auf die Position und Handlungen der Städte zugesprochen hat und sich daraus das oben

---

495 Walther, Problem, S. 24.

496 Kaufhold, Entscheidungsstrukturen, S. 137; sowie Kaufhold, Rhythmen, S. 302: „Nach der Absetzung Wenzels im August 1400 bemühten sich die Kurfürsten weiterhin um eine Unterstützung ihres Urteils bei Fürsten, Grafen, Herren und Städten. So etwa im September 1400, als der Protonotar Ruprechts von der Pfalz, Job Vener, auf einem Mainzer Städtetag die Anwesenden von der Rechtmäßigkeit eines neuen Königs überzeugen wollte. Der neue König Ruprecht schickte sein gelehrtes Personal um diesen Versuch der Überzeugung und Mobilisierung zu unternehmen [...]".

497 Dürschner, Thron, S. 146, weist zwar differenzierter als Walther und Kaufhold auf die Problematik der Quelle hin, legt sich aber dennoch fest: „Da es jedoch keinen weiteren Beleg gibt, muss diese Spezifizierung Spekulation bleiben; allein dass es Anhänger Ruprechts waren, ist klar."

498 Vgl. etwa RTA IV, Nr. 115, Nr. 118 und Nr. 119.

skizzierte Bild einer von der königlichen Partei beeinflussten Städtegruppe entwickelt hat. Erstaunlich ist dabei, dass andere Quellen, wie etwa die Straßburger Gesandtenberichte, die für die weiteren städtischen Aktivitäten sehr aufschlussreich sind, in diese Überlegungen weitestgehend nicht mit einbezogen wurden. Dabei ist eine genauere Betrachtung dieser in den Reichstagsakten edierten Quellen für die Beurteilung der städtischen Positionen und Aktivitäten unverzichtbar.

Um die Herausforderungen für die Straßburger Gesandtschaften und ihre Tätigkeitsfelder im Kontext der Anerkennung des neuen Königs durch Straßburg sinnvoll beurteilen zu können, muss noch einmal auf die Quelle eingegangen werden, welche von der bisherigen Forschung als Gutachten der kurpfälzischen Partei eingeordnet wurde. Denn nicht nur die Zuschreibung zu einem bestimmten Gutachter, sondern auch die Einordnung der Quelle als Gutachten erscheint fragwürdig. Betrachtet man nämlich den genauen Wortlaut, den Aufbau und die Beschaffenheit im Original, so lässt sich die Annahme, dass es sich hierbei um ein Gutachten handelt, das den Städten einfach vorgelegt und erläutert wurde, nicht aufrechterhalten.

Die im Straßburger Stadtarchiv überlieferte Quelle ist tatsächlich, wie im Grunde auch die edierte Fassung in den Reichstagsakten, einer Mitschrift von Beratungsgesprächen, die von den Straßburger Gesandten angefertigt wurde. Bereits aus den ersten Sätzen der Quelle geht hervor, dass die Städtevertreter die Gruppe der geistlichen Gelehrten initiativ mit ganz konkreten Anliegen bezüglich des Thronwechsels konfrontierten.[499] Es wurden drei konkrete Fragen an die Gelehrten gerichtet, welche diese im Anschluss beantworten sollten.[500] Dabei ging es vorwiegend um die Handlungsmöglichkeiten der Städte in dieser Situation, die sich aufgrund der geleisteten Eide gegenüber Wenzel als schwierig darstellte. Die Städtegesandten waren sich dieser Problematik bewusst – wie im Übrigen ja schon vor der Absetzung Wenzels – und mussten nicht eigens, wie die bisherige Forschung zu dieser Quelle suggeriert, von der kurpfälzischen Partei durch die Unterbreitung eines Gutachtens darauf aufmerksam gemacht werden, um zugleich von der königlichen Partei die Lösung direkt präsentiert zu bekommen. Vielmehr waren es die Städte und die städtischen Gesandten vor Ort, die in ganz konkreten Fragen einen Rat von rechtlich gebildeten Personen einholten. Dies zeigt, dass die Aktivitäten und Handlungsmöglichkeiten der Städte von der Forschung weitestgehend unterschätzt wurden.

Die in den folgenden Monaten von Straßburger Gesandtschaften vorgenommenen Reisen und Verhandlungen zeigen recht deutlich, dass sich diese rechtlichen Beratungen in Mainz mit den erhaltenen Ratschlägen auf das Handeln der Straßburger Gesandten auswirkten. Vorrangiges Ziel der Gesandtschaftsreisen

---

499 AVES, AA 116, 10 (zugleich RTA IV, Nr. 120): *Zuo wissen si, als etzlicher stete fruende zuo disser zit zuo Mencze bi ein gewest sint, sich von der viranderunge wegen als an dem heilgen riche gescheen ist und umb disse nachgeschriben stuecke zuo undirsprechen und zu ratslagen, wie sich dieselben stete darinne gehalden und bewaren mogen.*

500 AVES, AA 116, 10.

war die Verhandlung der städtischen Privilegien und die damit verbundene Anerkennung und Huldigung durch die Stadt. Dabei kommen zwei grundsätzliche Verhandlungsfelder der Gesandten sowie zwei Interessenschwerpunkte in der Informationsbeschaffung und Berichterstattung zum Vorschein.

Zum einen waren die Gesandten für die inhaltlichen Aspekte der Privilegienverhandlungen verantwortlich. Zum anderen spielten bezüglich des Ablaufs dieser Verhandlungen und bei der Anerkennung des Königs auch Fragen der symbolischen Kommunikation implizit und explizit eine gewichtige Rolle, die in einem gesonderten Kapitel dieser Arbeit noch einmal im Detail betrachtet werden.[501]

Darüber hinaus fallen die Briefe der Gesandten wieder durch ihre sehr hohe Informationsdichte auf. Berichtet wurde vorrangig über die Frage, wie sich andere politische Akteure gegenüber Wenzel und Ruprecht verhielten. Insbesondere holten die Gesandten über die Aktivitäten anderer Städte Informationen ein, die über die geplanten oder bereits vollzogenen Privilegienverhandlungen sowie zu zeremoniellen Akten – etwa der Einzug des Herrschers und Huldigung der jeweiligen Stadt – Auskunft gaben. Ein weiterer größerer Interessenbereich bezog sich auf die Situation Wenzels, dessen militärisches Vorgehen gegen Ruprecht zeitweilig noch immer im Raum stand. Hierzu versuchten die Gesandten ebenfalls ein Stimmungsbild einzufangen und nach Straßburg weiterzugeben.

Die beschriebenen Tätigkeitsfelder und Interessenschwerpunkte der Berichterstattung waren wechselseitig miteinander verbunden und durch die spezielle Situation dieses Thronwechsels bedingt. Eigenes Handeln und das Wissen um das Handeln anderer Akteure versuchte man miteinander in Einklang zu bringen. Somit waren für die Straßburger Gesandtschaften spezielle Herausforderungen gegeben. Wie sich die Gesandten diesen Anforderungen stellten, sollen die folgenden Ausführungen genauer klären.

Nachdem Anfang September 1400 die erwähnte Versammlung der Städte in Mainz mit den Beratungen in rechtlichen Fragen stattgefunden hatte, folgten ab Ende Oktober intensive Verhandlungen Straßburgs mit dem König. Diese wurden von einer Gesandtschaft zwischen Ende Oktober und etwa Mitte November geführt. Dabei reiste die Gesandtschaft dem König von Stadt zu Stadt hinterher. Ruprecht verhandelte zeitgleich mit weiteren Städten oder empfing zu dieser Zeit bereits die Huldigung einzelner Städte, nachdem er in diese eingezogen war.

Die Straßburger Gesandtschaft reiste dabei zunächst über Mainz nach Frankfurt zum neuen König. Anschließend begleitete man ihn wieder zurück nach Mainz und dann nach Worms, Heidelberg und Speyer. Diese Mission wurde von ein und derselben Gesandtschaftsdelegation durchgeführt,[502] gebildet durch die führenden Politiker der Stadt – Heinrich von Mülnheim, Thomas von Endingen, Ulrich Bock und Rulin Barpfennig. Die einzelnen Berichte, die in

501 Vgl. hierzu Kapitel IV (4.).

502 Zum Verlauf der Gesandtschaftsmission vgl. die einzelnen Straßburger Gesandtenberichte, RTA IV, Nr. 166, Nr. 167, Nr. 169, Nr. 171–173.

einem relativ kurzen Zeitraum entstanden sind, zeichnen sich zum größten Teil durch ihren hohen Informationsgrad aus, die Gründe hierfür wurden bereits benannt.

Der erste überlieferte Gesandtenbericht ist auf den 25. Oktober 1401 datiert und schildert insbesondere die Geschehnisse des Aufenthaltes in Mainz.[503] Weil sich der König in Frankfurt befand, kam es zu diesem Zeitpunkt noch nicht zu Verhandlungen. Da die Gesandten allerdings beim Mainzer Bürgermeister zahlreiche Informationen eingeholt hatten, berichteten sie an den Straßburger Rat. Die Informationen bezogen sich auf das Verhalten verschiedener Städte und die Pläne König Ruprechts bezüglich des Einzugs in Frankfurt und weiteren Städten: Demnach waren sowohl Mainzer Gesandte als auch Gesandte anderer Städte bereits in Frankfurt beim König, um mit diesem zu verhandeln. Der Mainzer Bürgermeister gab zudem Auskunft über die Einzugspläne des Königs in Mainz. Die Stadt hatte bereits beschlossen, ihn einziehen zu lassen. Auch in Frankfurt waren die Vorbereitungen des Königs bezüglich des Einzuges in die Stadt am Main weit vorangeschritten, sodass bereits Einzelheiten der Zeremonie bekannt waren. Detaillierte Angaben konnten zudem zu den geplanten Geschenken der Stadt Frankfurt gemacht werden.[504]

Die Straßburger Gesandtschaft reiste daraufhin weiter nach Frankfurt. Der nächste Brief wurde fünf Tage später abgefasst und berichtet sehr ausführlich über den dortigen Aufenthalt.[505] Es wurde zunächst der erfolgte Einzug des Königs in Frankfurt gemeldet, den man jedoch knapp verpasst hatte. In Frankfurt suchten die Straßburger Gesandten dann zuerst den Kontakt zur Mainzer Gesandtschaft. Ausführlich berichtete der Mainzer Gesandte, ehemalige Bürgermeister und Ratsherr Heinrich zum Jungen über die bereits vorangegangenen gemeinsamen Verhandlungen der Gesandten der Städte Köln, Worms, Speyer und Mainz mit dem König, die in Mainz auch unter Beteiligung der Kurfürsten stattgefunden hatten. Die sehr detaillierten Ausführungen hierzu im Bericht der Gesandten verdeutlichen die hohe Relevanz dieser Informationen, die den Straßburger Gesandten und auch dem Stadtrat zur Orientierung bei den eigenen Verhandlungen dienen konnten. Die einzelnen Verhandlungsschritte und Positionen der Verhandlungsparteien wurden genau registriert und dem Rat in Straßburg mitgeteilt. Nach mehrmaligen Anläufen kamen die genannten Städte und die königliche Partei schließlich zu einer Einigung bezüglich der städtischen Privilegien.[506] Weiterhin unterrichtete Heinrich zum Jungen die Straßburger Gesandten über die Verhandlungen mit dem König bezüglich des Einzuges in Mainz.

Weitere Informationen betrafen den zweiten großen Interessenschwerpunkt in der Berichterstattung der Straßburger: Die Situation und Pläne des abgesetzten Wenzel. Heinrich zum Jungen gab recht detailliert Auskunft über Nachrichten, die er selbst aus Nürnberg erhalten hatte. Sie handelten vom ab-

503 Zum Folgenden vgl. RTA IV, Nr. 166.
504 Vgl. hierzu mit genaueren Ausführungen Kapitel IV (2.2).
505 Zum Folgenden vgl. RTA IV, Nr. 167.
506 RTA IV, Nr. 167, S. 190f.

gesetzten Wenzel und dessen Verhandlungen im Oktober 1400 mit seinem Bruder König Sigismund von Ungarn und weiteren Herren. Diese wollten ihm gegen Bezahlung bei einem Kriegszug ins Reich und gegen Ruprecht helfen.[507] Diese Absichten scheiterten jedoch aus verschiedenen Gründen, insbesondere die Bedingungen Sigismunds machten eine Zusammenarbeit für Wenzel wohl unmöglich.[508] Für die hier vorliegende Fragestellung sind diese Schilderungen der Pläne Wenzels von besonderer Relevanz, da eine Konfrontation zwischen Wenzel und Ruprecht die Lage der Städte und ihre Privilegienverhandlungen durchaus hätte beeinflussen können, sollte Wenzel sein Königtum doch noch erfolgreich verteidigen. Aus diesem Grund waren die Nachrichten von möglichen respektive gescheiterten Plänen militärischer Unternehmungen Wenzels gegen Ruprecht für die Städte und somit auch für Straßburg wichtig. Deshalb wurden sie auch genau registriert und nach Straßburg gemeldet. Die Gesandten hatten in dieser spezifischen Situation also die Verantwortung, derartige, für die Verhandlungen der städtischen Privilegien und die Frage der Anerkennung des Königs relevanten Informationen zu sammeln, da diese eng mit ihrer Hauptaufgabe – der Verhandlungsführung mit dem König – verbunden und somit von besonderer Wichtigkeit waren.[509]

Ebenso fanden in Frankfurt bereits erste Unterredungen mit Räten des Königs statt, die jedoch aufgrund der Weiterreise Ruprechts nach Mainz unterbrochen werden mussten.[510] Auffällig ist hierbei, dass verschiedene Zusammenkünfte im Vorfeld der offiziellen Beratungen mit königlichen Bevollmächtigten stattfanden. Die Straßburger Gesandten scheinen bestens vernetzt gewesen zu sein und führten schon vorab und auf eigene Initiative Verhandlungen mit dem königlichen Rat Graf Friedrich von Leiningen, der sich später auch an den offiziellen Gesprächen der königlichen Delegation mit den Straßburger Gesandten beteiligte.[511]

---

507 RTA IV, Nr. 167, S. 191 f.: *[…] das der kúng von Ungern were mit grossem volke komen gen Kutten uf den berg, so were ein marggrave genant Sygemunt kommen gen Swidenicz in ein closter darby, so werent alle landezherren zuo Behem och daby kommen, so were der Behemische kúnig ouch darby uf ein húselin kommen, und hette der kúnig von Ungern gesprochen zuo dem Behemschen kúnige: er und die andern weren alle da und woltent im helfen sin ere und lant ze beschirmende, also daz er den búttel ufdete; wolter er das tuon, so wolltent sie im helffen; wollte er das nit tuon, so kundent sie im nit gehelffen. Do wart inen von dem Behemschen kúnig geantwúrtet, das er das nit meynde zu tuonde. Do wurdent der kúnige von Ungern und die landesherren zornig, und meint man, der kúnige von Ungern margrafe Sygemunt und die landesherren woltent mit irem volke ziehen úber marggrafe Procobe und demn herczogen von Troppow, und woltent danne úber den Behemschen kúnige, und wolte der kúnig von Ungern den Behemschen kúnig gefangen legen und im gnug geben bicz an sinen tod.*

508 Vgl. hierzu Hoensch, Sigismund, S. 101 f.

509 Vgl. hierzu auch die von anderer Seite übermittelten Informationen in dieser Angelegenheit RTA IV, Nr. 171.

510 Dabei wurden offenbar bereits bestehende Anliegen des Königs, die dem Rat in Straßburg zuvor durch königliche Räte überbracht worden waren, nochmals an die Gesandten herangetragen, RTA IV, Nr. 167, S. 192: *die batent uns glich alse grafe Emiche und der von Hentschuochesheim úch daheim batent […].*

511 RTA IV, Nr. 167, S. 192. Friedrich von Leiningen gehörte zu den weltlichen Räten König Ruprechts, vgl. zu diesem Moraw, Beamtentum, hier S. 94; Brinkmeier, Leiningen, S. 136–141. Weitere

Die Straßburger Gesandtschaft folgte Ruprecht nach Mainz, verfasste dort einen weiteren Bericht, den sie jedoch nicht über einen herkömmlichen Boten verschickte. Der Gesandte Ulrich Bock überbrachte das Schreiben eigenhändig nach Straßburg. Dieses Vorgehen diente dazu, die Inhalte des Berichtes direkt im Rat der Stadt zu erläutern und weitere Maßnahmen zu besprechen.[512] Dies zeigt sich unter anderem an einem späteren Gesandtenbericht, in dem darauf eingegangen wird, dass man auf der Grundlage der Besprechungen zwischen Ulrich Bock und dem Rat der Stadt die Verhandlungen mit den königlichen Räten weiter vorangebracht und zu einem Abschluss geführt habe.[513]

Das Hauptanliegen dieses Berichtes waren die Verhandlungen mit den königlichen Räten in Mainz, die eine detaillierte Schilderung erfuhren. In mehreren Gesprächen, welche durch Absprachen zwischen Ruprecht und seinen Räten unterbrochen wurden, verhandelten die Straßburger Gesandten über genaue Inhalte der zu bestätigenden Freiheitsbriefe der Stadt.[514] Nachdem Ruprecht also in Mainz eingezogen war und Straßburg die Verhandlungen mit seinen Räten vor Ort fortgesetzt hatte, zog der König weiter nach Worms, wo ihm der Rat der Stadt huldigte. Aus Worms ist ein weiterer Gesandtenbericht vorhanden.[515] Zu dieser Zeit war der Gesandte Ulrich Bock noch nicht von seiner Reise nach Straßburg zurückgekehrt. Vermutlich deshalb erfolgten auch keine weiteren Verhandlungen mit der königlichen Seite, schließlich klärte Bock die Einzelheiten der Privilegienbestätigung zunächst in Straßburg mit dem Rat der Stadt ab. Der Bericht aus Worms beinhaltete daher ausschließlich verschiedene relevante Informationen und weniger Schilderungen eigener Aktivitäten, wie auch der Schlusssatz des Berichts eindrücklich den Sinn und Zweck des Schreibens offenlegt: *dis verschriben wir úch darumbe daz ir wissen was wir gehort und vernommen hant.*[516] Die weitergeleiteten Informationen betrafen die Lage Wenzels und die weiteren Reisepläne Ruprechts in Richtung Heidelberg und wurden über unterschiedliche Quellen zusammengetragen. Wenzel war erneut mit Sigismund zusammengekommen, doch konnte abermals zwischen ihnen keine Einigung

---

Gespräche wurden mit Eberhard von Ramberg, Gerhard Harakart und Arnold von Sircke geführt. Über den Inhalt der Gespräche machten die Gesandten keine Angaben und verwiesen stattdessen auf mündliche Berichterstattung.

512 Dies geht sowohl aus der Beschaffenheit des Schreibens hervor als auch aus der weiteren Korrespondenz zwischen Gesandtschaft und Stadtrat. Der Bericht verfügt weder über eine Adressierung noch über eine Anschrift. Am Ende des Berichts befinden sich darüber hinaus kurze Notizen, die als weitere Handlungsempfehlungen und Anweisungen für die Gesandtschaft zu interpretieren sind, vgl. hierzu RTA IV, Nr. 169 f. inkl. der vorhandenen Anmerkungen ebd., sowie AVES, AA 123, 12r-13r.

513 Aus einem späteren Gesandtenbericht ist zudem ersichtlich, dass sich der Gesandte Ulrich Bock zwischenzeitlich in Straßburg aufgehalten und mit dem Stadtrat besprochen hatte, RTA IV, Nr. 172; AVES, AA 123, 15: *Lieben herren. wir embieten úch unsern gewilligen dienst. also ir hern Uolrich Bock wider zuo uns gevertiget hant, der het uns wol geseit wie er von úch gescheiden ist. und hont dovon also gestern unde húte mit unsers herren des kúniges reten geretd und getedinget so vil, daz es blibet noch uwer und unserme willen und daz uns das besigelt und bestetiget wurt.*

514 RTA IV, Nr. 169; AVES, AA 123, 12r-13r.

515 RTA IV, Nr. 171; AVES, AA 116, 36.

516 RTA IV, Nr. 171, S. 197.

bezüglich eines Kriegszuges ins Reich erzielt werden. Nachdem Sigismund seine diesbezüglichen Forderungen formuliert hatte, war Wenzel offenbar einfach davongeritten und in ein Bad gegangen. Sigismund habe er *zornig* zurückgelassen.[517] Sigismund selbst suchte nun den Kontakt zu Ruprecht und wollte sich dem neuen König wohl annähern, so der Bericht der Straßburger Gesandtschaft.[518] Weitere Nachrichten betrafen die Abkehr zahlreicher politischer Akteure von Wenzel.

Die Nachrichten waren deshalb von Bedeutung, da nun alles darauf hindeutete, dass sich Ruprecht als König im Reich durchsetzen würde. Wenzels Rückhalt schwand oder war bereits gar nicht mehr vorhanden. Die anfänglichen Unsicherheiten in Bezug auf die Anerkennung des neuen Königs dürften spätestens jetzt obsolet geworden sein. Vor dem Hintergrund dieser Ereignisse erklärt sich auch die ausführliche Berichterstattung, da sie für die Frage der Anerkennung Relevanz besaß.

Die Gesandten folgten dem König weiter auf seiner Reise und spätestens in Heidelberg stieß auch wieder Ulrich Bock zur Gruppe hinzu. Von dort schrieben die Gesandten einen erneuten Brief und schilderten darin den Abschluss der Verhandlungen mit Ruprecht.[519] Nach letztmaligen Vorbesprechungen mit den Räten des Königs traten die Gesandten vor Ruprecht und trugen die Verhandlungsergebnisse vor. Nachdem dieser seine Zustimmung gegeben und veranlasst hatte, alles schriftlich festzuhalten und zu besiegeln, beglückwünschte man Ruprecht zu seiner Wahl.

Im Anschluss daran reiste ein Teil der Gesandtschaft sehr wahrscheinlich wieder zurück nach Straßburg, denn der nächste Gesandtenbericht wurde in Speyer von den Gesandten Ulrich Bock und Rulin Barpfennig verfasst. Demnach waren die Gesandten Heinrich von Mülnheim und Thomas von Endingen nicht mehr mit dabei. In Speyer verfolgten die Gesandten den Einzug des Königs und konnten zudem noch über den bevorstehenden Einzug in Straßburg verhandeln. Bock und Barpfennig konnten dabei aushandeln, dass der König keine geächteten Straftäter mit nach Straßburg einziehen ließ, so wie es eigentlich üblich war.[520]

---

517 RTA IV, Nr. 171, S. 196: *do kerte sich kúnig Wentzelaus umbe und hieß ime ein pfert bringen und saß zuo stunt daruff one alle antwurte und reit in die badestube. Der kúnig von Ungern wuste nit wor sin bruoder kúnig Wentzelau geritten was, und stunt und wartete einre antwurte. Und do er lange gebeitete, do frogete er war sein bruoder geritten were und wo er were. Do seite man ime, der kúnig wer in daz bat geritten. Do wart der kúnig von Ungern zornig und saß zuo stunt mit den sinen uff und reit hinweg.*

518 RTA IV, Nr. 171, S. 197: *item das der kúnig von Ungern sin botschaft ußgefertiget hette zuo dem nuwen kúnige zu besehende obe der nuwe kúnig sich zuo ime vereinigen wollte; wollte der nuwe kúnig daz duon und wolte ime helffen des besten zuo dem lande von Behem so wolte er ime ouch hinwider helffen wider den herren von Meyelon.*

519 RTA IV, Nr. 172; AVES, AA 123, 15.

520 RTA IV, Nr. 173.

2. Marbacher Bund

Die Gründung des sogenannten Marbacher Bundes, der sich am 14. September 1405 in Marbach am Neckar zusammenschloss, geht auf unterschiedliche Ursachen zurück.[521] Hierbei sind vielfältige Motivationen der einzelnen Gründungsmitglieder zu berücksichtigen, die insbesondere aus diversen Konflikten mit König Ruprecht entsprungen waren. Zu den Gründungsmitgliedern zählten Erzbischof Johann von Mainz, Markgraf Bernhard von Baden, Graf Eberhard von Württemberg, 17 schwäbische Städte sowie die Stadt Straßburg.[522] Später kamen Graf Philipp von Nassau, Herzog Ludwig von Bayern, die Städte Worms, Speyer sowie Rothenburg und weitere Bündnispartner hinzu.[523] Die Mitglieder verpflichteten sich zu gegenseitiger Hilfestellung im Kriegsfall. Dabei wurde auch ein eventuelles Vorgehen gegen König Ruprecht nicht ausgeschlossen, sollte sich dieser mit militärischen Mitteln gegen eines oder mehrere der Mitglieder des Bundes wenden oder diese in ihren Freiheiten oder Rechten schädigen.[524]

Wesentliche Gründe für die Entstehung waren insbesondere territorialpolitische sowie fiskalische Konflikte mit Ruprecht.[525] Nachdem der Mainzer Bischof Ruprecht bei seiner Wahl zum König noch unterstützend zur Seite gestanden hatte, war er nun in verschiedene territoriale Streitigkeiten mit dem Pfälzer verwickelt.[526] Markgraf Bernhard von Baden und Graf Eberhard von Württemberg hatten ähnliche Motive, einem starken Bündnis beizutreten. Der Markgraf war mit Ruprecht in den Jahren zuvor schon mehrfach in Konflikt geraten, insbesondere militärische Auseinandersetzungen auf der lokalen Ebene waren seit Jahren immer wieder vorgekommen. Zudem waren ihm, wie auch dem Grafen von Württemberg, zahlreiche Privilegien nach der Absetzung Wenzels von Ruprecht nicht erneut bestätigt worden.[527] Ein wichtiger Grund für die Beteiligung der schwäbischen Städte am Bündnis waren die mehrmaligen Geldforderungen Ruprechts, die er aufgrund seiner schlechten finanziellen Lage nach dem missglückten Romzug an die Reichsstädte stellte. Die schwäbischen Städte lehnten diese Zahlungen jedoch ab und der Konflikt zwischen den beiden Parteien verschärfte sich folglich.[528]

---

521 Insgesamt sind die Arbeiten zum Marbacher Bund sehr überschaubar. Vgl. etwa die folgenden Beiträge: Friedländer, Geschichte; Dürschner, Thron, S. 191–203; Lindner, Deutsche Geschichte, S. 212–226; Gerlich, König, hier besonders S. 35–47; Angermeier, Königtum, S. 331–340.

522 Vgl. zu den genauen Vereinbarungen des Bundes RTA V, Nr. 489, 750–761. Die 17 Reichstädte waren Ulm, Reutlingen, Überlingen, Memmingen, Ravensburg, Biberach, Gmünd, Dinkelsbühl, Kaufbeuren, Pfullendorf, Isny, Leutkirch, Giengen, Aalen, Bopfingen, Buchhorn und Kempten.

523 Angermeier, Königtum, S. 336.

524 RTA V, Nr. 489. S. 751 f., Art. 2.

525 Vgl. zum Folgenden Angermeier, Königtum, S. 332–335.

526 Friedländer, Geschichte, S. 5–23.

527 Friedländer, Geschichte, S. 34–36.

528 Friedländer, Geschichte, S. 31–34; Angermeier, Königtum, S. 327 sowie S. 333. Ruprecht forderte im Jahre 1404 von den Städten 40.000 Gulden und zwei Jahre später 150.000 Gulden.

Straßburgs Verhältnis zum König war durch Ruprechts gute Beziehungen zum Hause Österreich sowie zum Straßburger Bischof Wilhelm von Diest belastet.[529] Aus diesen Verhältnissen ergaben sich Konflikte territorialpolitischer Natur zwischen Straßburg und König Ruprecht: Durch die geplante Hochzeit zwischen Ruprechts Tochter Elisabeth und Friedrich von Österreich war für die Mitgift der Pfälzerin die Verpfändung von Teilen des Elsasses geplant. Dies hätte den Einfluss der Habsburger im Elsass enorm erhöht und war somit natürlich nicht im Sinne Straßburgs. Ähnliche Verpfändungspläne betrafen auch die schwäbischen Städte und die Städte am Bodensee.[530]

Der zweite große Konfliktpunkt war die enge Beziehung zwischen Ruprecht und dem Straßburger Bischof. Letzterer war mit der Stadt schon seit Längerem in Auseinandersetzungen verwickelt. Als Bischof Wilhelm von Diest schließlich im Frühjahr 1405 einen Teil des Bistums an König Ruprecht übergab, brach der Konflikt offen aus. Der König forderte schließlich die Herausgabe der ihm zugesprochenen Gebiete und drohte Straßburg sogar mit Krieg. Daraufhin verbündete sich das Domkapitel mit der Stadt Straßburg gegen den Bischof, für den wiederum Ruprecht folgerichtig Partei einnahm.[531]

Aus den hier kurz skizzierten verschiedenen Konfliktlinien resultierte ein Bedrohungspotenzial, welches das Bedürfnis nach einem starken Bündnis beförderte. Ein Bund mit verschiedenen einflussreichen Herren und weiteren Städten stellte für Straßburg ein sinnvolles Gegengewicht zum König dar.

König Ruprecht versuchte mehrmals, die Aufhebung des Bundes zu erwirken und suchte dafür seinerseits Verbündete. Der Marbacher Bund bestand hingegen stets darauf, für das Bündnis nicht rechtlich belangt werden zu können und ließ sich nur zu gütlichen Tagen mit dem König auf Verhandlungen ein.[532] Daraufhin bemühte sich Ruprecht, mit einzelnen Mitgliedern des Marbacher Bundes Einzelbündnisse zu schließen, um den Bund dadurch wirkungslos zu machen. Zuerst gelang es ihm im Jahre 1407, sich mit Erzbischof Johann von Mainz über ein Bündnis zu verständigen. Im Jahre 1408 folgten Abkommen mit Graf Eberhard von Württemberg und Speyer sowie schließlich auch mit Straßburg.[533] Nach 1408 bestand der Marbacher Bund zwar noch formell weiter, hatte jedoch durch die verschiedenen Einzelbündnisse an Wirkungskraft verloren. Als der Bund schließlich am 2. Februar 1411 vertragsgemäß auslief, wurde er nicht wieder verlängert.[534]

---

529 Angermeier, Königtum, S. 332. Vgl. hierzu auch die geschlossenen Verträge zwischen Ruprecht und dem Bischof, RTA V, Nr. 498 f.

530 Friedländer, Geschichte, S. 23–29.

531 Alioth, Gruppen, S. 32 f.; Friedländer, Geschichte, S. 29–31. Vgl. hierzu auch RTA V, S. 711–723, S. 768, Anm. 1.

532 Vgl. hierzu auch Rödel, König, S. 64, mit Anm. 96.

533 Vgl. hierzu die Ausführungen bei Angermeier, Königtum, S. 338. Zu den einzelnen Abkommen: Mit dem Erzbischof von Mainz vgl. RTA VI, Nr. 86, S. 120–122; mit dem Grafen von Württemberg vgl. RTA VI, Nr. 190, S. 257–258; mit Speyer vgl. RTA VI, Nr. 183, 237–239; mit Straßburg vgl. RTA VI, Nr. 188, S. 245–255.

534 Friedländer, Geschichte, S. 51.

Die folgende Analyse bezieht sich daher auf die Zeit von 1405 bis 1408, in der Straßburg im Bündnis Mitglied war. Dabei schließt die Untersuchung der Straßburger Gesandtschaftsmissionen auch die Vorverhandlungen zum Bündnis mit ein. Die Betrachtung teilt sich in drei Phasen ein, die sich inhaltlich gut voneinander abgrenzen lassen. Zuerst werden die genannten Vorverhandlungen und die abschließenden Aushandlungen des Bündnisses und dessen Abschluss aus der Perspektive der Straßburger Gesandtschaften analysiert. Den zweiten Schwerpunkt bilden Gesandtschaften innerhalb der aktiven Beteiligung Straßburgs am Bündnis. Zuletzt gilt die Aufmerksamkeit dem Ausscheiden Straßburgs aus dem Marbacher Bund und den damit einhergehenden diplomatischen Aktivitäten der Stadt.

2.1 Vorverhandlungen und Abschluss des Bundesvertrages

Die Vorverhandlungen, die zum Abschluss des Bündnisses am 14. September 1405 in Marbach führten, sind durch verschiedene Quellen belegt. Mehrere Vertragsentwürfe und Hinweise auf einige Treffen unterschiedlicher Akteure dokumentieren die Genese des Bundes seit dem Juli 1405. Ebenso sind zwei Straßburger Gesandtenberichte überliefert, welche auf der Reise nach Marbach entstanden waren.[535]

Zwar erhält man anhand dieser Quellen nur verhältnismäßig spärliche Informationen über die Tätigkeiten der Gesandtschaften im Detail, doch können auf dieser Grundlage einige wesentliche Aussagen getroffen werden. Sowohl bei einzelnen Treffen zur Ausarbeitung der Bundesurkunde als auch bei den abschließenden Verhandlungen in Marbach waren für Straßburg Gesandte als Vertreter der Stadt involviert.

Anfang August 1405 finden sich erste explizite Hinweise auf Aktivitäten Straßburger Gesandter im Kontext der Vorbereitungen des Bündnisses. Ein Brief von Ulmer Bürgern – Peter Leo und Hans Stroelin – an die beiden Straßburger Ulrich Bock und Wilhelm Metziger gibt darüber Auskunft.[536] Die beiden angeschriebenen Straßburger waren später auch als Gesandte beim Abschluss des Bündnisses in Marbach dabei und hatten diesbezüglich seit Juli/August Kontakt zu den beiden Ulmern. Diese berichteten im genannten Brief von den bereits bestehenden Beziehungen. Die beiden Straßburger hatten einen ersten Entwurf für ein Bündnis an die beiden geschickt. Dieses Schriftstück wurde dann weiteren Ratsherren oder Mitgliedern eines anderen Gremiums in Ulm vorgelegt und sehr positiv von diesen aufgenommen.[537] Weiterhin erkundigten sich die Ulmer bei den Straßburgern, ob sie ebenfalls der kürzlich ausgesprochenen

535 RTA V, Nr. 481–490.

536 RTA V, Nr. 482. Vgl. zu dieser Quelle und den folgenden Ausführungen bereits Liening, Überlegungen, S. 139 f.

537 RTA V, Nr. 482, S. 734: *als ir uns verschriben hand, dieselben iwer frwntlich geschrift haben wir bracht an symlich unser herren da das hingehoert, und die och darinne niht anders denne luter trúwe und gancz frwntschaft erkennent.*

Einladung des Grafen Eberhard von Württemberg folgen und am 11. August zum angesetzten Tag nach Stuttgart kommen würden. Dort wolle man sich gerne weiter beratschlagen.[538] Interessant ist die Form der Kontaktaufnahme zwischen den Vertretern der Stadt Ulm und den Straßburgern. Der Brief richtete sich ausdrücklich an Ulrich Bock und Wilhelm Metziger. Man wählte in dieser Angelegenheit nicht den sonst üblichen schriftlichen Weg über den Rat der Stadt, da auch die Straßburger ihrerseits vermutlich nicht so vorgegangen waren.[539] Die Ulmer kontaktierten stattdessen direkt die Personen, die sich auch bis zum Abschluss des Bundes um die Angelegenheit kümmerten. Die Gesandten waren – so macht es zumindest den Anschein – für die Bündnisverhandlungen von Anfang an verantwortlich.

Dass sich die Straßburger Gesandten zum erwähnten Tag in Stuttgart einfanden, kann nicht zweifelsfrei bestätigt werden. Zumindest gab es zwischen ihnen und den schwäbischen Städtevertretern vor den abschließenden Verhandlungen in Marbach noch ein weiteres Treffen. In einem Brief vom 5. September 1405 kündigten die Straßburger den schwäbischen Städtegesandten an, dass sich ihre Ankunft in Marbach nach hinten verschieben werde. Dabei nahmen sie auf ein vorheriges Treffen Bezug, welches sich in einem kleinen Ort bei Stuttgart ereignet hatte. Im heutigen Asperg hatte man die Zusammenkunft in Marbach verabredet. Möglicherweise handelte es sich dabei um ein Aufeinandertreffen, das im Zusammenhang mit dem genannten Tag in Stuttgart stattfand.[540]

Dieser Brief an die schwäbischen Gesandten entstand auf der Anreise nach Marbach und wurde in Baden verfasst, wo sich die Straßburger Gesandten zu Vorbesprechungen mit Markgraf Bernhard von Baden und seinen Räten eingefunden hatten. Man tauschte sich über einen der zuvor ausgearbeiteten Entwürfe der Bündnisurkunde aus. Die Gespräche verliefen offenbar sehr gut und harmonisch, der Gesandtenbericht schildert hierzu keine besonderen Details.[541] Doch stehen am Rand der Vertragsentwürfe kleine Notizen von den Straßburger

---

538 RTA V, Nr. 482, S. 735: *daz uff dis zit, als iwer bott bi uns gewesen ist, unser herre von Wirtemberg von der obgeschriben sach wegen tag verkúnt hat, unser erber botschafft und frwnd bi im ze haben uff den nehsten zinstag ze nacht vor unser frowen tag assumpcionis zenehst ze Stuggarten und furbaz mit im zu riten an die stete ab sich das aischen wird [...] und umb das, lieben herren, versehen wir uns genczlich, daz iwer frwnd zuo den tagen och gefordert sien und komen werden, mainent unser herren iren botten ze empfehlen mit iwern frwnden aigenlich von den sachen zu reden. Denn wie oder mit welhen sachen unser herren sich zuo iwern und unsern gueten herren und frwnden von Straspurg geneehern mugen, dez sol man allwege an in gancz getrúwen und goten willen finden.*

539 Liening, Überlegungen, S. 140.

540 RTA V, Nr. 485, S. 740 mit Anm. 2: *Lieben herren unde frunde, wir embieten úch unsern frúntlichen gewilligen dienst, unde lont úch wissen: also ir und wir uns zuo Aschberg mitteinander underrettent, daz wir uf morne sunnentages zuo naht zuo Marpach sin woltent, uns do zuo underredende und uns der verbuntisse ze vereinigende unde eintrehtig ze werdende [...].*

541 RTA V, Nr. 484: *und land úch wissen, das wir hút fruege by unserm herren dem marggrafen und sinen reten uf der vestin Baden gewesen sind, und hant uns von der vereynunge wegen mit einander underretd lange und vil. und nachdemme er uns sine artickele, die in beduncken guot sin, ertzalt het und geton lesen, und wir ime die unsern hinwider ertzalt hant und ouch uwer geschriften eins teils habent lazzen hoeren: so ziehent wir nit von einander, und gefellet ime unser rotslagen vaste wol, als uns beduncket.*

Gesandten, die höchstwahrscheinlich im Kontext dieser Gespräche erstellt wurden und insbesondere Anmerkungen des Markgrafen zu einzelnen Artikeln des Entwurfes beinhalten.[542] Die Gesandten waren demzufolge intensiv in die Ausarbeitung der Bündnisurkunde für den Marbacher Bund involviert. Sowohl die einzelnen Entwürfe des Vertrages,[543] die Übermittlung eines Entwurfes durch die Gesandten nach Ulm, die verschiedenen vorab geführten Gespräche, die schriftlichen Notizen in den Entwürfen als auch die Teilnahme der Straßburger Gesandten an den abschließenden Verhandlungen in Marbach belegen diese intensive Einbindung.[544]

Es ist für die vorliegende Studie nun wenig zielführend, die Genese der Bündnisurkunde detailliert nachzuzeichnen, zumal aus dem vorhandenen Quellenmaterial ohnehin nicht genau rekonstruiert werden kann, inwiefern die Straßburger Gesandten im Speziellen auf die Verhandlungen Einfluss nahmen. Dennoch werden nun noch einige Aspekte aus der Gründungsurkunde des Marbacher Bundes thematisiert. Dabei handelt es sich um zwei Regelungen, die den Einsatz von Straßburger Gesandtschaften und Gesandten vorsahen.

Bezüglich der Aufnahme neuer Mitglieder in den Bund wurde ein bestimmtes Verfahren festgelegt. Wenn jemand dem Bündnis beitreten wollte, mussten die Verbündeten Vertreter zu einem gemeinsamen Tag schicken, um darüber zu beraten und zu entscheiden. Hierfür sollten alle Abgesandten mit voller Handlungsmacht anreisen. Die Herren des Bundes hatten jeweils zwei Vertreter und die Städte jeweils drei Vertreter zu entsenden. Diese unterschiedliche Anzahl ergab sich vermutlich daraus, dass ansonsten ein Ungleichgewicht der Vertreter zwischen Herren und Städten im Bund entstanden wäre.[545] Diese Regelung wurde im Verlauf des Marbacher Bundes mehrfach missachtet und führte zu diplomatischen Spannungen, worauf weiter unten noch näher eingegangen wird.

Eine weitere Regelung betraf innerbündische Schiedsverfahren. Sollte es etwa Probleme zwischen den Herren des Bundes und Straßburg geben, so wurde den Herren das Recht eingeräumt, einen Ratsherrn aus Straßburg zu ernennen, der sich dieser Angelegenheit anzunehmen hatte.[546]

542 RTA V, Nr. 486 und Nr. 487.

543 RTA V, Nr. 481 bzw. AVES, AA 131, 34–36; RTA V, Nr. 483, Nr. 488, Nr. 489.

544 Vgl. hierzu bereits allgemein Friedländer, Geschichte, S. 37: „Dem Abschluss des Bündnisses waren lange Verhandlungen vorhergegangen und mehrere Entwürfe wurden aufgestellt, die hier nicht nochmals einer Erörterung unterzogen werden sollen. Jedenfalls hatte Strassburg an allem einen hervorragenden Antheil."

545 RTA V, Nr. 489, S. 754 f., mit Anm. 1 auf S. 754: *Wer ouch ob yeman begerte zu uns in diese vereynunge ze komen […] so sollen danne wir egenanten teil alle fúnfe, mit namen unser yeglicher herre zwene sinre rete, wir die stat Strazburg drie unsers rates, und wir die andern stette in Swoben ouch drie unsers rates mit vollem gewalte darumbe und dohin zesamen schicken und senden, die sach eigentlich inzenemmende und zu verhorende und ouch daruf mit einander úbereinzekomen ob die oder wie die inzenemmende sien oder nit.*

546 RTA V, Nr. 489, S. 756: *[…] út zu der gemeinen stat Strazburg ze vordernde oder ze sprechende hetten oder gewunnen, darumb sollen wir und die unsern, als vor geschriben stat, einen gemeinen man nemen uz dem rate ze Strazburg, welhen wir dann wellen, und mit demselben sollen sy danne schaffen das sich der des anneme und das tuege […].*

Zusammenfassend lässt sich sagen, dass Straßburger Gesandte intensiv in die Vorverhandlungen des Marbacher Bundes eingebunden waren. Sie führten die notwendigen Verhandlungen mit unterschiedlichen zukünftigen Bundesmitgliedern, waren an der Ausarbeitung der Bündnisurkunde stark beteiligt und koordinierten und organisierten mit weiteren Akteuren die gemeinsamen Bestrebungen, die schlussendlich zur Gründung des Marbacher Bundes am 14. September 1405 führten. Bemerkenswert ist daran insbesondere die sehr eigenständige Handlungsweise der Gesandten. Von ihren überlieferten Briefen richtete sich nur einer an den Stadtrat und in diesem wurde lediglich kurz der Verlauf der Verhandlungen mit Markgraf Bernhard von Baden geschildert. Weitere Rücksprachen waren offenkundig bei diesen Verhandlungen nicht mehr notwendig. Da auch von der Versammlung in Marbach und dem Abschluss des Bündnisses keine Gesandtenberichte existieren, kann hier von einem ähnlichen Vorgehen ausgegangen werden. Zwar ist auch ein Überlieferungsverlust nicht ausgeschlossen, doch erscheint es durchaus möglich, dass der Ablauf der Verhandlungen keine weitere Rücksprache mit Straßburger Gremien oder Amtsträgern verlangte. Diese Eigenständigkeit zeigte sich auch im Austausch mit den beiden Ulmer Bürgern, mit denen sie bezüglich des zu schließenden Bündnisses frühzeitig Kontakt aufgenommen hatten.

2.2 Gesandtschaften zur Zeit des Bündnisses

2.2.1 Konsensfindung und Positionierung nach außen

Erste größere Aktivitäten der Verbündeten und somit auch Aussendungen von Straßburger Gesandtschaften lassen sich nach der Gründung des Bundes wieder ab Ende November 1405 beobachten.[547] Nachdem Ruprecht die Verbündeten zu einem Tag nach Mainz für Anfang Januar 1406 geladen hatte, damit sie sich dort für ihr Bündnis verantworten und ihre Beschwerden dem König vorlegen sollten,[548] trafen sich die Mitglieder des Marbacher Bundes zu Besprechungen in Neckarsulm. Dort sollte geklärt werden, wie man auf den angesetzten Tag zu Mainz reagieren wollte. In Neckarsulm erarbeitete man eine gemeinsame Posi-

547 RTA VI, Nr. 3–6. Bereits im Oktober hatte es einen Hoftag zu Mainz gegeben, zu dem auch Straßburger Gesandte und weitere Mitglieder des Marbacher Bundes erschienen waren. Hierzu liegen lediglich Hinweise auf diesbezügliche Vorbesprechungen und eine vom Tag in Mainz überlieferte Vereinbarung des Marbacher Bundes vor. Diese beinhaltete bereits die Absicht, sich in Neckarsulm zu den Vorbesprechungen für den Mainzer Tag des Januars 1406 zu treffen, von denen im Folgenden die Rede sein wird. Vgl. zu den Geschehnissen im Oktober RTA V, Nr. 492–494 und Nr. 496. Letztere Quelle ist eine Aufzeichnung, die vermutlich die Straßburger Gesandten vom Tag nach Straßburg gebracht haben und die die genannte Vereinbarung bezüglich des weiteren Vorgehens enthält.

548 RTA VI, Nr. 1 f., sowie hierzu und im Folgenden auch die Einleitung des Bandes.

tion und entsandte Vertreter der einzelnen Bündnismitglieder nach Heidelberg.[549]

Straßburg wurde in Neckarsulm wieder durch die Gesandten Wilhelm Metziger und Ulrich Bock vertreten, die – wie bereits aufgezeigt wurde – seit den Planungen des Bündnisses als Gesandte der Stadt involviert waren. Während Ulrich Bock nach den abgeschlossenen Besprechungen in Neckarsulm für Straßburg als Vertreter innerhalb der Bundesgesandtschaft nach Heidelberg reiste, begleitete Wilhelm Metziger zeitgleich den Markgrafen Bernhard von Baden in den nahe gelegenen Ort Besigheim.[550]

Die Vorgänge zeigen zwei wesentliche Anforderungen an die Straßburger Gesandtschaften im Zuge von Gesandtschaftsmissionen im Kontext des Marbacher Bundes: Zum einen mussten sie sich innerhalb des Bündnisses verständigen, in diesem Fall auf eine gemeinsame Position gegenüber König Ruprecht, und zum anderen mussten sie diese Position noch darüber hinaus mit einer Bundesgesandtschaft vor Ruprecht vertreten. Konsensfindung und Bundesgesandtschaften beziehungsweise die Vertretung gemeinsamer Interessen werden im Folgenden immer wieder von Bedeutung sein. Diese Aufgabe hatten natürlich auch die anderen Mitglieder im Bündnis zu bewältigen und darüber hinaus ist diese Beobachtung auch keine spezielle in Bezug auf den Marbacher Bund. Etwa in den Städtebünden des 13. und 14. Jahrhunderts waren derartige Formen der Konsensfindung und Interessenvertretung immer wieder Teil der Anforderungen an die einzelnen Mitglieder.[551]

In Neckarsulm war im Wesentlichen vereinbart worden, dem König in Heidelberg zu vermitteln, dass das Bündnis weder gegen Ruprecht selbst noch gegen das Reich gerichtet sei und damit keine Notwendigkeit für einen Tag zu Mainz bestehe. Sollten einzelne Verbündete Beschwerden gegen den König vorzubringen haben, so seien sie in der Lage, dies eigenständig zu tun.[552] Tatsächlich konnte die Gesandtschaft beim König zumindest einen Kompromiss erzielen und Bedingungen für den Besuch des Tages in Mainz Anfang 1406 aushandeln. Unter der Maßgabe, dass die Marbacher Verbündeten durch den König keine rechtlichen Konsequenzen zu befürchten hätten und der Tag der Form nach ein gütlicher Tag sein sollte, wollten die Mitglieder des Bundes in Mainz erscheinen.[553] Diese Bedingungen wurden offenbar mit dem König aus-

549 RTA VI, Nr. 3, beinhaltet eine Zusammenfassung in einer Art Positionspapier, das die Straßburger Gesandten offenbar aus Neckarsulm nach Straßburg geschickt hatten.

550 RTA VI, Nr. 4.

551 Kreutz, Städtebünde, S. 377–456.

552 RTA VI, Nr. 3, S. 17: *[…] und nit wider in noch das riche gemaht haben und angangen sint […] daz er darumbe des tages zuo Mencze warten wolte und sich do loßen schuldigen in welher moße er erhte und betrengliche sie gewesen […] das unsere herren und der stette egenant meinunge sie, das soliches tages darumbe nit note sie, wande, were in útzit not an sine gnode, so meinten ieglicher herre oder stat vúr sich besunder oder sú samentliche das an sine gnode mit in selber oder mit iren fránden oder botten also gutliche zů bringen […].*

553 RTA VI, Nr. 5, S. 20: *daz der vorgenant unser herre der konig dieselben herren und stette von derselben einung noch ander sachen wegen uf dem egenanten tag nit beteidingen sol dann mit der gutlichkeit als din*

gehandelt, ohne dass die Gesandten mit ihren Herren oder den jeweiligen Stadtgremien Rücksprache hielten. Zwar erfährt man insgesamt aus den Quellen zu den bisher geschilderten Ereignissen wenig über die Entscheidungsfindung zwischen den Vertretern der einzelnen Bundesmitglieder in Neckarsulm und in Heidelberg, doch scheinen die Gesandten der Stadt Straßburg weitestgehend ohne Absprache mit dem Rat der Stadt oder anderen Akteuren gehandelt zu haben. Möglicherweise spielte hier auch die spezielle Situation und Konstellation der Beteiligten eine wesentliche Rolle, da weitere Absprachen mit dem Straßburger Stadtrat auch einen zu großen Zeitverlust und Aufwand bedeutet hätten. An dieser Stelle sei, wie schon zuvor in der Einleitung, nochmal auf die Diskussion bezüglich der Handlungsspielräume städtischer Gesandter verwiesen. Der hier dargelegte Fall zeigt deutlich, dass in gewissen Situationen und Konstellationen schnelle Entscheidungen herbeigeführt werden mussten und Absprachen daher – wenn überhaupt nötig – nicht immer möglich waren. Die Straßburger Gesandten mussten sich mit den einzelnen Bündnispartnern besprechen und gemeinsam Position beziehen. Umständliche Rücksprachen wären hier nicht wirklich umsetzbar gewesen.

Dass die Verhandlungen der Bündnisgesandtschaft und die Vereinbarung mit König Ruprecht auf Zustimmung in Straßburg stießen, belegt eine Gesandteninstruktion für den besagten Mainzer Tag im Januar 1406. Darin wurde explizit darauf hingewiesen, an den in Heidelberg getroffenen Abmachungen mit Ruprecht festzuhalten.[554] Die Gesandtenberichte des Tages zeigen, wie die Marbacher Verbündeten bei den dortigen Versammlungen mit den Räten des Königs gemeinsam auf die Verabredung mit dem König bestanden. Nachdem man mit großem Gefolge demonstrativ in die Stadt geritten war, fanden am darauffolgenden Tag erste Gespräche beider Parteien statt.[555] Aus den Berichten der Straßburger lässt sich zum einen der Verlauf dieser Unterredungen recht gut nachverfolgen und zum anderen sind sie bezüglich der gemeinsamen Positionierung der Bundesmitglieder aufschlussreich. Das Treffen mit den Räten des Königs zeichnete sich dadurch aus, dass die Redeanteile der gegenüberstehenden Parteien von internen Beratungen unterbrochen wurden, in denen sich entweder die Verbündeten miteinander oder die Räte mit König Ruprecht besprachen. Die erste Begegnung lief etwa wie folgt ab: Der Hofmeister des Königs sprach zuerst und konfrontierte die Marbacher mit dem umlaufenden Gerücht, dass Ruprecht seine Untertanen schlecht behandele. Wenn man diesen Vorwürfen zustimme, so solle man doch die Beschwerden dem König selbst vorbringen. Die Straßburger kommentierten diese Ansprache in ihrem Bericht mit dem Vermerk, dass der Hofmeister im Grunde dasselbe erzählt habe wie schon zuletzt in Heidelberg.[556] Nun erfolgte die erste Unterbrechung der Gespräche, da

---

dann duchte daz im des noit were, doch daz sie im uf dieselbe zit darumb zu dem rechten nit stehen bedorfen.

554 RTA VI, Nr. 7, S. 22: *Man sol bi dem lesten zedel, der von Heidelberg komen ist, bliben.*

555 RTA VI, Nr. 16, S. 36f.

556 RTA VI, Nr. 16, S. 37: *und hůp der von Swartzburg des kúniges hofemeyster an: sime herren dem kúnige were vúrbraht von etlichen des riches und sinre herschefte mannen und dienern, das in den landen*

sich sowohl die Räte der Herren im Bund als auch die Städtegesandten zu Beratungen zurückziehen wollten.[557] Zwar erfahren wir keine Details über die Diskussionen, doch kann von einer relativ schnellen Einigung über die Antwort an die königlichen Räte ausgegangen werden. Denn auch die Marbacher hielten einfach an ihrem Standpunkt fest, den sie bereits bei den Beratungen in Heidelberg eingenommen hatten und verwiesen auch auf dieselben. So merkten auch diesbezüglich die Straßburger Gesandten in ihrem Bericht an: *[...] und was die antwurte uf den synn als man ime nehest zu Heidelberg darúber geantwurtet hette.*[558] Somit verwies man wieder darauf, dass ein gütlicher Tag vereinbart worden war und man sich deshalb nicht vor dem König zu verantworten habe. Zudem baten sie darum, dass der König ihr Bündnis beschützen möge, da dies weder gegen ihn noch gegen das Reich gerichtet sei.[559]

Auch im weiteren Verlauf des Hoftages lässt sich ein Festhalten an den jeweiligen Positionen beobachten. Nachdem sich die Räte des Königs nach der Antwort der Marbacher Verbündeten wieder zu Beratungen zurückgezogen hatten, forderten sie im Namen des Königs die Auflösung des Bundes, da er gegen König und Reich gerichtet sei.[560] Wieder wurden die Verhandlungen unterbrochen. Der Erzbischof von Köln, der als Vermittler eingesetzt worden war, hob die Versammlung auf, da sich die Mitglieder des Bundes abermals beraten wollten.[561] Schlussendlich wurden sich sowohl die Räte der Herren des Bundes als auch die Städtegesandten einig, auch hier liegen keine weiteren Informationen über die internen Beratungen vor. Dem Kölner Erzbischof, der sich weiter

---

erschollen were, das er des heilgen riches fúrsten graven heren und stetten understande von iren herlicheiten friheiten und rehten ze trengende; daran man ime unreht dete, wand er das ungern tůn wolte; wer es aber von sinen amptlúten oder den sinen gescheen, des er nit enwuste, daz man daz ließ luten, er wollte als glimpflich darzů antwurten [...].

557 RTA VI, Nr. 16, S. 37: *der herren rete und ouch wir noment sich darumbe ze bedenckende und trotent zu und wurdent ze rate: sit ire herren alhie gegenwertig werent, so woltent sy die rede an ire herren bringen. Und wart des ein ander stunde beretd wider vúr unsern herren von Coelne ze kommende uf eins noch mittage. Uff die zit komend bedersite rete und ouch wir stette wieder vúr unsern herren von Coelne und gobend der vorder rede ein antwurte also [...].*

558 RTA VI, Nr. 16, S. 37.

559 RTA VI, Nr. 16, S. 37: *es wer ein guetlicher tag gen Mentz gemaht; darumbe sy nit duhte, obe einche parte under inen an unsern herren den kúnig út ze vordernde hette, das sie das ließ luten; wann sie meindent, hette dhein teil under inen an unsern herren den kúnig út ze vordernde, sy woltent selber oder der iren zů sinen gnaden schicken und das als gnediglich an in bringen das sy wol hoftent er ließ sie by glichem bliben. Und botent domitte, als sy der eynunge mit einander ingangen weren, das sine gnade sy doby hanthaben schúren und schirmen wolte, wand sy das durch irer lande lúte kouflúte und bilgerin willen etc. geton hetten, und nit wider sine gnade noch das rich, und umbe das sye sinen gnaden dester bazz gedienen moehtent [...].*

560 RTA VI, Nr. 16, S. 37: *unsers herren des kúniges rete drotent zu sinen gnaden und weren lange uzz und komend harwider und rettent aber und blibent uf demme synne als sie emals geretd hettent. Und seitent domitte, das unser herre der kúnig vaste und vil rates darúber gehept hette und kunde an rate anders nit vinden danne das die búntnússe dem riche und ime wider were, und verderte domitte den buntd aber abezutůnde [...].*

561 RTA VI, Nr. 16, S 37: *daruf nommend sich der herren und stette botten vúrbaz ze bedenckende das an ire herren ze bringende.*

bezüglich der Beilegung des Konfliktes engagieren wollte, gab man im Geheimen Bescheid, dass man das Bündnis weiterhin aufrechterhalten werde.[562]

Unabhängig von der hier kommunizierten Einigkeit unter den Verbündeten und den Inhalten dieser Verhandlungen zeigt sich am Beispiel dieses Mainzer Tages eine spezielle und dem Bündnischarakter geschuldete Anforderung an die Straßburger Gesandtschaften. Die hier dokumentierten verschiedentlichen Absprachen zwischen den Vertretern der Bündnispartner im Verlauf einer Verhandlung mit königlichen Räten verdeutlicht, dass es im Bündnis immer wieder darauf ankam, einen gemeinsamen Konsens zu finden und diesen nach außen zu vertreten. Deshalb wurde jeder Schritt von Neuem beraten, wie der Bericht der Straßburger anschaulich zeigt. Hierfür war bei allen Beteiligten und somit auch bei der Straßburger Gesandtschaft internes Wissen über die bisherigen Verhandlungen mit dem König und die vorherigen Absprachen innerhalb des Marbacher Bundes notwendig. Dies verdeutlichen gerade die direkten Verweise der Gesandten auf die Geschehnisse der Verhandlungen in Heidelberg. Bereits im vorherigen Teilkapitel wurden die personelle Kontinuität der Gesandtschaften im Zuge der Gründung des Bundes und die hierfür verantwortlichen inhaltlichen Gründe betont. Dieser personellen Kontinuität bei der Besetzung von Gesandtschaften blieb man auch beim Tag in Mainz treu, indem man Ulrich Bock mit weiteren Gesandten ausgeschickt hatte. Ulrich Bock war nicht nur in die Vorbereitungen des Bündnisses involviert, sondern auch derjenige Gesandte, der im Kontext der Vorverhandlungen zum Mainzer Tag mit der Gesandtschaft des Bundes nach Heidelberg zum König gereist war. Somit beaufragte man sicherlich bewusst zumindest einen Gesandten, der mit der Materie besser vertraut war als jeder andere Straßburger Gesandte, um den genannten Anforderungen bestmöglich gerecht zu werden. Er spielte auch zukünftig noch eine wichtige Rolle bei Gesandtschaften.[563]

In den folgenden Monaten war noch mehrfach die Einheit des Bundes gefragt. Auf verschiedenen Versammlungen mussten ebenfalls Straßburger Gesandte an diesbezüglichen Gesprächen und der Ausarbeitung einer schriftlichen Stellungnahme zum Marbacher Bund mitwirken. Diese wurde an verschiedene Fürsten, Herren und Städte verschickt und stellte eine Art Gegenentwurf zu einem ähnlichen Schreiben des Königs dar. Ruprecht hatte jenes zuvor an verschiedene Städte gesandt.[564] Auch musste sich der Bund erneut auf einem Tag im

562 RTA VI, Nr. 16, S. 38: *und wurdent die herren und wir stette einhelliglich ze rate [...] und empfulhent den domitte unserme herren von Coelne in einer geheime ze sagende: als er sich meinde früntlicher wege zů underwindende, das er voran wissen sollte, das die herren und stette den buntd mit nammen nit ablazzen wollten.* Diese Haltung wurde auch weiterhin im Kontext der Verhandlungen in Mainz und darüber hinaus aufrechterhalten, vgl. hierzu einen weiteren Gesandtenbericht, RTA VI, Nr. 17, sowie ein Protokoll vom selbigen Hoftag, RTA VI, Nr. 14 und eine Straßburger Beschlussfassung vom Mai 1406, RTA VI, Nr. 41.

563 Vgl. hierzu die Ausführungen im vorherigen Teilkapitel sowie abermals RTA VI, Nr. 16. Zu Ulrich Bock und seiner Gesandtentätigkeit zur Zeit des Marbacher Bundes vgl. bereits in Ansätzen Liening, Überlegungen, S. 142 f.

564 Vgl. hierzu die Schrift Ruprechts, RTA VI, Nr. 19. Die Schrift des Marbacher Bundes wurde auf einer Versammlung des Bundes in Neckarsulm im März 1406 verfasst, RTA VI, Nr. 26. Dass auch

Mai 1406 in Speyer gegenüber den Auflösungsforderungen des Königs hartnäckig beweisen, wie ein Straßburger Gesandtenbericht zeigt.[565] Zusätzlich ist zu dieser Versammlung ein Straßburger Beschluss überliefert, den der Gesandte Ulrich Bock der Junge noch im Verlauf des Speyrer Tages in schriftlicher Form persönlich in Straßburg abholte. Darin wurde unmissverständlich klargestellt, dass die Gesandten für das Fortbestehen des Bundes eintreten sollten. Außerdem wurde ausdrücklich keine Vollmacht erteilt, die Entscheidung über die Weiterführung des Bundes einer Schiedsinstanz zu überlassen, was sich auf die Vermittlungsbemühungen des Kölner Erzbischofs bezog.[566]

Die hier am Beispiel der Verhandlungen zwischen König Ruprecht und dem Marbacher Bund exemplarisch dargelegten Anforderungen an die Straßburger Gesandtschaften zeigen sich in weiteren Kontexten. Insbesondere waren während der Mitgliedschaft Straßburgs im Bund immer wieder auch interne Angelegenheiten, wie militärische Unterstützung, die Aufnahme weiterer Mitglieder, Auseinandersetzungen innerhalb des Bundes und die Frage der Verlängerung des Bündnisses, zu klären. Diese inneren Angelegenheiten waren folglich auch eine Herausforderung für Straßburger Gesandtschaften und werden daher im folgenden Teilkapitel näher erörtert.

2.2.2 Interne Angelegenheiten des Bundes

2.2.2.1 Aufnahme neuer Mitglieder

Die Bündnisurkunde des Marbacher Bundes sah bereits sowohl die Aufnahme neuer Mitglieder als auch ein bestimmtes Aufnahmeverfahren vor, in dem den Räten der Herren im Bund und den Städtegesandten eine zentrale Funktion zukam. Die Regelungen sahen vor, dass das potenzielle Mitglied jedem der bestehenden Bündnismitglieder den Wunsch zur Aufnahme mitteilen konnte. Erfolgte ein solches Aufnahmegesuch, sollte das jeweilige informierte Mitglied wiederum alle Bundesmitglieder darüber in Kenntnis setzen und einen Versammlungstag einberufen.[567] Während Markgraf Bernhard von Baden, Graf Eberhard von Württemberg und Erzbischof Johann von Mainz jeweils zwei ihrer Vertreter entsenden sollten, hatten Straßburg und die schwäbischen Städte in

---

Straßburger Gesandte daran beteiligt waren, ist aufgrund einer Instruktion für eine Gesandtschaft sehr wahrscheinlich, RTA VI, Nr. 25.

565 RTA VI, Nr. 40, S. 79: *und ist unsers herren dez konigs vorderung und begerunng aber gewest die eynung abzutunde, daruff unsere herren rete und wir geantwurt haben und ouch also von Heidelberg mit einander wider zu unsern herren gen Spire geritten sint, daz unsere herren unser noch der stette frunde meynung anders sij dann vestentlichen bij der eynung zu bliben.*

566 RTA VI, Nr. 41, S. 81: *das do unser erbern botten dheinen gewalt dovon haben soellen den buntth in yemans hand zu setzende in dheinen weg, sunder by dem bunde ze blibende die zit uß nach der buntbriefe besage und in dheine wise dovon ze trettende.*

567 RTA V, Nr. 489, S. 754: *Wer och ob yeman begerte zu uns in diese vereynunge ze komen, es weren herren ritter knehte oder stette, die moegent das bringen an welhen teil under uns vorgenanten fúnf teiln sy wellen. und derselb teil under uns sol das danne den andern teiln verkúnden, und in darumb einen gerumten tag an ein stat, die uns obgenanten fúnf teilen allergelegenste ist, bescheiden.*

diesem Fall jeweils drei Gesandte auszusenden.[568] Diese mussten mit umfänglicher Handlungsvollmacht für das jeweilige Mitglied des Bundes über die Aufnahme mitentscheiden dürfen. Die Annahme oder Ablehnung eines neuen Mitgliedes musste mehrheitlich beschlossen werden.[569] Mehrere solcher Aufnahmeverfahren sind im Verlauf des Bundes durchgeführt worden. Anhand einiger Beispiele soll diese Anforderung an Straßburger Gesandtschaften im Folgenden etwas genauer betrachtet werden.

Im Mai 1406 schickten vier Straßburger Gesandte einen Bericht von einer Versammlung in Speyer. Daraus geht hervor, dass die Städte Mainz, Worms und Speyer sowie Graf Philipp I. von Nassau in das Bündnis aufgenommen werden wollten. Der Mainzer Erzbischof hatte diese Beitrittswünsche dem Grafen von Württemberg und dem Markgrafen von Baden in Gesprächen mitgeteilt.[570] Der Markgraf sprach wiederum mit den Straßburger Gesandten darüber und wollte ihre Einwilligung zur Aufnahme der genannten Städte und des Grafen von Nassau einholen. Die Straßburger Gesandten verwiesen darauf, sich mit dem Rat der Stadt zunächst absprechen zu müssen und erbaten dementsprechend in ihrem Brief an die Stadt auch eine Rückmeldung bezüglich der Aufnahmegesuche.[571] Während Graf Philipp I. von Nassau relativ schnell in den Bund aufgenommen wurde und es bei Mainz nicht zu einem Beitritt kam, gestaltete sich die Aufnahme der Städte Worms und Speyer kompliziert und langwierig.[572] Die Aufnahme des Grafen von Nassau, die wohl noch vor Ort in Speyer geschah, zeigt deutlich, dass die in der Bündnisurkunde getroffenen Regelungen für die Aufnahme neuer Mitglieder nicht immer streng befolgt wurden. Die Straßburger Gesandten waren auf die Anfrage zur Aufnahme neuer Mitglieder offenkundig nicht vorbereitet und im Vorfeld des Tages war dies auch noch nicht kommuniziert worden. Das angestrebte Verfahren, einen gesonderten Versammlungstag für die Neuaufnahme von Mitgliedern einzuberufen, wurde hier nicht umgesetzt. Nach erfolgter Rücksprache mit dem Stadtrat konnten die Gesandten

---

568 RTA V, Nr. 489, S. 754 f.: *so sollen danne wir egenanten teil alle fúnfe, mit namen unser yeglicher herre zwene sinre rete, wir die stat Strazburg dire unsers rates, und wir die andern stette in Swoben ouch drie unsers rates [...].*

569 RTA V, Nr. 489, S. 755: *[...] mit vollem gewalte darumbe und dohin zesamen schicken und senden, die sach eigentlich inzenemmende und zu verhorende und ouch daruf mit einander úbereinzekomen ob die oder wie die inzenemende sein oder nit. Und wie sich danne do unser rete gemeinlich oder mit dem merren teil vereynent was darynne ze lazzen oder ze tuend sy, doby sol es danne bliben.*

570 RTA VI, Nr. 49, S. 80: *ouch, lieben herren, so wissent, daz unser herre der marggrave uns zu im an sine herberge verbotschaft uff disen abent, und sagt uns, wie daz unser herre von Meintz mit im und unserm herren von Wirtenberg geredt hette, wie daz sin vetter graff Philips von Nassouw und die von Meintz Wurmß und von Spire in die eynung ouch begerten zu komen.*

571 RTA VI, Nr. 49, S. 80: *nu hat unser herre der marggrave daz ouch an uns bracht und begert, daz wir ouch unsern willen darzu tun woltend. Daruff wir im geantwurt hant, daz wir dez uf diß nit mehtig sient, dann wir wollen es uch verschriben und furderlichen zu wissen tun. und waz uwer meynung darinn sij, daz lassent uns verschriben furderlich wissen, uff daz wir des unserm vorgenanten herren dem margraven furbaßer darumb geantwurten mogent.*

572 Vgl. hierzu die Einleitung zu den entsprechenden Quellennummern, RTA VI, S. 70 f. Zur Aufnahme der neuen Mitglieder vgl. die jeweiligen Aufnahmeurkunden: Graf von Nassau: RTA VI, Nr. 43; Worms: RTA VI, Nr. 45; Speyer RTA VI, Nr. 47 f.

offenkundig dennoch der Neuaufnahme zustimmen. Dass die Regelungen in der Bündnisurkunde bei den weiteren Neuaufnahmen noch viel weniger beachtet wurden, kann anhand der Aufnahmeprozesse der Städte Worms und Speyer gezeigt werden.

Die Aufnahme von Worms erfolgte zwar schon Ende Mai 1406, doch wurde der Stadt die Urkunde erst im August desselben Jahres ausgestellt. Grund hierfür war möglicherweise die Beschwerde der schwäbischen Städte, deren Zustimmung zur Aufnahme im Mai nicht abgewartet worden war. Die schwäbischen Städte hatten zu jener Zeit ein angespanntes Verhältnis zu Mainz, Worms und Speyer. Dennoch besiegelten sie die Bündnisurkunde. Man wolle nicht, so die Begründung, für Zwietracht innerhalb des Bundes sorgen und füge sich daher der Entscheidung. Dennoch merkte man an, dass das Aufnahmeverfahren nicht nach Vorschrift der Bündnisurkunde abgelaufen war.[573] Ähnlich scheint es auch im Falle von Speyer verlaufen zu sein, hier wurde die Aufnahmeurkunde im Oktober 1406 ausgestellt. Die Stadt Ulm hatte offenbar erst später davon erfahren, und schrieb nach einigen Wochen an Straßburg, dass man vom Aufnahmewunsch der Stadt gehört habe.[574] Zu diesem Zeitpunkt war die Aufnahme aber wohl bereits beschlossene Sache. Vieles deutet dabei auf ein eigenmächtiges Vorgehen des Mainzer Erzbischofs hin. Aus einem späteren Straßburger Gesandtenbericht geht zumindest hervor, dass das irreguläre Vorgehen des Bischofs in weiteren Gesprächen thematisiert wurde. Die Straßburger Gesandten berichteten von einer Mitteilung des Markgrafen von Baden, der unter anderem zuvor mit den Räten des Mainzer Erzbischofs gesprochen hatte. Die Räte hatten den Anwesenden nach Angaben des Markgrafen Bernhard versichert, dass der Erzbischof zukünftig keine weiteren Alleingänge unternehmen werde.[575]

Die genaueren Umstände können an dieser Stelle nicht rekonstruiert und der Anteil Straßburger Gesandter an den beschriebenen Vorgängen aufgrund der Quellenlage nicht ermittelt werden. Doch zeigt der Bericht der Gesandtschaft zumindest, dass die durchgeführten Aufnahmeverfahren wiederholt Gesprächsthema waren. Die Uneinigkeit in der Vorgehensweise wurde nach Straßburg kommuniziert. Das Interesse Straßburgs an dieser Angelegenheit hing

---

573 Vgl. hierzu den Brief des schwäbischen Städtebundes an Straßburg, der lediglich in einer Zusammenfassung vorliegt, RTA VI, Nr. 62, S. 94: „[…] als Kurmainz Baden Würtemberg und Straßburg die Stadt Worms in den Marbacher Bund aufgenommen haben ohne Beiziehung der Schwäbischen Städte, während das die Vereinung nicht ausweiset und sagt, und die Schwäbischen Städte bekanntermaßen mit den drei Städten Mainz Worms Speier in solchen offenen Widersätzen sind […] so haben sie doch um des besten willen und, damit nicht das Gerede von Zwietracht innerhalb des Bundes entstehe, ihre Einwilligung gegeben und denselben Brief versigelt […]".

574 RTA VI, Nr. 75, S. 111: *so hat uns der vorgenant unser herre von Wirtemberg denne damit verkúnt wie daz die von Spir och begern in die veraynung ze komen.*

575 Vgl. hierzu die Einschätzung in der Einleitung zu den jeweiligen Quellen, RTA VI, S. 71. Auf das eigenmächtige Vorgehen des Erzbischofs weist ein Gesandtenbericht vom Januar 1407 hin, RTA VI, Nr. 79, S. 114: *[…] des bischofes rette, und habent die geseit, daz min herre von Mentze fúrbasser zů der búntnisse nút me tůn welle denne mit wissende und willen der herren und der stette oder des merren teiles.* Vgl. hierzu auch die dortige Anm. 3.

sicherlich auch mit den vorherigen Beschwerden der schwäbischen Städte zusammen, die an Straßburg gerichtet waren. Darüber hinaus bleibt unklar, inwiefern auch Straßburg vor vollendete Tatsachen bezüglich der verschiedenen Aufnahmen gestellt wurde.

Weitere Aufnahmeverfahren sind für die Betrachtung der Aktivitäten Straßburger Gesandtschaften relevant. Seit Anfang 1407 wurde über mögliche Mitgliedschaften der Stadt Rothenburg sowie des Herzogs Ludwig von Bayern verhandelt. Diese Aufnahmen verliefen innerhalb des Bundes nicht ohne Diskussionen über die Modalitäten, dabei waren vorrangig die schwäbischen Städte sowie Straßburg an Einschränkungen der Rechte dieser potenziellen Mitglieder im Bündnis interessiert.[576] Schlussendlich wurden der Herzog von Bayern im April und Rothenburg im Mai 1407 in das Bündnis aufgenommen. Somit zogen sich die Verhandlungen über mehrere Monate hin. Die Vertragsentwürfe lagen jedoch schon seit Ende Januar vor und waren Grundlage der Verhandlungen.[577]

Straßburger Gesandtschaften berichteten über derartige Aufnahmepläne bezüglich des Herzogs erstmals im Januar 1407. Es hatten zu diesem Zeitpunkt bereits Besprechungen zwischen Markgraf Bernhard von Baden und dem Grafen von Württemberg stattgefunden. Erstaunlich erscheint dabei, dass die Zusage der Stadt Straßburg zur Aufnahme des Herzogs jenem offenbar sehr konkret durch den Markgrafen von Baden und nicht etwa durch Straßburger Gesandte in Aussicht gestellt wurde. Gleiches tat auch der Württemberger stellvertretend für die schwäbischen Städte. Doch kämen diese Versprechen durch den Markgrafen, so die Gesandten in ihrem Bericht, keinesfalls einer Zusage gleich. Die Angelegenheit sei noch nicht entschieden.[578] Weitere Gespräche zwischen Straßburger Gesandten und dem Markgrafen bezüglich der Besiegelung der Entwürfe folgten im Februar. Leider sind nur kurze Notizen in einer Gesandteninstruktion und in einer protokollarischen Aufzeichnung vorhanden, sodass lediglich auf eine Unterredung geschlossen werden kann, aber keine Details zum Vorschein treten.[579]

Eine andere Gesandteninstruktion vom März 1407 zu einem Tag in Pforzheim ist hingegen aufschlussreicher. Darin wird ausführlich auf die von den Straßburger Gesandten einzunehmende Haltung gegenüber einem Vorschlag der schwäbischen Städte und des Grafen von Württemberg eingegangen, der in Bezug auf die Aufnahmebedingungen des Herzogs von Bayern und der Stadt Rothenburg gemeinsam ausgearbeitet wurde. Demnach forderten die Straß-

---

576 Vgl. hierzu RTA VI, S. 106 f.

577 Vgl. hierzu für den Herzog RTA VI, Nr. 121; für Rothenburg RTA VI, Nr. 124. Die Entwürfe zu diesen Bündnissen entstanden bereits Ende Januar 1407, RTA VI, Nr. 104 und Nr. 105.

578 RTA VI, Nr. 79, S. 114: *ouch het uns der marggrofe geseit, daz do rede gewesen sy zů Stůgkarten, daz hertzog Ludewigk von Peigern ouch in den bunt werbe, und sy in daz allen wol zů sinnen gewesen. Daruff habe er für die stat von Stroßburg versprochen, das es ouch ir wille soelle sin. Also het ouch der Würtenbergk für die Schwebschen stette versprochen, aso er uns ouch geseit het. Doch ist kein verendet ding beschehen untz uf den tagk, der zuo Spire sin sol.*

579 Die Gesandtenanweisung findet sich in RTA VI, Nr. 109, S. 153: *Zum ersten an herzog Ludwigs und der von Rotenburg brief, die zů versigeln.* Die protokollarischen Aufzeichnungen finden sich in RTA VI, Nr. 110, S. 154: *Item den brief zů besigelnde von herzoge Ludewiges von Peyern wegen.*

burger zwei Änderungen bezüglich militärischer Fragen. Die neuen Mitglieder sollten nicht in bereits bestehenden Konflikten durch das Bündnis militärisch unterstützt werden. Ebenso machte man einen Vorschlag hinsichtlich neu entstehender militärischer Auseinandersetzungen und der zu leistenden Hilfe durch den Marbacher Bund. Demzufolge wurde bei einem Hilfegesuch der Rothenburger oder des Herzogs ein gesonderter Entscheidungsprozess innerhalb des Bundes erforderlich.[580]

Diese Informationen hatte man zuvor von einer Gesandtschaft des schwäbischen Städtebundes erhalten, die nach Straßburg gekommen war. Die Straßburger Gesandten sollten diesem Vorschlag auf der kommenden Versammlung der Verbündeten in Pforzheim zustimmen, so die Instruktion der Stadt. Doch bemerkenswerter erscheint vielmehr die Begründung dafür, welche lautete, dass dies aufgrund vorheriger Absprachen zwischen den Straßburger und den schwäbischen Städtevertretern so geschehen solle. Denn bei einem vorherigen Treffen hätten die Straßburger Gesandten bereits bekräftigt, bei künftigen Entscheidungen dieser Art mit derselben Meinung auftreten zu wollen. Die Ausführungen in der Gesandtschaftsinstruktion erwecken den Eindruck, dass es weniger um inhaltliche Fragen, sondern mehr um den grundsätzlichen Zusammenhalt zwischen den schwäbischen Städten und Straßburg ging.[581] Dies zeigt sich ebenfalls in dieser Quelle bezüglich einer einzunehmenden Haltung gegenüber einem Anliegen der Stadt Worms. Die Stadt wollte eine neue Aufnahmeurkunde durch erneute Besiegelung bestätigt bekommen. Auch in dieser Angelegenheit sollten sich die Straßburger Gesandten nach dem Willen der schwäbischen Gesandten richten.[582]

Der genannte Tag in Pforzheim führte nicht zu einem Ende der diesbezüglichen Verhandlungen, auch wenn die Angelegenheit dort eingehend Berücksichtigung gefunden hatte. Nach weiteren – auch rein schriftlichen – Kontakten wurde schließlich der Herzog von Bayern auf einem Verhandlungstag in Heilbronn in den Bund aufgenommen.[583]

---

580 RTA VI, Nr. 114, S. 156: *unde das der von Wurtemberg und die stette eins sint das man herzogen Ludewig noch die von Rotemburg nit anders innemmen sol wande daz ire alten kriege ußgesetzet werdent, unde, woltent sie deheine nuwe sachen oder krieg anefohen, das sie danne ir iegliches, weliches danne die sache were, das bringen sollte vúr die fúrsten herren und stette des bundes, unde moehte herzoge Ludewig oder die von Rotemburg, weders die sache were, zwene darzů setzen, unde soltent die fúnf teile des bundes iegelich teil einen darzů setzen, also wirdent ir sibene, vor den sibenen moehtent Ludewig oder die von Rotemburg ire sache erzalen, unde erkantent die sibene oder der merrenteil under in, das herzoge Ludewig oder die von Rotemburg, weders die sache ist, danne darumbe erkennen moegen und das man inen darzů helfen sol, das sol man danne důn.*

581 RTA VI, Nr. 114, S. 157: *das wir daz unsern erbern botten, die wir uffe den tag gen Pfortzheim schickende werdent, empfehlen wellent, das sie also mit in des gehellin soellent, wenne unsere erbern botten, die zů Wilen uffe tagen bi in sint gewesen, zů der Swebischen stette botten gesprochen hant, daz wir uns nit von in wellent scheiden [...].*

582 RTA VI, Nr. 114, S. 157: *Item von der von Wurmesse briefes wegen, also die meinent daz man in ein andern brief besigeln sollte wande der in von der verbuntnisse wegen vor versigelt ist: was domitte der Swebischen stette botten wille ist, daz sollent unsere botten ouch gehellen.*

583 Vgl. hierzu RTA, VI, Nr. 116–121.

Rothenburg wurde einen Monat später auf einem Tag in Pforzheim Mitglied.[584] Von diesem Tag ist eine Aufzeichnung Straßburger Gesandter überliefert, aus der hervorgeht, dass nicht nur die inhaltlichen Fragen der Aufnahme durch diese verhandelt wurden, sondern auch die Organisation und Koordination der Besiegelung der Aufnahmeurkunde bei diesem Treffen geregelt wurden. Die Gesandten machten sich hinsichtlich des weiteren Verfahrens Notizen und brachten diese mit zurück nach Straßburg.[585]

2.2.2.2 Ausstieg von Mitgliedern

Ebenso wie die Aufnahme neuer Mitglieder stellte auch der potenzielle Ausstieg von Mitgliedern aus dem Marbacher Bund eine Herausforderung für das Bündnis dar und erforderte interne Maßnahmen. An einem Fall aus dem Januar 1407 soll dies nun anhand der Straßburger Aktivitäten exemplarisch verdeutlicht werden. Im Fokus steht dabei der geheime Ausstieg des Erzbischofs Johann von Mainz, der sich mit dem König verbündete. Bereits im Dezember 1406 hatte es zwischen dem Erzbischof von Mainz und König Ruprecht konkrete Verhandlungen bezüglich eines gemeinsamen Bündnisses gegeben.[586]

Die Straßburger Gesandten erfuhren hiervon auf einem Hoftag in Speyer und berichteten ebenso wie über die diesbezüglichen Reaktionen der anderen anwesenden Bundesmitglieder. Die Informationen über die Abkehr des Mainzers vom Bündnis sei den Gesandten geheim zugestellt worden.[587] Im Folgenden berieten sich die Städte des Bundes darüber, was nun zu tun sei. Man entschloss sich dazu, die Angelegenheit zunächst mit Markgraf Bernhard von Baden und Graf Eberhard von Württemberg zu besprechen.[588] Bei dieser zweiten Beratschlagung entschloss man sich dazu, den Erzbischof von Mainz direkt mit der Angelegenheit zu konfrontieren, damit dieser sich dazu äußern konnte.[589] Hierfür wurde vermutlich eine Ansprache vorbereitet, die die Gesandten in ihren Bericht einfügten.[590] Der Bischof scheint auf die ihm vorgehaltenen Vor-

---

584 RTA VI, Nr. 124.

585 RTA VI, Nr. 126: *Von der von Rotemburg wegen, wie die ingenommen sint: Dieselben von Rotemburg súllent ouch ire gegenbriefe von sunnentoges über 14 tage gen Ulme schicken; und wenne sú gen Ulme gekomen, so súllent die von Ulme vúrbas antwurten iedem teil sinen brief.*

586 Vgl. hierzu RTA VI, Nr. 80 sowie die Einleitung der Herausgeber, S. 101–108.

587 RTA VI, Nr. 100, S. 144: *so ist uns für wor geseit in einer geheime, das sich versprochen het min herre von Mentze gegen unserm herren dem kúnige, einer verbúntnúß ingangen ist noch unserr einunge sage und het die einunge usgenommen diese jorzil uß.* Bereits vorher waren Gerüchte über eine Einigung zwischen dem Mainzer Erzbischof und dem König im Umlauf, vgl. hierzu exemplarisch eine Gesandtenanweisung Straßburgs von Anfang Januar 1407, RTA VI, Nr. 78, S 113: *Item von der rede wegen als unser botten mit dem marggrafen geretd hant von der rahtunge wegen, als der bischof von Mentze und er mit unserm herren dem kúnige gerihtet solle sin.*

588 RTA VI, Nr. 100, S 144: *do wir stette das erfúren, do trotten wir zůsamen und wurdent zůsamen und wurdent zů rotte einhellekliche, das wir das tragen soelten für unseren herren den marggroffen und unsers herren rette von Wurttenberg.*

589 RTA VI, Nr. 100, S. 144: *aso riet unser herre der marggroffe und unsers herren rette von Wurttenberg und die stette und wir einhellekliche, das wir dretten soultent für mins herren genod von Mentz.*

590 RTA VI, Nr. 100, S. 144: *[...] und soultent jehen: „genediger herre, do louffent rede, das unser herre der kúnig und uwer gnode uwer rette bynander gewesen sint und ingangen sint einer frúntzschaft in disen*

würfe sehr emotional reagiert zu haben und beteuerte wütend seine Unschuld. Zudem wollte er erfahren, wer diese Behauptungen in die Welt gesetzt hatte.[591] Man gab ihm jedoch lediglich zu verstehen, dass es sich um Gerüchte handele und man den Urheber nicht kenne, was sicherlich unzutreffend war, wenn man die vorangegangenen Passagen des Berichtes der Gesandten heranzieht.[592] Der Fall verdeutlicht, dass die Straßburger Gesandten, sowie die anderen Mitglieder des Bündnisses, auf derartige neue Entwicklungen bezüglich der Bundeszusammensetzung reagieren mussten. Hierfür setzte man zunächst auf interne Gespräche und Aushandlungsversuche.

2.2.2.3 Militärische und diplomatische Hilfestellung für Bündnispartner im Konflikt

Bereits in der Bündnisurkunde des Marbacher Bundes wurden Regelungen bezüglich der militärischen Hilfeleistung sowie für die gegenseitige Beratschlagung und Friedensvermittlung der Verbündeten festgelegt, die den einzelnen Mitgliedern als Unterstützung in kriegerischen Konflikten mit Dritten zur Verfügung gestellt werden sollten. So wurden etwa Truppenstärken und organisatorische Abläufe von der Anforderung bis zur Durchführung militärischer Hilfe schriftlich fixiert.[593] Trotz dieser ausführlichen Regelungen gab es auch Unklarheiten, die im Verlauf des gemeinsamen Bündnisses aufkamen.

Aus zwei Straßburger Gesandtenanweisungen geht ein diesbezüglicher Handlungsbedarf hervor und verweist auf Aktivitäten von Gesandtschaften zur Klärung offener Fragen. In der ersten Quelle werden die Gesandten zu Gesprächen mit dem Markgrafen von Baden angehalten. Dabei ging es um die ungeklärte Frage, was zu tun sei, wenn ein Mitglied des Bundes ein militärisches Vorgehen aufgrund von Vorkommnissen aus der Zeit vor dem gemeinsamen Bündnis plane.[594] Tatsächlich sollte laut Bundesurkunde die Unterstützung bei kriegerischen Konflikten nur für Konflikte innerhalb der Gültigkeitsdauer des gemeinsamen Zusammenschlusses in Anspruch genommen werden können. Hatte eine kriegerische Auseinandersetzung innerhalb dieser Zeit ihren Anfang

dingen und einunge, und sol das anheben wen dise einunge ußget, das wir doch uwern gnoden nút glouben noch getruwent und das gentzlich nút dofúr habent, und wellent uwer gnod bitten und ouch unsern herren den marggroffen (der zůgegende was), das ir daran sehent, aso uwer gnode und unser herre der marggroffe und von Wurttenberg die einunge ingingent, das uwer gnode allewegent rette und der marggroffe und der von Wurttenberg und ouch die stette, das getruwen soult besser sin den die brieffe

591 RTA VI, Nr. 100, S. 145: *und wart unser herre von Mentze zumol zornig, und meine, er wer des unschuldig, und wolt darumb gern wissen wer der anseger wer, und lag daruf vast.*

592 RTA VI, Nr. 100, S. 145: *„genediger herre, es ist ein fliegende rede, und glouben und getruwen uwern genoden wol das ir das ungern detten, und hant es genczlich dofúr und hant ein gůt getruwen zů uwern gnoden und andern unsern herren" […].*

593 Eine ausführliche Darstellung der einzelnen Regelungen würde hier zu weit führen. Wo angebracht, wird im weiteren Verlauf des Kapitels aber punktuell wieder auf die Vereinbarungen in der Bündnisurkunde zurückgegriffen. Die Regelungen finden sich in RTA V, Nr. 489, Art. 2–10.

594 RTA VI, Nr. 7, S. 22: *wer es, daz man dheinen teil bekriegen wollte von sachen, die sich erhaben hetten vor dato des buntbriefes, wie do ein teil den andern halten welle […].*

genommen, so waren die Verbündeten weiterhin als helfende Partner vorgesehen.[595]

In Straßburg sprach man sich dafür aus, dass Bundesmitglieder, die alte Konflikte mit in das Bündnis trugen, nicht vom Bund in diesen Auseinandersetzungen unterstützt werden sollten. Darüber sollten sich die Gesandten mit dem Markgrafen von Baden und den schwäbischen Städten verständigen.[596] Die hier angesprochene Problematik wird im weiteren Verlauf dieses Kapitels noch einmal eine Rolle spielen.

Die zweite relevante Quelle ist ebenfalls eine Anweisung für Straßburger Gesandte, die im Kontext einer Versammlung des Bundes einen militärischen Aspekt zur Beratung einbringen sollten. Dabei ging es um Gefangennahmen und Beutegüter, die im Kontext von militärischen Hilfeleistungen innerhalb des Bundes gemacht wurden. Im Bund gab es keine Regelung darüber, wem Gefangene und Beutegut in einem solchen Fall zustanden. Sollten sie demjenigen Verbündeten überlassen werden, dessen militärischen Kontingente jemanden gefangen genommen hatten oder Beutegut erlangt hatten? Oder sollte der Bündnispartner, der zur Hilfestellung durch den Bund aufgerufen hatte, alles erhalten?[597] Diese Fragen sollten von den Gesandten angesprochen werden.

Weiteres erfährt man über diese beiden Sachverhalte leider nicht. Die Beispiele zeigen jedoch, dass trotz der festgelegten Regelungen in der Bündnisurkunde Unklarheiten in innerbündischen Angelegenheiten bestanden. Diesbezüglicher Klärungsbedarf kommt durch die Gesandtenanweisungen zum Vorschein und macht klar, dass Straßburger Gesandte diese Schwierigkeiten durch Gespräche und Verhandlungen ausräumen sollten.

Anhand eines konkreten Beispiels soll nun erläutert werden, in welcher Art und Weise Straßburger Gesandtschaften an diplomatischen Hilfestellungen im Kontext militärischer Auseinandersetzungen von Verbündeten beteiligt waren. Im Verlauf des Bündnisses wurden weitere Mitglieder in den Marbacher Bund aufgenommen, so auch die fränkische Stadt Rothenburg. Diese stand mit dem

---

595 RTA V, Nr. 489, Art. 10 sowie Art. 10a, S. 754: *Und was sache sich in diser vereynunge mit kriegen oder mit vigentschaft gegen ieman anders anefohent oder verlouffent, darumbe sol sich dhein teil under uns one die andern teile weder friden uzsuenen noch vúrworten in dheinen weg one der andern teile willen und gunst one alle geverde; danne das wir vorgenanten teilen alle fúnfe umbe ieglich solich vigentschaft und kriege, die sich in dieser vereynungen angefangen und verlouffen hetten, noch uzgange dieser vereynunge einander dannoch getruwelich sollen beraten und beholffen sin, bitz soliche vigentschaft oder kriege gentzlich verrihtet und versuenet werden, one alle geverde.* Vgl. zu diesen und weiteren Regelungen in Rahmen von Städtebünden generell Kreutz, Städtebünde, S. 398–402.

596 RTA VI, Nr. 7, S. 22: *do ist unser meinunge, das der marggrafe dieselbe rede reden sol; das stande baz, danne daz wir daz deten, und ist, das er daz tůd, so soellend es ime unser botten gehellen, daz ein teil den andern nit lasse. Und wie unser botten daz an dem marggrafen vinden moegen, das er es tůge, das ist unser meinunge, das sollend unser botten mit der Sweebishen stette botten reden, als des marggrafen meinunge ist.*

597 RTA VI, Nr. 175, S. 231: *so sollend unser botten den fúrsten herren unde stetten vúrlegen, das man darúber ze rate werde, so ieman in der vereinunge manet, wurde danne ein slozz oder vestin gewunnen, wurdent gefangen gefangen oder gůt genomen, wie man sich do-inne* [sic!] *halten wolte; wenne Swartz Herman von Sahssenheim sprach, er were sinre herren helfer und nit der von Spir helfer, finge er einen er wollte in gen Swoben antwurten und nit den von Spir, den er doch ze helfe geschicket was.*

Nürnberger Burggrafen Friedrich VI. in einem Konflikt und suchte 1407 diesbezüglich Hilfe durch das Bündnis. Militärischen Beistand leistete der Bund nicht, doch schickte man diplomatische Unterstützung zur Beilegung des Konflikts. Ein Friedensvertrag zwischen Rothenburg und dem Burggrafen wurde letztlich im darauffolgenden Jahr 1408 geschlossen. Dass in diesem Fall lediglich diplomatische Hilfe geleistet wurde, hängt mit einem Passus in der Beitrittsurkunde für die Stadt Rothenburg zusammen.[598] Man hatte darin nämlich bereits zu Beginn des Jahres im Zuge der Aufnahme der Stadt festgelegt, dass Rothenburg in bereits bestehenden Konflikten militärisch nicht unterstützt werden sollte.[599] Interessant ist, dass also eine gesonderte Regelung für die Mitgliedschaft der Stadt bezüglich der militärischen Unterstützung eingeführt wurde, deren Thematik bereits ein Jahr zuvor als grundsätzliches Problem im Kontext des Hoftages zu Mainz von den Straßburger Gesandten mit Markgraf Bernhard von Baden und den schwäbischen Städten diskutiert worden war.

Somit kam es also nur zu diplomatischen Maßnahmen des Bundes, die sowohl in der Vorbereitung als auch in der Durchführung durch Straßburger Gesandtenberichte überliefert sind.[600] Im Kontext eines Tages zu Pforzheim entstand ein erster Bericht, der über das Hilfegesuch der Rothenburger und die darüber geführten Beratschlagungen der Verbündeten Auskunft gibt. Trotz der genannten Vereinbarung zwischen Bündnis und Rothenburg forderte die fränkische Stadt zur militärischen Unterstützung auf. Ein Geistlicher hatte schriftlich und mündlich Nachrichten der Stadt Rothenburg überbracht.[601] Das Anliegen der Rothenburger wurde offenbar ausgiebig und kontrovers unter den Städtegesandten und den Herren des Bundes diskutiert und man konnte zunächst keine Einigung bezüglich des Hilfegesuchs der Rothenburger erzielen, doch bleiben Einzelheiten der Meinungsverschiedenheiten leider verborgen, da die Straßburger Gesandten weitere Details der Gespräche lediglich mündlich nach ihrer Rückkehr in Straßburg erläutern wollten.[602] Wahrscheinlich ist, dass sich die Gespräche um die oben skizzierte grundsätzliche Vereinbarung mit den Rothenburgern drehten. Schließlich verabredete man, gemeinsam einige Tage

598 Vgl. hierzu die Ausführungen der Bearbeiter der Reichstagsakten RTA VI, S. 173–175.

599 Vgl. hierzu die Ausführungen der Bearbeiter der Reichstagsakten RTA VI, S. 106–108, sowie die Aufnahme Rothenburgs durch den Bund, RTA VI, Nr. 103, und die Beitrittsurkunde Rothenburgs RTA VI, Nr. 104, 148: *doch in sulcher mosse, das sie uns umb dhein anders sach schuldig noch verpuenden sei sullen zu helffen noch wir sie zu manen haben, dann umb sach die wir nů furbaz noch datum ditz briefs von newem zu schaffen gewunen und die vor datum ditz briefes niht angefangen gesetzt oder bestelt sint, als auch sie daz in selb in dem anfang der vorgeschriben irr vereynung durch bessers frides und fruntschaft willen gegen einander auch uffgesetzt und usgedinget haben […].*

600 Vgl. die Briefe RTA VI, Nr. 141–143.

601 RTA VI, Nr. 141, S 191: *der von Rottenburg botzschaft einen pfaffen den sú do hetten, der brohte brieffe von den von Rottenburg und ouch muntliche rette. Und seitten ir brieffe und ouch der botte umb helfe und ouch umb mannunge, und die herren und stette vaste anerůffen umb helfe.*

602 RTA VI, Nr. 141, S. 191: *und do das als aso verhoert wart, do rotschlageten die herren und ouch die stette lange daruf was zů den sachen zů duonde wer. Und verlief sich do fil rede, das men nút wol einhellig werden kunde, aso wir úch wol sagen súllent.*

später von Besigheim aus in Richtung Rothenburg aufzubrechen, um vor Ort auf dem diplomatischen Weg zur Lösung des Konfliktes beizutragen.[603]

Ein folgender Gesandtenbericht gewährt Einblicke in die Vorbereitungen dieser diplomatischen Hilfestellung und deren Koordination unter den einzelnen Mitgliedern des Bundes. Gerade die Regelung der Anreisemodalitäten gestaltete sich durchaus aufwendig. Zum einen musste man die gemeinsame Reiseroute bestimmen, Geleitbriefe und Geleitschutz einholen. Zum anderen stellte sich im Zuge dieser Vorbereitungen heraus, dass Graf Eberhard von Württemberg nicht persönlich zu den Friedensverhandlungen nach Rothenburg reisen konnte, weshalb er Vertreter schicken wollte. Wie wichtig den Verbündeten die persönliche Teilnahme des Württembergers war, macht eine zusätzliche Gesandtschaft in diesem Zusammenhang deutlich. Ein Rat des Markgrafen von Baden und der Straßburger Gesandte Hans Bock wurden vom gemeinsamen Treffpunkt in Besigheim nach Stuttgart zum Württemberger ausgesandt, um diesen von der Wichtigkeit seiner persönlichen Mitwirkung an den Verhandlungen zu überzeugen. Der Graf war jedoch offenbar gesundheitlich nicht in der Verfassung, sodass er der Bitte nicht nachkommen konnte.[604] Weitere Beratungen folgten und schließlich konnte man sich darauf verständigen, auch ohne den Württemberger nach Rothenburg zu reisen. Es wurden eine Reiseroute und Sicherheitsmaßnahmen festgelegt.[605] Der Bericht gibt einen guten Einblick in Maßnahmen, die im Zuge einer Gesandtschaftsmission im Kontext des Marbacher Bundes getroffen werden mussten, wenn eine gemeinsame diplomatische Mission des Bundes bevorstand. Auffällig sind die mehrfachen Absprachen und Beratungen unter den Verbündeten, die sicherlich ein typisches und logisches Charakteristikum von Bündnissen allgemein darstellten. Schließlich mussten die unterschiedlichen Bundesmitglieder ihr Vorgehen nicht nur in Bezug auf die inhaltliche Ausrichtung ihres Bündnisses oder in einzelnen Angelegenheiten –

---

603 RTA VI, Nr. 141, S. 191: *und vereinbertten uns do mittenander einhellekliche, das unser herren des bischofes von Mentze rette, der marggroffe und der von Wurtenberg mit ir selbes libe, der Swebeschen stette und der stette uf dem Rine und ouch uwer botten an dunstage binander sin súllen zů Besekeim, und súllent do mittenander von stat ritten in das her zuo den herren und ouch gon Rottenburg und do sůchen was sú do gůttes finden kúnen.*

604 RTA VI, Nr. 142, S. 192: *Und schreyb im unser her von Wirtenberg in ainem brief, daz im nit gar saunft wer, und moecht nit zů dem tag komen gen Rotenburg, und wolt sin sun und sin raet mit im mit dem margkgraufen schigken [...] domit unsern heren dem margkgraufen und sin raet und och unß nit beducht daz man versorgt waer. Und wurden daruff ze raut, daz unser her der margkrauf ain sin raet und wir Hans Bogk am fritag ze mitternacht gen Stůkgarten zů dem von Wirtenberg schigkten [...] daz unser her von Wirtenberg mit unserm heren dem margkgraufen und mit den staeten riten wolt, wann wir wol bekantend daz niemand núczer noch besser darzů wer dann er. Darzů antwúrt er tugendlich, daz er es gern taet, und ouch selber wol bekannt daz er guot darzuo waer, so moecht er es von libs nout nit getůn zů der zit.*

605 RTA VI, Nr. 142, S. 192: *und ward da unser her von Wirtenberg mit dem botten und och der Schwaebsch stet botten zů raut, und schigktend drij sin raet und der Schwaebschen stet botten zů unserm heren dem margkgraufen, dabij wir och warend. und rettend allsamend sovil mit im, daz er beraechts het zů den von Rotenburg und den heren zů riten. Und lit daruff an frijtag ze nacht der von Wirtenberg der jung ze Grueningen, und brichet am samstag da uff. Und stoust der margkgrauf wir und dij andern stet uff dem feld zů im an samstag. Und súlend ligen an samstag ze nacht zů Oeringen. Und do súlend sij ain von Hochenloch finden, nach dez raut maind sij fúrbasser zů tůnd, daz sij sicher zů dem her geriten múgen.*

wie der militärischen Unterstützung – abstimmen, sondern auch vermeintlich weniger komplexe Aufgaben – wie die Planung einer Reise – bewerkstelligen.[606]

Von den eigentlichen Verhandlungen erfährt man aus den Gesandtenberichten relativ wenig, auch hier verwiesen die Gesandten darauf, die Einzelheiten mündlich nach ihrer Rückkehr zu erläutern. Die Bundesvertreter teilten sich in zwei Gruppen auf. Die Straßburger Gesandten und die schwäbischen Städtegesandten verhandelten mit der Stadt Rothenburg. Parallel führte Markgraf Bernhard von Baden gemeinsam mit seinen Räten sowie den Vertretern Graf Eberhards von Württemberg Gespräche mit dem Nürnberger Burggrafen Friedrich VI. Diese Schlichtungsversuche dauerten vier Tage. Im Ergebnis vereinbarte man einen Friedensschluss für das kommende Jahr, bis dahin sollten weitere Verhandlungstage in dieser Angelegenheit stattfinden.[607]

Die hier geschilderten Maßnahmen betrafen in der Regel alle Mitglieder des Marbacher Bundes und die Straßburger Gesandten waren in dieser Gruppe in verschiedene diplomatische Angelegenheiten involviert. Somit stand gerade hier im Vordergrund, gemeinsame Beratungen untereinander und diplomatische Verhandlungen für ein Mitglied des Bundes durchzuführen. Dies stellte alle Beteiligten und demnach auch die Straßburger vor die Aufgabe, diese Maßnahmen zu koordinieren und immer wieder einen gemeinsamen Konsens zu finden. Auch wenn die Gesandten nicht immer ausführlich über diese Entscheidungsfindungsprozesse berichteten, so lassen sich dennoch die Abläufe in groben Zügen rekonstruieren.

Die Mitgliedschaft im Marbacher Bund war somit nicht nur von diplomatischen Aktivitäten des Bundes geprägt, sondern bedeutete zugleich, die Stabilität und den Fortbestand des Bündnisses sowohl durch die Klärung interner Anliegen als auch durch die gegenseitige Unterstützung gewährleisten zu müssen. Neben der Einbindung in diese internen Angelegenheiten des Bundes, waren Straßburger Gesandtschaften natürlich auch damit befasst, die Interessen der Stadt angemessen zu vertreten.

2.2.3 Vertretung der Straßburger Interessen im und durch das Bündnis

Die Gründe für die Beteiligung Straßburgs am Marbacher Bund wurden bereits dargelegt und ein wesentliches Motiv hierfür in der Verbindung zwischen dem Straßburger Bischof und Ruprecht ausgemacht. Durch die Verpfändung von Teilen des Bistums an König Ruprecht im Frühjahr 1405 kam es dazu, dass

---

606 Vgl. zu diesen und weiteren Aspekten der zwischenstädtischen Zusammenarbeit in Bündnissen ausführlich Kreutz, Städtebünde, S. 377–456.

607 RTA VI, Nr. 143, S. 193 (Regest), zitiert daher nach AVES, AA 132, 47: *und lan uch wissen das wir untz an den vierden dag gededinget hant uf dem dem [sic] felde und ouch in der stat zů rottenburg zwischent dem burggrofen von Nuerenberg und der stat Rottenburg und het unser here der marggr[offe] und der herren rette mit dem burgg[roffe] geret und sind die botten von Swoben und wir vaste by den von Rottenburg und by irren retten gewesen und hant sich do fiel wort verloffen do zwuschen zů beden siten das uch zů lang wurde zů schriben aso wir úch wol sagen sullen […] das ein fride wurt […] und werdent hie zwúschent dage gemaht ob men die sache zů einer ganzen rihtunge bringen mag […].*

Straßburger Bürger durch das Eingreifen königlicher Vögte in verschiedenen Ortschaften um Einnahmen gebracht wurden, die ihnen zustanden.[608] Ein Bündnis zwischen König Ruprecht und dem Straßburger Bischof, das Ende 1405 geschlossen worden war, verschärfte diese Situation zusätzlich für Straßburg.[609] Die Stadt versuchte zur Wahrung der eigenen Interessen und der ihrer Bürger, das Bündnis verschiedentlich zu mobilisieren. Gesandte nahmen dabei eine tragende Rolle ein, da sie mit den Bündnispartnern Gespräche führten und die Position der Stadt vor dem König darlegten. Die Vertretung der Interessen der Stadt Straßburg war ein weiterer wesentlicher Aufgabenbereich von Gesandten zur Zeit des Marbacher Bundes und steht daher im Fokus der folgenden Ausführungen.

Die ersten Aktivitäten in dieser Hinsicht erfolgten auf dem Mainzer Hoftag im Januar 1406. Wie bereits ausgeführt wurde, forderte der König dort nicht nur die Beendigung des Bündnisses. Darüber hinaus wollte er etwaige Beschwerdepunkte durch die Verbündeten vorgelegt bekommen. Die Bündnispartner lehnten dies jedoch mit dem Verweis auf die Eigenständigkeit der Mitglieder ab, schließlich könne jedes einzelne bei Bedarf dem König Beschwerden selbstständig darlegen. Der einberufene Tag stelle hierfür nicht den richtigen Rahmen dar, so die Haltung des Marbacher Bundes.

Doch gaben die Bündnispartner diesen Standpunkt letztlich doch auf und legten dem König einige Beschwerden vor. So ist es unter anderem in einem Protokoll des Tages und einem Straßburger Gesandtenbericht belegt, dass auch die Straßburger Gesandten für ihre Stadt einige Missstände vorbrachten.[610] Jener Bericht von Thomas von Endingen, Reinbolt Huffelin, Ulrich Bock und Ulrich Gosse gibt wesentliche Einblicke in den Ablauf der Entscheidungsprozesse und Begründungen, die zu dieser Kursänderung führten. Folgt man den dortigen Angaben, so erscheint es, als ob sich die Mitglieder des Bundes vom Hofmeister des Königs hatten provozieren lassen. Jener hatte die Bundesmitglieder offenbar erfolgreich aus der Reserve gelockt, indem er seine Freude darüber zum Ausdruck brachte, dass keines der Bündnismitglieder in irgendeiner Angelegenheit dem König eine Beschwerde vorgelegt hatte.[611] Anschließend berieten sich die Herren des Bundes mit den schwäbischen Städten und entschlossen sich – entgegen des ursprünglich gefassten Planes – nun doch dem König einige Missstände darzulegen.[612] Auch die Straßburger Gesandten entschieden sich zu

608 Vgl. hierzu die Zusammenfassung in Kapitel III (2.) sowie RTA VI, S. 768, Anm. 1.

609 Vgl. zum Bündnis des Bischofs mit dem König, RTA V, Nr. 498 f.

610 RTA VI, Nr. 14: *so tet der von Wirtemberg und auch die von Straspurg, doch nit in clagewise, erzelen etzliche artikel der in not wer und dinstlich zů biden, das unser herre der kunig die abetůn wulde.* Vgl. im Folgenden ebenso RTA VI, Nr. 16.

611 RTA VI, Nr. 16, S. 38: *und als unsers herren des kúniges hofemeyster rette under andern worten, daz er fro were, daz nieman des bundes unsern herren den kúnig umbe dheinrley sache anesprechen oder schuldigen wolte [...].*

612 RTA VI, Nr. 16, S. 38: *daruf wurdent die herren und die Swebischen stette ze rate: wiewol diser tag ein frúntlicher tag were und sich uf dheine solich clage oder vorderunge nu zu ziten gerihtet hettent, darumbe umbe irz glimpfes willen wolten die heren und die Swebischen stette etliche irer vorderungen lazzen luten, und wollten sich doch ander irer anesprachen, der sy nit bedaht werent, nit vertzihen.*

diesem Vorgehen und brachten die bereits erwähnten entgangenen Einnahmen zur Sprache. In ihrem Bericht lieferten sie für ihr Handeln eine Begründung: Man habe sich demnach der Entscheidung der anderen Bündnismitglieder angeschlossen, damit man nicht hinter ihnen zurückstehe. Zudem habe man diese Beschwerde nicht als offizielle Klage vorgebracht.[613] Die Rechtfertigung des eigenen Handelns ist deshalb von Bedeutung, da die Gesandten damit ebenfalls die vereinbarte gemeinsame Position verließen. In einem zusätzlichen Bericht vom Tag in Mainz schilderten die Straßburger Gesandten, in welcher Form die einzelnen Mitglieder des Bundes ihre Anliegen dem König darlegten. Es wurde genau aufgeführt, wer seine Beschwerden schriftlich oder mündlich erläutert hatte.[614] Letztendlich wurden die Angelegenheiten nicht in Mainz geklärt und ein weiterer Tag verabredet.[615]

Des Weiteren versuchten sich die Gesandten noch der zukünftigen Hilfe des Bundes zu versichern. Ein aktuell bestehender Friedensvertrag mit dem Straßburger Bischof hatte noch wenige Monate bis Anfang Mai Gültigkeit. Straßburg befürchtete für den Fall einer bis dahin nicht erreichten Aussöhnung mit dem Bischof, dass König Ruprecht diesen gegen die Stadt unterstützen werde. Da Ruprecht und der Bischof Ende 1405 ein gemeinsames Bündnis geschlossen hatten, war dies durchaus wahrscheinlich. Tatsächlich war durch den König Beistand gegen die Stadt zugesagt worden.[616] Die Gesandten erkundigten sich direkt bei den Bündnispartnern, ob Straßburg in diesem Falle mit der Hilfe des Bundes rechnen könne. Diese Unterstützung wurde ihnen dann auch in Aussicht gestellt.[617] Jedoch einigte sich die Stadt noch im März des Jahres 1406 mit dem

613 RTA VI, Nr. 16, S. 38: *und do wir der herren und stette meynunge vernoment, in welher massen sy irer anesprachen eins teils luten wollten lazzen, do wurden wir ze rate, umbe das wir nit gantz do hindenan bliben, so wollten wir lassen luten nit in clagendes wise, als ouch die vorgenanten herren und stette, das ir und die uwern ouch geirret wurden an etlichen uwern zinsen gúlten und schulden, daren úch und den uwern unguetlich beschee.*

614 RTA VI, Nr. 17, S. 39: *das uf den vergangen Samstag die herren und stette des bundes etlicher irer vorderungen unsern herren den kúnig antreffende vor unserm herren von Coelne wollten lassen luten: als hat uf den obgenanten Samstag der bischof von Mentze etwievil sinre vorderungen in geschrift lazzen luten, der hofemeister der von Kagenecke von dem munde erzalt von des marggrafen wegen, margrafe Hesse von Hochperg von des von Wurtenberg wegen, die von Ulme in geschrift von irer und etlicher ander Swebischen stette wegen, und wir in der wise als wir úch das nehest geschriben habent.*

615 RTA VI, Nr. 17, S. 40: *des tages haben bede teile geholleN. Und mag under den herren und uns stetten ieglich herre und stat hiezwuschent úber sine oder ire sachen sitzen, uf diesem nehestkomkenden tage vúrbazz vúrwenden und erzalen lazzen was bresten ieglich herre oder stat gen unserm herren dem kúnige habe, desglichen unserm herren dem kúnige harwider.*

616 So sagte Ruprecht Wilhelm für die Zeit nach dem Frieden mit Straßburg seine Unterstützung in potenziellen militärischen Konflikten mit der Stadt zu, RTA V, Nr. 499, S. 770: *wer es aber, so die stallunge ußgangen ist, das der vorgenant Wilhelm bischof zu Straßpurg die von Straßpurg [...] mit in kriegen worde umbe den gewalt und hoffard die sie ime und den sinen dunt, daran sollen wir in nit hindern und sin gnediger herre sin. Und ob er imand der unsern und in unserm lande geseßen erwerben kunde ime zu demselben sime kriege beholfen zu sin und zu dienen, dorwieder sollen wir nit sin noch denselben weren ime zu den vorgenanten sime kriege also zu helfen und zu dienen.*

617 RTA VI, Nr. 17, S. 40: *do retten wir vúrbazz in die sache, als die stallunge zwuschent dem bischofe und der stat von Strazburg ietz uf sant Waltpurg tag uzgienge, und ob geschee das die sache hiezwúschent nit*

Bischof, weshalb es erst gar nicht zur befürchteten Konfrontation kam. Das Vorgehen der Gesandten verdeutlicht aber, dass man außenpolitische Angelegenheiten durchaus vorausschauend plante und nicht nur auf akute Vorkommnisse reagierte.

Im März 1406 fand in Neckarsulm ein Tag des Marbacher Bundes statt. Hier thematisierten die Straßburger Gesandten abermals den noch immer vorherrschenden Konflikt mit dem königlichen Vogt in Ortenberg, der unter anderem die Straßburger Bürger um ihre Zinseinnamen gebracht hatte und auch in anderen Belangen sehr restriktiv vorgegangen war. Zu diesem Tag ist eine Gesandteninstruktion überliefert, die in verschiedenen Punkten auf die Angelegenheit eingeht.[618] Burkhart Humbel, der königliche Vogt aus jener Ortschaft östlich des Rheins, habe demnach Straßburger Bürgern vor Ort geschadet. Beispielsweise stünden dem Straßburger Bürger und vormaligen Stettmeister Johans Dütschemann Einnahmen von dortigen Einwohnern zu, deren Auszahlung der genannte Burkhart Humbel jedoch verhindert habe. Darüber hinaus habe er allen Untertanen verboten, Zinsen nach Straßburg zu bezahlen, habe Viehbestände gestohlen und alle Bewohner angewiesen, von nun an nur noch dem König zu dienen. Wer dem nicht Folge leisten würde, müsse den Ort innerhalb von zwei Wochen verlassen. Bei Zuwiderhandlung sei darüber hinaus die Beschlagnahmung sämtlicher Besitztümer durch den Vogt angedroht worden.[619] Diese hier konkret formulierten Vorwürfe gegen den König respektive seinen Vogt sollten also durch die Straßburger Gesandten in die Gespräche in Neckarsulm eingebracht werden. Im Verlauf des Jahres 1406 wurde das diplomatische Vorgehen gegen die Maßnahmen des königlichen Vogtes weiter forciert.

Aus dem Kontext einer Versammlung im Mai 1406, die in Speyer stattfand, ist eine Quelle überliefert, die weitere Aktivitäten erkennen lässt. Nachdem der Gesandte Ulrich Bock der Junge zwischenzeitlich aus Mainz nach Straßburg zurückgekehrt war, um Rücksprache in einigen Angelegenheiten zu halten, fällten der Straßburger Rat sowie *schoeffele und amman* in Straßburg ein Urteil. Dieses Urteil sah unter anderem weitere Maßnahmen vor, die man in Speyer bezüglich der Auseinandersetzung mit Ruprecht umsetzen sollte. Man erteilte

---

gerihtet wurde und unser herre der kúnig villiht understúnde des bischofs helfer wider die stat Strazburg ze werdende, wie man dann die stat halten wollte, ob man der nit beroten und beholfen sin wolte. do vernommen wir des gůten willen von den herren und den Swebischen stetten.

618 RTA VI, Nr. 25.

619 RTA VI, Nr. 25, S. 57: *Gedenkent ouch zů redende vor den herren uf dem tage, also her Johans Dútscheman der meister die erbern lúte in der pflege ginesite Rines gemant het von des geltes wegen, das in die zehentusent pfunde gehoeret, die man in zehen jaren bezalen solt, do het her Burckart Humbel vougt zů Ortemberg den erbern lúten verbotten das sú nit leisten súllent. [...] Gedenkent ouch, daz der vougt von Ortemberg unsern burgern ginesite Rines ir vihe nam von bette wegen, der sú noch ire vordern nie gegeben. [...] Gedenkent ouch, daz der vougt von Ortemberg allen unsern burgern gebod sinem herren dem kúnige zů dienende hohe und nohe als andere sine lúte, oder aber das sú in 14 tagen die stette rúmeten do sú geseßen weren, und, welhen er darnoch in sins herren gebiete fúnde, dem wolte er alles sin guet nemmen. [...] Gedenkent ouch, daz der vougt von Ortemberg allen sinen undertonen verbotd daz uns nieman dehein gúlte noch zinse geben solte. [...] Gedenkent ouch, daz der vougt sinen undertonen empfilhet, daz sú von unser burger gueter rihten súllent, und súllent sich núczit an unsere friheit keren.*

den Gesandten umfassende Vollmachten, auch offizielle (rechtliche) Schritte in dieser Sache einzuleiten. Dies sollte aber nur unter der Voraussetzung geschehen, dass Straßburgs Rechte und Freiheiten weiterhin Bestand hätten. Wenn man die Angelegenheiten jedoch auf einem versöhnlichen Weg mit Hilfe der Fürsten und Herren regeln können würde, so sollte man diesen Weg wählen.[620]

Vom August 1406 ist eine ausformulierte Beschwerde an König Ruprecht bezüglich der Vorgänge in Ortenberg und weiteren Gemeinden erhalten. Diese wurde wahrscheinlich auf einem Tag in Stocksberg von den Straßburger Gesandten vorgelegt und beinhaltete im Wesentlichen die bereits oben dargelegten Vorwürfe.[621]

Den Straßburger Gesandten wurde allerdings in Stocksberg nicht die Gelegenheit gegeben, diese Beschwerdeschrift zu übergeben oder zu erläutern und sie wurden mit ihrem Anliegen abgewiesen. Daraufhin entschloss sich Straßburg, einen neuen Anlauf zu unternehmen und wollte mit der Unterstützung des Marbacher Bundes auf einem geplanten Hoftag in Mainz den König mit den Beschwerden konfrontieren. Zuvor war jedoch ein Treffen mit den Bündnispartnern im September 1406 in Speyer geplant, um ein gemeinsames Vorgehen abzusprechen.[622] Zu diesem Treffen schickte Straßburg die Gesandten Reinbolt Huffelin, Johans Bock und Peter Sunner, die am 8. September 1406 ausführlich berichteten.[623] Jedoch bezogen sich ihre Ausführungen weniger auf den inhaltlichen Teil der Gespräche, sondern vielmehr auf deren Ablauf. Zudem kommunizierte man, dass bei den ausgesandten Räten und Gesandten der Bündnispartner nur zum Teil die Bereitschaft vorhanden war, mit ihnen nach Mainz

620 RTA VI, Nr. 41, S. 81: *Unser herren meister und rat schoeffel und amman sind übereinkommen und hant es mit urteil erteilet [...] aber umbe die andern sachen und zůspruchen, die wir an unsern herren den kúnig hant, darumbe die meynunge ist das man darzů setzen sol etc.: moegent unser erbern botten gewalt han, oebe sie die sache zů eim anlazz setzent oder lazzent setzen, das wir uns danne unser ansprachen gegen unserme herren dem kúnige vertzihent, also, wer es das unser herre der kúnig útzit an uns meyne ze sprechende haben, das daz ouch abesie, doch alles mit vúrworten das wir by unsern friheiten briefen gúlten zinsen und schulden blibent. Und so man das frúntlicher an die fúrsten und herren gebringen kann oder mag, so uns daz lieber ist.*

621 RTA VI, Nr. 61.

622 Vgl. hierzu die verschiedenen Antwortschreiben auf die Einladung Straßburgs zur genannten Versammlung in Speyer, RTA VI, Nr. 64–66. Aus verschiedenen Briefen des Markgrafen von Baden geht hervor, dass die Straßburger Gesandten in Stocksberg erfolglos blieben und Straßburg nun mit den Bündnispartnern in Speyer die Angelegenheit beratschlagen wollte: RTA VI, Nr. 63, S. 95 f.: *ez sint der von Straßburg erbern botten uf hut bi uns gewest und hant uns gesagte, als derselben stette von Straßburg erbern botten von dem tage zu Stocksberg schiedent, als sie daselbs bi uwern unsers oheims von Wirtenberg und ouch unsern frunden werent, daz sie uf demselben tage umb soliche clage und zusprůche, so sie zu unserm gnedigen herren dem Romschen konig etlichen sinen amptluten und den sinen hettent, nit verhoret mohtent werden, als das unsere vorgenanten herren frunden wol indenkig si. [...] und hant uns gar vlißlich gebetten [...] umb ire sachen und zusprüche zu iren frunden biz von suntags nehstkomet uber acht dage zu nacht gen Spire komen wollent [...] und unsere oder unsere rete rate darin zu haben, wie sie die sachen furnemen oder handeln sollent [...] und daruf zu ratslagen und zu gedenken, wie die nach glichen und billichen dingen mogent abgetragen werden [...];* RTA VI, Nr. 66, S. 97: *[...] und zu den wir selbern komen sin wolten von brueche und clage wegen die uch gegen unsern herren dem konig anligent darumb zu ratslagen [...].*

623 RTA VI, Nr. 67.

zum Hoftag zu reisen, um sie bei ihren Verhandlungen mit dem König zu unterstützen. Zu Beginn des Berichtes führten die Gesandten aus, dass die schwäbischen Städte nur einen Gesandten geschickt hatten, der zudem nicht bereit war, die Straßburger auch in Mainz zu unterstützen. Er stand nur für Beratungen in Speyer zur Verfügung.[624] Die Räte des Erzbischofs, des Markgrafen von Baden und des Grafen von Württemberg beabsichtigten hingegen, den Gesandten auch in Mainz zur Seite zu stehen.[625] In Speyer legte man den Vertretern der Bündnispartner verschiedene Schriftstücke vor, die man mit ihnen besprechen wollte. Weitere Informationen bezüglich dieser Besprechungen oder der konkreten Ratschläge sind im Bericht nicht enthalten.[626] Auch zum Verlauf der weiteren Verhandlungen in Mainz können aufgrund fehlender Quellen keine weiteren Angaben gemacht werden.

Der Konflikt um die Einnahmen in den Ortschaften auf der östlichen Rheinseite dauerte an, noch im August 1407 findet sich ein diesbezüglicher Hinweis in einem Gesandtenbericht aus Pforzheim. Dort hatten Gesandte abermals mit den Vertretern der Bündnispartner in dieser Sache gesprochen. Die Bündnispartner wollten sich diesbezüglich auch gern erneut mit den Forderungen der Stadt an Ruprecht wenden. Da jedoch zu diesem Zeitpunkt der Konflikt zwischen der Stadt Rothenburg und dem Burggrafen Friedrich von Nürnberg verhandelt wurde, baten die Bündnispartner um einen Aufschub bis zur Lösung dieser Aufgabe.[627]

---

624 RTA VI, Nr. 67, S. 97 f.: *der antwurtete uns und sprach: in hettent gemeine stette in Swoben, mit den wir vereint werent, zû uns gesant gen Spire uns zû rotende und bystendig ze sinde; daz wollte er ouch gerne tûn, und under andern worten do rettent wir ouch mit ime: wer es das wir es an der fúrsten und herren rete fúndent das wir mit in volles gen Mentze uff den tag fuerent, obe er denne ouch mit uns wolte varen, nochdemme ir unsern frúnden den Swebischen stetten verschriben hettent. Do antwurtete uns der vorgenant Johans Stroelin und sprach: sine herren und frúnde gemeine stette die hettent in har gen Spire zû uns gesant uns zû rotende noch dem besten und wegesten; und wer es das wir vúrbas uff den tag gen Mentze woltent, so sollte er nit mit uns varen, wenne ime nit empfolhen were mit uns ze varende denne gen Spire, und das wir das in keime argen von in unfemment [...].*

625 RTA VI, Nr. 67, S. 98: *ire herren hettent in ernstlich und hefteclich empfolhen uns getruweliche zû rotende nochdem wir an sú begerende werent, und hettent in ouch domitte empfolhen uns bystendig broten und beholffen zû sinde uffe dem tage zû Mentze so wir unser notdurft vor unserme herren dem kúnige oder obe er selbs nit gegenwertig were vor sin reten erzalen woltent.*

626 Vgl. bzgl. der Gespräche mit dem Gesandten der schwäbischen Städte, RTA VI, Nr. 67, S. 97: *[...] dem dotent wir die abgeschrift verlesen [...] und rettent do mit ime, nochdem ir uns empfohlhen hant [...];* vgl. zu den Besprechungen mit den Räten der Fürsten und Herren, RTA VI, Nr. 67, S. 98: *und huebent wir do uff und seitent in, in welher moßen wir ußgesant werent; und erzaltent in domitte die stucke eigenlich, die ir uns verschriben geben hant, und ouch anders; und botent sú do, das sú uns iren getruwen rat darzû gebent, was uns darinne ze tûnde und ze lossende were.*

627 RTA VI, Nr. 141, S. 192 f.: *ouch, lieben herren, so wissen, das wir zû gûtter mossen von den stúcken geret hant aso ir uns enpfullen, und mit namen von der zinsse wegen ginsite Rines: das uns die nút gefueglich sint vúrbasser losen zû stonde, und moegen unser burger nút ufgehalten, wir muessen sú lossen angriffen noch irre brieffe sage; aso haben uns die herren und die stette frúntlich daruf geantwurttet, dar wir unser botzschaft heim dûnt, das men nút derzû dû in fierzehen dagen oder in drin wuchen, untz das men siht wie die herren und die stette von der von Rottenburg wegen scheiden, so wellen sú zû stund ieder herre mit siner botschaft und die stette domitte mit ir botschaft zû unserm herren dem kúnge dûn und das erfordern von unsern wegen; und was sú dûn súllent vúrbasser derzû, das wellen sú gern dûn.* Vgl. zum Konflikt

2.3 Das Bündnis mit Ruprecht und das Ende der Straßburger Aktivitäten im Marbacher Bund

Möglicherweise bereits gegen Ende des Jahres 1407, spätestens aber seit Februar 1408, näherten sich König Ruprecht und Straßburg wieder an und planten ein gemeinsames Bündnis. Dieses kam am 5. April 1408 zustande. Nur wenige Quellen geben Auskunft darüber, wie sich diese Annäherung vollzog. Neben der Urkunde, die das Bündnis formal bestätigte, sind verschiedene Quellen überliefert, etwa aus der Straßburger Korrespondenz, die Einblicke in die Geschehnisse gewähren. Aktivitäten Straßburger Gesandtschaften lassen sich belegen, jedoch bleiben auch diesbezüglich viele Fragen offen und man ist auf die Auswertung weniger Spuren in der Überlieferung angewiesen.

Im Dezember 1407 schickte Worms einen Brief an den Straßburger Rat, in welchem Auskunft über ein geplantes Bündnis mit dem König gegeben wurde. Straßburger Gesandte hatten offenkundig von derartigen Plänen erfahren und eine Wormser Gesandtschaft bei einer Versammlung darauf angesprochen. Diese wollten oder konnten diesbezüglich jedoch keine direkte Antwort geben. Der Stadtrat reichte sie somit schriftlich an den Straßburger Rat nach und erfragte zugleich die Meinung der Straßburger in dieser Angelegenheit.[628] Dieses Interesse der Straßburger Gesandten an einem derartigten Bündnis zeigt möglicherweise, dass auch bei Straßburg der Wunsch nach einer stärkeren Verbindung zum König bestand. Da mit dem Erzbischof von Mainz sich bereits Ende 1406 ein Mitglied des Bundes mit dem König auf ein Bündnis verständigt hatte und eine diesbezügliche Einigung 1407 erfolgt war und nun weitere Städte eine Einigung mit Ruprecht anstrebten, erscheint dies nicht unwahrscheinlich.[629]

Vor dem Hintergrund der Ereignisse, die im Winter 1407 und im Frühjahr 1408 folgten, erklären sich die Versuche der Straßburger Gesandten, sich über potenzielle Bündnisse anderer Städte mit dem König zu informieren. Wahrscheinlich ist auch hier, ähnlich wie es beim Thronwechsel von 1400 schon festgestellt wurde, dass man sich für die eigenen Verhandlungen mit Ruprecht gut vorbereiten wollte. Seit dem Austausch mit Worms Ende Dezember 1407 waren in jedem Fall eigene Verhandlungen Straßburgs mit dem König erfolgt. Diese waren im Februar 1408 bereits derartig weit vorangeschritten, dass Ruprecht die Reichsstädte im Elsass über dieses geplante Bündnis informierte.[630] Verschiedene Vertragsentwürfe waren mit hoher Wahrscheinlichkeit Ende Fe-

---

der Stadt Rothenburg und der Hilfe durch den Marbacher Bund die vorherigen Ausführungen in Kapitel III (2.2.2).

628 RTA VI, Nr. 180, S 234: *alsß iestzuent fuersten heren uewere und auch ander stette erbern botten der fruntlichen eynunge und auch unser fruende uff dem tage zû Heylpruen gewest sin, do hant uewer erbern ratßbotten mit den unsern under andern sachen geredt, wie daz yne furkommen und gesagt sij worden, daz unser gueten fruende und eytgenoßen die von Mentze und auch wir uns zue unserm heren dem konige verbuenden und vereyniget hetten; und begerten uewer erbern ratßbotten von unsern fruenden zue wißende, obe daz also und in welcher maßen daz were, daz sie yne daz zuo verstenende geben.*

629 Zur Annäherung und Einigung zwischen dem Mainzer Erzbischof und Ruprecht vgl. RTA VI, Nr. 80–88.

630 RTA VI, Nr. 182.

bruar ebenfalls schon vorhanden.[631] Zwar liegen uns von den Verhandlungen keine Gesandtenberichte oder ähnliches vor, doch können derartige Aktivitäten angenommen werden.

Von Anfang April ist schließlich ein Bericht erhalten, der die Beteiligung einer Straßburger Gesandtschaft an der Aushandlung des Bündnisses belegt. Dabei handelte es sich um diejenigen Gesandten, die am 5. April schließlich auch am Abschluss des Bündnisses beteiligt waren. Straßburg wurde durch Claus Zorn, Johans Bock und Johans Heilman vertreten. Sie berichteten aus Hagenau über Verhandlungen mit den elsässischen Reichsstädten, die ebenfalls in das Bündnis einbezogen werden sollten. Der Bericht zeigt, dass wenige Tage vor dem Abschluss des Bündnisses noch über Details der Bündnisurkunde verhandelt wurde.[632] Die Reichsstädte wollten für den Fall, dass König Ruprecht vor dem Auslaufen des Bündnisses sterben sollte, eine Sonderregelung in die Bündnisurkunde aufnehmen, die später dann auch tatsächlich in der Urkunde berücksichtigt wurde. Diese besagte zusammengefasst, dass man beim Tode Ruprechts und erfolgter Anerkennung des neuen Königs die Fortdauer des gemeinsamen Bündnisses vom Willen des neuen Herrschers abhängig machen wolle. Sollte der auf Ruprecht folgende König dem Verbleib der Reichsstädte im Bündnis nicht zustimmen, wollten diese das Recht haben, jenes zu verlassen.[633]

Die Straßburger Gesandten verhandelten nicht selbst mit den Reichsstädten in dieser Angelegenheit, sondern erhielten vom königlichen Landvogt Reinhart von Sickingen, der die Verhandlungen führte, Informationen über deren Verlauf und besprachen sich zudem mit ihm über die Gesprächsinhalte und tauschten dazu gegenseitig Meinungen aus. Weder den Gesandten, noch dem königlichen Landvogt gefiel die von den Reichsstädten geplante Sonderregelung. Man wollte beim vorhandenen Vertragsentwurf bleiben.[634]

Es kann hier nicht das Ziel sein, die genauen Hintergründe und einzelnen Motive der Beteiligten näher zu erörtern. Dennoch wird deutlich, dass gerade die Beschäftigung der Gesandten mit jenen Detailfragen des gemeinsamen Abkommens auf eine intensive Tätigkeit von Gesandtschaften schließen lässt. Auch die Existenz der verschiedenen Vertragsentwürfe macht eine tiefgreifende Einbeziehung von Gesandten schon in den Monaten vor dem Abschluss des Bündnisses sehr wahrscheinlich, selbst wenn ansonsten nur wenige Quellen derartige Tätigkeiten belegen.

---

631 Vgl. hierzu RTA VI, Nr. 188, S. 245, Anm. 2.

632 Der Gesandtenbericht findet sich in RTA VI, Nr. 187, der Bündnisvertrag in RTA VI, Nr. 188.

633 Vgl. hierzu auch RTA VI, Nr. 188, S. 254 f., sowie RTA VI, Nr. 189.

634 RTA VI, Nr. 187, S. 244: *dozů rettent wir was uns beduhte notdúrftig sin, unde das daz nit unser sin were; wir woltent gerne dobi bliben, also wir gescheiden weren. Und merketent an dem lantfogte daz es ime von den richesstetten vaste wider was, unde kúnnent ouch an ime nit anders versten wane truwe und gůtes.*

3. Konstanzer Konzil: Stadt und Domkapitel im Konflikt mit dem Bischof

Das Konstanzer Konzil war von 1414 bis 1418 die größte kirchen- und reichspolitische Bühne der Zeit. Hier wurden Lösungen für die akuten Probleme der abendländischen Christenheit gesucht. Das vorherrschende Schisma belastete die Einheit der Kirche, da mittlerweile drei Päpste von unterschiedlichen Obödienzen unterstützt wurden. Eine weitere wichtige Aufgabe war die Kirchenreform. Die Kirchenversammlung in Konstanz bot gleichzeitig die Möglichkeit, zahlreiche Angelegenheiten der Reichspolitik zu verhandeln. Dementsprechend fanden in diesen Jahren vor Ort verschiedene Hoftage statt.[635]

Für die Untersuchung der Straßburger Gesandtschaften ist die Betrachtung des Konzils lohnenswert, da die Stadt aufgrund ihrer Auseinandersetzungen mit dem Straßburger Bischof Wilhelm von Diest zahlreiche Gesandtschaften in diesen Jahren zum Konzil schickte. Die langjährigen Streitigkeiten im Straßburger Bistum erreichten im Jahr 1415 einen Höhepunkt.[636] Aufgrund zahlreicher Verpfändungen und der ausschweifenden Lebensweise des Bischofs war das Bistum immer stärker in finanzielle Nöte geraten. In dieser Situation suchten das Straßburger Domkapitel und die Stadt die direkte Konfrontation mit dem Bischof.[637] Am 3. Dezember 1415 nahmen Kapitel und Stadt den Bischof in Molsheim gefangen. Mit Ulrich Gosse, Rulin Barpfennig und Michel Melbruege waren auch Straßburger Bürger an dieser Entführung beteiligt.[638] Es handelt sich hierbei um eine Gruppe führender Politiker der Stadt, die auch als Gesandte tätig waren.

Die Gefangennahme hatte eine besondere Brisanz, weil Wilhelm zugleich weltlicher und geistlicher Fürst – und in seinem Selbstverständnis auch noch immer Stadtherr von Straßburg – war. Seine Festsetzung stellte daher sowohl einen Angriff auf die Kirche als auch auf das Reichsoberhaupt dar.[639] Das Konzil forderte Ende März 1416 schließlich in einem Mahnschreiben die Freilassung des Bischofs oder das Erscheinen der Hauptverantwortlichen vor dem Konzil in Konstanz.[640] Straßburg drohte bei einer Zuwiderhandlung das Interdikt und den an der Gefangennahme beteiligten Personen der Bann. Obwohl der Straßburger

---

635 Die Forschungsliteratur zum Konstanzer Konzil ist gerade in den letzten Jahren anlässlich des 600-jährigen Jubiläums der Kirchenversammlung enorm angewachsen. An dieser Stelle wird lediglich auf einige grundlegende Werke und neuere Überblicksdarstellungen und Sammelbände hingewiesen, die einen Einblick in die Thematik und ausführliche Literaturhinweise bieten: Brandmüller, Konzil; Boockmann/Dormeier, Konzilien; Boockmann, Reichstag; Boockmann, Geschichte; Frenken, Konzil; Signori/Studt (Hrsg.), Konstanzer Konzil; Braun (Hrsg.), Konzil; Buck/Kraume, Konzil.

636 Vgl. zum Folgenden ausführlich Finke, König, S. 90–130; Finke, Elektenprozess.

637 Finke, Elektenprozess, S. 106–108.

638 Finke, König, S. 94 f.; Finke, Elektenprozess, S. 108.

639 Finke, König, S. 99 f.

640 Finke, König, S. 105 f.; Finke, Elektenprozess, S. 290.

Bischof schließlich freigelassen und nach Konstanz gebracht wurde, denn auch er sollte sich vor dem Konzilsgericht bezüglich seiner Verfehlungen in der Vergangenheit rechtfertigen, verhängte das Konzil Anfang Juni 1416 schließlich Interdikt und Bann. Am Ende desselben Monats begann der Prozess gegen den Bischof vor dem Konzil. Straßburg versuchte in dieser Auseinandersetzung vor allem König Sigismund als mächtigen Fürsprecher zu gewinnen. Dieser hatte insbesondere monetäre Interessen, forderte entsprechende finanzielle Leistungen und probierte hierfür den Konflikt der beiden Parteien auszunutzen. Während der laufenden Auseinandersetzungen verhandelte er mit beiden Konfliktparteien und hatte dabei immer wieder seinen eigenen finanziellen Vorteil im Blick.

Grundsätzlich war Straßburg in jener Zeit vor allen Dingen darum bemüht, den Prozess möglichst unbeschadet und schnell zu einem Ende zu führen. Zugleich sollte die Absetzung des Bischofs erreicht werden. Im Verlauf des jahrelangen Gerichtsverfahrens entfernten sich Stadt und Domkapitel immer weiter voneinander. Es herrschten immer wieder Konflikte bezüglich der Vorgehensweise im Prozess. Schlussendlich kam es sogar zur Beendigung der ursprünglich gemeinsam verfolgten politischen Linie. In der Frage der Besetzung des Straßburger Bischofstuhls waren sich die ehemaligen Verbündeten nicht mehr einig. Denn nachdem der Prozess in Konstanz beendet war, ging die Stadt ein Bündnis mit Wilhelm von Diest ein und warb mit einer Gesandtschaft beim neu gewählten Papst Martin V. für seine Bestätigung im Amt. Spätestens zu diesem Zeitpunkt verfolgten Stadt und Kapitel nicht mehr dieselben Ziele, da das Domkapitel sich weiterhin für eine Absetzung des Bischofs aussprach. Schließlich stimmte auch der Papst für den Verbleib des Bischofs im Bistum. Der Konflikt war somit für Straßburg vorerst im Jahr 1419 beendet.

Die folgenden Untersuchungen konzentrieren sich auf diese Auseinandersetzungen der Stadt Straßburg mit dem Bischof und die diesbezüglichen Aktivitäten von Gesandtschaften. Der Konflikt ist bereits maßgeblich und sehr ausführlich durch Heinrich Finke und Hans Kaiser seit dem Ende des 19. Jahrhunderts bis zum Beginn des 20. Jahrhunderts erforscht worden und hat seitdem keine weitere wissenschaftliche Betrachtung erfahren.[641] Die folgenden Ausführungen können sich daher auf diese vorherigen Arbeiten zum Thema stützen. Auch die Gesandtschaften haben zwangsläufig Eingang in jene Studien gefunden, da die bisherigen Arbeiten sich ebenso zu einem großen Teil auf die Gesandtenberichte gestützt haben. Doch galt das Interesse der Autoren eher den allgemeinen ereignisgeschichtlichen Zusammenhängen und weniger den Gesandtschaften im Speziellen. Die Geschehnisse werden daher im Folgenden nicht in allen Details und Abläufen wiedergegeben werden können, da dies zu weit vom eigentlichen Thema wegführen würde. Zudem gestaltet sich auch die Darstellung der genauen Prozessverläufe und -details bereits aufgrund der

641 Finke, König, S. 90–130; Finke, Elektenprozess; Finke, Bilder; Kaiser, Meiger, S. 175–202; Kaiser, Konstanzer Anklageschriften.

Quellenlage äußerst problematisch.[642] Somit wird sich das folgende Kapitel auf die speziellen Herausforderungen an die Gesandtschaften beschränken, ohne dabei den Prozessverlauf und alle Gesandtschaftsmissionen immer im Detail nachzuzeichnen. Die Ereignisse werden anhand von sieben verschiedenen Phasen des Konfliktes analysiert.

3.1 Die Vorbereitung der Gefangennahme

Eine Quelle aus dem Jahr 1415 ermöglicht einen Einblick in die Vorbereitungen und Planungen der Gefangennahme des Bischofs im Dezember desselben Jahres. Es handelt sich um ein mehrseitiges Heft, in dem in kurzen Zusammenfassungen verschiedene Maßnahmen festgehalten wurden.[643] Diese lassen auf eine sehr genaue Planung des Überfalls schließen. Unter anderem wurden verschiedene diplomatische Aktivitäten zur Rechtfertigung der Tat in Betracht gezogen, die im Anschluss an die Festsetzung des Bischofs durchgeführt werden sollten.[644] Entsendungen von Gesandtschaften sowie die Verschickung schriftlicher Nachrichten an verschiedene einflussreiche politische Akteure des Reichs waren zu diesem Zweck vorgesehen.

Die Quelle entstand höchstwahrscheinlich im Umkreis des Domkapitels, das bei der Planung offenbar federführend agierte. Mit der Stadt sollten Absprachen bezüglich einer Beteiligung Straßburger Gesandter erfolgen. Jene wollte man schon im Vorfeld der Gefangennahme nach Konstanz entsenden, um nach der erfolgten Festsetzung das Konzil durch geeignete Vertreter informieren zu können.[645] Ebenfalls war eine gemeinsame Gesandtschaft zum Bischof von Mainz vorgesehen, damit dieser die Stadt und das Kapitel unterstütze.[646] Auch zu König Sigismund sollte eine Delegation geschickt werden. Insbesondere von ihm versprach man sich Hilfe sowohl bei der Absetzung des Bischofs als auch in den zu erwartenden Konflikten mit dessen Unterstützern.[647] Die Gesandten waren unter anderem auch für die Übergabe schriftlicher Nachrichten eingeplant. Entsprechende Briefe wollte man bereits vor der Gefangennahme fertig-

642 Vgl. hierzu Finke, Elektenprozess, S. 404.

643 AVES, AA 1450, 12–17.

644 Bereits Heinrich Finke betonte die gründliche Vorbereitung der Gefangennahme durch das Domkapitel, die aus dieser Quelle ersichtlich wird, vgl. Finke, König, S. 94; Finke, Elektenprozess, S. 110. Dass es sich hierbei nicht um eine Quelle aus städtischer Provenienz handelt, lässt sich aus bestimmten Formulierungen schließen, etwa AVES, AA 1450, 13v: *och solt man mit der stett ze Rate werden […].*

645 AVES, AA 1450, 13v: *och solt man mit der stett ze Rate werden vor hin, obe sy ir botten, einen oder me, woeltent hin uff gen Costentz ordenen mit deß Capitelß botten ee die sache understanden wurt*; AVES, AA 1450, 15r: *so sol daz Capitel und die Stat ir greffentlichen Botschafft machen zuo dem Concilio alle ding nach dem besten fur ze bringende.*

646 AVES, AA 1450, 14v: *Item daz Capitel und die stat soeltent mine heren von Mentze die sache verschriben und verkunden und in bitten umb sinde botschaft gen Costentz zuo dem Concilio ze schickend und es helfent verentwurten, dar umb sol man och erber botten zuo im schicken.*

647 AVES, AA 1450, 15r.: *och sol man unszin heren dem kunig die sache verkunden und so er ze lande kumet treffentlich botschafft zuo jm machent.*

stellen, um sie über die Gesandtschaften direkt versenden zu können. Die Zusammensetzungen der Delegationen sollten ebenfalls vorab festlegt werden, um nicht unnötig viel Zeit zu verlieren. Die genannten Briefe plante man ebenfalls an Markgraf Bernhard von Baden, Graf Eberhard von Württemberg sowie weitere Herren und verschiedenen Reichsstädte zu verschicken.[648] Über die Zusammenarbeit von Domkapitel und Stadt in dieser Angelegenheit gibt darüber hinaus ein Bündnis vom Januar 1416 Aufschluss. In den diesbezüglichen Quellen wird über die Hilfe der Stadt bei der Überwältigung des Bischofs berichtet.[649]

Bereits wenige Tage nach der erfolgten Gefangennahme fanden erste Konzilssitzungen zur Beratung in der Sache statt. Es wurde eine Kommission zur Überprüfung der gesamten Angelegenheit gebildet. Sie beschloss, dass der Bischof freigelassen und nach Konstanz gebracht werden sollte. Im Januar wurde im Zuge einer Sitzung jener Kommission außerdem der Beschluss gefasst, Konzilsgesandte nach Straßburg zu schicken, um die Freilassung des Bischofs zu erwirken. Dies blieb jedoch vorerst ohne das gewünschte Ergebnis und der Bischof wurde weiterhin gefangen gehalten.[650]

Inwiefern die geplanten Straßburger Gesandtschaften tatsächlich kurz nach der Gefangennahme durchgeführt wurden, lässt sich nicht mehr feststellen. Gesandtenberichte in dieser Angelegenheit sind erst wieder aus dem Januar 1416 überliefert. Doch belegen die beschriebenen vorbereitenden Maßnahmen, dass städtischen Gesandtschaften eine Schlüsselfunktion innerhalb des gesamten Plans zukommen sollte. Die entsprechenden diplomatischen Schritte zur Rechtfertigung der Entführung und der Suche nach Unterstützern wurden daher vorab gründlich organisiert.

3.2 Die Missionen des Stadtschreibers Ulrich Meiger

Domkapitel und Stadt legten den Fokus ihrer weiteren diplomatischen Bestrebungen darauf, König Sigismund von der erfolgten Gefangennahme zu unterrichten und ihn als Fürsprecher gegenüber dem Konzil zu gewinnen. Zu diesem Zweck entsandte man den Straßburger Stadtschreiber Ulrich Meiger zum König. Im Januar 1416 fand ein Treffen zwischen Meiger und Sigismund in Avignon statt. Meiger berichtete von einem positiven Verlauf der Begegnung. Bezüglich der Gesprächsinhalte ist der Bericht jedoch wenig aufschlussreich und bleibt recht allgemein. Der Stadtschreiber gab lediglich an, mit Sigismund eine Vereinbarung ausgehandelt zu haben. Zugleich versicherte er, dass man in Sigis-

---

648 AVES, AA 1450, 14v: *Item man sol och schreiben dem Marggrafen von Baden im die sache ze verkundende [...] och sol man schreiben Hertzog Ludwig, dem hertzogen von Lutringen, dem von Wurtemberg und andern heren und och den Richstetten.*

649 Finke, König, S. 97f.

650 Finke, König, S. 100f.

mund einen gnädigen König im Konflikt mit dem Bischof finden werde.[651] Wenige Tage später berichtete er von seinen Plänen, nach Paris weiterzureiten, um dort erneut den König zu treffen.[652] Der Stadtschreiber folgte also Sigismund durch Frankreich und erreichte ihn schließlich in Paris. Nachdem Meiger zunächst nach eigenen Angaben – vielleicht auch aufgrund einer Geschenkübergabe – einen aufgeschlossenen König antraf, verliefen die Verhandlungen vorerst dennoch im Grunde ergebnislos. Zwar gab der König dem Gesandten zu verstehen, er wolle Straßburg nicht wegen etwaiger Geschenke oder Geldzahlungen helfen. Doch die Einschätzung Meigers fiel trotz dieser Aussagen Sigismunds anders aus. Seiner Ansicht nach sei die dem König gebotene Geldsumme zu niedrig und der Grund für die schleppend verlaufenden Verhandlungen.[653] In einem weiteren Brief berichtete Ulrich Meiger aus Paris von zahlreichen Gegenspielern, die sich vor Ort für den Straßburger Bischof und gegen Stadt und Domkapitel einsetzten. Die Aktivitäten dieser Gegenspieler blieben jedoch vorerst wirkungslos. Denn in den folgenden Wochen verbesserte sich die Lage für Straßburg und es wurden erste Fortschritte in den Verhandlungen erzielt. Sigismund hatte eine Kommission eingesetzt, der unter anderem auch Ulrich Meiger angehörte. Diese arbeitete einen Vorschlag zur Lösung des Straßburger Konfliktes aus: Sigismund sollte eine Gesandtschaft an das Konzil aussenden, um auf eine diplomatische Beilegung des Konfliktes hinzuwirken. Die Bildung einer Schiedsinstanz wurde geplant, die sich der Streitsache der Beteiligten anzunehmen hatte. Sie sollte aus königlichen Räten und Gesandten des Konzils bestehen. Weitere Punkte betrafen etwa schützende Maßnahmen für die Stadt. Da Krieg zwischen verschiedenen mit dem Bischof eng verbundenen Herren und Straßburg drohte, wollte man durch Vorsichtsmaßnahmen eine Eskalation des Konfliktes verhindern. Sigismund wählte verschiedene Schritte, die die Sicherheit der Stadt gewährleisten sollten. Beispielsweise wies er verschiedene Herren und Ritter an, Straßburg nicht anzugreifen. Die Verwaltung der bischöflichen Güter sollte vorerst der Ritter und königliche Rat Heinrich Latzembok übernehmen. Somit sicherte sich Sigismund erheblichen Einfluss auf verschiedene Gebiete innerhalb des Bistums.[654]

---

651 AVES, AA 169, 8: *und weiß nit anders denne das die Stift und ir einen gnedigen heren an mine heren den kunige habent [...] den sachen noch komen in der mosse als sin gnode mit mir und ich mit Ime darusz geret habent [...]*. Vgl. hierzu Finke, Elektenprozess, S. 291; Kaiser, Meiger, S. 177.

652 AVES, AA 169, 9: *ist er dan gen Paris so will ich furderlich hin nach bisß dz ich in funde.*

653 Finke, König, S. 103; Finke, Elektenprozess, S. 292 f.; Kaiser, Meiger, S. 176–178; AVES, AA 1443, 11 f., hier 11v: *[...] und sprach fur baszer, disz sage ich dir dar umbe dz din heren wissen, wasz ich tuege dz ich dasz lutterlich umb eren willen und von keines geltes wegen tuon welle [...] da merke ich noch nit nach miner torheit [...] dz der summe desz geltez me muesz sin.*

654 Finke, König, S. 102–104; Finke, Elektenprozess, S. 293 f.; Kaiser, Meiger, S. 178 f. Vgl. hierzu den Gesandtenbericht des Stadtschreibers Ulrich Meiger aus Paris, AVES, AA 1443, 75: *dann ich bin von uwern widersachen vaste gehindert und sint vil lute, die wider uch und myne herren meister und Rat und die Stat Straßburg erbeitent heymelich und oeffentlich und werdent uwer sachen grosz und swer [...] so woelle er mir mit sinen Reten der sachen getruwen, daz han ich mich umb dez besten willen understanden. Und also hat er mir einen Bischoff zwene sin Vicecanzeler zwene dottores [...] juris und zwene Ritter zuo geben und wir sint [...] disz nach geschrib weges uberkomen darzuo ich sy gewendet han und*

Im Vergleich zu den meisten anderen Gesandtschaftsmissionen der Stadt Straßburg im Untersuchungszeitraum sind die soeben geschilderten zum König eine Besonderheit. Diese wichtigen Missionen wurden nämlich lediglich von diesem einen Gesandten durchgeführt, der zudem nicht aus dem Kreis der städtischen Führungsschichten stammte. Auch im weiteren Verlauf des Konzils war Meiger häufig allein für die Stadt aktiv. Diese stetige Tätigkeit spiegelt sich auch in der Quellenüberlieferung wider, da von ihm besonders viele Briefe aus jener Zeit verfasst wurden.[655]

Hierfür lassen sich verschiedene Gründe anführen. Der Stadtschreiber beherrschte die lateinische Sprache und war somit für Straßburg als Gesandter beim Konstanzer Konzil eine sehr wichtige Unterstützung. Weitere mögliche Ursachen lassen sich anhand der oben beschriebenen Missionen zu Beginn des Jahres 1416 beispielhaft aufzeigen. Heinrich Finke und Hans Kaiser konstatierten ein besonderes Vertrauensverhältnis zwischen Ulrich Meiger und König Sigismund. Nach Kaiser sei dies auch der ausschlaggebende Beweggrund für seine Entsendung zum König gewesen. Finke stellte darüber hinaus fest, dass der Stadtschreiber als Hauptvermittler zwischen Stadt, König und Konzil agierte.[656] Fest steht, dass Meiger in der Vergangenheit schon Erfahrungen mit Sigismund auf verschiedenen Gesandtschaftsmissionen gesammelt hatte. Als Rat Markgraf Bernhards von Baden und später auch als Straßburger Stadtschreiber war er mehrfach mit Sigismund in Kontakt gekommen – etwa im Zuge der Krönungsreise.[657] Dass nun tatsächlich zwischen König und Stadtschreiber eine besonders gute Beziehung ausgemacht werden kann und Meiger sogar „[...] ein besonderer Liebling Sigmunds [...]"[658] gewesen sein soll, lässt sich nicht stichhaltig belegen. Erfahrungswerte im Umgang mit Sigismund können hingegen durchaus beim Stadtschreiber vorausgesetzt werden und machten ihn auch deshalb sicherlich zu einem geeigneten Gesandten für die Missionen zum König. Ein weiterer Grund könnte die spezifische Situation sein, die Straßburg und Domkapitel möglicherweise dazu bewogen haben könnten, den Stadtschreiber

---

ist ouch min here der kunig dar uf gefallen und hat das ufgenommen. Und bin in die Canzeli gewisen darinn man die briefe yetze schribet in der masz als hernach geschriben stat. Zum ersten schribt er dem Concilio und sendet sinre erbere Rete damitt als man von der arrestatz wegen die zu Straßburg dem Elecot gescheen sie [...] daz sij ir erbern botten mit den sinen gen Straßburg schicken zuo besehen ob man die sachen fruntlich abetragen moehte zwischent uch und dem Electo [...] Item uf daz schribet und gebut er vestenlihen bij sinen hulden dem herzog von Lutheringen, dem Bischof von Metze, Graf Philips von Nassow, Graf Fridrich von Sarwerd [...] daz sy [...] kein vigentschaft noch krieg der stift, der stett noch dem land zuo fuegent [...].

655 Vgl. hierzu AVES, AA 169. Allein dieser Bestand umfasst etwa 70 Briefe des Stadtschreibers Ulrich Meiger. Vgl. ausführlich zur Person Meigers Kaiser, Meiger.

656 Kaiser, Meiger, S. 176: „[...] man hatte sich klar gemacht, dass man zunächst vor dem König den Akt werde rechtfertigen müssen, ohne eine Anklage von gegnerischer Seite abzuwarten, und in der Person des Sigmund ja genau bekannten Stadtschreibers eine geeignete Persönlichkeit zur Durchführung dieser Rolle erwählt." Finke, König, S. 101: „Dieser Meiger war die Hauptpersönlichkeit, durch dessen Vermittlung alle Verhandlungen mit König und Konzil geführt wurden, ein besonderer Liebling Sigmunds [...]."

657 Kaiser, Meiger, S. 165–168 und 170–173.

658 Finke, König, S. 101.

allein auf jene Mission zu schicken. Der Vorteil bestand darin, dass der Stadtschreiber eben nicht zu den Führungsgremien der Stadt zählte und somit auch nicht in die Gefangennahme verwickelt war und in keiner engeren, vielleicht familiären Verbindung zu den dafür Verantwortlichen stand. Wahrscheinlich versprach man sich also auch einen Vorteil von der Entsendung eines Gesandten, der nicht als direkter Repräsentant der städtischen Führungsgruppen, sondern als weitestgehend neutraler Amtsinhaber den ersten Kontakt zum König in dieser prekären Angelegenheit herstellte.

3.3 Androhung von Interdikt und Bann

Ende Februar hatte das Konzil ein Mahnschreiben nach Straßburg geschickt. Darin wurde von Kapitel und Stadt gefordert, den Bischof freizulassen oder Vertreter von Stadt und Kapitel zum Konstanzer Konzil zu schicken, um sich für die Gefangennahme zu verantworten. Kam man einer dieser Forderungen innerhalb einer festgelegten Frist nicht nach, drohte Straßburg das Interdikt und den für die Gefangennahme verantwortlichen Personen der Kirchenbann.[659] Die Freilassung des Bischofs kam für Stadt und Kapitel jedoch nicht in Frage. Man entschied sich für die zweite Option. Vertreter des Kapitels und der Stadt machten sich auf den Weg nach Konstanz. Von städtischer Seite waren es Claus Zorn, Gosse Burggrafe, Rulin Barpfennig und Hans Bock, die als Mitglieder der Gesandtschaft von Ende März bis Anfang Mai nachgewiesen werden können.[660] Die Delegation wählte zunächst den Weg über Basel, da sie noch ein schriftliches Geleit für den letzten Reiseabschnitt nach Konstanz benötigte. Dieses erhielt man nach einigen Tagen Anfang April. Dabei hatten sich Gesandte verschiedener Städte an der Beschaffung des Geleits für die Straßburger Gesandten beteiligt.[661] Mittlerweile war eine Fristverlängerung zur Klärung der Angelegenheit bis zum 27. April erreicht worden, danach sollten Interdikt und Bann wirksam werden.[662]

Vergeblich warteten die Straßburger in Konstanz auf die versprochene Hilfe durch Sigismund, die zuvor vom Stadtschreiber Ulrich Meiger mit ihm ausgehandelt worden war. Der König schickte weder ein Schreiben noch eine Gesandtschaft nach Konstanz, um auf das Konzil einzuwirken und den Prozess vorerst zu stoppen.[663] Die Vertreter des Kapitels versuchten in der Zwischenzeit vergeblich, die Gefangennahme des Bischofs zu rechtfertigen. Letztendlich

659 Vgl. hierzu und zum Folgenden Finke, König, S. 105–108; Finke, Elektenprozess, S. 290 und S. 295–300; Kaiser, Meiger, S. 179 f.

660 AVES, AA 168, 8–15.

661 Finke, Elektenprozess, S. 296; AVES, AA 168, 11: *[...] mit hilff der botten von den stetten Bern, Zurich, Lutzern, Constentz, Ulme, Rottwilr und Vilingen disz selbe geleit noch der geleitz brieffe ynehalt gar kumerlich und swerlich erlanget hant [...].*

662 AVES, AA 168.

663 AVES, AA 168, 13 (25. April 1416): *[...] wanne solich botten und botschafft, so von unsyn heren dem kunge komen sol, noch nit komen ist, der wir noch uwer geschrifft doch warten sint [...] Ouch wundert uns umb dez kuniges botschafft, wo sich die so lange verziehe [...] daz wir nit wissent war noch wir uns keren sollent. Soliher verzog dez kungesz botschafft alles tuot [...].*

reichte ein von der Stadt beauftragter Jurist eine Appellation für Stadt und Kapitel ein, um Bann und Interdikt möglicherweise doch noch verhindern zu können. Darin wurden die Rechtmäßigkeit des bisherigen Verfahrens und die Zuständigkeit des Konzils in Frage gestellte. Letztendlich dienten alle Maßnahmen in Konstanz der Verzögerung des laufenden Verfahrens, da Stadt und Kapitel nach wie vor auf das Eingreifen des Königs warteten. Die Gesandtenberichte zeigen recht deutlich, dass alle Hoffnungen, dem Interdikt und dem Bann zu entgehen, auf dem König und seiner versprochenen Vermittlung beruhten.[664] Durch die Appellation konnte noch ein letzter Aufschub der Angelegenheit bis zur Umsetzung der Strafmaßnahmen erreicht werden. Die Intervention des Königs erfolgte schließlich kurz bevor Bann und Interdikt verhängt werden sollten.

Die im April durchgeführten diplomatischen Maßnahmen zeigen einige kontextspezifische Anforderungen an Straßburger Gesandtschaften: Die Gesandtschaftsdelegationen waren von weiteren Akteuren abhängig. Zum einen verdeutlichen die Berichte, dass die Unterstützung von Juristen in Konstanz im Zuge des dortigen Verfahrens gegen die Stadt und das Kapitel benötigt wurde. Hierfür war eine juristische Expertise erforderlich, über die die städtischen Gesandten nicht im erforderlichem Umfang verfügten. Vermutlich war auch der Stadtschreiber Ulrich Meiger hierzu nicht in der Lage oder die Quantität der anstehenden Aufgaben konnte von diesem allein nicht bewältigt werden.

Zum anderen waren Stadt und Kapitel vom Eingreifen des Königs in den Konflikt abhängig. Zwar hatten sie in ihm einen mächtigen Fürsprecher gefunden, doch verdeutlicht sich daran auch die Grenze der Handlungsmöglichkeiten städtischer Gesandtschaften und Gesandter in dieser Situation.

3.4 Freilassung des Bischofs und Verhängung von Interdikt und Bann

Anfang Mai traf schließlich der Ritter und königliche Rat Latzembock gemeinsam mit Ulrich Meiger in Konstanz ein.[665] Ein königliches Schreiben wurde verlesen. Sigismund verlangte, keine Entscheidung im Konflikt bis zu seinem persönlichen Eintreffen in Konstanz zu treffen. Schließlich wurde in Konstanz von den einzelnen Konzilsnationen und dem Kardinalskolleg mehrfach über einen Vorschlag des Königs abgestimmt, dem schlussendlich am 16. Mai 1416 stattgegeben wurde. Dies hatte unterschiedliche Maßnahmen zur Folge: Erstens wurde eine neue und längere Frist für die Klärung des Konfliktes gesetzt. Das bedeutete, dass die Entscheidung über den Konflikt und somit die Vollstreckung der angedrohten Strafmaßnahmen gegenüber Stadt und Kapitel auf Ende Mai vertagt wurden. Zweitens reiste der königliche Rat Heinrich Latzembock nach

664 AVES, AA 168, 15: *[...] sin gewisse botschafft tuge unverzoegenlich har uff zu dem Concilio, daz sie nutz tuegent untz er kome, dan wo daz nit beschee, so sprechent uns an samestag in den ban.*

665 Hierzu und zum Folgenden Finke, Elektenprozess, S. 300–304; Finke, König, S. 108–111; Kaiser, Meiger, S. 180–182.

Straßburg, um die Freilassung des Straßburger Bischofs aus der Gefangenschaft und dessen anschließendes Erscheinen vor dem Konzil zu erwirken. Der Bischof sollte sich dort unter anderem den Vorwürfen bezüglich seiner unangemessenen Lebensweise und einer Prüfung der generellen Führung und Verwaltung im Straßburger Bistum stellen.[666]

Am Zustandekommen dieser für Straßburg sehr günstigen Entscheidung – schließlich drohte der Stadt das Interdikt und den Straßburger Beteiligten der Bann – hatte der Stadtschreiber Ulrich Meiger einen großen Anteil. Dieser erreichte nämlich durch zahlreiche Gespräche, dass die anfängliche Protesthaltung in Konstanz gegen das Eingreifen des Königs in diese Angelegenheit des Konzils deutlich abgemildert wurde. Bereits kurz nach dem Eintreffen Meigers und des königlichen Rates waren diese darum bemüht, weitere wichtige Personen auf die königliche Seite zu ziehen, was ihnen schlussendlich auch gelang.[667]

Nachdem die erste Abstimmung über den oben genannten Vorschlag zu keinem Ergebnis geführt hatte, berichtete Ulrich Meiger von den Geschehnissen in Konstanz und seinem weiteren Vorgehen. Er bedankte sich etwa bei Vertretern des Kardinalkollegs und der italienischen Nation, die als einzige für den Vorschlag gestimmt hatten. Dies tat er jedoch nicht vordergründig im Namen der Stadt Straßburg, sondern im Namen des Königs. Zudem versuchte er auch die französische Konzilsnation für die vorgeschlagenen Interventionsmaßnahmen des Königs zu gewinnen.[668] Ob nun die Bemühungen Meigers für die Annahme des königlichen Vermittlungsvorschlags letztlich ausschlaggebend waren, kann nicht gesagt werden. Die diplomatischen Aktivitäten des Straßburger Stadtschreibers Meiger Anfang Mai 1416 waren in ihrer Umsetzung jedenfalls durchaus bemerkenswert und scheinen der speziellen Situation in diesem Konflikt geschuldet zu sein. Denn sie verdeutlichen zum wiederholten Mal, wie abhängig Straßburg von Sigismund war. Letztendlich machte Meiger nichts anderes, als für die Position des Königs zu werben. Hier wurden – zumindest nach außen – weniger die Interessen der Stadt vertreten, als vielmehr der Versuch unternommen, die königliche Stellung zum Wohl der Stadt zu verbessern. Wahrscheinlich ließen sich auch im Namen des Königs leichter weitere Fürsprecher in dieser Sache gewinnen. Das Vorgehen Meigers kann – auch aufgrund seines Erfolges – letztlich als geschickter diplomatischer Zug bewertet werden.

---

666 Finke, Elektenprozess, S. 403 f.

667 AVES, AA 169, 49 f., hier 49v: *[...] also gieng der Latzembok ernstlichen und furderlichen und ich ouch mit im zu den do ich wortzeichen an hett und haben unsersz heren desz kungesz meinung erzelet und geseit guetes und boeses wasz da von uf erston moege, dasz ich got und siner muoter getruw daz wir etteliche gelindert haben die hert gewesen sigent mit namen den Patriarchen [...] den ertzbischof Colotensz und Sarispurgen [...] one zwifel wir haben me lut uf unsern teil dan bisher, aber ich bin noch nit sicher der sachen [...]*. Vgl. hierzu und zum Erfolg der Aktivitäten Finke, Elektenprozess, S. 301 f.

668 AVES, AA 169, 11: *[...] dasz wir uf diese vesper gegangen sigen zu den cardinalen und ad nationem ytalicam und haben den gedanket von unsersz heren desz kungesz wegen, dasz si sich so versteclichen und redelichen bewisen hand und haben die gallicam natzionem gebetten dz si ouch uf unsir teil vallen und die wellen uns morn antwurten also dz wir keinen zwifel me an yn haben desz wir getruwen so haben wir dan dri teil, dasz ist dasz merteil und getruw die sachen soellent guot werden.*

Schlussendlich ging die Freilassung des Bischofs nicht wie vom Konzil veranlasst vonstatten. Zwar brachte man ihn über Basel nach Konstanz, doch geschah dies erst nach Ablauf der erteilten Frist. Anfang Juni wurden daher Bann und Interdikt verhängt. Der Bischof musste sich in Konstanz für die genannten Verfehlungen im Kontext seiner Amtsführung vor dem Konzilsgericht verantworten. Dies kam nun auch auf Stadt und Kapitel zu und erforderte weitere diplomatische Aktivitäten.

3.5 Der Prozess vor dem Konzil

Am 27. Juni 1416 wurde Wilhelm von Diest vor das Konzilsgericht geführt.[669] Allen Beteiligten stand nun der Prozess vor dem Konzilsgericht bevor. Zunächst entsandte Straßburg gar keine entsprechende Vertretung nach Konstanz. Erst nach Beginn des Prozesses schickte man Vertreter und benannte Anwälte. Insgesamt nahm die Stadt während des Prozesses eine passive Haltung ein, zeigte wenig Eigeninitiative durch das Vorbringen eigener Anklagen und versuchte lediglich, auf das Geschehen im Verlauf des Verfahrens zu reagieren. Dies lässt sich ab August 1416 anhand verschiedener Aktivitäten Straßburger Gesandter beobachten.

Mehrere Berichte des Gesandten Ulrich Bock geben Auskunft über die Haltung der Stadt. Nachdem der Bischof einige Anklageartikel gegen die Stadt und das Domkapitel bei den Konzilsrichtern eingereicht hatte, wurden jene aufgefordert, zu den Anklagepunkten Stellung zu nehmen. Um den Prozessverlauf zu verzögern, sollte der Gesandte Bock versuchen, die Frist für die erforderliche Stellungnahme möglichst weit nach hinten zu verlegen:

> *[…] ich han wol verstanden wie ir mir verschr[iben] habent wie ir uber die artikel so uch hinab gesendet sint habent tuon sitzen und Ratschlagen, wie man darzu antwurten soelle und meinent, dz ich dasz best darzu tuon solle, dz dz zil darzu ze antwurtent gelengent wird und ye laenger dz moege gesin ye lieber noch das sige […].*[670]

Die letztlich dennoch erforderliche Reaktion auf die vom Bischof gegen die Stadt eingereichten Anklagepunkte wurde schließlich durch die Mitarbeit von Straßburger Gesandten vorbereitet. Ein Brief von Ende Oktober 1416 informiert über das Vorgehen der Straßburger. Die Gesandten hatten als Grundlage für ihre weiteren Maßnahmen ausformulierte Antwortartikel auf die Anklage des Bischofs von der Stadt zur Verfügung gestellt bekommen. Diese wurden wiederum von den Gesandten selbstständig bearbeitet, indem Passagen gekürzt und hinzugefügt wurden. Die Version, welche man bei Gericht einreichen wollte, wurde nun wiederum den Anwälten der Stadt vorgelegt. Diese sprachen sich allerdings

669 Hierzu und zum Folgenden Finke, König, S. 112–116; Finke, Elektenprozess, S. 403–416; Gesandtenberichte: AVES, AA 169, 12, 14, 17–24, 25, 27, 28, 29, 30–32, 36, 38; AVES, AA 168, 16, 19–27, 30 f.

670 AVES, AA 168, 26.

für eine erneute Veränderung der einzureichenden Schriftstücke aus. Daraufhin wurden die Artikel erneut von den Gesandten überarbeitet.[671] Diese korrigierte Version sollte nach der Fertigstellung noch einmal den Juristen vor Ort vorgelegt werden, um sie anschließend erneut nach Straßburg bringen, dort näher zu erläutern und freigeben zu lassen.[672]

Es muss an dieser Stelle auf weitere Ausführungen zu den Details und zum Prozessverlauf verzichtet werden, doch kann bereits anhand der hier geschilderte Vorgehensweise der Gesandten eine grundsätzliche und im Verlauf des Prozesses immer wiederkehrende kontextspezifische Herausforderung aufgezeigt werden: Zwar nahmen die Gesandten aktiv an der Ausgestaltung prozessrelevanter Schriftstücke und der Verteidigung und Wahrnehmung städtischer Interessen teil. Dennoch waren sie auf den Rat von juristischen Experten angewiesen. Den Gesandten kam also die Aufgabe zu, die Vorstellungen und Ansichten der Stadt mit der Expertise der Juristen zu vereinen, um eine geeignete Stellungnahme vorzulegen. Somit spielten die Straßburger Gesandten in diesem Vermittlungsprozess eine maßgebliche Rolle bei der Vertretung städtischer Interessen.

Auch setzte die Stadt in dieser Phase des Gerichtsprozesses nach wie vor auf die Hilfe des Königs, zu dem parallel weiterhin der Kontakt aufrechterhalten wurde. Vom Erscheinen des Königs beim Konzil versprach man sich die entscheidende Hilfe durch dessen erneutes Eingreifen in den Prozess. Diesbezüglich ist eine Einschätzung des Gesandten Ulrich Meiger überliefert, der sich in einem Brief an Straßburg dafür aussprach, die Verbindungen zu Sigismund nicht abreißen zu lassen. Er befürchtete eine zu starke Einflussnahme der gegnerischen Seite, wenn Stadt und Domkapitel nicht permanent durch Gesandte am königlichen Hof vertreten seien. Zudem erhoffte er sich von einer verstärkten Präsenz eine höhere Informationsdichte.[673] Im Dezember desselben Jahres war zu diesem Zweck der Gesandte Gosse Burggrafe zum König geschickt worden und begleitete ihn auf seiner Reise. Aus Lüttich berichtete der Gesandte von seinem Versuch, den

---

671 AVES, AA 169, 28: *[…] her uf gesant habent mit soellichen antwurten so ir geratschloget hettent uf die artikel die der elect* [der Bischof, S. L.] *wider uch dar hat gegeben und aber min herr her Uolrich Boke, meister Herman und ich ob den selben antwurten saessen und die strakten, lenger und ouch kurtzer machten in der maesz als unsz dan notdurfte sin bedunket; und alsz wir die fur uwer advocaten und procuratoresz leitten und Rat daruber suochen, do wurden sie desz ein daz man nit wol beston moeht bi den antwurten […] und dar umb beduht si guot dz man von der stett wegen ander artikel wider desz electen artikel dar soelt geben […].*

672 AVES, AA 169, 28: *[…] der artikel bi den achzigen worden und die sint erst uf hut fritag zu mittag gar gemachtet; und wir wellen sie von stund meister Heinr[ich] uwern procurator bringen zu besenhent und zu minrent oder zu merrent und dar nach den advocatten, und wan dz beschiht und die iren Rat darzu gegebent, so wil dan die artiken und der Rat meister Herman hin ab bringen und uch dan die meinung da von sagen […].*

673 AVES, AA 169, 32: *darumb bedunktet mich gut sin, dasz ir uwer erbern botten zu im schikent und im die stift und stat empfelhent und daz unsir heren vom Cappitel ouch da bi sigen […] waere esz anders guot dz immer heren einer von der stift und und einer von der stett bi dem koenig weren, dan ich verston wol, dz sach unszir widersachen etwasz uf den koeng mit iren worten verschlahent. Doch so wir erber botten her uf komend so hoerent sie lihter me dan ich.*

Einfluss eines ebenfalls angereisten bischöflichen Rates auf den König zu verhindern.[674]

Ebenso war man damit beschäftigt, die Aufhebung beziehungsweise zwischenzeitliche Aussetzung des Interdiktes in Konstanz zu erwirken. Verschiedene Briefe der Gesandten geben über diese Aktivitäten Auskunft. Die Gesandten wurden dabei auch von königlichen Räten unterstützt, die beispielsweise durch Ansprachen vor den Konzilsrichtern für Straßburg Partei ergriffen.[675] Eine erste Aussetzung des Interdiktes konnte bis Ende Oktober 1416 erreicht werden. Anschließend wurde es noch mehrfach suspendiert.[676] Der Prozess zog sich bis Ende Januar 1417 hin, ohne dass eine Entscheidung erfolgte.

3.6 Verhandlungen bis zur Aufhebung des Interdiktes

Ab Ende Januar war König Sigismund wieder zeitweise in Konstanz anwesend und es begannen erneut Verhandlungen der zerstrittenen Parteien mit dem König.[677] Zu diesem Zweck hatte Straßburg seit der Rückkehr des Königs

---

674 Der Straßburger Gesandte Gosse Burggrafe begleitete Sigismund auf einer Reise und schrieb von seiner Mission einen Brief aus Lüttich. Als während der Reise auch ein Rat des Straßburger Bischofs Wilhelm von Diest erschien, versuchte der Gesandte, den König nicht mehr aus den Augen zu lassen. Vgl. hierzu AVES, AA 168, 31: *[...] daz uf den selben dag [...] Rette by unserm heren dem kunige gewesen sint daz waz der here von Diest einre. Do ich daz erfant do bleip ich deste gedihter by unserm heren dem kunige [...].*

675 Vgl. hierzu etwa folgenden Gesandtenbericht: AVES, AA 169, 12: *[...] und han vor den erzelet wie und in welicher masszen ir den heiligen Concilio gehorsam sient gewesen und noch furbasser in allen Cristenlichen sachen gern tuon wellent und wie esz so ein gar fremd ding sige dz man uch in baenne geton habe und dz esz alle fürsten heren und Stette fremde sin bedunke und von dem Concilio ein groß ungenade; die wile ir doch gehorsam sigent gewesen und han da mit gebetten, dasz si darzu tuond dz die baenne abgeton werden [...] und uf mine rede so hand die vorg[enannten] dri von desz koengesz wegen ouch gebetten zu mal ernstlichen und da mit erzelet gebresten der dem konig usz soelich hertikeit in dem Riche uf erston moeht, dan Straßburg ye de maehtigest furnemest stat sige in disen landen und hand sich vil wort da verloffen die zu lange zu verschr[iben] werent.*

676 Zur Aussetzung des Interdiktes vgl. hier Finke, Elektenprozess, S. 406; AVES, AA 168, 16: *[...] woellend wisszen dasz uf hut Samstag die zedel der abgeschrift wir uch gestern bi Schafferhausen gesendet haben durch dasz Concilium ist gegangen, und sind die Comissarii un rihter geben, die die baenne abtuon und widerheissen soellend singen dan in dasz von dem Concilio in offener session ist bevolhen. Also woellen wir uf die vesper und mit uns unser guot frund von den stetten fur die rihter tretten und allda unsyr advocaten und procuratoren tuon fordern und wir und die stette bitten, dasz man unverziehen die banne abtueg und das singen wider ufrihte und sint one zwifel, dasz wir der sachen nit muessig gan wellent [...] aber ir bedoerfent nu nit zwifel han, dan dasz dasz singen usgerihtet und die baenne abgetan werdent [...]*; AVES, AA 168, 21: *[...] wir lassen uch wisszen, dasz wir den brief als wir ussir banne komen sigen erst gester her usz braht haben und haben den in unser gewalt und woellen und mit gotes hilf da mit heimen furdern so wir erst moegen.* Zu weiteren befristeten Aufhebungen im Laufe des Jahres 1416 etwa AVES, AA 169, 27: *[...] so will ich uch den brief von des Interdicks wege alsz dasz uf geslagen ist bis zu der escherige mitwoche hin ab schicken [...]*; AVES, AA 169, 28: *[...] ouch lieber her,so send ich uch ein instrument hie dz dasz interdictu ist uf geslagen bisz zu der escherigen mitwochen und dz so man nit verlieren dan esz noch zu vil sachen nutz mag werden und man wirdet den rehten brief ouch machen hie zwischent und Martine so will ich den dan ouch niemen.*

677 Zum Folgenden Finke, Elektenprozess, S. 416–423; Finke, König, S. 116–125.

durchgehend Gesandte in Konstanz im Einsatz.[678] Beide Seiten versuchten die Gunst des Herrschers zu erlangen, wobei es anfänglich zunächst danach aussah, als könne Straßburg den König für sich gewinnen.

Ein Abkommen zwischen Sigismund, der Stadt und dem Domkapitel sollte geschlossen werden. Die Hilfe Sigismunds sollte durch eine Zahlung von 30.000 Gulden entlohnt werden. Wenn der Bischof den Prozess in Konstanz verlieren würde, so wären noch einmal 10.000 Gulden für den König hinzugekommen. Wenn es Sigismund gelänge, für die Entfernung des Bischofs aus dem Straßburger Bistums zu sorgen, so sollten dem König insgesamt 70.000 Gulden zustehen. Weiterhin ließ er sich von den Straßburgern deren Einverständnis zusichern, dass man verschiedene bischöfliche Schlösser aus dem Straßburger Bistum einem seiner königlichen Vögte unterstellte.[679] Insgesamt waren die Verhandlungen jedoch davon geprägt, dass Sigismund keine klare Linie beibehielt. Vielmehr versuchte er aus den parallel verlaufenden Verhandlungen mit dem Bischof seinen Vorteil zu ziehen. Dabei ging es gerade um die Frage der Übergabe der bischöflichen Besitzungen, für die der König auch das Einverständnis des Bischofs benötigte. Zwischenzeitlich war somit eine Absetzung des Bischofs für den König offenbar keine Option mehr und die bisher geführten Verhandlungen mit Straßburg wurden zunächst wieder obsolet. Er ging später sogar so weit, die unter seiner Kontrolle befindlichen Schlösser Vögten zu unterstellen, die zugleich enge Vertrauenspersonen des Bischofs waren. Dies wurde in Straßburg folgerichtig mit entsprechender Verärgerung aufgenommen.[680]

Dennoch wurde weiterhin mit Sigismund verhandelt und am 19. Juni 1417 kam eine Vereinbarung zustande, die dem König 50.000 Gulden einbringen sollte. Dafür versprach Sigismund Hilfe in der Auseinandersetzung mit dem Bischof und sicherte Straßburg in weiteren Punkten seine Unterstützung zu. Gesandte waren in der Folge auch in die Abwicklung der Zahlung an Sigismund eingebunden. Verschiedene Briefe der Gesandten berichten von der Abwicklung jener Finanztransaktionen. Straßburger Gesandte wiesen beispielsweise den Stadtrat nachdrücklich darauf hin, für ausgezahlte Summen Quittungen einzuholen. Die Zahlungen erfolgten noch im Juni 1417.[681]

Die Stadt setzte nicht nur bei Sigismund darauf, durch Geldzahlungen die Chancen auf einen guten Ausgang des Prozesses zu erhöhen. Straßburg plante, verschiedene Konzilsrichter zu bestechen. Dass dies letztendlich nicht erfolgreich war, hatte Ulrich Meiger zu verantworten. Er plauderte die geheimen Pläne unvorsichtigerweise aus. Der Merseburger Bischof Nikolaus Lubich sollte die Bestechungsmaßnahmen für die Stadt durchführen und hatte bereits durch geheime Abmachungen alles in die Wege geleitet. Als er vom Missgeschick Meigers

678 Vgl. hierzu die zahlreichen Gesandtenberichte: AVES, AA 169, 10, 39, 41, 44, 46 f., 51–60, 72; AVES, AA 168, 36–75, 82; AVES, AA 1443; AVES, AA 148.

679 Finke, Elektenprozess, S. 417.

680 Finke, Elektenprozess, S. 418 f.

681 Finke, König, S. 122. Finke, Elektenprozess, S. 420.

erfuhr, stellte er die Bemühungen sofort ein und der Plan war gescheitert.[682] Möglicherweise stammte die Idee der Bestechung sogar ursprünglich von Ulrich Meiger und anderen Gesandten. Dafür könnte ein Bericht des Stadtschreibers sprechen. In diesem äußerte er sich über die mühsamen Verhandlungen in Konstanz und die daraus gezogenen Schlüsse der Gesandten. Er schlug vor, dass eine Gesandtschaft eine entsprechende Summe Geld heimlich nach Konstanz bringen sollte, um die Angelegenheit zu einem Ende zu bringen.[683] Ob sich dies nun zweifelsfrei mit der später konkret geplanten Bestechung in Verbindung bringen lässt, kann nicht eindeutig bewiesen werden. Dennoch legt der Brief in Betracht gezogene Maßnahmen der städtischen Diplomatie offen. Zur Durchsetzung eigener Ziele – so die Einschätzung der Gesandten – bedurfte es mitunter eben nicht nur tatkräftiger Bemühungen durch diplomatische Verhandlungen, sondern auch der Vergabe von Geldern.

Weiterhin zeichnete sich ein Ende der gemeinsamen Aktivitäten von Stadt und Domkapitel ab. Diese hatten sich im Verlauf des Prozesses in ihren Positionen immer weiter voneinander entfernt, was nun auch Probleme bei der Durchführung der städtischen Diplomatie verursachte. Ein gemeinsamer Anwalt von Stadt und Kapitel handelte vermehrt im Auftrag des Kapitels und die Straßburger Gesandten waren über seine Schritte zum Teil nicht mehr informiert. Dies führte dann auch zu weiteren Streitigkeiten zwischen den Gesandten der Stadt und den Vertretern des Kapitels.[684] Dass sich das Verhältnis zwischen Stadt und Kapitel verschlechterte, zeigt ein Protokoll über innerstädtische Beratungen in Straßburg. Dieses war vermutlich kurz nach der Freilassung des Straßburger Bischofs Wilhelm von Diest im Sommer 1416 abgefasst worden. Die Beratungen fanden im Anschluss einer Gesandtschaft zum Konzil statt, bei der bezüglich der Verhinderung von Bann und Interdikt die geplanten Schritte nicht reibungslos verlaufen waren. Die Schuld hierfür gab man den Vertretern des Domkapitels, die sich nicht an Absprachen bezüglich diplomatischer Maßnahmen gehalten hätten. Die Gesandten berichteten ausführlich in Straßburg darüber.[685] Demnach sei die Freilassung des Bischofs nicht rechtzeitig erfolgt, da sich das Kapitel lange Zeit dagegen gewehrt habe. Deswegen sei man später mit Bann und Interdikt belegt worden.[686] Darüber hinaus hätten die Vertreter des Kapitels den Straß-

---

682 Kaiser, Meiger, S. 188f.; AVES, AA 1443, 41. Vgl. hierzu weiterhin die Ausführungen und vollständigen Quellenzitate im Kapitel II (2.2.2.2).

683 AVES, AA 169, 39: *dan dasz uwer guet frund meinend und dasz beduht ouch mich gůt sin, dasz ir ein erber treffenlicher botschaft her uf taetend, die die sachen furhand nehmen bisz uf ein end [...] alsz ouch ander uwer erber botten mit ernst nach allem iren vermoegen uwer sach getriben habend und beduht mich sunder guet, dasz dasz die selben uwer botten ein summe bares geltesz in einer geheimed brehten dasz zu dem end woelt finden [...].*

684 Finke, Elektenprozess, S. 420f. AVES, AA 165, 54f.

685 AVES, AA 1450, 54–55, hier 54r: *Item darnach hant die botten geseit, die zů Costentz gewesen sint, wie sy bedunke, daz man mit der Stett umb gangen sy und slahent alle rede abe in disem Ratslagen abe mit welhen worten die heren vom Cappitel die stat und ihre häupter hinder diese sache braht habent und nemend nu fur hant was sich in dieser sach verlouffen hat.*

686 AVES, AA 1450, 54r: *Item dez ersten* [gestrichen: *het her Johans Heilman*] *gemeint, daz zu den ziten do der patriarch und dez heilig Conciliums erwurdige treffliche botschaft hre waz und vordertent den Electen*

burgern vor der Entsendung der besagten Gesandtschaft nach Konstanz signalisiert, dass man Möglichkeiten gefunden habe, eine zwischenzeitliche Aufhebung von Interdikt und Bann herbeizuführen. Doch als die Gesandtschaft in Konstanz ankam, hatten die Vertreter des Kapitels in der Zwischenzeit keine weiteren Schritte unternommen. Die Straßburger Gesandten mussten selbst dafür sorgen, den Bischof für die ihm genommenen Güter bei der Gefangennahme durch die Zahlung eines Geldbetrages zu entschädigen. Damit habe man auch die Aufhebung von Bann und Interdikt erreicht.[687] Ebenso seien die Straßburger in Prozessangelegenheiten zum Teil durch das Kapitel vor vollendete Tatsachen gestellt worden. Die städtischen Gesandten gaben an, dass die Vertreter des Domkapitels Klageartikel beim Konzilsgericht eingereicht hatten, ohne dass weder die Einreichung dieser Artikel, noch deren inhaltliche Ausgestaltung vorab mit den Gesandten der Stadt besprochen worden waren. Daraufhin – so gibt es das Protokoll wieder – *wurden die botten zornig* und beschwerten sich bei den Vertretern des Domkapitels.[688] Im Zuge der Beratungen in Straßburg wurde dem Domkapitel ebenso die Hauptschuld an der Gefangennahme zugeschrieben, man selbst habe diese lediglich unterstützt. Man habe die Stadt beim Konzil damit unnötig in den gesamten Prozess hineingezogen.[689]

Die Ereignisse veranschaulichen zum einen, dass bereits im Jahr 1416 Konfliktpotenzial zwischen dem Straßburger Domkapitel und der Stadt vorhanden war, das sich im weiteren Verlauf des Gerichtsprozesses noch erhöhte. Für die Arbeit der Gesandtschaften war dies, folgt man den Angaben im Protokoll, mit Problemen verbunden. Das eigenmächtige Vorgehen der Vertreter des Domkapitels schränkte ihre eigenen Handlungsmöglichkeiten stark ein. Die eingegangene Verbindung mit dem Domkapitel machte sich in der Durchführung der

---

in daez Conciliums hant gesetzt mit sollichen worten als darzů gehört und erzalt da mit, was grossen gebresten kumb[er] und schaden daruß gen moehte, wo man daz nit dete, das do die Tumheren winckl sůchten die sachn zů verziehen, ye eines uber daz ander fur zu wendend umb daz sy die sache verzigen, dez glich deten sy do her Latzenbok kam und die Schöffel und Amman erkanten, daz man den Electen antworten solt daz wolt sy ez dannoch nit tůn bisz daz man in den Benn kam […].

687 AVES, AA 1450, 54v: *Item do man nu in die Benn und Interdicte kam, do schreib der dechan etwie dicke von Costentz her abe, er und daz Cappittel kemen […] usß den Interdicten und Bennen wen sy wollten. Aber do her Johans Bock und Blumenstein und meister Hermann mit hern Heilman zu Meister Ulrich hin uf komen, do waz nutzit zů den sachen bescheen von dez Cappittels wegen und musten erst die Botten fur die heren im Capittel xiiii Gulden an ein Banck legen und Wertschaft tun fur die habe, die dem Elect genommen waz. und do mit hulffen sij den heren usser Bann und och der stet* [gestrichen: *daz seit her Heilman, her Johans Bock, Blumenstein und meister Ulrich*].

688 AVES, AA 1450, 55r-v: *Item als man die ersten artickele dar geben sollte, der bi den ahtzig worent, do hant sie die artickle under inen selbs gemacht und hant die weder meister noch Rat noch ire erbern botten zu Costentz nye lossen sehen noch hören bisz uf einen tag, als her Claus Schulth Selige, her Johans Bock, her Johans Heilman, Blumenstein und meyster Ulrich zů Costentz waren, do schickten sy usz einen tag umb mittage nach eim Imbisz den vorgenannten botten zů Costentz die artickele und verkunten den, daz man die artickele zu Vesper desselben tages fur die Richter bringen wölt und müsten. Do wurden die erbern botten zornig und meinten sij hett ez der Stette oder innen billich vor verkundet umb dez willen daz man sich auch daruf bedacht möhte haben […].*

689 AVES, AA 1450, 55r: *[…] da hant die heren vom Cappittel dar in gezog die Stett fur hauptlute […] wie wol sy doch nů helffere worent.*

städtischen Diplomatie auch negativ bemerkbar. Der Umgang mit diesen Schwierigkeiten stellte somit eine spezifische Herausforderung für die Gesandten dar. Diese waren nicht nur in der Situation, ihr Handeln grundsätzlich mit einem Partner abstimmen zu müssen, sondern mussten offenbar auch darauf achten, dass relevante Entscheidungen nicht ohne sie getroffen wurden. Aufschlussreich ist die Quelle darüber hinaus, weil sie einen Einblick in die Umsetzung und Nachbereitung städtischer Gesandtschaftsmissionen liefert. Im hier dargelegten Fall wurden die eigenen Schritte im Nachhinein besprochen und zu Protokoll gegeben. An dem hier behandelten Beispiel ist besonders auffällig, dass die Straßburger Gesandten ihre diplomatischen Aktivitäten in ein positives Licht stellten und für Misserfolge die Vertreter des Domkapitels verantwortlich gemacht wurden. Es bleibt somit fraglich, wie stark derartige Protokolle auch von Rechtfertigungsstrategien der Gesandten geprägt waren.[690]

Im November des Jahres 1417 wurde das Urteil im Prozess gegen die Stadt gefällt. Zwar wurde das Interdikt aufgehoben, doch die Hauptbeteiligten der Gefangennahme wurden mit dem Bann belegt.[691]

3.7 Das Ende des Konfliktes

Bereits seit der Aufhebung des Interdiktes im November 1417 traten Stadt und Kapitel endgültig nicht mehr als Einheit auf. [692] Die Stadt suchte nun die Nähe zum neu gewählten Papst Martin V. Ein erstes wichtiges Ziel der Stadt war es, die betroffenen Straßburger Bürger vom Bann zu befreien: Dies gelang am 18. März 1418. Sigismund fühlte sich aber durch die Entscheidung des Papstes übergangen, was wiederum zu erneuten Spannungen sowohl zwischen Papst und König als auch zwischen König und Straßburg führte. Schließlich war Sigismund nun jegliche Möglichkeit genommen worden, den Konflikt weiterhin zu seinen Gunsten auszunutzen.[693] Denn die Aufhebung des Bannes war eine Art Rehabilitierung der Entführer des Bischofs. Die Gefangennahme wurde somit im Nachhinein geradezu legitimiert. Straßburger Gesandte hatten auf die Beendigung des Bannes hingearbeitet und schrieben nun in einem ihrer Berichte über den erzielten Erfolg: *[...] da mit die geschiht der gevangnust desz ellecten etwasz gehellen ist und gerecht vertiget alsz wir uch hernach aigentlicher schriben oder selber sagen soellen.* Zugleich verkündeten sie, dass die vom Bann vormals betroffenen Straßburger nun wieder an Gottesdiensten teilnehmen und das Sakrament empfangen durften: *und unser herre der techen* [Domdekan] *und die uwern moegend*

690 Vgl. zum Thema Rechtfertigungsstrategien in städtischen Gesandtenberichten Schwarz, Politische Kommunikation.

691 Finke, Elektenprozess, S. 421.

692 Vgl. hierzu im Folgenden Finke, Elektenprozess, S. 423–430; Finke, König, S. 126–130; Gesandtenberichte: AVES, AA 169, 61–71, 73; AVES, AA 168, 77 f.; AVES, AA 1443; AVES, AA 1444, 1–4.

693 Finke, Elektenprozess, S. 425 f.

dar uf wol ze kirchen gon, sin ambaht tůn und dz sacrament emfpahen als unsz daz uwer advocaten geheissen hand […].[694]

Nach diesem Urteil entfernten sich Domkapitel und Stadt immer weiter voneinander. Im weiteren Verlauf des Jahres 1418 waren die diplomatischen Aktivitäten Straßburgs auf die Klärung der Situation im Bistum ausgerichtet. Diesbezüglich vertraten die vormaligen Partner grundsätzlich unterschiedliche Positionen. Für den Bischofsstuhl gab es einige Anwärter, unter ihnen befand sich auch der Straßburger Domdekan Hügelman von Finstingen, der durch das Kapitel unterstützt wurde. Letztendlich – und vor dem Hintergrund der jahrelangen Auseinandersetzungen bemerkenswert – sprach sich Straßburg für den Verbleib des bisherigen Bischofs Wilhelm von Diest aus, was nun endgültig zum Bruch mit dem Domkapitel führte. Dieses war weiterhin strikt gegen den Verbleib des Bischofs.[695]

Im Oktober 1418 kam eine Einigung der Stadt Straßburg mit dem Bischof zustande. Warum sich Straßburg nun wieder mit dem diesem zusammenschloss, kann nur vermutet werden. Möglicherweise wollte man den Kandidaten des Domkapitels – Hügelmann von Finstingen – verhindern und war zudem an einer Beendigung der Konflikte mit dem Bischof interessiert. Schließlich muss die Stadt über Jahre enorme Kosten für die Klärung des Konfliktes aufgebracht haben. Neben den Zahlungen an König Sigismund für dessen Hilfe mussten auch laufende Prozesskosten getragen und die notwendigen Mittel für die Gesandtschaften bereitgestellt werden. Der Vertrag mit dem Bischof kam in Offenburg auf Vermittlung des Pfalzgrafen Ludwig zustande. Straßburger Gesandte waren vor Ort und brachten die ausgearbeiteten Verträge nach Straßburg. Dort entschied man sich dafür, den Verbleib des Bischofs nun vom Papst bestätigen zu lassen.[696]

Nach mehreren Anläufen konnte man schließlich auch dessen Zustimmung einholen. Zunächst entsandte die Stadt im Dezember 1419 Gesandte nach Mantua. Damit Wilhelm von Diest Bischof bleiben konnte, warb man dort beim Papst für dessen Bestätigung.[697] Die Gesandten Ulrich Meiger, Rudolf von Endingen, Johans Mansse und Johannes Blumenstein wurden für diese Mission ausgewählt. Auch aufgrund der Einflussnahme des Domkapitels scheiterte das

---

694 Beide Zitate in AVES, AA 168, 78.

695 Finke, Elektenprozess, S. 426 f.

696 Vgl. hierzu einen Entwurf eines innerstädtischen Abschiedes, AVES, AA 1453, 6: *Meister und Rat, Schoeffel und Amman sint mit Rate der einundzwentziger uber ein komen und hant es ouch erteilet. Als wir unsere erbere Botschafft uff dem tage zů Offenburg gehaben hant wir unserm gnedigen herren hertzoge Ludewige und aldo ein nottel begriffen worden ist, die uns ouch unseren erbern Botten uffe die zit von dannan broht haben. Dar uber meister und Rat, Schoeffel und amman gesessen sint und habent dar noch mit rehter urteilet erteilet, daz die Stadt der selben nottel gegen dem Bischofe also ingon sol, und sol man an unsern den Bobst suchen und werben, obe die Rahtunge noch der notte besage mit sinem willen und gehelle zu gen moehte […]*; sowie einen Brief des Domdekans Hügelmann von Finstingen an Straßburg, der sich für den Verbleib des Bischofs im Bistum aussprach, AVES, AA 1453, 5.

697 AVES, AA 167, 2; AVES, AA 1444, 1–4, 35; AVES, 1453, 7.

Vorhaben Straßburgs zunächst.[698] Im Frühjahr erfolgte eine weitere Gesandtschaft von Bischof und Stadt zum Papst. Straßburg entsandte einen städtischen Schreiber, Johannes Werder, und den Gesandten Johannes Blumenstein. Der Bischof schickte den Gelehrten Michel Tuseln. Zu den genauen Umständen der diesbezüglichen Verhandlungen sind nur wenige Quellen und keine Gesandtenberichte überliefert, sodass zu ihrem Ablauf keine weiteren Angaben gemacht werden können. Das Ergebnis hingegen ist überliefert und war ganz im Sinne der Stadt: Martin V. gab sein Einverständnis und der Konflikt zwischen Bischof und Stadt war vorerst beendet.[699]

---

698 Finke, Elektenprozess, S. 428–430.
699 Finke, Elektenprozess, S. 428–430. AVES, AA 1444, 13; AVES, AA 1453, 11, 16.

IV. Symbolische Kommunikation und Straßburger Gesandtschaften

Das Untersuchungsfeld „Symbolische Kommunikation“[700] ist mittlerweile ein fester Bestandteil innerhalb der Geschichtswissenschaft geworden und auch die Mediävistik hat sich in den letzten Jahrzehnten intensiv mit dieser Thematik befasst. Bemerkte Gerd Althoff noch 1993, dass Forschungen zum symbolischen Handeln, zum Ritual und Zeremoniell[701] gerade in der deutschsprachigen Mediävistik noch nicht etabliert seien,[702] so hat sich dies im Verlauf der 1990er Jahre auch durch seine eigenen Untersuchungen stark geändert.[703] Forschungen zu jenen und weiteren symbolischen Kommunikationsformen und den damit verbundenen Fragen der Performanz haben insbesondere seit der Jahrtausendwende nicht nur in der deutschsprachigen Mittelalterforschung deutlich zugenommen.[704]

700 Zur Begriffsproblematik vgl. etwa Stollberg-Rilinger, Symbolische Kommunikation, S. 496–500, die auf den Umstand hinweist, dass in einem weiteren Sinne sämtliche Kommunikation symbolisch ist. Stollberg-Rilinger liefert selbst eine Definition für symbolische Kommunikation, Stollberg-Rilinger, Symbolische Kommunikation, S. 500: „Mit symbolischer Kommunikation ist hier also Kommunikation mittels Symbolen in einem engeren Sinne gemeint; Symbole werden verstanden als eine besondere Spezies von Zeichen verbaler, visueller, gegenständlicher oder gestischer Art wie etwa sprachliche Metaphern, Bilder, Artefakte, Gebärden, komplexe Handlungsfolgen wie Rituale und Zeremonien […]“.

701 Sowohl in der Alltagssprache als auch in der Wissenschaftssprache ist der Begriff „Ritual“ nicht eindeutig definiert. Insbesondere die Abgrenzung zu ähnlichen Phänomenen wie „Ritus“ oder „Zeremoniell“ bereitet Schwierigkeiten. Auf einige Bestimmungsfaktoren, die in der historischen Ritualforschung zur Gegenstandsuntersuchung verwendet werden, kann jedoch zurückgegriffen werden, vgl. hierzu exemplarisch Rexroth, Rituale, S. 393 f.; Stollberg-Rilinger, Rituale, S. 7–17. Barbara Stollberg-Rilinger liefert in ihrem 2013 erschienenen Handbuch mit dem Titel „Rituale“ einen Definitionsvorschlag, Stollberg-Rilinger, Rituale, S. 9: „Als Ritual im engeren Sinne wird hier eine menschliche Handlungsabfolge bezeichnet, die durch Standardisierung der äußeren Form, Wiederholung, Aufführungscharakter, Performativität und Symbolizität gekennzeichnet ist und eine elementare sozial strukturbildende Wirkung besitzt. Hingegen wird von Ritualisierung im weiteren Sinne schon dann gesprochen, wenn sich ein bestimmtes Verhalten in seiner äußeren Form regelmäßig wiederholt.“ Neben der hier bereits getroffenen Unterscheidung zwischen „Ritual“ und „Ritualisierung“ wird weiterhin zwischen „Ritual“ und „Zeremoniell“ differenziert. Demnach seien Rituale transformative und Zeremonien konfirmative Akte, da Rituale einen Statuswechsel nach sich zögen, was die Zeremonie hingegen nicht leiste. Vgl. hierzu ebenso mit weitestgehend ähnlichen Ansätzen Peltzer/Schwedler/Töbelmann, Einleitung.

702 Althoff, Demonstration, S. 30 f.

703 Vgl. hierzu etwa den Forschungsüberblick bei Martschukat/Patzold, Einführung, S. 12–18, hier 12: „In der Mediävistik haben Gesten, Rituale und Inszenierungen spätestens seit den 1990er Jahren Hochkonjunktur.“

704 Hierzu haben in Deutschland – nicht nur auf dem Gebiet der Mediävistik – größere Forschungsvorhaben etwa in Form von Sonderforschungsbereichen beigetragen, vgl. hierzu exemplarisch: SFB 496 „Symbolische Kommunikation und gesellschaftliche Wertesysteme“ (Münster, 2000–2011), SFB 619 „Ritualdynamik“ (Heidelberg, 2002–2013), SFB 584 „Das Politi-

Das Thema ist auch im Zusammenhang mit Gesandtschaften in der mediävistischen Forschung bereits behandelt worden.[705] Jörg Schwarz hob die diesbezüglichen Chancen des spätmittelalterlichen Quellenmaterials hervor: Gesandtenberichte eigneten sich nach Schwarz außerordentlich gut zur Erforschung symbolischer Kommunikationsweisen, da diese über Inszenierungen, Reaktionen und Handlungen der Gesandten Aufschluss geben und darüber hinaus auch die Ebene der Berichterstattung an die Auftraggeber der Gesandten erkenntnisfördernd sei.[706] Städtische Gesandtschaften sind dennoch im Hinblick auf symbolische Kommunikation nur in sehr wenigen Arbeiten untersucht worden. Michael Jucker lieferte hierzu für die Eidgenossenschaft erste Analysen und hob dabei insbesondere die Bedeutung des Körpers jener städtischen Vertreter bezüglich symbolischer Kommunikationsformen hervor.[707] Stephan Selzer

---

sche als Kommunikationsraum in der Geschichte" (Bielefeld, 2001–2012), SFB 447 „Kulturen des Performativen – Performative Turns im Mittelalter, in der Frühen Neuzeit und in der Moderne" (Berlin, 1999–2010), SFB 485 „Norm und Symbol. Die kulturelle Dimension sozialer und politischer Integration" (Konstanz, 2000–2009). Es ist wenig zielführend an dieser Stelle den Versuch zu unternehmen, die Vielzahl an Studien zu diesem breiten Forschungsfeld zu einem Forschungsstand zusammenzufassen, sofern dies überhaupt möglich ist. Stattdessen sei an dieser Stelle lediglich auf einige für die vorliegende Arbeit grundlegende Studien und Sammelwerke hingewiesen, die Spezialliteratur wird an gegebener Stelle ergänzt: Stollberg-Rilinger, Symbolische Kommunikation; Stollberg-Rilinger, Rituale; Rexroth, Rituale; Althoff (Hrsg.), Formen; Althoff, Baupläne; Althoff, Demonstration; Althoff, Spielregeln; Althoff, Macht; Althoff u. a. (Hrsg.), Spektakel; Boschung/Hölkeskamp/Sode (Hrsg.), Raum; Brosius/Michaels/Schrode (Hrsg.), Ritual; Gengnagel (Hrsg.), Ritualmacher; Rüther (Hrsg.), Integration; Wulf/Zirfas (Hrsg.), Kultur; Peltzer/Schwedler/Többelmann (Hrsg.), Versammlungen. Eine kritische Auseinandersetzung mit Althoffs Forschungen findet sich bei Dinzelbacher, König; Vollrath, Rituale. Zu Fragen der Performanz etwa Martschukat/Patzold, Einführung, sowie der dazugehörige Sammelband Martschukat/Patzold (Hrsg.), Geschichtswissenschaft; Reinle, Herrschaft; Oschema, Performanz, ebenfalls hierzu der dazugehörige Sammelband Oschema (Hrsg.), Performanz.

705 Vgl. hierzu etwa Péquignot, Diplomatie, S. 79, mit weiteren Literaturangaben; Garnier, Zeichen.

706 Schwarz, Politische Kommunikation, S. 66: „[...] spielten und spielen Gesandtenberichte ferne eine Rolle in allen Fragen nach dem rituellen oder situationsbedingten Handeln der Vertreter der Mächtegruppen auf dem diplomatischen Parkett [...] Für das in der Mediävistik vor allem unter den heuristischen Voraussetzungen des Früh- und Hochmittelalters entwickelte Paradigma scheint sich anhand der zunehmenden Ausziehung ins späte Mittelalter hinein ein ganz neues Feld zur erschließen, mit Aussagemöglichkeiten, die man so aus den früheren Perioden der Epoche nicht kennt. Wie Gesandte in den verschiedensten politischen Situationen auftraten, wie sie sich inszenierten, wie sie handelten und reagierten; wie sie dieses Inszenieren, Handeln und Reagieren an ihre Auftraggeber weitergaben; wie wiederum andere, neutrale Berichterstatter darüber informierten und welche Brechungen sich durch das Zusammenfügen der Berichte für uns heute ergeben – das alles lässt sich gerade am reichhaltigen spätmittelalterlichen Quellenmaterial vorzüglich erkennen." Stephan Selzer verwies diesbezüglich auf das Potential der Quellen zur Rechnungslegung in den Städten, die über Kleidung und Heraldik städtischer Gesandtschaften Auskunft geben, Selzer, Überlegungen, S. 261.

707 Jucker, Körper, S. 69 f.: „Der Körper des Gesandten, Gestik, Repräsentation und das symbolische Handeln sind somit noch kaum erforschte Gebiete." Vgl. mit Ausführungen zum Thema Rang, Kleidung und Körper städtischer Gesandter Jucker, Gesandte, S. 253–267. Das es sich hierbei noch immer um ein Desiderat handelt, hängt möglicherweise auch mit dem von Peltzer/Schwedler/Többelmann, Einleitung, S. 12, konstatierten generellen Mangel an Forschung zu diesem Themenfeld in der Hoftags- und Reichstagsforschung zusammen: „Die reiche Hoftags- und

betonte in einem Beitrag über die Gesandten des Preußischen Bundes in der Mitte des 15. Jahrhunderts die Bedeutung symbolischer Kommunikationsformen für eine erfolgreiche städtische Diplomatie.[708]

In einer Studie zur Diplomatie der Stadt Augsburg geht hingegen Evelien Timpener von einer sehr geringen Relevanz der symbolischen Kommunikation für die städtische Diplomatie aus. Dabei wird als wesentliches Argument ausgemacht, dass städtische Diplomatie eher jenseits der Öffentlichkeit stattgefunden habe und demnach symbolische Kommunikationsformen kaum zum Tragen gekommen wären. Was dabei genau mit politischer Öffentlichkeit gemeint ist, bleibt offen und macht damit eine Aussage über die vorhandene oder nicht vorhandene Wirkmächtigkeit symbolischer Kommunikationsformen problematisch.[709] Zudem basieren die Schlussfolgerungen auf einer unzureichenden Quellengrundlage, denn es wurde die Korrespondenz zwischen der Stadt und den jeweiligen „[...] Konflikt- sowie Bündnispartnern [...]" analysiert, in der „[...] sachlich – und [...] wenig symbolisch – kommuniziert wurde."[710] Lässt man hier einmal die problematische Aussage, symbolische Kommunikation sei nicht sachlich, einmal außen vor, so ist für die Beurteilung der Frage, inwiefern symbolische Kommunikationsformen in der städtischen Diplomatie eine bedeutende Rolle spielten, die Quellengrundlage elementar. Schilderungen symbolischer Kommunikation finden sich, dies werden die folgenden Ausführungen zeigen, gerade nicht in der städtischen Korrespondenz mit auswärtigen Akteuren, sondern vorwiegend in den Gesandtenberichten, die somit Referenzpunkt für die Beurteilung dieser Formen der Ausübung städtischer Diplomatie sein müssen.[711]

Eine genauere Betrachtung des Themenfeldes ist für die Untersuchung städtischer Diplomatie mit entsprechender Quellengrundlage durchaus sinnvoll

---

Reichstagsforschung war sich in den letzten Jahrzehnten der Wirkkraft von Ritualen und Symbolen nur wenig bewusst." Doch auch im dazugehörigen Sammelband „Politische Versammlungen und ihre Rituale. Repräsentationsformen und Entscheidungsprozesse des Reichs und der Kirche im späten Mittelalter" findet sich kein Beitrag, der sich speziell mit städtischen Gesandtschaften des Mittelalters befasst. Einige kurze Anmerkungen zum Thema Heraldik und Kleidung städtischer Gesandter finden sich darin bei Selzer, Überlegungen, S. 261.

708 Selzer, Professionalisierung, S. 126–129, hier S. 127: „Auch den Diplomaten des Preußischen Bundes war es eine Selbstverständlichkeit, dass es im höfischen Milieu zur diplomatischen Einbettung dazugehörte, durch Gespräche, Geschenke und Gesten für die eigene Position zu werben und somit eine Atmosphäre des Wohlwollens für das eigene Anliegen zu erzeugen."

709 Zu Beginn der Arbeit wird folgende These aufgestellt, Timpener, Strategien, S. 7: „Die städtische Diplomatie konnte ihre größte Wirkung abseits der politischen Öffentlichkeit entfalten – nämlich dort, wo die symbolische Kommunikation eine verhältnismäßig kleine Rolle spielte". Vgl. zur Frage der symbolischen Kommunikation ebenso Timpener, Strategien, S. 7f., S. 30, 153.

710 Timpener, Strategien, S. 7.

711 Evelien Timpener stütz sich, wie oben schon angedeutet, in ihrer Studie jedoch vorwiegend auf die ausgehende Korrespondenz des Stadtrates, Timpener, Strategien, S. 28 und S. 69, hier S. 28: „Da für Augsburg die Missiven (Ausgangskorrespondenz) besser überliefert sind als die Literalien (Eingangskorrespondenz), liegt der Fokus in dieser Arbeit quellenbedingt stärker auf den Botschaften des Stadtrates (d.h. Sender und Medium) als auf dem Empfänger und seiner Rückkommunikation."

und vielversprechend. In weiten Teilen der Forschung verspricht man sich von der Analyse symbolischer Kommunikation wichtige Erkenntnisse über die dahinterstehenden Gesellschaften. Rituale und Inszenierungen seien daher „[…] ein wichtiger Schlüssel zum Verständnis der sozio-politischen Strukturen einer Gesellschaft […]“.[712]

Folgt man dieser These und den skizzierten Einschätzungen der Forschung zum diesbezüglichen Potential der Gesandtenberichte, so drängt sich eine Untersuchung symbolischer Kommunikation im Rahmen der hier vorliegenden Studie geradezu auf.

Insbesondere die beiden zentralen Aufgabenbereiche der Berichterstattung und der diplomatischen Vertretung Straßburgs außerhalb der Stadt sind in diesem Zusammenhang wichtige Untersuchungsaspekte, für die symbolische Kommunikation von Bedeutung war. Straßburger Gesandte und Gesandtschaften agierten als Vertreter im außerstädtischen Bereich, waren Teil politischer Handlungen und somit auch potenzielle Rezipienten, Teilnehmer und Initiatoren symbolischer Kommunikation.[713]

Betrachtet man dieses Thema aus der Perspektive der Berichterstattung, so sind die regelmäßig auftauchenden Schilderungen symbolischer Handlungen in Straßburger Gesandtenberichten auffällig. Sie veranschaulichen, wie häufig die städtischen Gesandten mit diesen Formen der Kommunikation in Berührung kamen. Durch die Erwähnung, Beschreibung und Kommentierung wird zudem die jeweilige Bedeutung sichtbar, die der symbolischen Kommunikation von den Gesandtschaften für ihre Tätigkeit und die städtische Außenpolitik innerhalb der Berichterstattung beigemessen wurde. In welcher Art und Weise, in welchen Zusammenhängen und mit welchen Absichten jeweils berichtet wurde, ist von Bedeutung, da hierüber Aussagen über die Prioritäten der Schilderung gemacht werden können. Dies gilt sowohl für die Frage, über welche Formen der symbolischen Kommunikation berichtet wurde als auch für die jeweilige Schwerpunktsetzung der Beschreibung innerhalb dieser Handlungen.

Neben der Frage nach der Berichterstattung über symbolische Kommunikation ist auch nach dem konkreten Verhalten der Gesandten innerhalb von symbolischen Kommunikationssituationen zu suchen. Zwar lässt sich dies nur bedingt von der Berichterstattung trennen, da wir über die eigenen Handlungen der Gesandten zumeist auch nur durch ihre Berichte erfahren. Aber dennoch muss zwischen der generellen Berichterstattung und der Berichterstattung über eigenes Handeln unterschieden werden. Denn die eigenen Handlungen sind aus verschiedenen Gründen für eine Analyse ebenfalls von Bedeutung: Das Wissen über symbolische Kommunikationsweisen spielte bei der aktiven Teilnahme – etwa bei Ritualen – eine essenzielle Rolle. Verfügten städtische Gesandte diesbezüglich über entsprechendes Handlungswissen, um adäquat handeln und

712 Peltzer/Schwedler/Töbelmann, Einleitung, S. 13.

713 Grundsätzlich zur Verbindung von Inszenierung und Politik Martschukat/Patzold, Einführung, S. 1 f., mit weiterführender Literatur. Vgl. zum diesbezüglichen Potenzial von Gesandtenberichten und den folgenden Ansätzen Schwarz, Politische Kommunikation, S. 66.

somit ihre Ziele erreichen zu können? Inwiefern konnten Straßburger Gesandte auf symbolische Kommunikation nur passiv reagieren oder diese auch aktiv beeinflussen oder sogar selbst als Initiatoren dieser Handlungen agieren? Indem auch nach der Qualität dieses Handelns auf der individuellen Ebene der Gesandten gefragt wird, ist ein zusätzlicher Aspekt angesprochen, der für die Analyse wichtig erscheint: die Performanz. Die Straßburger Gesandtenberichte bieten einige Beispiele, bei denen Performanz innerhalb der symbolischen Kommunikationsformen eine besondere Rolle spielte. Somit soll neben einer eher strukturellen Betrachtung der verwendeten und beschriebenen symbolischen Kommunikationsformen, wie etwa des Rituals, auch die individuelle Handlungsebene in der konkreten Situation mit einbezogen werden.[714]

Im Folgenden werden diese Fragen anhand ausgewählter thematischer Schwerpunkte sowie anhand eines Fallbeispiels – den Privilegienverhandlungen der Stadt mit König Ruprecht im Jahr 1400 – untersucht. Nachdem in einem ersten Kapitel noch einmal die Frage aufgegriffen wird, inwiefern symbolische Kommunikation in der Berichterstattung von Bedeutung war, stehen im Anschluss Themen wie Eid und Huldigung,[715] Geschenke,[716] Mahlzeiten,[717] Nennungen von Pferden[718] sowie die Bedeutung Straßburger Frauen für die Verhandlungen mit König Sigismund in Verbindung mit symbolischer Kommunikation im Fokus weiterer Kapitel. Damit werden zum größten Teil Themen angesprochen, die von der bisherigen Forschung bereits unter dem Begriff der symbolischen Kommunikation behandelt wurden. Da es sich zum größten Teil also um bekannte Phänomene handelt, geht es im Folgenden weniger darum, die in den Quellen beschriebenen Handlungen immer genau zu spezifizieren, sie

714 Vgl. hierzu und den Potenzialen der Untersuchung von Performanz, gerade im Kontext von Ritualen, Oschema, Performanz, etwa S. 22: „Wenn die Analyse von Ritualen und ritualisiertem Handeln nicht bei der kategorisierenden Identifikation der vollzogenen Handlungen und gegebenenfalls auch der dabei verwendeten Objekte stehenbleiben soll, so eröffnet ihr die Frage nach der Performanz weitere Beobachtungs- und Beschreibungsmöglichkeiten." Ebenso die einzelnen Beiträge zum Thema im dazugehörigen Sammelband Oschema (Hrsg.), Performanz. Weiterhin auch Reinle, Herrschaft, S. 30: „Denn die Untersuchung performativer Akte erlaubt es, nicht nur das hochformalisierte statusbestätigende Zeremoniell oder das an Institutionen gebundene, ebenfalls stark formalisierte statusverwandelnde Ritual in den Blick zu nehmen, die seit kurzem ihrerseits hinsichtlich ihrer performativen und medialen Aspekte untersucht werden, sondern sie erlaubt auch die Berücksichtigung stärker situationsgebundener und/oder alltäglicher Handlungsweisen, sofern diese nur ein gewisses Maß an Stilisierung aufweisen." In Bezug auf Gesandtenberichte Schwarz, Politische Kommunikation, S. 66.

715 In Verbindung mit Fragen der symbolischen Kommunikation etwa: Holenstein, Huldigung; Holenstein, Rituale; Schenk, Zähmung; Schwedler, Herrschertreffen, S. 125.

716 In Verbindung mit Fragen der symbolischen Kommunikation etwa: Groebner, Geschenke; Althoff, Demonstration, S. 40; Hirschbiegel, Étrennes; Schwedler, Herrschertreffen, S. 380–388; Häberlein/Jeggle (Hrsg.), Grundlagen; Korsch, Geschenke; Grünbart (Hrsg.), Geschenke.

717 In Verbindung mit Fragen der symbolischen Kommunikation etwa: Schwedler, Herrschertreffen, S. 368–379; Althoff, Demonstration, S. 39 f. Zum Krönungsmahl und zum höfischen Festmahl Schubert, Essen, S. 265–267 sowie S. 273–286; im Kontext von Huldigungen hierzu Holenstein, Huldigung, S. 472–478.

718 In Verbindung mit Fragen der symbolischen Kommunikation etwa: Althoff, Demonstration, S. 46; Selzer, Macht; Leibetseder, Pferde.

beispielsweise als Rituale oder Zeremonien auf der Grundlage einer ausgewählten Definition zu identifizieren. Zeil ist vielmehr, städtische Gesandtschaftsberichte und Handlungen städtischer Gesandtschaften unter der Fragestellung der symbolischen Kommunikation zu untersuchen. Um weitere Erkenntnisse sowohl über städtische Gesandtschaftsmissionen als auch über die Tätigkeiten und Fähigkeiten städtischer Gesandter zu gewinnen, ist die Untersuchung von symbolischer Kommunikation somit vielversprechend. Dies ist gerade deshalb der Fall, weil es aufgrund der Quellenlage möglich ist, verschiedene Perspektiven einzunehmen und unterschiedlichen Fragestellungen nachzugehen. Schlussendlich ist daher nach der Rolle symbolischer Kommunikation für die städtische Außenpolitik und ihrer Umsetzung durch Gesandtschaften zu fragen.

1. Berichte über symbolische Kommunikationsformen

Spektakuläre Szenen spielten sich Anfang des Jahres 1416 ab, als König Sigismund Amadeus VIII. von Savoyen (den späteren Gegenpapst Felix V.) [719] zum Herzog von Savoyen erheben wollte. Das Ritual fand auf einer Art Bühne oder einem Gerüst statt. Als sich der König und weitere Beteiligte darauf eingefunden hatten, kam es zu einem ungeplanten Zwischenfall: Die Konstruktion hielt dem Gewicht der versammelten Gesellschaft nicht stand und brach in sich zusammen, sodass einige der Beteiligten Verletzungen erlitten.

Dies alles erfahren wir aus einem Brief des Straßburger Stadtschreibers Ulrich Meiger, der sich zu dieser Zeit als Gesandter der Stadt auf dem Weg zum König befand. Selbst hatte er die Geschehnisse nicht beobachtet. Woher er seine Informationen hatte, bleibt unklar. Die Nachricht vom missglückten Ritual erschien dem Stadtschreiber in jedem Fall eine Erwähnung wert zu sein.[720] Dennoch werden die Geschehnisse im Bericht des Stadtschreibers nur beiläufig erwähnt und nicht weiter kommentiert. Vermutlich hatte die Nachricht für die Tätigkeit des Gesandten und die städtische Politik auch gar keine unmittelbare Relevanz. Weshalb dennoch über die Ereignisse geschrieben wurde, erklärt sich durch die gängige Art und Weise der Berichterstattung Straßburger Gesandter. Der Straßburger Rat erwartete von seinen Gesandten möglichst umfassend über Gerüchte und umlaufende Nachrichten informiert zu werden, zum Teil sogar unabhängig von einer Prüfung des Wahrheitsgehaltes. Einerseits war ein regelmäßiger Nachrichtenfluss offensichtlich derartig wichtig, dass Gesandte den Rat regelmäßig mit Informationen aller Art versorgen sollten, auch unabhängig davon, ob es sich um Tatsachen oder Gerüchte handelte.[721] Oft finden sich lange

719 Zur Person vgl. Gießmann, Gegenpapst.

720 AVES, AA 169, 9: *[…] als der kunig den von Saphenjen zu hertzogen gemacht hat da ist dasz gerust zerbrochen do der kunig und die heren uf stunden und ist etwieviel lut geschadiget worden besunder der jung von Oetingen miner frowen der margrafen bruder hat einen fusz usz gevallen […].*

721 Vgl. zu dieser Beobachtung Liening, Interessenvertretung; Liening, Überlegungen.

Aneinanderreihungen von verschiedenen Nachrichten in den Gesandtenberichten, die gar keinen Bezug zueinander haben und deren Relevanz, wie im oben genannten Beispiel, kaum erkennbar ist. Diese Vorgehensweise zeigt sich zwar längst nicht in allen Gesandtenberichten, doch wurde häufig tatsächlich berichtet, um zu berichten. Möglicherweise war die Erwähnung eines derartig fehlgeschlagenen Rituals mit zahlreichen Verletzten – wie im Falle der Erhebung von Amadeus VIII. – eine relativ gute Möglichkeit, den Gesandtenbericht zu füllen und das Informationsbedürfnis des Rates so zu befriedigen. Dabei war weniger das Ritual interessant, sondern vielmehr der daraus resultierende Unfall als öffentliches Ereignis.

Ähnlich kann ein Bericht vom Konstanzer Konzil eingeordnet werden. Darin schilderte der Straßburger Stadtschreiber, dass ein Meister in der Heiligen Schrift, der in Paris über 30 Jahre gelehrt und auch die Lehren des Jan Hus verbreitet habe, vor angeblich 6000 Leuten examiniert wurde und man seine Schriften verbrannt hatte.[722] Auch hier scheint das Interesse eher insgesamt dem öffentlichen Ereignis zuzukommen als dem symbolischen Akt der Bücherverbrennung und seinen Details, da diese nicht Gegenstand der weiteren Darstellung sind.

Ebenso konnten Handlungen wie Eidesleistungen in der Berichterstattung von Interesse sein, dies war jedoch eher dadurch begründet, dass sich aus dem Eid Verbindlichkeiten ergaben und etwa der Eidbruch rechtliche Konsequenzen nach sich ziehen konnte. Hier wird zu prüfen sein, inwiefern in der Berichterstattung über derartige symbolische Handlungen überhaupt das symbolische Element eine Rolle spielte und nicht vielmehr das rechtliche Element entscheidend war.

Die Problematik bei der Untersuchung der Berichterstattung über symbolische Kommunikation besteht gerade in der Bedeutung, die jenen Akten und Handlungen, die wir heute unter dem Sammelbegriff der symbolische Kommunikation fassen, von den Gesandten beigemessen wurde. Im Folgenden wird daher genau darauf zu achten sein, inwiefern symbolische Kommunikation und/oder die daraus resultierenden Folgen als solche für die Berichterstattung und Verhandlungstätigkeiten der Gesandten von Bedeutung waren, da sich das Interesse dabei nicht zwangsläufig auf das symbolische Element dieser Handlungen beziehen musste. Somit soll nicht nur die Trennung zwischen Bericht über und direkter Partizipation an symbolischer Kommunikation beachtet werden, sondern auch, welche Unterschiede sich zwischen dem Interesse am konkret Symbolischen und den daraus resultierenden Verhältnissen ausmachen lassen.

722 AVES, AA 1443, 65: *ouch wissend, dz man hut einen meister der heiligen geschrift offenlichen villiht vor VI tusend menschen examineret haet und er ist xxx jar zu Parisz gestanden und het desz hussen artikel vil gehalten und haet hut allen meistern red und antwurt und widersatz gegeben und haet man sine buecher hut verbrennet uf dem hoffe und mit grosser arbeit hat er sich auch zu lest ergeben [...].*

2. Symbolische Kommunikationsformen in den Gesandtenberichten

2.1 Eid und Huldigung

Über Eid und Huldigung wurde von Straßburger Gesandtschaften immer wieder in unterschiedlicher Weise berichtet. Wenn andere Akteure eingebunden waren, geschah dies durch Schilderungen, die entweder auf eigenen Beobachtungen oder auf den Angaben Dritter basierten. Daneben finden sich zudem Berichte, bei denen die Gesandten selbst in Vorbereitungen und/oder Durchführungen derartiger symbolischer Akte eingebunden waren. Eine erste Untersuchungsebene bezieht sich also auf die Berichterstattung über symbolische Akte wie Eid und Huldigung, in welche die Gesandten respektive Straßburg nicht direkt involviert waren. Dabei stellt sich die Frage, mit welchen Motiven über diese Handlungen anderer politischer Akteure berichtet wurde. So schrieb der Stadtschreiber Meiger in einem Brief über eine durch einen königlichen Rat überbrachte Forderung des Königs an die Stadt Zürich. Im Zusammenhang mit einem Kriegszug hatte Zürich eine Burg *bisz an den turm* erobert. Daraufhin mischte sich die königliche Partei ein und der Rat des Königs befahl den Zürichern *bi desz kungesz hulden*, den Rückzug anzutreten. Ob diese dem Folge leisten würden, sei ungewiss, so schrieb der Stadtschreiber Ulrich Meiger in einem Gesandtenbericht.[723] In einem anderen Fall berichtete er ebenfalls über Sigismund, der als Begründung für einen Kriegszug gegen die Herzöge von Österreich unter anderem anführte, dass ihm Friedrich von Österreich meineidig geworden sei. Mitgeteilt worden waren ihm diese geheimen Informationen von Gesandten verschiedener schwäbischer Städte und weiteren Städtevertretern, die vom König zum militärischen Dienst gegen die Österreicher gemahnt wurden.[724] Über Details eines vom König eingeforderten Schwurs berichtet abermals der Straßburger Stadtschreiber: So sollte die Stadt Zabern *in desz koengesz hant schweren*.[725] 1416 berichtete Meiger, dass König Sigismund für Straßburg eine Schutzfunktion im Zuge der Auseinandersetzungen mit dem Straßburger Bischof Wilhelm von Diest einnahm und verschiedenen Herren geschrieben und

---

723 AVES, AA 169, 1: *wissent ouch dz die von Zurich, Baden die burg gewennen hand bisz an den turm und ist der von Schwartzburg zu in geritten und hat in gebotten bi desz kungesz hulden, dannen zu ziehent, man hoert aber noch nit dz, sie es tuon woellen […].*

724 AVES, AA 1443, 4–5 (beginnt auf 5): *der schwäbischen stet erbern botten und der von Costentz und anderumb den Bodensee hand uns in geheimed geseit, dz sie der koenig besent hab und gebotten und gemanet, dz si mit yme uf hertzog Ernsten und herzoge Friderichen von Oesterrich ziehen soelten dan im besunder hertzog Ernst nuwelich nach sinem libe und ere und guet gestalt hett, so waere im hertzog Friderich meinedig worden […].*

725 AVES, AA 169, 49v: *lieben heren ich han einen tuschen brief mit desz koeniges maiestet anhangenden ingesigel der wist den burkluten zu Perre und der stat Zabern dz si in desz koengesz hant schweren soellent […].*

befohlen habe, bei *sinen gnaden und hulden* Stift und Stadt Straßburg nicht zu bekriegen.[726]

Der jeweilige Bezug auf Huld- und Eidesleistungen war sicher nicht zufällig, sondern untermauerte die Argumentation und Forderungen der jeweiligen Akteure elementar, was den Gesandten bewusst gewesen sein wird. Führt man sich etwa vor Augen, dass eine Huldigungsverweigerung ein gezielter Akt des Ungehorsams war, so wird daraus auch klar, weshalb in den oben genannten Fällen der König mit den ihm gegenüber geleisteten Huldigungen argumentierte. Die Gesandten führten das Thema des Eides und der Huldigung gerade deshalb in ihren Berichten mit auf, um so den Empfängern die intendierte Tragweite der Geschehnisse vor Augen zu führen.[727]

Straßburger Gesandte waren auch selbst in solche symbolischen Akte involviert. Im Wesentlichen lassen sich zwei Formen der Beteiligung unterscheiden. Erstens konnten Gesandte als Schwörende in verschiedenen Situationen auftreten. Zweitens verhandelten Gesandte im Vorfeld von Huldigungen und Eidesleistungen über deren Bedingungen und Abläufe.

In unterschiedlichen Fällen von Eidesleistungen waren die Straßburger Gesandten selbst eingebunden. Der Stadtschreiber Ulrich Meiger rechtfertigte in einem Bericht sein vorläufiges Schweigen gegenüber dem Rat in einer Angelegenheit. Er wolle in Straßburg mündlich davon berichten, da er seinem Informanten seine *truw* darauf gegeben habe, dass er in dieser Begebenheit keine Informationen schriftlich weiterleite.[728] In einer Eidformel legten die Straßburger Gesandten Cunrat zum Rust und Johans Lumbart gemeinsam mit einem von der Stadt angeworbenen Juristen fest, bestimmte Regeln, die in demselben Schriftstück festgehalten wurden, einzuhalten. Man habe dies *gelopt by guten truwen, war und stete zu halten.*[729]

Von einer diplomatischen Mission in die Stadt Hagenau, an der mehrere vormalige Ratsmitglieder, ein Altammeister und ein Stadtschreiber teilnahmen, ist eine Vollmacht für die Gesandtschaft zur Vorlage überliefert. Sie verweist auf die umfassenden Befugnisse der Gesandten und ihre geschworenen Eide, wobei hier unklar ist, ob es sich eher um grundsätzlich geschworene Eide in Verbin-

726 AVES, AA 1443, 75: *Item uf daz schribet und gebut der vestenlichen bij sinen hulden [...], das sy by sinen gnaden und hulden hant ab tuegent und kein vigentschaft noch krieg der stift der stett noch dem lan zuo fuegent, die wile er usz sie [...].* Zur Quelle und den Geschehnissen bereits Finke, König, S. 104.

727 Vgl. zum Thema Huldigungskonflikt und Huldigungsverweigerung etwa Holenstein, Huldigung, S. 385–432, hier S. 386: „Seine äußerste Zuspitzung erfuhr der Huldigungskonflikt in der Huldigungsverweigerung. [...] Sie entzogen der Herrschaft mit der Eidverweigerung die Anerkennung und gaben nach außen in aller Schärfe zu erkennen, daß nach ihrer Auffassung die Legitimität der Herrschaft brüchig und fragwürdig geworden war. Die Huldigungsverweigerung war ein bewußter und gezielter Akt des Ungehorsams und Widerstands mit beträchtlicher Rechtswirkung und symbolischer Ausstrahlungskraft."

728 AVES, AA 169, 55: *[...] dasz sin meinung ist, dasz wolt ich uch gern gantz geschriben haben, do muost ich im min truw geben voran ee er mit mir rede, dz ich esz nit schribe dan er sol vil mir geseit hat, dasz er besongt er moeht mit geschrift vertieffet werden und er meinet ich soelt heim riten und soellt esz sagen, so soeltend ir dan uf dasz uwer erbern botten mit mir heruf schicken mit gewalt die sache [...] ze endent.*

729 AVES, AA 166, 43v: *Item diese vorgeschriben artikel alle und jeglichen besunder haben bede parteien gelopt by guten truwen, war und stete zu halten, geben zu Costentz [...].*

dung mit den Ratsämtern der Gesandten beziehungsweise dem Stadtschreiberamt handelte, oder ob hier ein anlassbezogener Eid geleistet wurde. Die Gesandten wurden jedenfalls zur wahrheitsgemäßen Aussage vor den städtischen Führungsgruppen der Stadt Hagenau verpflichtet, wie in der Vollmacht vermerkt wurde. Weiter bat man Hagenau darum, die von den Straßburger Gesandten gemachten Aussagen zu verschriftlichen und versiegelt zurück nach Straßburg zu senden.[730] Für dieses Vorgehen bieten sich unterschiedliche Interpretationsmöglichkeiten an. Wahrscheinlich ist, dass man sich gegenüber dem Rat der Stadt Hagenau absichern wollte. Die Aussagen sollten deshalb verschriftlicht und beglaubigt werden, damit man sich im Zweifelsfall bei möglichen späteren Anfechtungen auf dieses Dokument berufen konnte. Ein weiterer Grund könnte die Kontrolle respektive vorgegebene Kontrolle der Gesandten selbst sein. Vielleicht wollte man, sowohl mit der Angabe, dass die Gesandten einen Eid abgeleistet hatten und somit zur wahrheitsgerechten Aussage verpflichtet waren, als auch durch die Aufforderung zur zusätzlichen schriftlichen Rückmeldung durch Hagenau, einen möglichst hohen Grad an Authentizität der Aussagen zum Ausdruck bringen. Eine intendierte Kontrolle der Gesandten scheint eher unwahrscheinlich, gerade da namenhafte städtische Führungskräfte beteiligt waren. In jedem Fall zeigt diese Gesandtenvollmacht, dass die Eidesleistung bewusst erwähnt und genutzt wurde, um Hagenau Seriösität und Authentizität zu signalisieren.

Ein weiterer direkter Beleg für eine Eidesleistung, die die Straßburger Gesandten stellvertretend für die Stadt erbrachten, stammt aus dem Jahre 1405. Die Straßburger Gesandten, die nach Marbach zu den abschließenden Vertragsverhandlungen des Marbacher Bundes gereist waren, schworen stellvertretend für die Stadt einen Eid auf die Bündnisurkunde. Auch die geschworenen Eide der anderen Gründungsmitglieder wurden in der Bündnisurkunde vermerkt. Über den Ablauf berichteten die Gesandten jedoch nicht selbst, vielmehr erfährt man aus dem Wortlaut der Bündnisurkunde, dass die Gesandten mit *guoten truwen und geswornen eyden, die wir darumbe alle liplich zuo gotte und zu den heilgen mit gelerten worten […] mit ufgebotten vingern, glopt und gesworen haben, diese vereynunge die obgeschriben zit und jare getruwelich ware und stete ze haltend […].*[731] Die Gesandten waren somit aktiv in den symbolischen Akt involviert.

---

730 AVES, IV, 19, 3: *Den erbern bescheiden dem schultheis, meister, rate und Schöffeln zu Hagenowe […] sendent wir zu uch Hansen Bock, hern Ulrich Gossen unszern altenammeister Hans Barpfennig und Niclaus Wihen unszern Statschreiber, und gebent den von unszern und unsze stette wegen in craff dis briefes, ganz maht und vollen gewalt in der sachen ein worheit mit ihrern gesworen eyden vor uch se sagende […] bitten uch fruntlich der selben gunstlich zueverhoeren und uns solich ir sagen verschr[iben] und versigelt ze gebende noch dem furgentlichest und der beste forme und wellent.*

731 RTA V, Nr. 489, S. 759: *Und also geloben wir vorgenante ertzbischof Johann Bernhart marggraf ze Baden Eberhart grave zu Wurtenberg burgermeystere rete und alle burgere gemeinlich der obgenanten stette Strazburg Ulme Rútlingen Úberlingen Memmyngen Ravenspurg Byberach Gemúnde Kempten Dingkelsbúhel Koufbúren Pfullendorf Isny Lútkirch Giengen Aulun Botpfingen und Buochorn mit unsern guoten truwen und geswornen eyden, die wir darumbe alle liplich zuo gotte und zu den heilgen mit gelerten worten, wir ertzbischof Johann mit unser hant uf unser hertze geleit, und wir die andern teile mit ufgebotten vingern, glopt und gesworen haben, diese vereynunge die obgeschriben zit und jare getru-*

Durch zwei Quellen aus den Jahren 1411 und 1412 erfahren wir von Verhandlungen des Straßburger Bischofs Wilhelm von Diest, des Stifts und der Stadt mit dem Ort Mollersheim bezüglich einer zuvor eingeforderten, aber nicht erbrachten Schwurleistung. Daraus ergibt sich die direkte Beteiligung Straßburger Gesandter. Die Stadt Mollersheim sollte gegenüber Straßburg einen Schwur leisten und wurde hierzu in einem Brief vom Straßburger Bischof noch einmal nachdrücklich aufgefordert. Zuvor hatte es Gespräche darüber unter Beteiligung Straßburger Gesandter in Mollersheim gegeben.[732] Ähnliches geht aus einem Gesandtenbericht hervor, der von anderen Verhandlungen mit Mollersheim bezüglich eines zu leistenden Schwures handelt.[733]

Aus dem Jahr 1405 sind einige Quellen überliefert, die im Kontext von Auseinandersetzungen zwischen Stadt und Bischof entstanden sind. In ihnen spielte der Eid eine besondere Rolle. In jenem Konflikt wurde immer wieder gegen den Bischof mit seiner angeblichen Eidbrüchigkeit argumentiert. Städtische Gesandte führten etwa bei einem Treffen vor dem König zahlreiche Punkte an, in denen der Bischof eidbrüchig geworden sei.[734] In einem anderen Fall war eine Straßburger Gesandtschaft gemeinsam mit Vertretern des Domkapitels vor dem König in Germersheim erschienen, auch hier war die Argumentation ähnlich.[735]

---

welich ware und stete ze haltend ze leistend und zuo vollefuerende one alle arglist und geverde nach uzwisunge und dis briefes sage.

732 AVES, AA 1435, 20r-v: *Unwern grues vor, Schultheisse, Rete und ir gemeinde gemeinlich zu Mollesheim, lieben getruwen. Also wir der dechen von der hohen stift wegen und die erbern botten von Strasburg nu bii uch worent und uch erzalt hant, in welicher mosse wir und unser Cappittel dovon mit den von Straszburg uberkommen sind, daz ir in sweren sollent, do heissent und empfelhent und gebieten uch ouch ernstlichen [...] daz ir nit enlossent ir swerent den von Strasburg unverzogeliche, noch dem wir selber und der dechan von unser Stift wegen und unser vitztum von unsern wegen uch das muntlich erzalt het, detent ir des nit so besorgen wir, daz uch solich unrat dar in vellen moehte [...].*

733 AVES, AA 1437, 23: *also ir gestern von Mollesheim schiedent unde die von Mollesheim sich noment ze bedenckende bitze noch hute, obe sie der stat sweren woltent oder nut. Das do der rat unde die gemeinde miteinander hute by uns in die herberge sind gekomen und e het uns der Rat geantwortet, das die gemeinde gemeinlich vil by einmuetekliche sich miteinander vereinet hant. Das sie beduncke, das ir oder wir sie in sagetem mossen ze manende haben oder manen sollen unde sie in ouch nie me geschehen. [...] unde dar umbe, sit sie den heren dechan unde cappitel und ouch der stat Stroszburg ein jorzal gesweren haben, do by wellent sie beliben und das halten.*

734 AVES, AA 1430, 7: *dar noch dotent wir den brief gantz uszlesen alz wir von ime und dem Cappittel habent, dar inne alle dinge begriffen sind die der von Diest gesworen het, do der brie usz kam. Do sprochent wir den brief un das dar inne begriffen were und er uns gesworen hette, hette er uns nit gehalten. Und botent unsern heren des kuniges in ze wisende und zu duonde dz der brief wise. Dar zuo antwurtete der von Stouffenberg und frogete uns stucke der von Diest danne nit gehalten hette, die er gesworn sollte haben und vordere, dz wir die soltent lossen luten. Do erzaltent wir ettwiemannig stucke, die er uns in dem briefe verbrochen het um der geistlichen gerihte wegen und der slosse wegen Girbarden [...] und andern [...].*

735 AVES, AA 1430, 1: *[...] do dotent unser heren die Tomheren offen Instrumente lesen vor unszyme herren dem kunige, darinne ym der von Dyest gesworen hette dhein sloz zuo empfroemdende oder von handen ze gebende und ander briefe, die in notdurfftig worent [...] abgeschriften unsze briefe lesen, dar inne er uns das mit wissende und wille unsze heren von dem Cappittel ouch gesworen hette, die slosse nit von handen ze gebende und ouch ander briefe [...].*

Als dem Bischof von Straßburg im Jahr 1405 das Bistum Lüttich in Aussicht gestellt wurde, verhandelte man bereits im Vorfeld im Geheimen über seinen Nachfolger. Hierzu wurde der Augsburger Bischof auserkoren. Die geplante Übergabe des Bistums an den Augsburger Eberhard II. von Kirchberg sollte unter verschiedenen Bedingungen zustande kommen. Als die Verhandlungen abgeschlossen waren, veranlasste der Straßburger Bischof die Aufsetzung eines Vertrages, auf den er nach erfolgter Ausfertigung einen Schwur leisten wollte. Zunächst sollte das geplante Vorgehen jedoch weiterhin geheim gehalten werden.[736] Auch zwei Straßburger Gesandte waren an der Ausarbeitung dieses Vertrages beteiligt und brachten diesen ebenfalls mit Vertretern der anderen Verhandlungsparteien zum Straßburger Bischof nach Zabern, um ihm den Vertrag zu präsentieren. Der Bischof sei mit der Ausfertigung einverstanden gewesen und wollte offenbar zum endgültigen Abschluss nach Straßburg kommen.[737] Doch kam er nicht zum versprochenen Termin nach Straßburg, die Verhandlungen begannen erneut und wieder versprach Bischof Wilhelm von Diest in Straßburg zu erscheinen, um auf den Vertrag zu schwören. Er kam jedoch wieder nicht, woraufhin unter anderem der Straßburger Wilhelm Metziger als Gesandter der Stadt nach Zabern zum Sitz des Bischofs ritt, wo man diesen zur Rede stellte. Dort fand man heraus, dass der Bischof in der Zwischenzeit ohne Absprache mit den Verhandlungsparteien Teile des Bistums, darunter Schlösser, veräußert und somit gegen einen anderen Eid – er hatte der Stadt in der Vergangenheit geschworen, keine weiteren Besitzungen zu veräußern – verstoßen hatte. Die Vertragsverhandlungen waren damit obsolet geworden.[738]

In einem weiteren Brief berichtete der bereits erwähnte Stadtschreiber Ulrich Meiger von einer offenbar misslungenen Eidesleistung des Straßburger Domdekans. Dieser hatte sich im Verlauf des Gerichtsverfahrens der Straßburger vor

736 AVES, AA 1430, 31: *do hies her Wilhelm der byschof, daz man sollte vernotteln und verzeichen, so wollte er daz sweren zu haltende, also daz man ime die nottele sollte vurbringen, so wollte er su hoeren lesen und geviele su ime wol, so wolt er in unser stat riten und den eyt tund und den brief versigeln, also daz man daz verswigen sollte und mit nieman do von Reden und sprach darmitte man sollte dar zu schicken die nottele ze machende und ordente er von sin selbes wegen dar zu hern Johansen von Kagenecke sin hofemeistern, hern Johans Magistri sin notarien […].*

737 AVES, AA 1430, 31: *So ordentent wir dar zu hern Heinriche von Mulnheim, Ritter, und hern Wilhelm Metziger nu unsern altenammanmeister, alle vorgen die sessent dar uber und dotent die nottele zeichen und schreiben und noment her Johans von Kagenecke der Hofemeister, her Johans Amman, her Wilhelm unser altammeister und her Johans Magistre die nottele und furtent sie mit in gon Zabern und lieszent su hern wilhem den Byschof selbser lesen und do er si gelasz, do geviele su im wol und beschied in ein tag uffe den er in unser stat komen wollte und die sache endigen […].*

738 AVES, AA 1430, 31: *[…] und het daz geton uber und wider des gemeinen Cappitels der obgen[annten] stift wissende und wille, den er daz lipilich an den heiligen gesworn het, desz su sinen versigelten brief hant der er deheine des bystumes und der stift slosze, stette oder vestin verandern oder von handen geben soltes, es were denne, mit ireme willen und het es ouch geton one unsin wissende und willen wieder den eyt, den er uns mit des Cappitels wissende und wille uff sine hertzen gesworen het, es nit ze tunde, des wir sinen brief habent besigelt mit sinem und sins Cappitels ingesigel […] wir hettent uch ouch E hie von verschrieben, do hettent wir es dem byschof versprochen ze verschwigende, bitze er die Nottel gesworen hette. So woltent wir uch es denne alles verschriben haben.*

dem Konzilsgericht in Konstanz die Erlaubnis für ein längeres Fernbleiben vom Verfahren einholen wollen. Daraufhin musste er einen Eid ableisten und damit zusichern, nach einem festgelegten Zeitraum wieder zu erscheinen. Doch offenbar hatte man in Konstanz ohne das Wissen des Dekans einen kürzeren Zeitraum in der Eidformel notiert als angenommen, so berichtet der Stadtschreiber. Der Dekan sei mit der Annahme abgereist, innerhalb eines Monats nach Konstanz zurückkehren zu müssen, ohne vom erheblich kürzeren Zeitintervall von 15 Tagen Kenntnis zu haben. Der Stadtschreiber bat um Geheimhaltung in dieser Begebenheit und versicherte, sich der Angelegenheit nun anzunehmen, um den Zeitraum bis zur erforderlichen Rückkehr nachträglich zu verlängern.[739]

Diese Beispiele verdeutlichen, dass weniger stark der symbolische Akt des Eides oder der Huldigung und die dazugehörigen einzelnen Handlungen für die Gesandtschaften im Vordergrund der Berichterstattung oder ihrer Verhandlungstätigkeit standen. Die Quellen zeigen zwar, dass die aus dem Eid und der Huldigung resultierenden Verhältnisse und Konsequenzen von Bedeutung waren, deren vermutlich allgemein bekannten Formen der Durchführung für die Gesandten jedoch weniger relevant waren. Doch auch wenn nicht immer die symbolischen Elemente von Eid und Huldigung Thema waren, wurde die Wirkmächtigkeit dieser Formen der symbolischen Kommunikation anerkannt, was man aus der Berichterstattung darüber und der Argumentation mit Eid und Huldigung schlussfolgern kann.

2.2 Geschenke

Die Funktion von Geschenken als Medium der Kommunikation im späten Mittelalter wurde in der Forschung eingehend behandelt, dabei waren Themen wie Reziprozität, die Bedeutung der Geschenke und des Schenkens für soziale Beziehungen sowie die Grenze zwischen legitimen Geschenken und Bestechung von zentraler Bedeutung.[740] Der Rolle des Geschenks in der Diplomatie der Vormmoderne kam ebenfalls bereits Aufmerksamkeit zu.[741] Geschenke als

739 AVES, AA 169, 18: *ouch wissen genaedigen lieben heren in einer geheimed, dasz ich verstanden han, min here der techen sige on Rat siner advocaten fur die Rihter gegangen und hab urlob heim geforderet, desz er doch nit bedoerft hett, dan er ist nit verbunden da ze blibent, und also sige im urlob einen monad werden und hat geschworn in dem monad wider ze komend, da bedunket mich aber der notari habe geschr[iben], dasz er geschworen hab in xv tagen ze komend, dz doch nu nit sin mag und moeht im wol rede da von userston, desz ich besorge und wir arbeiten vast, dz im dazs zil gelenget wird, ob dz beschehe waisz ich nit. Genaedigen heren, ich han disz dar umb in ein zedel geschriben, dasz es heimlichen blibe* [unterstrichen], *ob ir joch den brief susz liessend hoeren min heren von dem Cappitel, dasz den disz heimlichen blibe, dan ir wol verstand, dz mir unwille darvon ufferstunde […].*

740 Vgl. etwa Häberlein/Jeggle, Einleitung, S. 15 f., mit Verweis auf Groebner, Geschenke, S. 229 f. und Hirschbiegel, Étrennes, S. 126 und S. 130.

741 Vgl. hierzu exemplarisch die Beiträge in Häberlein/Jeggle (Hrsg.), Grundlagen; Grünbart (Hrsg.), Geschenke; sowie die Studie von Hirschbiegel, Étrennes.

Thema in den Gesandtenberichten und als Teil der städtischen Diplomatie tauchen in den Quellen mehrfach auf. Es wurde sowohl über den Geschenkaustausch zwischen anderen politischen Akteuren als auch über die von Straßburger Seite gemachten Geschenke durch die Gesandten berichtet. In seltenen Fällen bekommt man auch Einblicke in die Koordination und Organisation des Verschenkens. Die Berichterstattung über das Schenkverhalten anderer war nicht unwichtig, konnte man daran schließlich die Wertschätzung der Akteure für den Beschenkten ablesen und sich auch bei eigenen Geschenken am Schenkverhalten anderer orientieren.

In mehreren Gesandtenberichten finden sich Schilderungen über derartigen Geschenkaustausch. Im Jahr 1400 berichtete der Mainzer Bürgermeister Heinrich zum Jungen Straßburger Gesandten, dass die Stadt Frankfurt dem neu gewählten König einige Geschenke machen wollte, die in Mainz besorgt worden seien. Dabei handelte es sich um sieben Fuder guten Wein und sieben goldene Tücher. Die Frankfurter erkundigten sich zudem nach zwei großen vergoldeten Trinkgefäßen, welche die größten sein sollten, die man finden könne.[742] Die detaillierten Angaben über Anzahl und Beschaffenheit der einzelnen Geschenke machen deutlich, dass den Informationen über Quantität und Qualität eine besondere Bedeutung beigemessen wurde. Die Vergabe von Geschenken durch verschiedene Akteure wurde von Straßburger Gesandten also recht genau registriert und in schriftlicher Form nach Straßburg übermittelt. Die Aufmerksamkeit der Gesandten für diese Details lässt sich am genannten Beispiel des Thronwechsels recht gut damit erklären, dass sich Städte bei der Beschenkung eines neu gewählten Königs gegenseitig genau beobachteten, um sich an den Geschenken der anderen orientieren zu können. Da nach der Wahl das Reichsoberhaupt in der Regel am großzügigsten beschenkt wurde, versuchte man mit möglichst geringen Aufwendungen angemessen zu schenken, um gegenüber den übrigen Städten nicht ins Hintertreffen zu geraten. Hierfür war eine gesteigerte Aufmerksamkeit bezüglich des Schenkverhaltens gefragt.[743] Den Straßburger Gesandten kam in dieser Frage eine zentrale Rolle bei der Beschaffung von Informationen zu.

In ähnlicher Art und Weise berichtete der Straßburger Stadtschreiber Ulrich Meiger 1418: Der Straßburger Bischof habe einen vergoldeten Kopf, vermutlich

742 RTA IV, Nr. 166, S. 190: *er seite uns ouch, daz die von Franckfurt also húte súben gûte fûder wines und súben gúldin tûche zû Mentze gekoft hettent und noch zweien grossen vergúldeten schowern gefroget hettent, die grosten die man finden kúnde, daz sie die och koffen woltent, und woltent daz dem nuwen kúnige schencken.* Derartige Stoffe, sogenannte Brokate, gehörten zu den wertvollsten Textilien überhaupt. Zumeist handelte es sich dabei um „[…] schwere, gemusterte Seidenstoffe mit eingewebten Gold- oder Silberfäden […]“, Frieling, Unterschiede, S. 96; vgl. zu diesem Themenkomplex ebenfalls Frieling, Kleidung. Vgl. zu den angesprochenen goldenen Trinkgefäßen und ihren repräsentativen Funktionen etwa Kümmel, Fürsten. Vgl. ebenso Groebner, Geschenke, S. 59–65, der auf die im späten Mittelalter gängige Kombination von Wein und Gefäß als Geschenk und darüber hinaus auch die Praxis beschreibt, Trinkgefäße zusätzlich mit Geldgeschenken zu befüllen.

743 Schenk, Zeremoniell, S. 393–395.

eine Art Statue, verschenkt, um einen Fürsprecher im Konflikt mit der Stadt zu gewinnen. Dies, so die Einschätzung des Stadtschreibers, werde ihm vermutlich dennoch nicht gelingen.[744] Im Konflikt mit dem Bischof wurde dessen Geschenkvergabe an seine möglichen Verbündeten und damit potenziellen Gegner der Stadt genau beobachtet und gleichsam vom Gesandten in ihrer Wirkung eingeschätzt.

Auch Straßburg selbst machte Geschenke, um Einfluss auf die Beschenkten zu nehmen. Straßburger Gesandte überreichten Papst Martin V. im Jahr 1418 in Mantua kostbare Geschenke, es handelte sich um zwei mit Gold veredelte Teppiche.[745] Straßburg hatte die Gesandten zum Papst geschickt, um für die Anerkennung des bisherigen Bischofs Wilhelm von Diest zu werben. Die Reaktion des Beschenkten fiel vermutlich nicht wie gewünscht aus, denn der Papst sagte, man habe ihm zu viel geschenkt und er werde sein weiteres Vorgehen nicht davon abhängig machen. Das Geschenk nahm er dennoch dankend an.[746] Dieses Ereignis ist durch die Gesandten selbst überliefert und verdeutlicht, dass die Übergabe von Geschenken einen bestimmten Zweck verfolgte, der nicht immer erzielt werden konnte. Deshalb waren auch die Reaktionen des Beschenkten für die Gesandten so wichtig. Die Rückmeldung des Papstes war demnach von Bedeutung für das weitere Vorgehen, weshalb seine Reaktion nach Straßburg zurückgemeldet wurde.

Über eine positive Reaktion auf ein Geschenk berichtete hingegen ein Gesandter im Jahr 1418. Der Gesandte verschenkte im Namen der Stadt ein Fuder seines eigenen Weines an den Passauer Bischof Georg von Hohenlohe. Dieser habe das sehr wohlwollend aufgenommen.[747] Ebenfalls verschenkte die Stadt Straßburg gemeinsam mit dem Stift zur Zeit des Konzils Wein an den Papst. Die flüssige Gabe wurde dafür aus Straßburg nach Konstanz gebracht, wie aus einem Brief des Ammeisters Hug Drizehen hervorgeht. Im selben Brief bat er zudem darum, herauszufinden, was man zwei Kardinälen schenken könne. Man solle sich darüber beraten und alles geheim halten.[748] In einem weiteren Brief

---

744 AVES, AA 168, 77: *Item der ellecte hat [...] ein schoene vergulten kopf geschenket, dasz er sine furdere sin sol, aber es ist furkommen, dz ich glob, dz er nit wider uns sige. Wissent ouch, waere, dz wir von ettelichen groesten heren ir verstound nuch wol furderung gehept hetten, so glob ich, dz es uns me gehindert hett.*

745 AVES, AA 1453, 7: *[...] wir schankten dem baepst zwei guldeni Coblay [...].*

746 AVES, AA 1453, 7: *und wir schankten dem baepst zwei guldein coblay, costeten v x lx schelt, die name er zu mal dank naemelichen, doch meinet sin hiliket, esz si zu vil und er taet dar umb weder dester minder noch dester me und danket vast, aber esz wasz vor usz getragen, dz es sin solt und dasz gelt wurdet von altem gelt dar gegeben also dz wir nutzit nuwes dar geben, dan daz vor gegeben und susz verlorn ist.*

747 AVES, AA 1443, 52v: *Ouch han ich dem bischoff von Passow ein fuoder mines wines von uwern wegen geschenket der hat es zuo guotem dan von uch uf genomen und spricht, er woelle es wol um uch verschulden.* Der Gesandte betont in seinem Bericht, dass es sich um seinen eigenen Wein gehandelt habe. Dies vermutlich deshalb, weil das Verschenken auf städtische Kosten im Grunde untersagt war. Vgl. zu den städtischen Vorgaben für Geschenke die Ausführungen im Kapitel II (1.3.5). Vgl. grundsätzlich zum Wein als Geschenk die ausführliche Darstellung von Valentin Groebner, der in diesem Zusammenhang auch von „politischen Flüssigkeiten" spricht, Groebner, Geschenke, S. 51–94, hier S. 52.

748 AVES, AA 1444, 22r: *Ouch wissent, das die ahte halb fueder wines unszin heilen vatter dem bobste zu schenk hin uf geschicket sind, die wollen von der stifft und stette wegen schenke, als uch dz die Rete in ein*

verwies der Ammeister darauf, dass er in einer Angelegenheit die Frage des Beschenkens auch in Straßburg *fur die daz in ein geheim gehöret* zur Sprache gebracht hatte, somit also innerstädtische Beratungen hierüber stattgefunden hatten – was zusammen mit der intendierten Geheimhaltung und der diesbezüglichen Informationsbeschaffung einen erhöhten organisatorischen Aufwand bei der Geschenkvergabe der Stadt verdeutlicht.[749] Höchstwahrscheinlich handelte es sich dabei um die Straßburger Neun, die in dieser Zeit über Ausgaben für städtische Geschenke selbstständig entscheiden konnten.[750]

Geschenke spielten also im Straßburger Gesandtschaftswesen in verschiedener Hinsicht eine Rolle. Zum einen wurden Geschenkvergaben anderer politischer Akteure oft genau registriert und an die Stadt gemeldet. Man konnte sich daran orientieren, aber auch Rückschlüsse auf politische Konstellationen ziehen. Zum anderen wurden auch das eigene Schenkverhalten und Situationen der Übergabe nach Straßburg zurückgemeldet und beurteilt. Somit waren Gesandte auch als Überbringer aktiv an der Geschenkvergabe beteiligt und schätzten zugleich die Wirkung auf den Beschenkten ein.

2.3 Mahlzeiten

Dass das gemeinsame Mahl als symbolischer Akt begriffen werden kann, ist in der Forschung nicht neu.[751] Auch Straßburger Gesandte berichteten über Mahlzeiten, entweder aus beobachtender oder teilnehmender Perspektive.

Im Kontext des Thronwechsels 1400 berichteten Straßburger Gesandte über das Königslager Ruprechts vor Frankfurt. Die Gesandten befanden sich selbst noch in Mainz, hatten jedoch von den Plänen Ruprechts gehört, in Frankfurt einziehen zu wollen, um sich anschließend wieder in sein Lager vor der Stadt zu begeben. Dort sollte dann ein großes Festmahl mit vielen geladenen Gästen stattfinden. Anschließend war vorgesehen, in Wetzlar, Friedberg und Gelnhausen einzureiten.[752] In einem weiteren Bericht bestätigten die Gesandten schließlich die vollzogene Durchführung des Plans. Ruprecht war in Frankfurt eingeritten, die Stadt hatte ihm gehuldigt und im Anschluss war er wieder in das

---

sunder brief mit den wine geschr[iben] haben, do wellen ouch dz beste zuo tuon. Ouch von der zweir Cardinal, von der wegen ir minem heren dem dechan geschrieben hant, do erfarent und nement Rat guter frunde in guter geheim, was den zu schenkende sie, und wie, waz ir mich dann davon lazzent wissen, will ich ouch uch beste zuo tuon.

749 AVES, AA 1444, 22v: *Ich han gesehen, wie ir mir uf gestern geschr[iben] habent, des brief [...] dar inne ir mir vil von den mateno der sachen geschrieben haben; den selben uwern brief han ich fur die andern heren braht fur die dz in ein geheim gehöret, besunder von der schenke wegen [...].*

750 Vgl. hierzu Kapitel II (1.3.5).

751 Vgl. hierzu die Literaturangaben in der Einleitung zu diesem Kapitel.

752 RTA IV, Nr. 166, S. 190: *wenne er zuo Franckfurt empfangen und ingelossen wurt, daz er danne zuo stunt in den leger wider will riten und darinne essen und do gar vil lutes geladen het und danne zuo stunt riten will die stette innemen Wetpflar, Frideberg und Geilnhusen. Daruff hatn wir uns bestalt daz wir morne so wir frugeste moegent die Mone uff varent gen Franckfurt.*

Königslager zurückgekehrt, um dort an besagtem Festmahl teilzunehmen.[753] Die mehrfachen Nennungen des geplanten und vollzogenen Festmahls nach dem Einritt und der Huldigung in Frankfurt lassen sich durch ihre wichtigen symbolischen Funktionen erklären. Das Huldigungsmahl markierte die „Außergewöhnlichkeit des Tages" und symbolisierte „Reichtum, Fruchtbarkeit und Wohlergehen und antizipierte gleichsam die von allen Seiten erwünschte und erhoffte segensreiche Tätigkeit des neuen Landesherrn".[754] Was André Holenstein allgemein formuliert, kann auch für das von den Straßburger Gesandten erwähnte Festmahl in Frankfurt gelten. Darüber hinaus kennzeichneten Mahlzeiten den Abschluss von Verhandlungen sowie Handlungen und veranschaulichten die daraus resultierenden Rechtsverhältnisse.[755] Holenstein betont ferner, dass das Huldigungsmahl noch bis in das 16. Jahrhundert in der Vorstellung der Zeitgenossen in untrennbarer Beziehung zu den Rechtshandlungen der Huldigung stand.[756] Demnach war die Schilderung der Frankfurter Huldigung und des anschließenden Mahls im Königslager als Einheit eines Rituals im Gesandtenbericht folgerichtig.[757]

Ähnlich lässt sich die Erwähnung einer Mahlzeit in einem Gesandtenbericht aus dem Jahr 1405 erklären. Straßburger Gesandte verhandelten im Vorfeld des Marbacher Bundes und nahmen nach der Übereinkunft mit Markgraf Bernhard von Baden bezüglich des Entwurfs einer Bundesurkunde eine gemeinsame Mahlzeit als Zeichen ihrer Übereinkunft und des Verhandlungsabschlusses ein.[758]

Auch bei Unterbrechungen von Verhandlungen wurde erwähnt, dass man zu Tisch saß. Im Jahr 1405 wurden Verhandlungen mit dem König unterbrochen und sollten am nächsten Tag fortgesetzt werden. Die Gesandten vermerkten

753 RTA IV, Nr. 167, S. 190: *und lant uch wissen, das wir an zinstag umbe versperzit koment gen Franckenfurt. Da was der kunig des tages zu Franckenfurt ingeritten und da empfangen, und hettent im die von Franckenfurt gemeinlich gesworn nach ir gewonheit. Und was wider uß der stat in den leger geritten essen.*

754 Holenstein, Huldigung, S. 472.

755 Schubert, Essen, S. 265: „Gemeinschaftliches Essen und Trinken gab einer Rechtshandlung den Abschluss, handele es sich um ein Kaufgeschäft wie beim Wein- oder Bierkauf oder um die Rechnungsabhör einer Gemeinde. Hier versichern sich die Menschen der Billigkeit der vorangegangenen Beschlüsse." Vgl. mit Verweis auf diesbezügliche Belege aus dem Frühmittelalter auch Holenstein, Huldigung, S. 473: „Das Mahl war dabei für die Zeitgenossen nicht etwa nur eine angenehme Begleiterscheinung, sondern ein elementarer Bestandteil des zugrundeliegenden Gesamtvorgangs. Es begleitete den Abschluß von Freundschaftsbündnissen, die Begründung genossenschaftlicher Vereinigungen und spielte eine wichtige Rolle im Rahmen von Verbrüderungen zum Zweck gegenseitiger Gebetshilfe."

756 Holenstein, Huldigung, S. 475.

757 Schenk, Zeremoniell, S. 394, betont hingegen, dass diese Festmähler nicht in direktem Zusammenhang mit einem Adventus standen.

758 RTA V, Nr. 484, S. 739, 28–30: *so ziehent wir nit von einander, und gefellet ime unser rotslagen vaste wol, als uns beduncket. Und do wir unser sachen eintrehtig wurdent, do giengent wir essen […].* Vgl. zu den genannten Verhandlungen mit dem Markgrafen bereits Liening, Überlegungen, S. 141.

daraufhin in ihrem Bericht: *und hiessent uns bedersite morne har wider komen; und also sint wir alle essen gangen.*[759]

Erwähnt wurde auch, wenn man Verköstigungen bezahlt bekam. Der Herzog von Österreich, so die Schilderung einer Gesandtschaft, habe sie nicht nur sehr wohlwollend empfangen und sich ihrer Belange angenommen, sondern auch in ihrer Herberge die Kosten für die gesamte Verpflegung bezahlt.[760] Ebenso wurde im Gegensatz dazu auch angemerkt, wenn man zu einer Mahlzeit nicht eingeladen wurde. So schrieb der Stadtschreiber Ulrich Meiger, dass er gemeinsam mit dem Gesandten und Altammeister Johans Lumbart im Zuge von Verhandlungen an einer Mahlzeit teilnehmen musste, zu der man jedoch nicht eingeladen worden war.[761] Dies schien offenbar eine Erwähnung wert zu sein.

2.4 Pferdestärken

„Pferde hatten […] einen Stammplatz in der performativen Inszenierung von Herrschaft […]."[762] Dieser Beobachtung von Mathis Leibetseder wird im Folgenden nachzugehen sein, da die Nennung der Anzahl von Pferden, mit denen unterschiedliche Akteure zu politischen Treffen erschienen, ein wiederkehrendes Element in den Straßburger Gesandtenberichten darstellt. Derartige quantitative Angaben sind keine Straßburger Besonderheit und finden sich auch in anderen Quellen und Kontexten und konnten verschiedene Gründe haben.[763] Dabei spielte häufig die Menge der Pferde im Zusammenhang mit Ausführungen über zusätzliche rituelle und symbolische Handlungen eine Rolle.[764]

---

759 AVES, AA 1430, 9.

760 AVES, AA 1444, 1: *[…] ouch lieben heren woellent wisszen dz unszer herre von Österreich alsz wir an Meron zuo im komen uns genaedeclichen hette empfangen und sich erbotten zuo allem unsern begeren und loeset uns usz der herberg umb wasz wir verzeret hetten alsz wir uch dz wol voeleclich sagen soellen so wir selber zuo euch komen […].* Ein ähnliches Beispiel findet sich aus der Zeit des Marbacher Bundes. Im Jahr 1407 nahmen die Straßburger Gesandten gemeinsam mit dem Markgrafen von Baden bei diesem eine Mahlzeit im Kontext einer Besprechung ein, RTA VI, Nr. 79, S. 114: *und ossent morne zů fruegen inbiß by ime und redent do fúrbasser von allen stúgken.*

761 AVES, AA 169, 39: *[…] woellent wisszen alsz min here her Johans Lumbart alt ammanmeister heimen ist uf die meinung asz er uch wol geseit hat, also han ich den selben sachen furbasz nachgefraget und han etwasz me da von gehoeret, dz es waere sige, dan do der alt her hinnen fuor und ich han Rat gehept an den ende, do der alt herre und ich muot hetten einen imbisz zu essent ungeladet, alsz er wol wisz.*

762 Leibetseder, Pferde, S. 324.

763 Schenk, Zeremoniell ab 292; Holenstein, Huldigung ab S. 434; Leibetseder, Pferde, S. 317–320 und S. 323, der Demonstration militärischer Stärke, Repräsentation aber auch wirtschaftliche Aspekte – wie die Versorgung der Pferde – als Gründe angibt. Bezüglich der Unterhaltskosten von Pferden vgl. Clauss, Waffe, S. 55.

764 Allein das Auftreten mit einem großen Gefolge kann hier schon als Form der symbolischen Kommunikation betrachtet werden, mit der die eigene Ehre, der Rang oder auch Macht demonstriert werden sollten. Vgl. hierzu etwa Althoff, Demonstration, S. 46: „Gleiches gilt für die Nachrichten, die die Begleitung einer Person betreffen: Wer mit 1500 Rittern in glänzenden Rüstungen zum Hoffest erschien, sagte genug aus über seine Vorstellung vom eigenen *honor,* daß es der Bläser und Trommler gar nicht bedurft hätte, die das Erscheinen zusätzlich als bedeutendes Ereignis ankündigten. Kam man dagegen zum Hoftag mit zu großer Begleitung, wurde

In einer Wormser Chronik wird beispielsweise über die Huldigung der Stadt Worms gegenüber Ruprecht im Jahr 1400 berichtet. In diesem Kontext wird – neben vielen anderen Einzelheiten des symbolischen Aktes – die Anzahl der Pferde erwähnt, auf denen die Ratsherren dem König in ihren schönsten Kleidern entgegenritten seien.[765]

Allerdings musste die Nennung von Pferden nicht zwangsläufig mit der Schilderung symbolischer Kommunikation einhergehen. Auch wurden diese Angaben beispielsweise übermittelt, um die militärische Stärke einer Kriegspartei hervorzuheben – diese hatte natürlich auch eine symbolische Komponente. Wenn der Straßburger Stadtschreiber Ulrich Meiger über die kriegerischen Auseinandersetzungen zwischen dem König und der Königin von Neapel berichtete und dabei die Menge von 4000 Pferden nannte, die dem König zur Verfügung stünden, so diente die Nennung der Zahl zur Veranschaulichung seiner militärischen Stärke.[766] Gleiches gilt für einen Bericht des Stadtschreibers, in dem geschildert wird, wie er einer Gruppe von sieben Reitern, die ihm wohl aufgelauert hatten, knapp entkommen war.[767]

Zum größten Teil sind jene Briefe überliefert, in denen symbolische Handlungen in Verbindung mit Pferden standen oder der Menge der Pferde eine Symbolik beigemessen wurde. Dies waren selten Handlungen, in die die Gesandten selbst direkt involviert waren, als vielmehr eigene Beobachtungen oder weitergeleitete Informationen über derartige Handlungen anderer Akteure. Dabei wurde häufig über besonders große Mengen von Pferden berichtet, doch auch kleinere Einheiten fanden Erwähnung.

Im Jahr 1413 berichtete eine Gesandtschaft von der Begegnung mit zwei Räten des Herzogs von Lothringen, die mit 30 Pferden vor Ort gewesen seien und mit einem Teil ihres Gefolges auch den Straßburger Bischof Wilhelm von Diest aufgesucht hätten.[768] Im Zuge seiner Reise zu König Sigismund im Januar 1416

---

dies schnell als Drohung empfunden." Ebenso mit Nennung konkreter Beispiele und Zahlen Leibetseder, Pferde, S. 318 f.: „Aus diesen Zahlen kann abgeleitet werden, dass die Pferdestärke, mit der man reiste, (schon) damals nicht zuletzt eine Frage standesgemäßer Repräsentation war."

765 Wormser Chronik, S. 151: *Anno 1400 Donnerstag nach Allerheiligen hat dem könig Ruperto burgermeister und rath der stadt Worms gehuldet und ihme ein fuder wein, 50 malter habern und fisch, der königin einen silbern kopf, ein halb fuder weins und fisch verehrt. Der burgermeister und andere rathgesellen ritten ihme entgegen mit 12 pferden in ihrer hübschen kleidung.*

766 AVES, AA 169, 38: *[...] so hat die kunigin von Nappelsz alle schlosz bisz an eines in genomen die in iren koenigrich sind und hat der könig von Nappels noch einez und da bi im fiertusent pferd und wellent er und die koenigin, sin wibe, einander kriegen [...].* Ähnlich in einem Brief des Ammeisters an mehrere Gesandte, in dem er auf die militärische Stärke der Truppen des Bischofs eingeht, AVES, AA 1441, 1: *So sind der Byschof und der Lantfogt mit eim volke by den drien hundert pferden [...] und meynent das lant inzenemende [...].*

767 AVES, AA 169, 43: *[...] wissend, dz uwer vigend vor Villingen mit suben pferden uf mich gehalten hand und ich muost wider gen Vilingen hin in und muost uber naht bliben [...].*

768 AVES, AA 163, 4: *[...] als wir nu gen Sarburg sein komen, da sein heinrich Beyer Belys und Wenzelo von Turn, des herzogen von Lutheringen Rete wol mit drissig pferden vor uns alda gewesen und ritten ouch*

berichtete Ulrich Meiger an den Ammeister Johans Lumbart, dass der *herre von Schalon* mit 100 Pferden auf dem Weg zum König durch die Stadt Genf geritten sei und das Reichsoberhaupt nach Paris begleiten wollte.[769] Ein Jahr später schrieb eine Straßburger Gesandtschaft über die bevorstehende offizielle Belehnung des Nürnberger Burggrafen Friedrich VI. mit der Markgrafschaft Brandenburg und der sich daraus ableitenden Kurfürstenwürde. In diesem Zusammenhang wurde aufgezählt, welche wichtigen Persönlichkeiten zu diesem Anlass nach Konstanz kamen. Zum Teil geschah dies auch mit genaueren Angaben der mitgeführten Pferde, so im Fall Markgraf Wilhelms II. von Meißen, der mit 95 Pferden anreiste.[770]

Der Gesandte Cunrat zum Rust war 1418 Zeuge einer vermutlich beeindruckenden Versammlung geworden und berichtete darüber an den Rat der Stadt. König Sigismund hatte auf offenem Feld sein Lager bezogen. Dort traf sich unter anderem auch der Straßburger Gesandte mit dem Reichsoberhaupt. Da Sigismund über die baldige Ankunft des Herzogs von Burgund, Johann Ohnefurcht, benachrichtigt wurde, der mit 400 Pferden auf dem Weg zum König war, um sich mit diesem zu Gesprächen zu treffen, unterbrach er kurzfristig die laufenden Verhandlungen. Daraufhin zog der König aus der gesamten Umgebung Reiter zusammen, sodass er selbst beim Aufeinandertreffen mit dem Burgunder an die 1000 Pferde vor Ort hatte.[771] Die Meldung vom Herzog, der mit 400 Pferden angekündigt wurde, zeugt von einem Bewusstsein für die Symbolkraft derartiger Treffen. Gerade deshalb wurde auch dafür gesorgt, dass der König eine größere Menge an Pferden vorweisen konnte. Der Gesandte berichtete höchstwahrscheinlich derartig detailliert, um Bedeutung und Symbolcharakter des Treffens hervorzuheben, die König und Herzog diesem durch die Anzahl der mitgeführten Pferde beimaßen. Dabei musste Sigismund offenbar alle verfügbaren Reiter um sich versammeln, um dem Burgunder einen angemessenen – dem Rang des Königs entsprechenden – Empfang zu bereiten. Um seinen Rang als Reichsoberhaupt zu verdeutlichen, war es notwendig, vor Ort über eine größere Gefolgschaft zu verfügen.[772] Als das Treffen vorbei war, ritten

---

dannen mit eins teils ire gesellen gen Zabern zuo dem Byschoff von Stroßburg und sint uff disem abent wider gen Sarburg gekomen

769 AVES, AA 169, 9: *[...] der herre von Schalon ist wol mit hundert pferden bi diren tagen hie zu Geneffe durch geritten und meinet den kung gen Paris zu fuerent [...]*

770 AVES, AA 1443, 21: *[...] und sol der burggrafe von Nuremberg uf sontag naehst komet, die marke zu Brandenburg ze lehen empfahen und ein kurfurst werden und sint uf mitwochen die tuschen heren von [prussen?] herlich in geritten, do komen hertzug Heinrich, hertzog Ernst und hertzog Wilhelm von Paigern mit volkes uf donrstag in geritten, do kam der marggrafe von Misen uf gester mit V C pferden in geritten, so sint uf hut suntag der hertzog von Berg, hertzog Otte von Paigern und der grafe von Clef in geritten, so ist man desz hertzogen von Lucheringen, desz markgrafen von Baden und desz von Wirtemberg in dieser wochen ouch wartend [...].*

771 AVES, AA 168, 74: *[...] un gedoht wir kement uf dem felde in rede, alz kunde ez sich nut geschicken wenne dem kunge kam botschaft une daz der hertzoge von Burgunne kome wol mit fier hundert pferden un wolt mit dem kunge rede, dez alz ouch geschah, un schicket der kunig zuo stunt wo jederman lag, daz die zuo stunt koment, alz koment wol dusent pfert zuo stunt uf eine mal [...].*

772 Vgl. grundsätzlich zu Herrschertreffen Schwedler, Herrschertreffen.

die durch den König hinzugezogenen Reiter wieder fort, sie waren tatsächlich nur für das Aufeinandertreffen der beiden Herrscher angereist.[773]

Im Frühjahr 1415 berichtete Ulrich Meiger von der bevorstehenden Reise König Sigismunds zum König von Aragon und Gegenpapst Benedikt XIII. Ziel der Reise war die Abdankung Benedikts und somit die Überwindung des Schismas.[774] Zu diesem Zweck hatte Sigismund offenbar ein erstaunlich großes Gefolge von 3000 Pferden zusammengezogen. Verschiedene Herrscher hatten ihn dabei unterstützt. Der Stadtschreiber Meiger zeigte sich daher auch zuversichtlich, dass die Einheit der Christenheit bald wieder hergestellt sei.[775]

Im Kontext des Marbacher Bundes beschrieben die Straßburger Gesandten den Einzug der Verbündeten in die Stadt Mainz, wo zu dieser Zeit ein Hoftag stattfand. Dabei stand das Zeremoniell selbst verstärkt im Fokus der Schilderung. Die Reise und Ankunft in Mainz wurde offenbar dazu genutzt, die Einheit und Stärke des Bündnisses zur Schau zu stellen. Vor den Toren der Stadt trafen sich die angereisten Bündnisparter, um dann zusammen mit einem Aufgebot von etwa 900 Pferden in die Stadt einzuziehen.[776] Ein derartiges Verhalten konnte zur Demonstration von Verbundenheit und Stärke dienen und hatte in Anbetracht des großen Gefolges sicherlich eine entsprechende Außenwirkung.[777] Dass sich die Marbacher Verbündeten von ihrem ersten gemeinsamen Auftreten bei einem Hoftag eine ähnliche Wirkung erhofften, kann durchaus angenommen werden. Offenbar war der Einzug mit einem großen Gefolge schon im Jahr zuvor geplant worden.[778] Die Aufzeichnungen Straßburger Gesandter von einer Unterredung mit Markgraf Bernhard von Baden, die Anfang Dezember 1405

---

773 AVES, AA 168, 74: *[...] un sprachettent do wol drige stunden oder fierre bitz es naht wart, do reit jeder man wider do er gestellet hette [...].*

774 Zur Reise Sigismunds vgl. Hoensch, Itinerar, S. 95; Hoensch, Sigismund, S. 222–243.

775 AVES, AA 169, 5: *[...] genaediger lieber her woellent wisszen, dz sich der koenig faste rihtet gen Nisio in Puentz zu dem koenig von Arragoni und baepst Benedicto zu ritend und meinet mit dritusent pferden zu ritend, dann er hat dem hertzogen von Burgoni geschriben und in gebetten, mit in zu ritent und herzog Ludwigen von Heidelberg und hertzog Friderichen von Österrich und den jungen heren von Wirtemberg und susz vil herren und alsz ich merk, so getruwe ich, dz der erschrokenlichen zweitraht der heiligen kirchen ein soelige einikeit mit gotesz hilf nu werden soelle [...].* Vgl. ebenso hierzu AVES, AA 169, 6. Hoensch, Sigismund, S. 222, der sogar eine Anzahl von 4000 Reitern angibt, die immer wieder genannt werde, nach ihm aber zu hoch veranschlagt sei. Ob die Angaben des Gesandten stimmen, sei dahingestellt. In jedem Fall führte sie beim Gesandten zur genannten Einschätzung der Situation.

776 RTA VI, Nr. 16, S. 36–37, 30–35 sowie 1: *[...] als unser herren der marggrafe der von Wurtenberg und ouch wir uf diesen heiligen zwoelften tag zu Mentz inziehen wollten, als wir ouch doten, do wartete unser unser* [sic!] *herre der byschof von Mentze vor der stat Mentze etwie verre wol mit 500 pferden. do hetten die die zwene herren die Swebischen stette und ouch wir me dann vierhundert pfert, und zugent mit einander zu Mentze yn vor unsers herren des kuniges herberge hin [...].*

777 Vgl. hierzu die Ausführungen über die Bedeutung des Gefolges für die Machtdemonstration im Zuge von Herrschereinzügen im Mittelalter bei Schenk, Zeremoniell, S. 251; Schwedler, Herrschertreffen, S. 300 sowie S. 305–310.

778 Vgl. hierzu auch die Erwähnung bei Friedländer, Geschichte, S. 40.

stattfand, zeigen, dass für den Hoftag in Mainz entsprechend repräsentativ mit zahlreichen Vertretern der Bündnispartner aufgetreten werden sollte.[779]

Die Berichte machen recht anschaulich fassbar, wie die Opposition gegen König Ruprecht versuchte, im Vorfeld von Verhandlungen die eigene Stärke mit Hilfe eines möglichst eindrucksvollen Einzuges in die Stadt zu demonstrieren.

„Pferde hatten also einen Stammplatz in der performativen Inszenierung von Herrschaft [...]."[780] Diese These, welche bereits am Beginn dieses Teilkapitels dargestellt wurde, trifft ebenfalls auf die hier angeführten Überlegungen zu und erklärt zugleich die Thematisierung der Anzahl von Pferden in den Gesandtenberichten. Die Angaben und Erläuterungen zu den Pferdestärken in unterschiedlichen Kontexten dienten zur Einordnung der verschiedenen Ereignisse und sollten den Leser über militärische Stärke und Repräsentation von Rang informieren. Die Anzahl der Pferde diente hierfür als Gradmesser. Die Aufmerksamkeit der Gesandten für diese Zahlen erklärt somit auch deren Bedeutung für die Darstellung politischer Verhältnisse.

3. Der König und die Frauen

> „Die Frauen und die Mädchen / Liebt Kaiser Sigismund, / Die Lieschen und die Käthchen / Und ihren Purpurmund; / Und wo er geht / Und wo er steht / Da regnet's Küsse; / Ja, Alles grüße / Des Kaisers Majestät!."[781]

Mit diesen Worten wies im Jahr 1866 der Straßburger Archivar und Dichter Ludwig Adolf Spach in seinem Werk „Kaiser Sigismund in Straßburg. Ein historisches Singspiel in fünf Aufzügen" Sigismund eine besondere Schwäche für Frauen zu. Als historisches Vorbild für sein Singspiel diente Spach ein Besuch des Königs in Straßburg und die damit verbundenen Feierlichkeiten im Juli 1414.[782] Die angebliche Vorliebe Sigismunds für ausschweifende Feste und weibliche Gesellschaft zeigte sich nicht nur in Straßburg, sondern auch bei einem Besuch in Bern wenige Tage zuvor, zu dessen Anlass die Stadt ebenfalls Festlichkeiten zu Ehren des Königs ausrichtete.[783] Die Stadt übernahm in diesem Zusammenhang auch die Bezahlung von Prostituierten des in Bern befindlichen Bordells.[784] Ob nun Sigismund selbst Dienste von Prostituierten in Anspruch genommen hat oder sogar regelmäßiger Besucher in Bordellen war, wurde in der Forschung

779 RTA VI, Nr. 6, S. 21: *Von des tages wegen der do sin sol zû Mentze, do hant sich der margrave und der von Wurtemberg sich mit einander underretd, daz sú meinent, daz sú deste erlicher uffe den tag komen wollen. Und duhte sú gût sin, daz wir und die Swebischen stette deste me und treffenlicher botten machent, und besunder die Swebischen stette.*

780 Leibetseder, Pferde, S. 324.

781 Spach, Kaiser Sigismund, S. 5. Vgl. hierzu bereis Hoensch, Sigismund, S. 604.

782 Hoensch, Sigismund, S. 486. Sigismund hielt sich vom 11. bis 17. Juli 1414 in Straßburg auf, Hoensch, Itinerar, S. 93.

783 Hierzu Oschema, Herren, S. 223–226; Braun, Könige; Hoensch, Sigismund, S. 485 f.

784 Oschema, Herren, S. 224.

eingehend diskutiert und ist durch jüngere Studien zu diesem Thema als unplausibel befunden worden. Zwar tauchten städtische Bordelle im Zuge von Festlichkeiten in den städtischen Rechnungen auf, wie etwa beim angeführten Beispiel aus Bern. Doch ließe sich daraus keineswegs ein Besuch des Königs im Bordell herleiten, vielmehr finanzierte die Stadt dem Gefolge des Königs den dortigen Aufenthalt.[785] Auch war die Anwesenheit von Prostituierten bei derartigen Feierlichkeiten in spätmittelalterlichen Städten keine Seltenheit, ohne dass es dabei zwangsläufig zu sexuellen Handlungen kam.[786] Auf der anderen Seite konnte die Prostitution in jener Zeit enorme Ausmaße annehmen, wie es etwa die Anwesenheit von etwa 700 Prostituierten in Konstanz zur Zeit des Konzils verdeutlicht.[787]

Ob nun bei den bereits erwähnten Feierlichkeiten in Straßburg ebenfalls Prostituierte anwesend waren oder die Stadt für den Besuch bei ihnen bezahlte, kann nicht geklärt werden.[788] In den nachfolgend zu besprechenden Quellen ist lediglich von *frowen*/*frouwen* die Rede, mit denen Sigismund in Straßburg in Kontakt kam. In jedem Fall war Sigismund von der Anwesenheit dieser Frauen bei den Festlichkeiten in Straßburg derartig begeistert, dass ihm der Besuch in Straßburg offenbar nachhaltig in Erinnerung blieb.

Dieser Umstand war für zukünftige Gesandtschaftsmissionen zum König von Bedeutung, fand daher wiederum Eingang in die Straßburger Korrespondenz und ist folglich auch Ausgangspunkt für die hier angestellten Überlegungen. Denn der Besuch Sigismunds in Straßburg im Jahr 1414 kam fortan bei Aufeinandertreffen von Gesandten der Stadt mit dem König mehrfach zur Sprache. Drei Gesandtenberichte verdeutlichen, wie dieses Thema zudem mit symbolischer Kommunikation und Performanz verknüpft war.

Der Straßburger Gosse Burggrafe berichtete 1416 von einem Begrüßungszeremoniell zwischen einer größeren Gruppe, zu der der Gesandte selbst gehörte, und dem König. Die beiden Gruppen waren aufeinander zugeritten und der König war von seinem Pferd gestiegen, als man sich bis auf zwei Ackerlängen angenähert hatte. Nachdem der König von unterschiedlichen Anwesenden begrüßt worden war, hatte auch der Gesandte die Gelegenheit zu einer kurzen Begrüßung und Unterhaltung mit Sigismund. Der Gesandte berichtete an den Rat, dass der König ihm die Hand gegeben und sich nach den Straßburger Frauen erkundigt habe. Worauf er geantwortet habe: *gnediger herre, sie hant groß*

785 Vgl. zum Berner Beispiel und zur Forschungsdiskussion Oschema, Herren; Schuster, Frauenhaus, S. 120f.

786 Vgl. zur Diskussion etwa Oschema, Herren; Schuster, Frauenhaus, S. 137f.; Rossiaud, Dame Venus, S. 73. Vgl. darüber hinaus zum Themenkomplex Schuster, Frauen; Schuster, Sittlichkeitspolitik.

787 Diese Angabe wurde auf der Grundlage der Chronik des Ulrich von Richental errechnet, der eine Auflistung der Konzilsteilnehmer mit Berufsangaben beigefügt hatte, vgl. hierzu Matthiesen, Chronik, hier S. 154. Vgl. allgemein hierzu auch die Ausführungen bei Schuster, Die unendlichen Frauen, S. 19–33.

788 Vgl. beispielhaft für die Anwesenheit von Prostituierten im spätmittelalterlichen Straßburg eine Aufzählung aus dem Jahr 1469 in der Edition von Brucker, S. 456f.

verlangen nach uwern gnaden.[789] Der Gesandte stellte sich in seinem Bericht somit besonders schlagfertig dar, als Diplomaten, der im Umgang mit dem König souverän auftrat. Offenbar war er also gut über die bisherigen Geschehnisse informiert und versuchte durch die gegebene Antwort dem König zu schmeicheln. Aufschlussreich ist die Tatsache, dass dieser Dialog Eingang in den Gesandtenbericht gefunden hat. Denn der Gesandte hatte noch länger mit dem König gesprochen, doch über die anderen Inhalte machte er keine Angaben. Er wies sogar explizit darauf hin, dass die Unterhaltung über die Straßburger Frauen nur eines von vielen Gesprächsthemen gewesen sei. Somit entschied er sich also, gerade diesen Teil der Unterhaltung genauer zu schildern: *und rett das under andern vil worten so ich mit im rett.*[790] Ebenfalls fällt die Schilderung einer weiteren performativen Handlung auf, die der Gesandte in seinen Bericht einbaute: Der König habe ihm nämlich bei der Begrüßung die Hand gegeben.[791] Dies mag als unwichtiges Detail erscheinen, doch waren derartige Erwähnungen durchaus relevant. Durch körperliche Nähe konnte der Herrscher seine Verbundenheit zum Ausdruck bringen und der Gesandte meldete dies verständlicherweise auch nach Straßburg.[792] Gerade vor dem Hintergrund des bisher Beschriebenen ergibt diese Art und Weise der Darstellung des Aufeinandertreffens zwischen dem Gesandten und dem König Sinn, auch unabhängig vom tatsächlichen Ablauf der Begegnung und dem Wahrheitsgehalt der Schilderung. In diesem Zusammenhang ist eher die den Handlungen und Gesprächen beigemessene Bedeutung und die intendierte Botschaft des Gesandten wichtig.[793] Belege für derartige Berichte Straßburger Gesandter von körperlicher Nähe zum Herrscher und vom leutseligen Umgang Sigismunds mit den Gesandten finden sich auch in anderen Kontexten:[794] Der Straßburger Stadtschreiber berichtete

789 RTA VII, Nr. 200, S. 311 sowie AVES, AA 165, 30: *Item unser herre der kunig mit vil andern herren reit gegen inen me dann ein lange mile. Und do si uf zwo ackerlenge nohekoment, do trat unser herre der kunig zuo fuoß abe, und der bischof von Gran ouch und andere, und traten gegen im, und enpfinge sie unser herre der kúnig gnediclich, und gab mir ouch sin hant und dete gnediclichen gegen mir und froegete mich nach den frouwen. Antwurt ich: „gnediger herre, sie hant groß verlangen nach uwern gnaden". Und rett das under andern vil worten so ich mit im rett.* Vgl. zu dieser Quelle auch Finke, König, S. 115 f.

790 RTA VII, Nr. 200; AVES, AA 165, 30.

791 AVES, AA 165, 30: *[...] und gab mir ouch sin hant und dete gnediclichen gegen mir [...].*

792 Reinle, Herrschaft, S. 60–62, hier S. 60 und S. 61: „[...] gerade weil auch die Erlaubnis zur körperlichen Berührung und die Pflicht zur physischen Distanz von der Position in der Rangordnung abhängig waren, machte es einen großen Eindruck, wenn der Höhergestellte die körperliche Distanz zum niedriger Gestellten auf vertrauchliche Weise hintansetzte [...]"; „Selbst Begrüßung oder Verabschiedung durch den Herrscher durch Darreichen der Hand verursachte bei den Betroffenen Reaktionen des Stolzes und der Freude."

793 Zur Schilderung perfomativer Handlungen in den Quellen vgl. Reinle, Herrschaft, S. 32: „Doch scheint die Frage, ob sich eine bestimmte Episode wirklich so und nicht anders zugetragen hat, im Zweifel weniger erheblich als die Frage, welchem Verhalten welche Bedeutung zugemessen wurde."

794 Christine Reinle hat bereits hervorgehoben, dass gerade Sigismund es verstand, durch performative Akte im negativen wie im positiven Sinne besonders aufzufallen, Reinle, Herrschaft, S. 61 f. Zum Thema „Leutseligkeit" in diesem Zusammenhang, Reinle, Herrschaft, S. 42, jeweils mit weiteren Beispielen.

etwa von einer Unterredung mit Sigismund während eines Spaziergangs. Dabei habe der König ihn an der Hand geführt.[795] Ebenso konnte aber auch Sigismunds durchaus bekanntes jähzorniges Verhalten zur ungewollten körperlichen Nähe führen. In einer zunächst verbal geführten Auseinandersetzung zwischen Sigismund und dem Stadtschreiber Ulrich Meiger schlug der König diesem schließlich auf den Kopf.[796]

Doch zurück zur Ausgangsthematik: Sigismund und die Straßburger Frauen. Hier lassen sich weitere Beobachtungen zur Berichterstattung über Performanz machen. So wurde etwa eine positiv konnotierte emotionale Reaktion König Sigismunds in einem Bericht geschildert: Von diesem Aufeinandertreffen im Jahr 1416 berichtete der Straßburger Stadtschreiber Ulrich Meiger, der dem König dabei zur Begrüßung eine Halskette übergab. Doch handelte es sich nicht um ein gewöhnliches Schmuckstück, denn die Kette wurde von Meiger im Namen der namentlich nicht genannten Straßburger Frauen und zusammen mit einer Nachricht derselben überbracht, die der Stadtschreiber auf Wunsch des Königs auch sogleich vor den Anwesenden des Königshofes laut vorlas. Der Inhalt der Nachricht ist nicht überliefert, doch zeigten Geschenk und Botschaft offenbar die beabsichtigte Wirkung. Denn das Reichsoberhaupt habe die Halskette umgelegt und diese die ganze Nacht lang getragen. Darüber hinaus habe er vor überschwänglicher Freude auf der Stelle ein Fest mit Tanz veranstalten lassen, so der Bericht des Stadtschreibers. Auch habe sein Gefolge geäußert, dass Sigismund lange nicht mehr so fröhlich gewesen sei.[797]

Bei einem weiteren Aufeinandertreffen wurden Ulrich Meiger vom König goldene Ringe überreicht, die er den wieder einmal nicht näher benannten Frauen als Geschenk nach Straßburg mitbringen sollte. Zugleich wurde er of-

---

795 AVES, AA 165, 30: *Also fuort er mich an sinre hant etwre verr bisz zuo der kirchen und erzalt [...]*

796 AVES, AA 169, 69: *Do sluog er mich also uf den kopff und sprach: ir sind gar geschiebe ich tröst uch dunt ir in dez Bischofs sache dehein teydinge one mich, ez gedut uwern heren noch uch niem guot.* Vgl. grundsätzlich zu derartigen Ausfällen Sigismunds etwa Reinle, Herrschaft, S. 61, mit weiteren Beispielen. Vgl. grundlegend zur Einordnung emotionaler Regungen und Ausbrüche bei Herrschern des Mittelalters die Studien von Gerd Althoff, etwa zum Weinen des Königs Althoff, Demonstration; Althoff, König; zum Zorn vgl. Althoff, Ira, der Emotions- und Gefühlsäußerungen von Herrschern in der Öffentlichkeit als geplante und inszenierte Rituale interpretiert. Eine Gegendarstellung zu den diesbezüglichen Thesen Althoffs findet sich bei Dinzelbacher, König, S. 11–78.

797 ACC, Bd. 4, Nr. 464, S. 455–458 sowie AVES, AA 1443, 11 f., hier 11: *[...] do trat ich fur den kung uf den abent und wolt nu der frowen sache fur mich niemen als ich ouch tett. Do ward er zu mal froelich und hiesz mich der frowen brief lut lesen dasz es mentlichen hort und hett grosen froede und muot dar abe alse gab ich im der frowen cleinat daz tette er an den halsz und truog es die gantzen naht und sprachen die gesellen sie hetten in uf dieser vart ne so froelich gesenhen als in die frowen von Straszburg gemachtet hetten und er hiesz die gesellen in siner kamer vor im tantzen. Dan grosz leide in stat und in lande desz strittes halb ist und er sprach er woelt den frowen von Lundensz* [London, S.L.] *usz Engellant erst vil dinges schiken oder selber bringen dan er woelt nit heim er were dan vor zu Engenlant gewesen und do er dz Cleinat an den halsz geheng do sprach er, nu will ich mit disem Cleinet ob got will von hut uber ein ja ruf den Turken ligen dar umb wer durch gut und durch ere oder umb frowen willen mit den Turken vaehten welle der sol uf die zit bi mir sin und beschach vil rede da [...].*

fenbar angewiesen, bei der Aushändigung der Geschenke eine Rede zu halten. Der Stadtschreiber hob in seinem Bericht die Bedeutung dieses Geschenkes hervor und begründete die Annahme desselben: Da das Geschenk eine Ehre für die Stadt und seine Annahme für die weiteren Angelegenheiten nützlich sei, habe er das Präsent entgegengenommen und werde die goldenen Ringe mit nach Straßburg bringen.[798]

Die Gesandten haben sich die Erinnerungen Sigismunds an seinen Besuch in Straßburg bewusst zunutze gemacht beziehungsweise konnten deren Bedeutung innerhalb symbolischer Akte nach eigener Schilderung einschätzen und dementsprechend reagieren. Das zuerst genannte Beispiel des Begrüßungszeremoniells und der Nachfrage nach dem Befinden der Straßburger Frauen veranschaulicht dies eindrücklich. Die Tatsache, dass der Gesandte gerade diesen Teil des Wortwechsels zwischen ihm und dem König innerhalb des Begrüßungszeremoniells hervorhob und andere Gesprächsinhalte nicht schilderte, wie er selbst betonte, ist auffällig. Der Gesandte wollte vermutlich auch hier zeigen, dass er die Situation gut bewältigt hatte, indem er dem König auf die Erkundigung nach dem Befinden der Frauen geantwortet hatte, dass sich diese nach ihm sehnten. Dabei spielte es gar keine Rolle, inwiefern diese Aussage wahrheitsgemäß war, vielmehr war es wichtig, dass man dem König dadurch schmeichelte und ihn als Frauenheld darstellte. Zudem war dem Gesandten offenkundig wichtig, die dabei vorhandene Nähe zum Herrscher als weiteren Erfolg nach Straßburg zu kommunizieren, indem er die vom König hergestellte körperliche Nähe bei der Begrüßung hervorhob.

Dasselbe Thema wurde durch das Geschenk der Halskette, welche im Namen der Straßburger Frauen übergeben wurde, geschickt in das Begrüßungszeremoniell mit eingebunden und scheint den König vor den eigentlichen Verhandlungen in eine gute Stimmung versetzt zu haben. Dafür war weniger die Halskette als solche, sondern vielmehr die dahinterstehende Symbolik verantwortlich. Das angeblich von den Straßburger Frauen stammende Geschenk sollte dem König folglich signalisieren, dass sich die Straßburger Frauen gleichermaßen an dieses Treffen erinnerten und ihm deshalb einen persönlichen Gruß zukommen lassen wollten. Inwiefern die Reaktion des Königs tatsächlich so euphorisch ausfiel, bleibt fraglich. Der Stadtschreiber konnte nämlich seine Verhandlungen nicht zu einem Erfolg führen. Möglicherweise stellte er die geschilderte Episode mit der überschwänglichen Reaktion des Königs daher an den Beginn seines Berichtes, um sich vor dem Straßburger Rat zu rechtfertigen. Vermutlich wollte er also sein Verhandlungsgeschick herausstellen und zeigen,

798 AVES, AA 169, 8: *min here der kunich meinet er sie ze Straszburg by uch der frowen burg und dar umb hat er mir wol [...] guldin Ringe gegebn den frowen heim ze bringende zu eime guten jore die zu teilende und dar zu ze redende als mir sin gnade denne hat bevolhen, die wile mich nu beduhte, das es der stette ere wer und wol zü disen loeffen dienete; so han ich min bestesz dar zü geton das ich sy mit mir bringe.* Vgl. hierzu zudem Hoensch, Sigismund, S. 486, der die Verschenkung der Ringe als „ein später immer wieder gepflogenes, auch für Avignon, Paris und Augsburg belegtes Ritual" bezeichnet, jedoch dem Leser die Belege schuldig bleibt.

dass er alle Mittel ausgeschöpft hatte, um das Ziel seiner Mission zu erreichen. Dennoch (oder gerade deshalb) verdeutlicht dieser Brief, dass Funktionsweisen symbolischer Kommunikation von den Gesandten prinzipiell verstanden wurden und dass sie grundsätzlich innerhalb derartiger Handlungen angemessen agieren und reagieren konnten. Dies macht auch die Reaktion des Stadtschreibers auf die Geschenke des Königs für die besagten Frauen deutlich, deren Überreichung und Annahme er als Ehre auffasste und darin sogleich einen Nutzen für weitere Verhandlungen mit dem König sah. Die geschilderten Fälle machen die Bedeutung von Performanz innerhalb diese symbolischen Kommunikationsakte deutlich. Die Gesandten verwiesen stets in einer positiven Art auf ihre individuelle Handlungsweise innerhalb der einzelnen Situationen und stellten somit insbesondere die Qualität des performativen Elements – auch die König Sigismunds – in den Vordergrund.[799]

Die Relevanz der Thematik zeigt sich nicht nur auf der Handlungsebene zwischen Gesandten und König. Wie bereits angedeutet wurde, war diese ebenso in der Kommunikation zwischen Gesandten und Akteuren in Straßburg von Bedeutung. So beispielsweise, wenn in einem Bericht angegeben wurde, dass Sigismund 600 Frauen zu einem Festmahl geladen habe.[800]

Wie bereits anhand der Überreichung der Halskette an Sigismund gezeigt werden konnte, standen die Straßburger Frauen quasi stellvertretend für eine gute Verhandlungsatmosphäre zwischen dem König und den Gesandten. Die Straßburger Frauen waren ein positiv besetztes Thema in den Beziehungen zwischen Sigismund und Straßburg. So konnte es auch dazu dienen, das eigene Handeln zu rechtfertigen. In einem Brief an den Ammeister Johans Lumbart findet sich eine diesbezüglich aufschlussreiche Erklärung des Gesandten Gosse Burggrafe, der den König auf einer Reise Richtung Straßburg begleitete. Der Gesandte gab in seinem Bericht an, er habe aufgrund der hohen Kosten eigentlich nicht beabsichtigt weiter mit dem König zu reisen, sondern vorzeitig von Köln aus in Richtung Straßburg aufzubrechen. Doch der König habe ihm aufgetragen, ihn bis nach Straßburg zu begleiten. Sigismund werde es zu schätzen wissen, so sei ihm versichert worden, dass er ihn im Namen der Stadt Straßburg weiterhin begleite. Burggrafe führte weiter aus, dass er gehört habe, der König sei voller Lob für Straßburg und die Frauen der Stadt.[801] Der Gesandte gab also zu be-

---

799 Diese Beobachtung ist gerade vor dem Hintergrund aktueller Debatten in der Mediävistik zur Performanz interessant. Vgl. hierzu etwa Oschema, Performanz, S. 22, der jüngst die Frage der Performanz für die Beurteilung von Ritualen im Mittelalter aufgeworfen hat und dabei insbesondere in der Untersuchung der Qualität des Handelns einzelner Akteure eine wichtige Perspektive ausmachte: „Zentrale Bedeutung könnte hierbei der bislang weitgehend vernachlässigten Frage nach der ‚performativen Qualität' zukommen, also danach, ‚wie kompetent' eine Handlung vollzogen wird […]".

800 AVES, AA 1443, 84: *[…] So hat er uff hute zinstag wol vi hundert frowen zu huse gebetten mit ime zuo essende […].*

801 AVES, AA 168, 31: *ouch lieber herre, wissent, daz ich willen het von Koelle heim zu ritten, wenne mich beturt der koste und frogete unsern heren den kunig obe er ut heim enbieten wolt, do sprach er zuo mir, du solt niergent ritten. Ich bin ouch bereit wir wellent mit ein ander gen Strasburg. Ouch wurt mir alle mol*

denken, dass es besser sei, wenn er weiterhin beim König verbleibe. Dies komme der Stadt zugute, da der Herrscher momentan gegenüber Straßburg positiv gestimmt sei. Die Straßburger Frauen wurden hier als zusätzliches Element vom Gesandten aufgeführt, um die Stimmung des Königs zu verdeutlichen. Dies kam einer Einschätzung der allgemeinen Lage gleich.

4. Fallbeispiel: Thronwechsel

Abschließend wird das Themenfeld der symbolischen Kommunikation anhand eines weiteren Fallbeispiels erörtert. Dabei werden verschiedene der bislang besprochenen Aspekte noch einmal in einem anderen Kontext und im Zusammenspiel miteinander untersucht. Hierfür stellen die Ereignisse rund um den Thronwechsel von 1400 im deutschen Reich ein geeignetes Untersuchungsfeld für die Verbindung von symbolischer Kommunikation und städtischen Gesandtschaften dar. Anhand der Absetzung und Neuwahl des Reichsoberhauptes kann aus der Perspektive Straßburgs auf die Bedeutung von symbolischer Kommunikation für die Tätigkeit von Gesandtschaften eingegangen werden. Die Städte des Reiches stellte dieser Thronwechsel vor einige Probleme, die insbesondere mit symbolischen Akten verbunden waren. Die Situation war schwierig, weil die Städte dem abgesetzten, aber noch lebenden König Wenzel in der Vergangenheit einen Eid geschworen hatten. Der Akt der Eidesleistung symbolisierte die Anerkennung des Königs und verpflichtete zugleich zur Gefolgschaft. Somit war man dem „alten", noch lebenden König Wenzel durch die vollzogenen symbolischen Akte im Grunde noch verpflichtet. Ihm fehlte nun aber die notwendige Anerkennung durch die Fürsten. Da im Regelfall ein neuer König erst nach dem Tod des alten Königs gewählt wurde, war dies für die Städte eine völlig neue Situation. Die Kurfürsten verlangten durch ihre Absetzung und Neuwahl folglich auch von den Städten, den von ihnen gewählten neuen König als rechtmäßigen Herrscher anzuerkennen und ihm ebenfalls zu huldigen. Nach Ansicht der Kurfürsten hatten die Städte nämlich einen Eid auf das Reich geleistet, weshalb sie nun auch Ruprecht als neuen König anzuerkennen hätten. Die Bereitschaft, den neu gewählten Ruprecht anzuerkennen, war zwar vorhanden oder seine Anerkennung teilweise bereits beschlossene Sache, allerdings waren die Städte sich nicht gänzlich darüber im Klaren, wie man die oben geschilderte, durchaus verworrene Situation lösen könnte. In dieser Frage ging es insbesondere um die Bedeutung symbolischer Kommunikation wie etwa von Ritualen und Zeremonien. Eine erste Quelle veranschaulicht dies recht deutlich: Es handelt sich um ein Protokoll von Beratungen zwischen Städtegesandten – darunter auch Straßburger Gesandte – und Rechtsgelehrten.[802]

geseit, daz er esz gar gnedicklich uf nimet, daz ich von der Stat wegen by ime lige und hoere ouch dicke, daz er die stat und die froewe fur ander lobet.

802 AVES, AA 116, 10 (Quelle ediert in RTA IV, Nr. 120, S. 132 f.). Vgl. zur Einordnung dieser Quelle Kapitel III (1.2).

Im ersten Abschnitt der Quelle wird zunächst beschrieben, wie sich einige Städte, die in der Quelle nicht explizit genannt werden, in Mainz über die genannten Veränderungen beraten hatten.[803] Im Anschluss an diese einleitenden Worte werden in einem ersten größeren Abschnitt drei Beratungsaspekte im Protokoll aufgezählt und zugleich diesbezügliche Fragen aufgeworfen. Der zweite größere Abschnitt der Quelle beschreibt, dass bezüglich der zuvor formulierten Anliegen und Fragen die Städtevertreter von *gelerte groſse phaffen in den rechten [...] ire mainunge gesagit* bekommen hätten.[804] Es folgen drei Ratschläge dieser Gelehrten zu den drei aufgeworfenen Beratungsthemen und Fragen aus dem ersten Abschnitt.[805]

Die konkreten Anliegen und Fragen der Städtevertreter und die darauf gegebenen Antworten durch die gelehrten Geistlichen bezüglich symbolischer Kommunikation seien hier erst einmal kurz skizziert:

Zunächst fragten die Städtegesandten, wie sich die Städte im schriftlichen Kontakt mit Ruprecht verhalten sollten. Wenn man ihm auf eventuell eingehende Schreiben antworte, sei fraglich, ob man ihn bereits als König anschreibe dürfe.[806] Die Antwort fiel zusammengefasst folgendermaßen aus: Die Kurfürsten hätten den alten König rechtmäßig abgesetzt. Diesem habe man zwar einen Eid geleistet, dies sei allerdings *von des richs wegen* geschehen, weshalb er nun keine Gültigkeit mehr habe. Deshalb solle man Ruprecht als neuen König anerkennen und ihn auch wie einen römischen König in Briefen anschreiben.[807] Hier wird bereits deutlich, dass die Städtegesandten zu diesem Zeitpunkt gar nicht mehr darüber verhandelten, ob sie den neuen König anerkennen wollten. Es ging tatsächlich darum – und das wird für die Frage der symbolischen Kommunikation noch wichtig sein – wie diese Anerkennung ablaufen sollte.

Das zweite Anliegen der Städte bezog sich auf den konkreten Zeitpunkt, von dem an der neue König von den Städten Dienste oder Gehorsam einfordern dürfe. Konkret wurden die Geistlichen gefragt, ob Ruprecht dies in der Zeit zwischen dem Königslager vor Frankfurt und der Krönung in Aachen tun könne.[808] Die Antwort der Geistlichen fiel folgendermaßen aus: Falls es dazu

---

803 AVES, AA 116, 10r: *Zu wissen sy, als etzlicher Stete frunde zu diesz zyt zu Mentze bi ein gewest sint, sich von der veranderunge wegen als an deme heilgen Riche gescheen ist und umb diese nachgeschriben stucke zu undersprechen und zu ratslagen, wie sich die selben Stete dar jnne gehalten und beware mogen.*

804 AVES, AA 116, 10r.

805 AVES, AA 116, 10r-v.

806 AVES, AA 116, 10r: *[...] und obe der selbe erwelte konig den Steten schrieben wurde dar zu sie yme in yren brieffen antwurten wurrden, wie sie yme dan auch schriben mogen.*

807 AVES, AA 116, 10r: *[...] dez dieseben paffen meinent, daz sie dez auch wol in dem rechten macht gehabt haben zu tun, want daz merer teil der kurfuersten die viranderunge getan haben [...] daz da zu stunt alle fursten graven herren stete lande und lude ire eide gein dem alden konige, die si ime von des richs wegen getan hatten, in dem rechten genzlich ledig und lois gewest sin und ime vurbaß von des richs wegen numme virbundtlich sin sullen [...] und sollen dissen erwelten konig vor einen rechten gewaren Romschen konig halden, und were sache, dz derselbe erwelte konig den steten schreiben wurde, darzu sie ime in iren briefen antwurten wurden, so sollen und mogen sie ime schreiben als eime Romschen konige.*

808 AVES, AA 116, 10r: *Item obe er in zyden als er den leger vur Franckford meyent zu dun und ee er zu Aiche gecronet worde an deheine stait dienst oder gehorsam yme tzu dun fordern wurde.*

kommen sollte, dass der König dies einfordere, so könne man darauf verweisen, dass ein solcher Ablauf nicht üblich sei. Zunächst müsste der König gekrönt und die städtischen Freiheiten durch ihn bestätigt und besiegelt werden, bevor ihm die Städte Dienst und Gehorsam schuldig seien.[809]

Auch aus dieser Frage geht deutlich hervor, dass die Art und Weise der Anerkennung geplant wurde, genauer genommen geht es um den Zeitpunkt von dem an der König Anforderungen stellen konnte. Dabei war das Ritual der Krönung das entscheidende Ereignis für die Veränderung des Verhältnisses zwischen dem König und den Städten. Die Formulierung der Frage weist eindeutig darauf hin, dass die versammelten Gesandten sich dieses Veränderungspotenzials des Rituals bewusst waren. Von den Rechtsgelehrten bekamen sie hierfür die Bestätigung.

In einer letzten Frage holten sich die Städte noch einen Ratschlag: Was solle man tun, wenn der abgesetzte König Wenzel die Städte an ihren Eiden mahnen, sie zur Hilfe im Streit um den Königsthron auffordern würde?[810] Auch hier fanden die Ratgeber eine deutliche Antwort: Falls Wenzel mit derartigen Forderungen an sie herantrete, so solle man darauf nicht antworten und sich verhalten, als ob Wenzel tot wäre.[811]

Die Bedeutung symbolischer Handlungen – des geleisteten Eides gegenüber Wenzel und der Krönung des neuen Königs – im Kontext der problematischen Frage der Anerkennung König Ruprechts durch die Städte tritt in dieser Quelle deutlich hervor. Die zentrale und vorrangige Frage war, welche Bedeutung den Eiden, die Wenzel einst geleistet wurden, in dieser Situation noch zukam. Bemerkenswert ist dabei die Umdeutung des Eides an dieser Stelle, der, so die Geistlichen, nicht dem König selbst, sondern dem Reich geleistet worden sei.

Die zweite Frage der Städtegesandten lässt ebenfalls das Problembewusstsein bezüglich symbolischer Kommunikation und den damit verbundenen Folgen zum Vorschein treten. Der Zeitraum zwischen dem Königslager vor Frankfurt und der Krönung in Aachen wurde vermutlich gerade wegen der Frage, ob sich der neue König denn wirklich durchsetzen würde, als besonders sensible Phase bezüglich der eigenen Versprechen und Leistungen gegenüber Ruprecht empfunden. Denn das Königslager ermöglichte König Wenzel oder grundsätzlich auch anderen potentiellen Widersachern eines neu gewählten Königs die Möglichkeit, diesen in einer Schlacht herauszufordern, um die

809 AVES, AA 116, 10r: *[...] dartzu antworten mogen daz die stette in solichen sachen allewege herkommen were, wanne ein Romscher konig sine leger vor Franckfort getan hette und zu Aiche gecronet wurden were und dan der Stait ire fryheid alde herkommen und gewonheid versiegelte und bestedigete, so wulte yme die Stait auch dan dun, waz fur yme nach deme als sie be deme Riche herkommen were auch dun waz sie billich dun sollte und hoffte daz sie yme keinen dienst oder gehorsam ee pflichtig sy zu dun [...].*

810 AVES, AA 116, 10r: *Item obe der hoichgeborn furste here Wentzlauws [...] die stete an diesen leufften umb dienst und hulffe beschriebe und ire eide ermanen wurde yme zu helffen und by zusteen [...].*

811 AVES, AA 116, 10v: *[...] davon ist der selben paffen meynunge, daz man die brieffe nehmen und entphaen solle und die boden dugentlich mit worten von yn wisen sollen und yme doch davon keine antwurte schreiben solle und ym in den sachen mit anders achten solle gein deme heilgen Romschen Riche want in glicher wisz als obe er doit were.*

Rechtmäßigkeit seines Anspruches auf den Königsthron durch dessen Niederlage anzweifeln zu können.[812]

Die Frage der eigenen Verpflichtungen gegenüber dem König wurde von der tatsächlichen Durchführung dieser beiden symbolischen Akte abhängig gemacht. Der letzte Punkt zeigt, dass für die Städte trotz ihres grundsätzlichen Willens oder Entschlusses, den neuen König anzuerkennen, die Rechtmäßigkeit dieser Anerkennung aufgrund ihrer geleisteten Eide gegenüber dem alten König zunächst nicht so eindeutig war, wie für die Kurfürsten und die gelehrten Geistlichen. Sie nahmen ihren Eid gegenüber Wenzel prinzipiell ernst und waren sich tatsächlich nicht sicher, ob sie ihm weiterhin verpflichtet waren.[813]

Wie verhielten sich nun die Städte und insbesondere Straßburg nach diesen Beratungen und welche Rolle spielten dabei städtische Gesandtschaften und symbolische Kommunikation?

Ende Oktober entsandte Straßburg vier Vertreter zu Ruprecht, um mit diesem die Bestätigung städtischer Privilegien zu verhandeln. Nachdem die Gesandtschaft Mainz erreicht hatte, schrieb sie ihren ersten Bericht an den Rat der Stadt mit folgenden Neuigkeiten: Man hatte vom Mainzer Bürgermeister einiges in Erfahrung bringen können. Erst einen Tag zuvor war eine Mainzer Gesandtschaft Richtung Frankfurt aufgebrochen, um dort wie einige Vertreter anderer Städte den König zu Verhandlungen zu treffen. Es sei geplant, dass der König am nächsten Tag in Frankfurt einreiten werde. Auch sei einige Tage danach bereits der Einzug des Königs in Mainz vorgesehen. Die Frankfurter hatten in Mainz sieben Fuder guten Weines und sieben goldene Tücher gekauft, um diese dem neuen König zu schenken.[814] Anhand dieser Schilderungen im Bericht, wie in der Folge auch an weiteren Briefen der Gesandten, zeigt sich abermals die Rolle symbolischer Kommunikation in der Frage der Anerkennung des neuen Königs. Die Gesandten erkundigten sich nach den genauen Vorgängen und meldeten des Öfteren die geplanten oder bereits vollzogenen symbolischen Akte in verschiedenen Städten, wie beispielsweise den Einzug des Herrschers, der symbolisch die Übernahme der Stadtherrschaft darstellte, sowie die damit verbundene Huldigung der Stadtbürger als symbolischen Akt der Anerkennung des Königs.

Die Straßburger Gesandtschaft reiste nun weiter nach Frankfurt, verpasste allerdings den Einzug des Königs in die Stadt und das Huldigungsritual. In

812 Zum Königslager vgl. allgemein Weirich, Königslager.

813 Vgl. zur Frage der Eide auch Jörg, Gesandte.

814 RTA IV, Nr. 166, S. 189 f: *[...] do gingent wir zû dem burgermeister und frogetent in noch den sachen des nuwen kúniges und der stette. Der seite uns, daz also hute uff den ymbiß die von Mentze sehs erber botten gen Franckfurt zû dem nuwen kúnige geschicket hettent, und daz ouch ander stette erver botten zû Franckfurt werent. Und seite uns under andern dingen, daz der kúnig morne zû Franckenfurt wollte inriten und man in do wollte empfohen. [...] so seite uns der burgermeister ouch, daz man sich versehe und man nit anders enwuste danne daz der kúnig vor aller heiligen tage gen Mentze kommen wollte, und man in do wollte empfohen also man ein kúnig billich empfohen sollte. Er seite uns ouch, daz die von Franckfurt also húte súben gûte fûder wines und súben gúldin tûche zû Mentze gekouft hettent und noch zweine grossen vergúldeten schowern gefroget hettent, die grosten, die man finden kúnde, daz sie die och kouffen woltent, und woltent daz dem nuwen kúnige schencken.*

Frankfurt angekommen, suchten die Straßburger zunächst den Kontakt zu den Mainzer Gesandten und erkundigten sich nach dem Stand ihrer Gespräche mit Ruprecht. Die Mainzer berichteten daraufhin ausführlich, wie sie zusammen mit den Gesandten der Städte Köln, Mainz, Worms und Speyer mit Ruprecht verhandelt hatten, dabei ging es insbesondere um die Frage der Huldigung.[815]

Ruprecht hatte von ihnen verlangt, ihm zu huldigen und Gehorsam zu leisten. Die Städtegesandten waren prinzipiell einverstanden, sofern er den Städten ihre *friheiten* und guten *gewohnheiten* bestätigen wolle, die man von Kaisern und Königen und momentan noch von König Wenzel bestätigt vorliegen habe.[816] Doch Ruprecht verweigerte sich zunächst und verwies auf die von Wenzel ausgegebenen Membranen, in denen möglicherweise Dinge bestätigt worden seien, die nicht im Sinne des Reiches seien. Deshalb könne er die durch Wenzel erteilten Privilegien und Freiheiten nicht bestätigen. [817] Daraufhin waren die Gesandten bei ihrem Standpunkt geblieben, brachen die Verhandlungen ab und, so wurde betont, *wunschtent ym nit gluckes*.[818]

Die Gesandten der Städte Köln, Mainz, Worms und Speyer orientierten sich in ihrer Position bezüglich der von Ruprecht eingeforderten Huldigung und

815 RTA IV, Nr. 167, S. 190: *und da wir gen Franckenfurt koment, do warent hern Heinrich zům Jungen und och fúnf erbere botten von Mencze in dem leger by dem kúnig. Nach den schicketen wir und batent sie in die stat zů uns ze kommende. Das datent sie. Und da wir by die kommen, da frageten wir sie in welher mosse sie do werent und wie sie und ander stette ire sachen mit dem kúnig ußgetragen hettent. Da seite uns her Heinrich in gegenwurtikeit der andern [...].*

816 RTA IV, Nr. 167, S. 190 f.: *alse sie und der andern viere stette botten Coeln Mencze Wurmß und Spire uf sant Michels tag gen Mencze komen werent, das do der Kúnig noch in allen schickte und bat sie im ze huldende und gehorsam ze sinde. Do sprachent die stette in gegenwúrtikeit der kurfúrsten: wollte er in ir friheiten herkommen und gůte gewonheiten, die sie hetten von keysern und kúnigen und iecze von kúnig Wenczelaw bestetigen, und wollte er und die kurfúrsten sich gegen in verbinden und versprechen in beholfen ze sinde ob sie der sachen halb dehein fehte gewunen, so wolltent sie im ein gůt antwúrt geben.*

817 RTA IV, Nr. 167, S. 191: *do wart in geantwúrtet von unserm herren dem kúnig und den kúrfúrsten: kúnig Wenczlaw hettent sie von dem riche entsat under andern stúcken umbe den artikel das er den sinen membranen gegeben hette, daruf were villiht geschriben das dem riche nit erlich noch nútzlich were; sollte er das bestetigen, das kúnde er nit getůn.* Hierzu in einem anderen Kontext etwa bereits Friedländer, Geschichte, S. 35 f.: „Unter den vielen Beschuldigungen, welche man gegen Wenzel erhob, befand sich auch die, dass er unbeschriebene mit dem königlichen Siegel versehene Membranen für hohe Summen verkauft hätte; dieselben seien dann von denen, welche sie käuflich erworben hätten, beliebig ausgefüllt worden."

818 RTA IV, Nr. 167, S. 191: *Und schiedent also alle mit gemeinem munde von dem kúnige und wunschtent ym nit gluckes.* Zur Frage der Beglückwünschung in der Straßburger Diplomatie vgl. auch folgende Quellen von einer Gesandtschaftsreise zu Papst Martin V., AVES, AA 168, 59: *[...] woellend wissen dasz uns meister Job uf hut donnrstag so die glok duon noch mittentag schleht meinet fur den bapst ze helfend und wir woellen ym von der stett wegen glukes wunschen und hain laden in der maesz allesz dasz die meinung ist gewesen aber meister Job will nit anders reden dan von der sache wegen;* AVES, AA 168, 82: *meister Job ein zuo mol hubesche rede von der stett wegen geton uf dri puncten dezs erstamen dem bapst glukes gewunschet und uwer froede erzelet die ir dar ab gehept hand, dasz die kirch vereinet und er zu bapst gewelet ist worden dasz ander dasz meist und Rat und die ganzten gemeinde in sin gehorsam hat erbotten und befolhen dz dritte dasz er in von uwern wegen heim* [unterstrichen] *hat geladen und im ture und tore erbotten uf ze tuond als sich dan dar zu geburet dasz hat der Bapst genaedelich und gutlich uf genomen und der stett flissetlichen gedanket und besunder uf dz, dasz man in heim geladet hat darzu hat er geantwurtet, er wolle dasz nit usfschlahen dan er welle in kurzen tag mit meister [Joben] ine da von reden.*

Gehorsamspflicht am Gutachten der Rechtsgelehrten. Sie bestanden auf die Bestätigung ihrer Privilegien, bevor sie seine Forderungen erfüllen wollten. Allerdings – und darin unterschied sich das Vorgehen der Gesandten vom Ratschlag der Rechtsgelehrten – war keine Rede davon, dass Ruprecht sich zuerst krönen lassen sollte. Die nicht erfolgte Beglückwünschung zur Wahl kam einer vorläufigen Verweigerung der Huldigung gleich.[819] Die bis dahin im Gesandtenbericht der Straßburger detaillierte Nacherzählung der durch die Mainzer Gesandten übermittelten Informationen ist sehr auffällig und zeigt, dass die Gesandten versuchten, ein möglichst genaues Bild von den Verhandlungen der anderen Städte zu gewinnen und die Einzelheiten ebenso nach Straßburg weiterzuleiten.

Die Gespräche mit den genannten Städten wurden, so der Bericht, noch am selben Tag fortgesetzt und führten letztendlich dazu, dass Ruprecht den Gesandten der fünf Städte versicherte, ihnen ihre städtischen Freiheiten bestätigen zu wollen. Doch der Weg dorthin gestaltete sich weiterhin kompliziert, da einige der genannten Städte neu hinzugefügte Artikel in ihren Freiheitsbriefen vom König bestätigt wissen wollten. Somit waren sie über ihre ursprüngliche Forderung hinausgegangen, die Freiheiten und Privilegien von vorherigen Kaisern und Königen und eben auch von Wenzel bestätigt zu bekommen. Doch Ruprecht ließ sich darauf nicht ein. Er gab zu bedenken, dass diejenigen Städte, die sich nicht mit ihren bisherigen Freiheiten und Privilegien zufrieden geben würden, offenbar mit ihm in Konflikt treten wollten.[820]

Interessant sind die weiteren Ausführungen im Bericht bezüglich der Bestrebungen der Städte eine Einheit gegenüber dem König zu bilden. Denn Ruprecht versuchte mit der Stadt Mainz gesondert zu verhandeln und sprach die

---

819 Inwiefern diese Beglückwünschung des Königs ein rein verbaler Akt war oder auch nonverbale Elemente beinhaltete, muss hier offenbleiben. Zu dieser Problematik vgl. etwa Althoff, Demonstration, S. 48: „Eine wichtige Frage sei abschließend aber zumindest noch aufgeworfen, die Frage nämlich, welche Bedeutung in den skizzierten Gewohnheiten und Regeln öffentlicher Kommunikation eigentlich das gesprochene Wort hatte. Schlüssig beantworten läßt sich diese Frage noch nicht. Jedoch ist der Hinweis wichtig, daß es sich bei einer ganzen Reihe von verbalen Äußerungen in der Öffentlichkeit um so etwas wie rituelle Sprechakte handelt, die die Funktion hatten, eine Haltung oder Entscheidung eindeutig und unzweifelhaft zum Ausdruck zu bringen." Demnach ließe sich die Beglückwünschung möglicherweise auch als ritueller Sprechakt beschreiben. Vgl. zur Problematik ebenfalls Oschema, Performanz, S. 15 f.; sowie die Arbeiten von Michael Jucker, der den Begriff der Plurimedialität bevorzugt, Jucker, Körper; Jucker, Gesandte, S. 253: „In der Diplomatie wurden die verschiedenen Medien kaum getrennt eingesetzt. Ihre Interdependenz war gross [sic!] und ihr Einsatz erfolgte oft gleichzeitig. [...] Mit Plurimedialität scheint mir der Begriff gefunden worden zu sein, der die Dichotomie zwischen nonverbaler und mündlicher Kommunikation verhindert."

820 RTA IV, Nr. 167, S. 191: *darnach sante der künige aber noch in und bat sy alse e. Do antwúrtetent sy ime alse vor. Do sprach er: Er wollte es tůn. Do er das gesprach, do verderten etteliche andere stette danne die von Mencze etwas me artikel danne ir friheit beseite. Da wart in geantwúrtet: sit vor geretd were das man in sollte bestetigen ir friheite harkommen und gewonheit die sie hettent von keysern und kúngen und besunder von kunig Wenczlaw, das wollte er ouch bestetigen, und kúnde im ze disen ziten nach rate der fúrsten nit anders getůn; welhe stat das nehmen wollte, die moehte es tůn, die aber das nit tůn wollte, an der sehe er wol, daz im die understunde irrunge ze machende.*

Gesandten an, ob Mainz ihm auch unabhängig von den anderen Städten huldigen würde, sofern er die städtischen Privilegien und Freiheiten bestätige. Doch die Mainzer lehnten dies mit der Begründung ab, dass für alle Städte dieselben Privilegien und Freiheiten bestätigt werden sollten. Daraufhin zogen die übrigen Städte ihre zusätzlich vorgebrachten Artikel zurück.[821]

Schließlich hatte der König ihnen ihre Freiheiten mit seinem kleinen Siegel bestätigt, da sein Königssiegel noch nicht fertiggestellt sei. Heinrich zum Jungen hatte den Straßburger Gesandten diesbezüglich auch gesagt, dass die Städte den König erst in die jeweilige Stadt zur Huldigung einziehen lassen wollten, nachdem die Freiheiten und Briefe mit dem Majestätssiegel versehen worden seien. Dies sollte, wie noch auszuführen sein wird, in den weiteren Verhandlungen tatsächlich noch einmal eine Rolle spielen. Weiterhin sei den Städten von König und Kurfürsten Schutz gegen alle Gegner zugesichert worden, *die sie von der sachen wegen bekriegen oder beschedigen wollten.*[822]

Nachdem diese Verhandlungen abgeschlossen waren, so ist es explizit im Bericht der Straßburger vermerkt, wünschten die Gesandten der unterschiedlichen Städte dem König *geluckes*, gratulierten ihm somit zu seinem Königtum und erkannten ihn damit stellvertretend für die jeweilige Stadt an.[823] Wurde beim vorherigen Scheitern der Verhandlungen noch betont, den König nicht beglückwünscht zu haben, tat man dies nach der Zusicherung, dass die städtischen Freiheiten bestätigt würden und zeigte dadurch den Erfolg und Abschluss der Verhandlung an. Diese Vorgehensweise lässt sich im weiteren Verlauf ihrer diplomatischen Mission auch bei den Straßburger Gesandten beobachten.

Nach diesem ersten Verhandlungsschritt fanden zu einem späteren Zeitpunkt weitere Gespräche zwischen dem König und Mainzer Gesandten statt. Der König wollte in der Stadt Mainz einreiten und dort entsprechend empfangen werden. Doch die Mainzer Gesandten verwiesen darauf, dass Ruprecht der Stadt ihre Freiheiten und Privilegien noch nicht wie vereinbart vollständig bestätigt habe, da die Urkunden noch nicht mit dem königlichen Siegel versehen und übergeben worden seien.[824] Diese Forderung, zuerst die endgültige Bestätigung der städtischen Freiheiten und Privilegien abzuwarten, bevor dem zur Huldi-

---

821 RTA IV, Nr. 167, S. 191: *und vorderte do an die von Mencze allein: sit er in ir friheite bestetigen wolte, ob sie yme danne alleine hulden woltent? Do sprachent die von Mencze: neyn; ein stat under uns vieren můß also wol versorget werden alse die andere; und was ouch einre stat geschiht, das sol uch der andern geschehen. Do liessent die stett ire nuwen artikel abe und wurdent alle eins.*

822 RTA IV, Nr. 167, S. 191: *[…] und wart den stetten allen viren ieglicher verbriefet von dem künige so vil friheiten harkommen und gewonheit als iede stat hette. Und ist ir keinre núczit sunders gegúnnet noch bestetiget. Darzů seyte er uns, das der kúnig in das besigelt hette mit sime kleinen ingesigel, wanne syn majestat-ingesigel noch nit volle gegraben ist; und az in keine stat empfohen soelle, inen sy danne ir brief mit der majestat besigelt. Darzů so ist in von dem kúnig und den drien kurfúrsten verbriefet und versigelt inen beholfen ze sinde wider alle die die sie von der sachen wegen bekriegen oder beschedigen wollten […].*

823 RTA IV, Nr. 167, S. 191: *daruf wunschtent der stette botten alle dem kúng gelúckes.*

824 RTA IV, Nr. 167, S. 191: *vúrbasser seite uns her Heinrich in gegenwúrtikeyt siner gesellen, das by drien oder by vier tagen vergangen der kúnig die stat Mencze bat umbe ire erbern botten zů ime zů sendende. Das datent sie und schicktent die vorgenanten sehs botten zů im. Da bat sie der kúnig, daz sie in empfingen, er wollte in ir stat riten. Do antwúrtetent sy im, daz kúndent sie nit wol getůn, ir bestetignißbriefe ire friheit werent danne besigelt.*

gung anreisenden Herrscher Einlass gewährt wurde, war bereits vorab beschlossen worden. Dieses Vorgehen war nicht unüblich und etwa auch bei Einzügen des bischöflichen Stadtherrn verbreitet.[825] Der König erklärte diesen Umstand mit der verzögerten Fertigstellung seines Siegels. Die Bestätigungsbriefe seien bereits ausgestellt und man warte nur noch auf das richtige Siegel, damit man den Vorgang abschließen könne. Er versicherte, dass die Besiegelung umgehend geschehen werde, sobald das Siegel fertig sei. Daraufhin erklärten sich die Mainzer Gesandten bereit, den König in Mainz einziehen zu lassen.[826]

Die detaillierte Berichterstattung der Straßburger Gesandten über die Verhandlungen der anderen Städte und die damit zusammenhängende Thematisierung symbolischer Akte ist bereits mehrfach in den vorherigen Teilkapiteln zu Einzelaspekten hervorgehoben worden. Die Aufmerksamkeit für die diplomatischen Aktivitäten der anderen Städte hatte in diesem Fall durchaus praktische Gründe. Denn die Straßburger Gesandten hatten die Aushandlungen ihrer Privilegien noch vor sich und wollten daher möglichst umfassend über die bisher durchgeführten Gespräche der anderen Städte unterrichtet sein – dabei spielten vergangene und zukünftige symbolische Handlungen eine Rolle. Möglicherweise diente diese Berichterstattung auch der Rechtfertigung für zukünftiges Handeln beziehungsweise versuchte man durch die umfangreichen Berichte dem Stadtrat in Straßburg die Möglichkeit zum Eingreifen einzuräumen. Darauf könnte etwa hindeuten, dass der Gesandte Ulrich Bock zwischenzeitlich selbst zurück nach Straßburg zu Beratungen mit dem Stadtrat reiste.[827]

Die Straßburger Gesandten verhandelten zunächst in Abwesenheit des Königs mit seinen Räten über die Bestätigung der städtischen Freiheiten und die eingeforderte Huldigung. Auch diese Verhandlungen zogen sich in die Länge, sodass die Räte schließlich vorschlugen, die Angelegenheit vor dem König selbst weiter zu verhandeln. Dies war jedoch überhaupt nicht im Sinne der städtischen Gesandten. Diese wollten offenbar vor der ersten Begegnung mit dem König die inhaltlichen Verhandlungen abschließen. So heißt es in ihrem Bericht explizit, dass man dem König noch nicht gegenübertreten wolle.

Mit der Hilfe des Mainzer Bürgers und Gesandten Heinrich zum Jungen, der den König in seinem Haus beherbergte, gelang es, die Verhandlungen auch ohne den König fortzuführen. Heinrich zum Jungen arrangierte demnach ein Treffen zwischen den städtischen Gesandten und den königlichen Räten in einem abgesonderten Raum in seinem Haus.[828]

---

825 Holenstein, Huldigung, S. 444.

826 RTA IV, Nr. 167, 191: *do sprach er, sie wustent doch wol das man das ingesigel by in gruebe und noch nit gegraben were. Und gab in sicherheit das sie damit begnuegte, sobalde das ingesigel gegraben wúrde, das er in danne den brief besigeln wollte, wanne er briefe und andere briefe, die man damit besigeln solle, alle geschriben und bereit sint bicz an das ingesigel. Und daruf hant sie im gegúnnet in ir stat ze ritende und meynent in uf disen kúnftigen samstage ze empfohende.*

827 RTA IV, Nr. 169f.; AVES, AA 123, 12r-13r.

828 RTA IV, Nr. 169, S. 194: *Und botent uns in unsers herren des kúniges herberge noch dem ymbisse tretten. Das dotent wir nit gerne. Do sprach her Heinrich heimlich zu uns, er wollte uns in ein sunder gemach*

An diesem Beispiel zeigt sich anschaulich die Bedeutung von körperlicher An- und Abwesenheit bei diplomatischen Verhandlungen. Die Gesandtschaft wollte zu diesem Zeitpunkt der Verhandlungen verhindern, dem König die Huldigung durch die Stadt im direkten Aufeinandertreffen zunächst abschlagen zu müssen, da man die genauen Inhalte der zu bestätigenden Freiheiten noch nicht ausreichend verhandelt hatte. Die körperliche Anwesenheit des Königs respektive die körperliche Anwesenheit der Gesandten vor dem König hätte die Gesandten also in eine problematische Lage bringen können, in der man dem König womöglich etwas hätte abschlagen müssen, was man ihm im Grunde gar nicht verwehren wollte. Der Zeitpunkt der Verhandlungen und die Frage der physischen Nähe und Distanz zum Herrscher war somit von besonderer Brisanz und Relevanz für die Straßburger Gesandtschaft. Die gewünschte Distanz zum Herrscher ist in diesem Kontext zwar verständlich, jedoch gerade vor dem Hintergrund von Forschungsergebnisssen interessant, die die große Bedeutung des Zugangs zum Herrscher nachgewiesen haben.[829]

Nachdem man schließlich mit den königlichen Räten bis in die Nacht hinein zusammengesessen hatte, konnte noch immer keine Einigung erzielt werden. Die Verhandlungen zwischen den Räten Ruprechts und den Straßburger Gesandten wurden unterbrochen und fanden erst eine Woche später vor dem König zu einem Abschluss.

In einem Gesandtenbericht wird das vorläufige Ende der Verhandlungen wie folgt geschildert: Die Räte des Königs und die Straßburger Gesandten erschienen vor dem König, dem die Verhandlungsergebnisse bezüglich der städtischen Freiheiten mitgeteilt wurden. Der König stimmte dem Ergebnis zu und versprach, die Freiheiten in der ausgehandelten Form zu bestätigen. Daraufhin, so wurde im Gesandtenbericht betont, *wúnscheten wir erste dem kúnige glúckes.*[830]

Wie die Gesandten der Städte Mainz, Worms, Speyer und Köln waren auch die Straßburger sehr darauf bedacht, den symbolischen Akt der Beglückwünschung des Königs erst nach erfolgreichem Verlauf der Verhandlungen und der anschließenden Zusicherung der Bestätigung städtischer Freiheiten durch Ruprecht durchzuführen.

---

duon, do die rete wurden zu uns kommen und also koment wir noch dem ymbisse in hern Heinrichs huß, do der kúng inne zu herberge ist.

829 Vgl. hierzu die Ausführungen mit weiterführender Literatur bei Reinle, Herrschaft, S. 36–38, bei der die Frage von Nähe und Distanz aus der Perspektive des Herrschers aufgegriffen wird, der selbst über Nähe und Distanz entscheidet und den Zugang regulierte. Sie hebt hervor, dass die Nähe zum Herrscher eigentlich eher gesucht wurde und die Herstellung von Distanz, der verwehrte Zugang zum Herrscher, negativ betrachtet wurde, vgl. hierzu S. 37: „Daß das ‚Wartenlassen' angesichts der Bedeutung, die das Gewähren herrscherlicher Nähe hatte, zu einer Herrschaftstechnik par excellence wurde, ist ebenso bekannt wie die distinguierenden Auswirkungen dieser Praxis." Zum Thema der körperlichen An- und Abwesenheit von städtischen Gesandten bereits Jucker, Körper, S. 71–74.

830 RTA IV, Nr. 172, S. 197: *[…] und do unsere sachen sleht* [meint hier: *gut und recht*] *wurdent, du furtent uns dieselben rete vúr unsern herren den Roemschen kúnig und wart vor demme erzalt alle dinge glich also es ußgetragen ist. Do hieß es uns unser herre der kúnig verbriefen und besigeln, also wir úch das und anders wol volleklichen sagen unde erzalen sollent und wollent, so wir by úch kommen. Do das erging do wúnscheten wir erste dem kúnige glúckes […].*

Dennoch waren die Gespräche mit Ruprecht noch nicht beendet, da der bevorstehende Einzug des neuen Königs in Straßburg geplant und sich über dessen Bedingungen bezüglich des Ablaufs geeinigt werden musste. Nicht nur die eigentlichen Verhandlungen sind dabei als Abstimmungsprozess mit dem König über die Durchführung symbolischer Handlungen von Interesse, sondern auch die Berichte der Straßburger Gesandten über geplante und vollzogene Einzüge des neuen Herrschers in andere Städte. Diese wurden nämlich von den Gesandten der Stadt beobachtet und Informationen hierüber übermittelte man schriftlich nach Straßburg. Dies gibt Anlass genug, den Adventus des Herrschers im Jahr 1400 aus der Perspektive der Straßburger Gesandten genauer zu analysieren: So wie in der Frage der Anerkennung des Königs waren auch die Berichte der Straßburger Gesandten über das Ereignis des Herrschereinzugs weniger von detailreichen Schilderungen der symbolischen Akte geprägt, als vielmehr von der Frage, ob und zu welchem Zeitpunkt der Einzug stattfinden sollte oder bereits stattgefunden hatte. Erstmalig berichteten die Straßburger Gesandten über einen bevorstehenden Einzug, nachdem sie der Mainzer Bürgermeister davon in Kenntnis gesetzt hatte, dass der König sich im Königslager vor Frankfurt befinde und vorhabe, in Frankfurt einzureiten. Anschließend war dies ebenfalls in Wetzlar, Friedberg und Gelnhausen geplant.[831] In Frankfurt angekommen, informierte sie der Mainzer Gesandte Heinrich zum Jungen über Verhandlungen mit dem König bezüglich des Einzugs in die Stadt Mainz. Ruprecht bat darum, in Mainz einreiten zu dürfen, die Gesandten hätten jedoch dies zunächst abgelehnt, da sie zuerst ihre Privilegien durch Ruprecht bestätigt sehen wollten, stimmten schließlich aber dennoch zu.

Über die folgenden Einzüge des Königs in Mainz und Worms wurde in den Berichten nicht ausführlich geschrieben, die Gesandten vermerkten im Falle des Mainzer Einzugs lediglich den Vollzug desselben,[832] im Falle des Wormser Einzuges erwähnte man darüber hinaus noch, dass der Stadtrat in Anwesenheit der Stadtgemeinde Ruprecht *oeffenliche vor dem múnster ge[s]worn het noch irer gewonheit.*[833] Somit war tatsächlich eher der Vollzug des symbolischen Aktes als deren genauer Ablauf für die Gesandten von Bedeutung.

Der bevorstehende Einzug Ruprechts in Straßburg wurde durch Gesandte zur Sprache gebracht, da man bei Ruprecht eine Abweichung vom sonst üblichen Ablauf des Zeremoniells erwirken wollte. Normalerweise war es üblich, dass der König bei einem Einzug in die Stadt geächteten Straftätern die Möglichkeit gab, in die Stadt zurückzukehren.[834] Genau dies wollte Straßburg jedoch

---

831 RTA IV, Nr. 166, S. 190: *wenne er zuo Franckfurt empfangen und ingelossen wurt, daz er danne zuo stunt in den leger wider will riten und darinne essen und do gar vil lutes geladen het und danne zuo stunt riten will die stette innemen Wetpflar, Frideberg und Geilnhusen. Daruff hatn wir uns bestalt daz wir morne so wir frugeste moegent die Mone uff varent gen Franckfurt.*

832 RTA IV, Nr. 169, S. 193–195, S. 193: *Also unser herre der kúnig uff húte Samstag zuo Mentze inreit, in demme schihten des Kúniges rete noch uns, daz wir kemen zou den Bredigern.*

833 RTA IV, Nr. 171, S. 196: *das unser herre der kúnig húte zuo Wormesse ingeritten und do empfangen ist, und das ime der rot zu Wrmesse in gegenwertikeit der gantzen gemeinde zuo Wormesse oeffenliche vor dem múnster geworn het noch irer gewonheit.*

834 Vgl. hierzu etwa Holenstein, Huldigung, S. 457 f.; Dotzauer, Ankunft, S. 254.

verhindern und die Gesandten versuchten, diese gängige Praxis für den Einzug in Straßburg zu unterbinden. Nachdem das Anliegen den Räten des Königs vorgetragen und von diesen aufgrund der Normabweichung abgelehnt wurde, musste die Bitte schlussendlich Ruprecht selbst vorgetragen werden. Dieser lenkte ein, woraufhin die Straßburger Gesandten ihren Erfolg nach Straßburg meldeten.[835]

Die Geschehnisse rund um die Frage der Anerkennung Ruprechts durch verschiedene Städte zeigen, dass symbolischer Kommunikation in den Verhandlungen der städtischen Gesandten mit dem König beziehungsweise seinen Räten eine große Relevanz zukam. Die durch den Thronwechsel eingetretene problematische Situation war den Städtegesandten bewusst, weshalb sie sich auch diesbezüglich in Mainz versammelten und zu ganz konkreten Fragen, die insbesondere symbolische Akte betrafen, rechtlichen Rat einholten. Dass es also weniger stark um die Frage ging, ob man Ruprecht anerkennen würde, sondern eher wie und wann, zeigt sich auch daran, dass in der Quelle Ruprecht schon als neuer König bezeichnet wurde. Insbesondere spielte somit die Abfolge der symbolischen Handlungen auf Seiten beider Parteien (König und Stadt) eine elementare Rolle.

Unklar war, inwiefern das in der Vergangenheit geleistete Ritual des Eides gegenüber dem abgesetzten König Wenzel noch Gültigkeit besaß oder ob die Absetzung und Neuwahl die mit dem Ritual einhergehenden Verpflichtungen aufhob. Ebenso waren die Städtegesandten sich nicht sicher, ob der neue König schon vor seinem Krönungsritual in Aachen berechtigte Forderungen an sie stellen konnte. Der auf diese Frage erteilte Ratschlag der Geistlichen, sich zunächst alle Freiheiten bestätigen zu lassen, bevor man dem König zu Diensten

---

835 RTA IV, Nr. 173, S. 199: *Und von der acht wegen, wann der künig auch alhier einreiten will, begern sie befehl in zu bittende daß er uns der keinen bi uns infürte, wenne es in gewonheiten bi uns herkommen were dasß das nit sin sollte. Darzu sich aber die küniglichen räte nit verstehen wollten. Und batent uns vaste, daß wir unserm herren dem künige gunden die echter inzufürende, alß das sin gnaden zugehörte; dann alle stette do er empfangen were, es ime gegünnet hettent. Das wart endlich bracht vur unsern herren den kunig, do wir gegenwertig worent. Und do unser herre der kunig uwern und unsern ernest ersach, do antwurtete er uns: sit es nit unser gewohnehit were, so wollte er es uns erlossen. Daruf dunket uns gut, daß ir nit enlossent ir dugent an sunnentage fruge ein gebot, daß kein echter in uwer stat kome noch sie nieman halte huse noch hofe, nochdemme uch das allerbest dunket. Danne er meinde, keme dheine echter ungeverliche mit ime hinin, den sollte man zu stunt heissen wider hinweggon.* Hierzu auch Schenk, Zeremoniell, S. 250 f., speziell und allgemein S. 350–359, der dieses Vorgehen bei einem Königseinzug als absolute Ausnahme bezeichnet und es im Fall der Stadt Straßburg 1400 auf die schwache politische Position Ruprechts zurückführt. Ein Bericht über den späteren Einzug Ruprechts bei Mone, S. 254 f.: *Er kam in dem obgenanten jore, noch dem als er erwelet wart, gon Strasburg […] und broht mit ime frowe Adelheit die konigin sinen gemahel, und vier junge hertzugen sin sune, und drij herzogin sin döhter, und den hertzogen von Lothringen sinen dohterman. und wart do der konig herrlich empfangen von der pfaffheit ouch rittern und knehten und der gemeyn, und wart dem konige geschencket dru fuder wins, zehen pfunde wert visch, ein salme und hundert vierteil habern uff mentag. Andres obent des obgenanten jors. So wart frowe Adelheiten der konigin geschenkt zwen fuder wins, zehen pfunde wert visch, ein salme und funfzig vierteil habern. Item der vier herzogen iren sunen jeglichem ein silberin tuch. Item iren drijen döhtern jeglicher ein guldin tuch.*

verpflichtet sei, wurde in den späteren Verhandlungen in die Tat umgesetzt, indem man dem König erst am Ende des Aushandlungsprozesses zur Wahl beglückwünschte und ihn somit stellvertretend für die Stadt anerkannte. Die gemeinsamen Beratungen der Städte mit den Rechtsgelehrten sowie die im Verlauf zu beobachtenden Absprachen und Erkundigungen über das weitere Verhalten der anderen Städte zeugen von einer vorsichtigen und koordinierten Vorgehensweise sowohl auf der Seite von Straßburg als auch auf jener der übrigen Städten. Zum einen wollte man die eigene Verhandlungsposition gegenüber dem König stärken, indem man über die Verhandlungen der anderen Städte Bescheid wusste. Zum anderen versuchten sicherlich alle Städte zu vermeiden, durch ungeplantes Vorgehen etwaige Präzedenzfälle – zum Beispiel im Kontext der Huldigung – zu schaffen, die sich für sie auch bei nachfolgenden Königen zum Nachteil hätten auswirken können.[836]

Dabei ist interessant, dass sich die Gesandten am Gutachten lediglich orientierten. Auf die Krönung des Königs wartetet man – gegen den Ratschlag der Rechtsgelehrten – hingegen nicht. Dass man auf den Zeitpunkt der Beglückwünschung Ruprechts zur Wahl besonderen Wert legte, wird auch durch die genaue Beschreibung dieser Vorgänge in den Berichten und durch die Tatsache unterstrichen, dass die Straßburger Gesandten eine Begegnung mit dem König bis kurz vor Abschluss der Verhandlungen vermieden. Dies verdeutlicht, dass der Umgang mit der Anerkennung und seiner einzelnen Handlungsabfolgen zwar organisiert, aber nicht absolut rigide gehandhabt wurde. Der Rat der Rechtsgelehrten wurde daher vermutlich als Orientierungsrahmen betrachtet, in dem die Städte jedoch flexibel agierten. Zwar mussten die Gesandten auch inhaltliche Aspekte bezüglich der Privilegienbestätigung aushandeln, doch waren sie im Kontext des Thronwechsels insbesondere damit beschäftigt, die symbolischen Handlungen (Königslager, Krönung etc.) mit ihren eigenen Forderungen zu vereinbaren.

Städtische Gesandte waren demnach nicht nur dafür zuständig, inhaltliche Verhandlungen zu führen, sondern mussten sich auch mit den symbolischen Akten auskennen und diese zum richtigen Zeitpunkt ausführen können. Sie planten, organisierten und arrangierten. Die Wichtigkeit der Wahl des Zeitpunkts bestimmter Handlungen verdeutlicht, dass symbolische Kommunikation in diesem Kontext Verhältnisse veränderte. Berichte an die Stadt dienten somit auch zum Ablegen von Rechenschaft. Die Gesandten gaben sehr detailliert an, wann was passiert war, um sich im Zweifelsfall auch rechtfertigen zu können. Das Fallbeispiel verrät insgesamt weniger über die genaue Ausführung von symbolischen Handlungen, als vielmehr über die Wichtigkeit ihrer grundsätzlichen Dokumentation, Planung und rechtlichen Absicherung. Städtische Gesandte spielten dabei eine tragende Rolle, sie berieten relevante Fragen gemeinsam, holten sich rechtliche Beratung ein, informierten sich gegenseitig genau über den jeweiligen Stand und richteten ihre diplomatischen Tätigkeiten schließlich auch selbst danach aus.

---

836 Vgl. hierzu etwa die Überlegungen bei Holenstein, Huldigung, S. 391.

5. Zusammenfassung

Durch verschiedene thematische Zugänge und den Rückgriff auf vielfältige Perspektiven konnte die gewichtige Rolle herausgearbeitet werden, die die symbolische Kommunikation für die Tätigkeit der Gesandten spielte. Die Gesandten mussten nicht nur inhaltliche Verhandlungen führen, sondern ebenfalls Formen symbolischer Kommunikation als Teil dieser Verhandlungsführung verstehen, umsetzen, auf diese angemessen reagieren und deren Bedeutung einordnen können. Durch die Berichte der Gesandten lässt sich nicht nur etwas über ihre Beteiligung an symbolischen Handlungen aussagen, sondern auch erörtern, warum und in welcher Form diese überhaupt geschildert wurden. Bei der Analyse jener Briefe sollte jedoch stets darauf geachtet werden, dass das Vorkommen von symbolischer Kommunikation auch schlichtweg als Teil der gewöhnlichen Berichterstattung zu sehen ist. Neben viele anderen Informationen wurden eben auch jene über symbolische Kommunikationsformen gesammelt und weitergeleitet. Nicht zwangsläufig hatte deren Nennung einen tieferen Sinn und Zweck. In vielen Berichten ist genau das jedoch der Fall. Mit einer Fokussierung auf die Berichterstattung über symbolische Kommunikation und auf die Beteiligung der Gesandten an jenen Handlungen in der Praxis wurden in der Untersuchung zwei Analyseebenen wechselseitig betrachtet.

Auf der Ebene der Berichterstattung ist deutlich geworden, dass die Quellen unterschiedlich gelesen werden müssen. Oftmals diente die Schilderung der symbolischen Kommunikationsformen der Einschätzung bestimmter Situationen und politischer Verhältnisse. Wenn über das Gefolge politischer Akteure oder symbolische Akte wie Huldigungen, Geschenkübergaben und Festmähler berichtet wurde, sollte dies den Adressaten ein Bild der politischen Situation vermitteln. Am Beispiel des Thronwechsels konnte ebenso gezeigt werden, dass die Registrierung von und die Berichterstattung über symbolische Kommunikation auch wichtig für die eigenen diplomatischen Verhandlungen werden konnten, weshalb man derartige Informationen nach Straßburg schickte. Darüber hinaus muss auch darauf geachtet werden, worüber nicht berichtet wurde. Wenn zum Beispiel lediglich der Vollzug einer symbolischen Handlung – etwa der Einzug des Königs in eine Stadt – gemeldet und auf Fragen der Performanz (also auf die genaue Durchführung dieser Handlung) von den Gesandten nicht eingegangen wurde, dann ist dies eine wichtige Beobachtung. Hier waren eher die Ergebnissse respektive die damit verbundenen Folgen von Relevanz, als der performative Charakter der Ereignisse. Dies vermutlich auch deshalb, weil der Ablauf jener Akte bei den Adressaten als allgemein bekannt vorausgesetzt werden konnte.

Während in vielen Gesandtenberichten die Handlungsebene demnach eher allgemein beschrieben wurde, legten andere Gesandtenberichte den Fokus ihrer Schilderungen auf eine speziellere Beschreibung der symbolischen Handlungen. Dies kommt gerade bei den Berichten über das eigene diplomatische Vorgehen in Verbindung mit symbolischen Kommunikationsformen zum Vorschein, so bei den Begegnungen mit König Sigismund. Hier versuchten die Gesandten die

Qualität ihres individuellen Handelns in den Berichten herauszustellen, indem sie beispielsweise ihre rhetorische Begabung, ihre Schlagfertigkeit, die hergestellte Nähe zum Herrscher oder die emotionalen Reaktionen des Königs auf das eigene Handeln hervorhoben. Dabei ist natürlich fraglich, inwiefern diese Beschreibungen tatsächlich als Tatsachenberichte gelesen werden können. Doch unabhängig davon zeigen auch diese Beispiele, welche Vorstellungen von symbolischen Kommunikationsakten und performativer Qualität bei den Verfassern vorhanden waren. Insbesondere die Thematik der „performativen Qualität"[837] scheint dabei in Anlehnung an jüngste Studien zum Themenfeld gerade in Bezug auf die Gesandtenberichte aufschlussreich zu sein, da die Ebene der Berichterstattung Einblicke in die Selbstdarstellungen und Rechtfertigungen ermöglicht. Diese geben wiederum Auskunft über die Performanz beziehungsweise die Darstellung von Performanz und ihrer jeweiligen Qualität.

Somit ergeben sich gerade aus der angesprochenen Problematik der Quellen und ihrer notwendigen kritischen Einordnung die skizzierten wertvollen Analyseebenen und Betrachtungsperspektiven sowohl für die Erforschung städtischer Gesandtschaften als auch für die Betrachtung symbolischer Kommunikation im späten Mittelalter.

---

837 Oschema, Performanz, S. 22.

V. Zusammenfassung und Ausblick

Mit der vorliegenden Arbeit wurde eine umfangreiche Studie vorgelegt, die am Beispiel der Stadt Straßburg die Relevanz des städtischen Gesandtschaftswesens für die politische Geschichte des späten Mittelalters verdeutlicht. Anhand innerstädtischer Zuständigkeiten, der Organisation, der Rahmenbedingungen, der verschiedenen Akteure in der städtischen Außenpolitik und anhand konkreter historischer Fallbeispiele (Thronwechsel (1400), Mitgliedschaft im Marbacher Bund (1405–1408), Konstanzer Konzil (1414–1418)) sowie anhand des Themenbereichs der symbolischen Kommunikation wurde das Gesandtschaftswesen der Stadt Straßburg detailliert untersucht. Gleichermaßen konnte durch diesen Zuschnitt der Arbeit die zentrale Rolle des gesamten Themenfeldes der städtischen Außenpolitik für die Stadt-, Reichs-, Kirchen- und Diplomatiegeschichte exemplarisch herausgearbeitet werden. Zu diesem Zweck wurde auf umfangreiches und unterschiedliches archivalisches Quellenmaterial zurückgegriffen. Die darunter zahlreich vorhandenen Gesandtenberichte stellten die wesentliche Basis für diese Studie dar. Diese besonders gute Quellenüberlieferung und die Bedeutung der Stadt Straßburg im spätmittelalterlichen Reichsgefüge machten die Stadt zu einem geeigneten Untersuchungsobjekt.

Lange Zeit stellte die Erforschung des Gesandtschaftswesens spätmittelalterlicher Städte ein Desiderat der Mediävistik dar, auch wenn bereits einige Studien zum Themenbereich der städtischen Außenpolitik im späten Mittelalter vorliegen. Durch einen – entsprechend an der vorliegenden Quellenüberlieferung orientierten – möglichst breiten Zugriff auf das Themenfeld, wurden Strukturen und Funktionsweisen des Straßburger Gesandtschaftswesens innerhalb eines engen Zeitrahmens analysiert. Der gewählte Untersuchungszeitraum (1400–1420) begründet sich zum einen durch innerstädtische Ereignisse und verfassungsrechtliche Entwicklungen und zum anderen durch vorhandene – außenpolitisch relevante und gut überlieferte – Ereignisse unterschiedlichen Charakters. Im Zentrum der Untersuchung standen drei Fallbeispiele:

Erstens wurde der Thronwechsel im Jahr 1400 in den Fokus der Betrachtung gerückt. Dieser stellte die Städte des Reiches bezüglich der Anerkennung des neuen Königs vor spezielle diplomatische Herausforderungen: Zwischenstädtische Absprachen, detaillierte politische Informationsbeschaffung und -weitergabe, die Einholung juristischer Expertise und genaue Kenntnisse zeremonieller Akte und symbolischer Kommunikationsformen gehörten in diesem Kontext zu den Aufgaben und Anforderungen, die städtische Gesandte zu erfüllen hatten.

Zweitens diente die Mitgliedschaft Straßburgs im Marbacher Bund (1405–1408) in dieser Studie als Beispiel für die Bedeutung des Gesandtschaftswesens für die Bündnispolitik einer spätmittelalterlichen Stadt. Straßburger Gesandte waren intensiv in diplomatische Verhandlungen innerhalb des Bündnisses involviert, mussten jedoch auch das Bündnis gemeinsam mit Gesandten anderer

Städte, Herren und Fürsten insbesondere vor König Ruprecht repräsentieren und verteidigen. Hier zeichnete sich ein breites Tätigkeitsfeld städtischer Gesandter ab, welches von Streitschlichtungen innerhalb des Bündnisses bis hin zu repräsentativen Auftritten und Verhandlungen am Königshof reichte.

Drittens standen die Aktivitäten Straßburger Gesandtschaften im Kontext des Konstanzer Konzils (1414–1418) im Fokus, womit die kirchenpolitische Bühne als ein weiteres Aktionsfeld städtischer Gesandter im späten Mittelalter untersucht wurde. Straßburger Gesandte mussten im Zuge eines Prozesses vor dem Konzilsgericht immer wieder nach Konstanz reisen, um die Stadt dort angemessen zu vertreten und zu verteidigen. Stadt und Domkapitel wurden vom Konzil angeklagt, da sie den Straßburger Bischof Wilhelm von Diest entführt und gefangengenommen hatten.

Die vorgenommene Auswahl der Fallbeispiele begründete sich zum einen durch ihre thematische Vielfalt, durch ihre allgemeine Relevanz für die Geschichte des späten Mittelalters sowie für die Geschichte Straßburgs und zum anderen durch eine besonders günstige Quellenüberlieferung. Somit konnten nicht nur wichtige Fragen zum Gesandtschaftswesen Straßburgs, sondern auch zum gesamten Themenfeld des spätmittelalterlichen Gesandtschaftswesens und darüber hinaus zur Stadt-, Reichs-, Kirchen- und Diplomatiegeschichte aufgegriffen und beantwortet werden.

Die folgenden Ausführungen fassen die wesentlichen Ergebnisse dieser Studie zusammen, indem sowohl inhaltliche und methodische Zugänge und Konsequenzen, die sich aus der Studie ergeben, reflektiert werden.

1. Organisation und Zuständigkeiten

Bezüglich der Organisation und der Zuständigkeiten im Gesandtschaftswesen konnte diese Studie grundlegende Forschungsansichten widerlegen und sowohl neue Perspektiven eröffnen als auch die Anschlussfähigkeit des bearbeiteten Themenfeldes für die Stadtgeschichtsforschung unter Beweis stellen.

In Kapitel II wurden zunächst verfassungspolitische Entwicklungen dargestellt, um darauf aufbauend deren Einfluss auf das Gesandtschaftswesen prüfen zu können. Dafür musste die Genese der Herrschaftsverhältnisse in der städtischen Politik untersucht werden. In Straßburg entwickelte sich bis zum Beginn des 15. Jahrhunderts eine paritätische Verteilung der Ratssitze und der städtischen Ämter. Zünfte und Patriziat, letztere wurden in Straßburg „Constofler" genannt, teilten sich die Anzahl der Sitze im Rat. Zudem ist für das Gesandtschaftswesen die Herausbildung der verschiedenen Ratsgremien von Bedeutung.

Mit der personellen Zusammensetzung des Rates und weiterer Gremien war die Intention verbunden, sowohl die Zünfte als auch das städtische Patriziat an der Stadtherrschaft zu beteiligen. Dies galt folglich auch für das Gesandtschaftswesen der Stadt, da sowohl der Stadtrat als auch die verschiedenen

Gremien jeweils in die Organisation und Entscheidungsfindung eingebunden waren. Mitglieder der Zünfte und des Patriziats können auch innerhalb der Gesandtschaftsdelegationen zumeist in einem paritätischen Teilnehmerverhältnis nachgewiesen werden. Die innerstädtischen Entwicklungen des 14. Jahrhunderts und die Verfassungssituation der Stadt zu Beginn des 15. Jahrhunderts bildeten somit in vielerlei Hinsicht den Rahmen für das Gesandtschaftswesen jener Zeit.

Das Straßburger Gesandtschaftswesen war nicht, wie es bisher in der Forschung angenommen wurde, von einem einzigen Gremium (dem sog. Neuner bzw. Dreizehner Gremium) dominiert, sondern stand unter dem Einfluss zahlreicher Akteure. Insbesondere dem Stadtrat und dem Straßburger Ammeister kam dabei eine zentrale Funktion zu. Sie waren maßgeblich in Entscheidungsprozesse involviert und standen im regelmäßigen Kontakt mit den Gesandten. Dennoch beteiligten sich auch andere Gremien aktiv an der Ausgestaltung städtischer Außenpolitik, die oftmals bei inhaltlichen Vor- oder Nachbesprechungen der Gesandtschaftsreisen beratend hinzugezogen wurden. Wie die vorliegende Arbeit zeigen konnte, stellten sich zu Beginn des 15. Jahrhunderts die innerstädtischen Zuständigkeitsbereiche und Organisationsverhältnisse also viel komplexer dar.

Auch die Gesandten hatten einen enormen Einfluss auf die Organisation innerhalb des Gesandtschaftswesens. Wer etwa an Entscheidungsprozessen partizipierte, hing oftmals von den Gesandten selbst ab. Sie konnten durch ihre Schlüsselposition in die Verteilung von Informationen an verschiedene Akteure (z. B. Amtsträger und verschiedene Gremien) eingreifen und so über Einbindung oder Ausschluss in der Außenpolitik mitbestimmen. Auch initiierten sie nachweislich spezielle Treffen zu außenpolitischen Themen, an denen verschiedene Gremien und auch sie selbst teilnahmen. Somit waren auch die Gesandten in die innerstädtischen Organisationsprozesse im Gesandtschaftswesen mit eingebunden und nicht nur außerhalb der Stadt tätig.

Diese Ergebnisse wurden vor allem durch eine Untersuchung der vorhandenen Informationskanäle erarbeitet. Methodisch ist es grundsätzlich für die Erforschung jedes städtischen Gesandtschaftswesens sinnvoll, die Informationsverteilung aus verschiedenen Perspektiven möglichst genau nachzuzeichnen und die Ergebnisse vergleichend gegenüberzustellen, um so Erkenntnisse über Zuständigkeiten im Gesandtschaftswesen einer Stadt erzielen zu können. Damit ist zum einen sowohl diejenige Informationsübermittlung gemeint, die durch die Gesandten nach Straßburg vorgenommen wurde als auch jene, die von innerstädtischen Akteuren ausging und die Versorgung der Gesandtschaften mit Informationen zum Ziel hatte. Zum anderen wurde auch die Weitergabe von Informationen innerhalb der Stadt, die das Gesandtschaftswesen betreffen, untersucht und entsprechende Akteure – wie Amtsträger und Gremien – mitsamt ihrer Funktion für das Gesandtschaftswesen ausfindig gemacht. Zentral sind demnach folgende Fragen, die unter Rückgriff auf die entsprechenden Quellen zu beantworten sind: An wen wurden Gesandtenberichte und weitere relevante Briefe adressiert? Wer nahm konkret Kontakt mit Gesandten oder Gesandtschaften auf ? Wer stellte Gesandtschaften zusammen und sandte diese aus? Wer partizipierte an innerstädtischen Entscheidungsfindungsprozessen?

Gerade weil – und dies stellt ein wesentliches Spezifikum städtischer Außenpolitik und städtischer Gesandtschaftswesen dar – derartig viele verschiedene Personen und Gremien mit unterschiedlicher Intensität Verantwortung trugen, ist die Analyse der konkreten Informationskanäle zur Erschließung der innerstädtischen Organisation und Zuständigkeiten im Gesandtschaftswesen spätmittelalterlicher Städte grundsätzlich zwingend notwendig.

Nicht nur für die Funktionsweisen des mittelalterlichen städtischen Gesandtschaftswesens ist die hier vorgenommene Analyse aufschlussreich. Es lassen sich auch generelle Aussagen über die politische Organisation einer Stadt treffen, die insbesondere auf der Grundlage einer vergleichenden Analyse von Gesandtschaftsberichten erzielt werden können. Es ist grundsätzlich sinnvoll und weiterführend für die Stadtgeschichtsforschung im Allgemeinen, sich vermehrt Quellen mit außenpolitischer Relevanz zuzuwenden und sie miteinander in Bezug zu setzen, um generelle Erkenntnisse für die jeweilige Geschichte einer Stadt erzielen zu können. Das Potential, welches speziell Gesandtenberichten nicht nur für die Diplomatiegeschichte, sondern auch für weitere Themenbereiche – wie etwa in diesem Fall den innerstädtischen politischen Verhältnissen – innewohnt, ist bis heute nicht ausreichend erkannt worden. Wie diese Arbeit zeigen konnte, ist Forschung zum städtischen Gesandtschaftswesen immer auch grundlegende Stadtgeschichtsforschung. Deshalb ist eine entsprechende Perspektivierung zukünftig zwingend erforderlich. Gerade Gesandtenberichte können die Forschung in diesen und weiteren Fragen voranbringen, da sie Schlüsseldokumente für die mittelalterliche Stadtgeschichte sind, wie sich in dieser Studie unter anderem an der Frage der Organisation und der Zuständigkeiten im Gesandtschaftswegen gezeigt hat.

Dieser Teil der Arbeit legt dar, wie sich Organisationsstrukturen städtischer Diplomatie untersuchen lassen und welche Fragen hierfür an die Quellen gestellt werden müssen. Darüber hinaus zeigt sich anhand der Analyse der innerstädtischen Verhältnisse, dass die Erforschung des städtischen Gesandtschaftswesens gerade auch Rückschlüsse auf die generelle Verfasstheit einer Stadt zulässt, die sich mit anderen Quellen nur schwer erzielen lassen. Da vor allem Gesandtenberichte und Protokolle innerstädtischer Gremien zu außenpolitischen Angelegenheiten Einblicke in die tatsächlichen politischen Aktivitäten einer Stadt ermöglichen, können Aussagen zur politischen Praxis getroffen werden, was etwa anhand städtischer Verordnungen nur bedingt möglich ist. Für das Gesandtschaftswesen einer Stadt ist es von Bedeutung, in welchen Bereichen dieses insbesondere durch die Genese der Stadtverfassung geprägt war und ob in der Praxis – und wenn ja wie – von intendierten Normen und Verfahrensweisen abgewichen und andere Lösungswege gesucht oder bevorzugt wurden.

2. Rahmenbedingungen

Weiterhin konnte der organisatorische Aufwand, der für die städtische Außenpolitik betrieben wurde, anhand der Rahmenbedingungen, die die Stadt für Gesandtschaftsmissionen schuf, nachvollzogen werden. Beispielhaft sind hierfür generelle Regelungen, die einen Willen zur Reglementierung erkennen lassen. In der Straßburger Stadtverordnung von 1405 finden sich hierfür zahlreiche Beispiele. Festgelegt wurde etwa das sogenannte Tagegeld, das den Gesandten zur Deckung ihrer Unkosten zur Verfügung gestellt wurde, jedoch nicht mit einem Gehalt verwechselt werden darf. Weiterhin wurde auch die Verwaltungs- und Ausgabepraxis weiterer städtischer Gelder festgelegt. Zu diesem Zweck sollte innerhalb jeder Gesandtschaft eine Person (der sog. *seckeler)* bestimmt werden, die das Geld mit sich führen, verwalten und nach Abschluss der Reise in Straßburg darüber Rechenschaft ablegen sollte. Ebenso wurden Regelungen bezüglich der mitzuführenden Pferde erlassen. Demnach wurde die Anzahl der Pferde pro Gesandten auf vier limitiert. Andere Regelungen betrafen beispielsweise die Ausrüstung der Gesandten, die möglichen Dienste des städtischen Koches im Zuge von Gesandtschaften und ebenso die Berichterstattung der Gesandtschaften, welche spätestens nach der Rückkehr von ihren Reisen erfolgen sollte.

Allerdings sind diese Regelungen lediglich für einzelne Aspekte und zudem an unterschiedlichen Stellen der Stadtverordnung zu finden. Es handelt sich also nicht um eine gebündelte und systematische Ausarbeitung eines Konzeptes für die Durchführung städtischer Außenpolitik, auch wenn für bestimmte Aspekte offenbar ein Regelungsbedarf vorhanden war.

Auch Gesandtenberichte lassen generelle Rückschlüsse über Rahmenbedingungen zu. Sowohl die Beschaffung geeigneter Unterkünfte als auch die erforderliche Bereitstellung von Pferden stellten wiederkehrende organisatorische Elemente dar, die in diesen Quellen zum Vorschein treten. Jene und weitere Maßnahmen waren mit einem hohen logistischen und finanziellen Aufwand verbunden, der in Straßburg zum Zweck der erfolgreichen Durchführung von Gesandtschaften betrieben wurde und die Relevanz dieser außenpolitischen Aktivitäten für die Stadt belegt.

Derartige grundlegende Strukturen städtischer Diplomatie lassen sich über Gesandtenberichte und städtische Ordnungen fassen. Letztere, dem Quellentypus geschuldet, haben freilich eher idealtypischen Charakter, weshalb sie mehr über die Intentionen des städtischen Rates in Bezug auf Gesandtschaften und deren Organisationen und Abläufe verraten, und weniger über die tatsächliche Umsetzung in der Praxis aussagen – im Gegensatz zu den Gesandtenberichten. Somit bietet dieser Teil der Studie weiterführende Einblicke in grundsätzliche Vorstellungen und Ansprüche des Stadtrates bezüglich der Funktion und Organisation städtischer Außenpolitik. Da eine einschlägige Rechnungsüberlieferung für den Untersuchungszeitraum dieser Studie für Straßburg nicht mehr vorhanden ist, sind aussagekräftige Angaben über Ausgaben für Gesandtschaften nur vereinzelt zu finden und bestimmte Regelungen in der Stadtverordnung lassen sich auch nicht immer anhand der städtischen Korrespondenz oder anderer Quellen überprüfen. Es hat sich dennoch gezeigt, dass durch die Analyse von Gesandtenberichten und Stadtordnungen Ergebnisse über grundsätzliche Rahmenbedingungen des Gesandtschaftswesens erzielt werden können. Hierbei hat sich die Gegenüberstellung der genannten normativen sowie der narrativen (aus der diplomatischen Praxis stammenden) Quellen, als gewinnbringendes Vorgehen erwiesen.

3. Boten und Gesandte

Das Gesandtschaftswesen Straßburgs war von hoher personeller Kontinuität geprägt. Gesandte und Boten waren zum Teil über Jahre oder sogar Jahrzehnte für die Stadt in der Außenpolitik tätig, wie in dieser Arbeit durch die vorgenommene Sammlung prosopographischer Daten im gesamten Untersuchungszeitraum bewiesen werden konnte. Die Ergebnisse dieser Studie zeigen eindrücklich, dass das Nachrichtenwesen der Stadt zu Beginn des 15. Jahrhunderts sehr gut organisiert war, was sich besonders deutlich am Einsatz städtischer Boten zum Zweck einer möglichst einwandfreien Fernkommunikation zeigen ließ:

Straßburg verfügte über angestellte Boten, die sich zum Teil über mehrere Jahre im Dienst der Stadt nachweisen lassen. Anhand verschiedener Beispiele konnte in dieser Studie gezeigt werden, dass diese Boten in Zusammenarbeit mit den städtischen Gesandten den Nachrichtenverkehr umfassend planten und durchführten.

Zudem griff Straßburg bei Bedarf auch auf Gelegenheitsübermittler und fremde Boten zurück, die mitunter auch spontan für einzelne Aufträge von den Gesandten selbst angeworben wurden. Dies war dann der Fall, wenn die regulären Boten der Stadt bereits mit anderen Aufträgen befasst waren, aber eine zu versendende Nachricht schnell verschickt werden musste. Zumeist machten Gesandte hierfür Boten anderer politischer Akteure ausfindig. Diese Boten reisten somit im Zuge ihres eigenen Auftrages auch nach Straßburg und konnten sich durch die zusätzliche Abgabe einer Nachricht etwas dazuverdienen. Ebenfalls wurde nachgewiesen, dass Straßburger Boten sogar für König Sigismund offiziell als Nachrichtenübermittler tätig waren. Sie wurden dafür mit der offiziellen Botenbüchse des Reiches ausgestattet.

Gesandte waren als Repräsentanten ihrer Stadt für die spätmittelalterliche städtische Außenpolitik unverzichtbar. Für Straßburg wurden verschiedene Personenkreise ausfindig gemacht, die diese Funktion übernahmen. In der Regel waren städtische Politiker und Stadtschreiber die Gesandten der Stadt.

Innerhalb der Gruppe der städtischen Politiker, die im Regelfall als Gesandte für Straßburg unterwegs waren, zeigt sich eine personelle Kontinuität. Einige Gesandte waren im gesamten Untersuchungszeitraum tätig und verfügten somit auch über eine jahrelange Erfahrung. Sie verrichteten ihre Tätigkeit unentgeltlich und kamen aus den politischen Führungskreisen und den bedeutendsten Familien der Stadt. Sie verfügten über mehrjährige politische Erfahrung im Rat und in unterschiedlichen Gremien oder hatten sogar vor ihrer Tätigkeit eines der beiden bedeutendsten Ämter der Stadt – das Ammeisteramt oder das Stettmeisteramt – innegehabt.

Die konkrete Personenauswahl für Gesandtschaften richtete sich auch nach der politischen Zugehörigkeit der Personen. In Straßburg war es zu Beginn des 15. Jahrhunderts gängige Praxis, Gesandtschaften zu entsenden, deren Mitglieder anteilig zur Hälfte aus dem Patriziat und zur Hälfte aus den Zünften stammten. Dies spiegelte annähernd die Mitgliederverhältnisse im Rat der Stadt und in zahlreichen Gremien wider. Darüber hinaus waren an den meisten Missionen städtische Spitzenpolitiker beteiligt, wie Altammeister und Altstettmeister.

Die im Dienste Straßburgs stehenden Stadtschreiber waren ebenfalls als Gesandte aktiv. Hierfür qualifizierten sie sich insbesondere durch ihre sprachlichen und juristischen Kenntnisse, welche gerade im Kontext der Gesandtschaften zum Konstanzer Konzil für Straßburg zentral waren. Am Beispiel des Straßburger Stadtschreibers und Gesandten Ulrich Meiger konnte im Verlauf dieser Studie immer wieder gezeigt werden, dass Stadtschreiber gemeinsam mit den städtischen Politikern als Gesandte unterwegs waren, aber auch komplette Missionen allein bewerkstelligten. Stadtschreiber wie Ulrich Meiger erweiterten den Handlungsspielraum spätmittelalterlicher Städte enorm, da die städtischen Politiker je nach Einsatzziel an die Grenzen ihrer diplomatischen Möglichkeiten stoßen konnten. Straßburgs Prozess vor dem Konzilsgericht, der aufgrund der Entführung des Straßburger Bischofs Wilhelm von Diest durch Stadt und Domkapitel die Stadt für mehrere Jahre vor diplomatische Herausforderungen stellte, zeigt dies besonders deutlich. Ohne die lateinischen Sprachkenntnisse – die Meiger oft als Dolmetscher und Übersetzer einbringen musste – und die juristische Ausbildung des Stadtschreibers – die im Gerichtsprozess benötigt wurde – wäre die städtische Diplomatie nur äußerst eingeschränkt handlungsfähig gewesen.

Daneben konnte am Beispiel des Gesandten Johannes Blumenstein dargestellt werden, dass das Gesandtschaftswesen der Stadt auch auf Personen zurückgriff, die nicht zur Gruppe der städtischen Politiker oder der Stadtschreiber gehörten. Seine offizielle Tätigkeit als städtischer Gesandter ist aufgrund seiner früheren Verbindungen zu einer Gruppe Waldenser, die in Straßburg um das Jahr 1400 verfolgt und vor Gericht gestellt worden war, besonders bemerkenswert. Um die Teilnahme dieses eher ungewöhnlichen Gesandten an mehreren Missionen zu erklären, wurden unterschiedliche Interpretationsmöglichkeiten aufgezeigt. Letztendlich war dabei besonders auffällig, dass sich seine Gesandtentätigkeit weitgehend auf die Ereignisse rund um das Konstanzer Konzil beschränkte. Vermutlich verfügte er über bestimmte Fähigkeiten, Netzwerke oder finanzielle Ressourcen, die ihn als Gesandten für diese Aufgaben prädestinierten. Die Teilnahme dieses Gesandten an verschiedenen Missionen zeigt in jedem Fall, dass es prinzipiell in Straßburg zu Beginn des 15. Jahrhunderts möglich war, als Gesandter für die Stadt auf diplomatische Missionen geschickt zu werden, ohne zu den genannten politischen Führungskreisen zu zählen.

Zukünftig sollte daher auch in Studien zu anderen Städten nicht außer Acht gelassen werden, dass sich das jeweilige Gesandtschaftswesen mitunter recht flexibel ausgestalten konnte und sich von Zeit zu Zeit eher untypische Akteure in der Außenpolitik der Städte verdient machten. An diesen Ergebnissen wird zumal die generelle Relevanz prosopographischen Vorgehens besonders deutlich, da ansonsten keine Ausnahmen von der hier beschriebenen Regel in der Gruppe der städtischen Gesandten ausgemacht werden können.

Problematisch stellt sich für den prosopographischen Zugriff der oftmals sehr unterschiedliche Informationsgehalt der Quellenüberlieferung dar. In dieser Studie konnten bezüglich der Personen zumindest die wichtigsten Informationen zusammengetragen werden, um das Personal einordnen zu können. Hierzu zählen die Amtsführung in städtischen Gremien, die Familienzugehörigkeit und der quantitative sowie qualitative Nachweis über die jeweilige Beteiligung an Gesandtschaften. Dass in Straßburg fast ausschließlich Personen aus den städtischen Führungsgruppen involviert waren, zeigt zum einen die Bedeutung, welche den Außenbeziehungen der Stadt beigemessen wurden. Zum anderen ist dieser Umstand auch ein Indiz dafür, dass sich andere Gruppen in der Stadt die langen Reisen und somit die Abkömmlichkeit ökonomisch nicht erlauben konnten und die städtischen Führungskreise daher im Grunde genommen derartige Aufgaben wahrnehmen mussten. Die Gesandtentätigkeit spielte sich also zwischen zwei Polen ab. Am einen Ende stand die Aussicht auf politische Partizipation und am anderen Ende eine Art Verpflichtung gegenüber der Kommune. Sicherlich spielte bei den führenden Familien der Stadt als ein weiteres Motiv auch die eigene wirtschaftliche Abhängigkeit vom Wohl der Stadt mit hinein. Darüber hinaus müssen weitere persönliche Motive in Betracht gezogen werden, wie etwa die Möglichkeit der reichsweiten Vernetzung durch die Teilnahme an Gesandtschaftsreisen. Ebenso dürfen innerstädtische Herrschafts- und Machtkonstellationen sowie die damit verbundenen Ansprüche der politischen Gruppen innerhalb einer Stadt nicht unberücksichtigt bleiben, was sich anhand der Konflikte zwischen Teilen des Patriziats und dem Stadtrat im Jahr 1419 anschaulich zeigen lies. Der Grad der Beteiligung am Gesandtschaftswesen der Stadt wurde von den Zeitgenossen als Ausdruck genereller politischer Partizipation und als Spiegel der innerstädtischen Machtverhältnisse betrachtet. Dem Gesandtschaftswesen ist daher eine wesentliche Bedeutung für die Zufriedenstellung politischer Machtansprüche unterschiedlicher politischer Gruppierungen in der Stadt des Mittelalters einzuräumen und daher in zukünftigen Forschungen zu derartigen Themenbereichen der Stadtgeschichtsforschung verstärkt Aufmerksamkeit zu schenken. In jedem Fall müssen die personellen Konstellationen berücksichtigt werden, um eben nicht, wie in der älteren Forschung, zu falschen Schlüssen bezüglich der Beschaffenheit städtischer Außenpolitik und städtischer Gesandtschaftswesen zu gelangen.

Die Einordnung und Beurteilung der Boten und Gesandten ist somit forschungsgeschichtlich relevant, da gerade jene Personengruppen häufig unterschätzt und falsch beurteilt wurden. Daher ist ein prosopographischer Ansatz für jede Studie zur städtischen Außenpolitik von Relevanz. Die beteiligten Personengruppen sind zu ermitteln, um nach Möglichkeit Herkunft, Stand und gesellschaftliche Verortung der Gesandten und Boten genauer bestimmen sowie anhand dieser Einzelergebnisse ein insgesamt umfangreicheres Bild der städtischen Boten und Gesandten zeichnen zu können.

4. Fallbeispiele: Thronwechsel – Marbacher Bund – Konstanzer Konzil

Anhand der in Kapitel III vorgenommenen Betrachtung von drei Fallbeispielen – Thronwechsel, Marbacher Bund und Konstanzer Konzil – wurden kontextspezifische Herausforderungen an Gesandte und Gesandtschaften analysiert. Es konnte ein breites Panorama verschiedener Aufgaben und Anforderungen herausgearbeitet werden, mit denen sich die Gesandtschaften konfrontiert sahen. Sie waren etwa für Informationsbeschaffung und -weitergabe, die generelle Vertretung städtischer Interessen, Verhandlungen und Beratungen mit den unterschiedlichsten Akteuren, die Schließung von Bündnissen, die Organisation von Reiserouten, die Schlichtung innerbündischer Streitigkeiten, Verteidigung städtischer Positionen und Handlungen im Kontext von Gerichtsverfahren, Gewinnung von Verbündeten und viele weitere Aufgaben verantwortlich. Dies zeigt, dass städtische Gesandte vielseitig und anpassungsfähig sein mussten, um den diversen inhaltlichen Erfordernissen begegnen zu können. Gesandte führten ihre Tätigkeiten sehr bewusst und planvoll durch. Dies geht aus der Analyse der Fallbeispiele deutlich hervor.

Die Aktivitäten im Kontext des Thronwechsels zeigen dies besonders eindrücklich: Hier wurden die einzelnen Handlungsschritte mitunter sehr ausführlich durch Informationsbeschaffung und zwischenstädtische Absprachen sowie die Hinzuziehung juristischer Experten vorbereitet und akribisch umgesetzt. Die Gesandtschaftsmissionen Straßburgs im Zuge des Thronwechsels 1400 zeigen, genau wie die Tätigkeiten anderer Städte, dass der städtische Aktionsradius weitaus größer war, als dies bisher von weiten Teilen der Forschung angenommen wurde. Die Städte des Reiches nahm man in der Forschung lange Zeit zumeist als passives Element innerhalb der Auseinandersetzungen wahr. Die Analyse der städtischen Strategien im Rahmen der Anerkennung König Ruprechts konnten in dieser Studie allerdings das Gegenteil beweisen und herausstellen, dass sich gerade in diesem Punkt die Forschung aufgrund der geschilderten Vorannahmen weitere Interpretationsmöglichkeiten selbst verschlossen hat. Ein genauer Blick in die Quellenüberlieferung zeigt nämlich vielmehr, dass gezielt außenpolitische Maßnahmen zur Wahrung städtischer Interessen ergriffen wurden, wie etwa die bewusste und selbstständige Konsultation von Rechtsgelehrten in der problematischen Frage der Anerkennung

Ruprechts. Städtische Gesandte waren ein wesentlicher Faktor bei der erfolgreichen Umsetzung dieser städtischen Politik.

Das vielfältige Anforderungsprofil an das Gesandtschaftswesen einer Stadt lässt sich auch anhand von Bündnissen anschaulich nachweisen. Dies zeigen exemplarisch die Ausführungen in der hier vorliegenden Studie zur Straßburger Beteiligung am Marbacher Bund. Städtische Gesandte mussten die eigenen städtischen Interessen innerhalb des Bündnisses vertreten und mit den Verbündeten zudem nach außen Geschlossenheit demonstrieren, was wiederum eine vorherige Konsensfindung erforderlich machte. Bereits bei den Verhandlungen zur Gründung des Bundes und auch im weiteren Verlauf seines Bestehens waren innerbündische Einigungen immer wieder erforderlich – so etwa bei der Aufnahme neuer Mitglieder oder in Fragen der militärischen Unterstützung für einzelne Bündnispartner. Zudem mussten die städtischen Interessen und Forderungen – etwa gegenüber König Ruprecht – mit Hilfe des Bündnisses durchgesetzt werden.

Die Auseinandersetzung Straßburgs mit dem Bischof vor dem Konstanzer Konzil führte das Gesandtschaftswesen zum Teil an die Grenzen seiner Möglichkeiten, eine eigenständige städtische Außenpolitik zu betreiben. Zum einen musste sich die Stadt mit dem Domkapitel auf eine gemeinsame Linie einigen, das sich ebenfalls für die gemeinsam geplante und durchgeführte Gefangennahme des Straßburger Bischofs vor dem Konzilsgericht verantworten musste. Dies führte zu unterschiedlichen Problemen, die vor allem negativen Einfluss auf Aktivitäten städtischer Gesandtschaften hatten. Zum anderen war die Stadt in bestimmten Phasen des Konfliktes auf die Unterstützung des Königs angewiesen. Die städtische Diplomatie musste sich hier also darauf konzentrieren, die Gunst des Königs zu gewinnen, um eigene Ziele durchsetzen zu können. Hierfür wurden auch enorme Geldsummen eingesetzt. Ebenfalls benötigte Straßburg die Hilfe fachkundiger Anwälte für den Gerichtsprozess. Zwar verfügte auch der Stadtschreiber Ulrich Meiger über entsprechende juristische und sprachliche Kenntnisse, die ihn für Straßburg in dieser Situation als Gesandten unabdingbar machten, doch war weitere fachkundige Unterstützung für eine erfolgreiche Verteidigung im Prozess notwendig.

Die Untersuchung von Fallbeispielen konnte die Vielfalt städtischer Aktionskreise verdeutlichen. Grundsätzlich bietet es sich für Studien zur städtischen Außenpolitik an, eine derartige Auswahl zu treffen, um die Vielzahl der Herausforderungen zu dokumentieren und die Beanspruchung des Gesandtschaftswesens einer Stadt auch auf der qualitativen Ebene aufzeigen zu können. Was ein Gesandtschaftswesen leisten konnte, sollte oder musste, lässt sich nur auf diese Weise beurteilen, da Möglichkeiten und Grenzen immer kontextabhängig betrachtet und somit anhand verschiedener außenpolitischer Aktivitäten und Herausforderungen überprüft werden müssen. Dies wäre freilich zukünftig für weitere Zeiträume und auch für andere Städte trotz vorhandener Vorarbeiten erst noch zu leisten. Die vorliegende Studie will selbstverständlich keine absolute

Vollständigkeit beanspruchen, jedoch den Impuls setzen, zukünftig verstärkt auf die verschiedentlich vorhandenen Herausforderungen – mit denen sich städtische Außenpolitik und städtisches Gesandtschaftswesen konfrontiert sahen – zu achten und deren Erforschung zu vertiefen. Dennoch sollte klar hervorgegangen sein, dass Städte aktiv wie passiv ausgerichtete Außenpolitik betrieben und Gesandtschaften hierbei wesentlich waren. Auch hier zeigt sich deutlich das Potenzial städtischer Gesandtenberichte, die uns nicht nur diesbezüglich Einsicht gewähren, sondern auch wertvolle Einblicke in übergeordnete Themenfelder ermöglichen.

Wie etwa am Beispiel des Thronwechsels gezeigt werden konnte, lohnt es sich auch im Sinne einer allgemeinen Reichsgeschichtsschreibung, vermehrt die Perspektive der Städte zur Beurteilung wichtiger politischer Ereignisse einzunehmen und dieser eine stärkere Bedeutung beizumessen. Die Aktivitäten Straßburgs im Marbacher Bund geben exemplarisch wertvolle Einblicke in die diplomatische Praxis innerhalb von Bündniskonstellationen. Das Fallbeispiel zum Konstanzer Konzil zeigt wiederum die Verknüpfung von Stadt- und Kirchengeschichte verschiedentlich auf: Zum einen kooperierte die Stadt mit dem Straßburger Domkapitel, um sich vom Bischof zu befreien. Zum anderen mussten sich die Stadt und somit auch die Gesandten Straßburgs vor dem Konzilsgericht verantworten und verteidigen. Ebenso wird anhand der Einbindung König Sigismunds in den Konflikt die reichsgeschichtliche Dimension der Vorgänge deutlich.

5. Symbolische Kommunikation

Schließlich wurde in Kapitel IV anhand verschiedener Schwerpunkte das Themenfeld der symbolischen Kommunikation im Kontext von städtischen Gesandtschaften untersucht. Dieses in der Forschung zu städtischen Gesandtschaften noch weitgehend unbearbeitete Thema, das in der Mediävistik jedoch schon intensiv seit Jahrzehnten erforscht wird, konnte im Rahmen dieser Arbeit auf der Basis einer breiten Quellengrundlage untersucht werden. Die Intention, mit der Gesandte über diese Kommunikationsformen berichteten, war ganz unterschiedlich: Beispielsweise sollte durch die Berichterstattung über symbolische Kommunikation ein Bild der aktuellen politischen Lage vermittelt oder aber auch das eigene Handeln geschildert und gerechtfertigt werden. Die Bedeutung von symbolischen Kommunikationsformen für die spätmittelalterliche städtische Außenpolitik wurde in dieser Arbeit deutlich herausgearbeitet. Städtische Gesandte mussten jene Kommunikationsformen verstehen und sie darüber hinaus für ihr eigenes Handeln nutzen.

Am Beispiel des Thronwechsels im Jahr 1400 konnte der enorme Handlungsbedarf in der städtischen Außenpolitik und die notwendigen Handlungsfähigkeiten der städtischen Gesandten auf dem Aktionsfeld der symbolischen Kommunikation nachgewiesen werden. Städtische Gesandte informierten sich über

Rechtsfragen symbolischer Akte – wie etwa über den Einzug des neuen Königs Ruprecht in die Städte des Reiches und die entsprechenden symbolischen Modalitäten zur Anerkennung des Königs – ausführlich bei Gelehrten. Mithilfe dieser Expertise gelang es ihnen, symbolische Akte innerhalb der politischen Veränderungen im Jahr 1400 richtig einzuordnen und für sich und die Stadt gewinnbringend einzusetzen, wie es beispielsweise an der Beteiligung Straßburger Gesandter am Prozess der Anerkennung Ruprechts durch die Stadt gezeigt wurde. Weiterhin konnte in der vorliegenden Studie die eigenständige Rolle der Städte im Kontext des Thronwechsels nachgewiesen werden. Ging die Forschung lange Zeit davon aus, dass den Städten von Seiten König Ruprechts ein Rechtsgutachten bezüglich der relevanten Fragen zu seiner Anerkennung durch die Städte vorgelegt wurde, konnte die hier vorliegende Untersuchung das genaue Gegenteil zeigen! Die Städte kümmerten sich selbstständig um eine rechtliche Beratung und setzten die daraus resultierenden Ratschläge der namentlich nicht bekannten Gelehrten in unterschiedlicher Weise um.

Anhand der Bemühungen Straßburgs, die Unterstützung König Sigismunds für die Angelegenheiten rund um das Konstanzer Konzil zu gewinnen, konnte der bewusste Einsatz von symbolischer Kommunikation durch Straßburger Gesandte detailliert nachgezeichnet werden. Die Gesandten versuchten innerhalb symbolischer Akte, wie dem Begrüßungszeremoniell, immer wieder die Erinnerungen des Königs an die Straßburger Frauen hervorzurufen, die Sigismund bei einem vorherigen Besuch in Straßburg offenbar besonders gut gefallen hatten. Dem König wurden angebliche Geschenke und Nachrichten jener nicht genauer bezeichneten Frauen übergeben, um ihn für Gespräche und die Stadt allgemein positiv zu beeinflussen.

In Bezug auf das Thema der symbolischen Kommunikation können vielfältige Fragen an die Gesandtenberichte gestellt werden. Daher ermöglichen sie sowohl tiefergehende Forschungen speziell zum Themenbereich der symbolischen Kommunikation in der städtischen Diplomatie als auch allgemein zur symbolischen Kommunikation im späten Mittelalter. Grundsätzliche Aspekte wie die Wahrnehmung, Deutung, Funktion und Performanz symbolischer Kommunikationsformen können untersucht werden: Wie und warum wurde berichtet? Wie wurde symbolische Kommunikation beurteilt? Inwiefern nahmen städtische Gesandte auch an Ritualen und Zeremonien teil und waren somit nicht auf die Rolle der Beobachter beschränkt? Inwiefern gestaltete sich eine Beteiligung passiv oder sogar aktiv? Beherrschten städtische Gesandte diese Kommunikationsformen und konnten sie diese für die diplomatischen Ziele der Stadt gewinnbringend einsetzen? Diese und viele weitere Fragenkomplexe wurden in der vorliegenden Studie behandelt, sie sind bisher von der Forschung nur selten und insgesamt nicht ausreichend für die Beurteilung der Tätigkeiten städtischer Gesandter berücksichtigt worden. Dies hängt nicht nur mit dem vergleichsweise noch jungen Forschungsgegenstand der städtischen Außenpolitik zusammen, sondern auch damit, dass das diesbezügliche Potenzial der Gesandtenberichte weder allgemein von der mediävistischen Geschichtswissenschaft noch speziell in Studien zur städtischen Außenpolitik bisher hinreichend erkannt beziehungsweise ausgeschöpft wurde. In der jüngeren Forschung wurde sogar zum Teil explizit von einer geringen Bedeutung symbolischer Kommunikationsformen in der städtischen Diplomatie ausgegangen, jedoch ohne eine hinreichende Analyse städtischer Gesandtenberichte. Da aber vorrangig in Gesandtenberichten Beschreibungen und Beurteilungen symbolischer Kommunikationsweisen zu finden sind, sollten grundsätzliche Schlussfolgerungen zur Bedeutung derartiger Kommunikationsformen für die städtische Diplomatie nicht ohne eine ausreichende Überlieferung und Analyse dieser Berichte für die jeweils zu untersuchende Stadt getroffen werden. Für die Erforschung symbolischer Kommunikation und deren Schilderung in Schriftquellen bieten städtische Gesandtenberichte noch erhebliches Potenzial, das sowohl künftige Arbeiten zur städtischen Außenpolitik als auch kommende Studien, die sich weniger mit städtischer Außenpolitik als vielmehr mit symbolischen Kommunikation allgemein auseinandersetzen, verstärkt nutzen sollten.

6. Forschungsperspektiven

Für die weitere Erforschung des städtischen Gesandtschaftswesens im späten Mittelalter bieten sich noch zahlreiche Möglichkeiten. Dies gilt sowohl für die Stadt Straßburg als auch insgesamt für das Themenfeld der städtischen Außenpolitik, aber auch die Erforschung der mittelalterlichen Geschichte allgemein könnte in Zukunft noch stärker von der Analyse städtischer Gesandtschaftswesen und städtischer Außenpolitik profitieren. Das Themenfeld lässt sich mit zahlreichen Fragestellungen und aus unterschiedlichsten Perspektiven untersuchen, die für viele Themen des Faches aufschlussreich sind. Mit den Gesandtenberichten stehen hierfür ausgezeichnete Quellen zur Verfügung.

Für die weitere Erforschung der städtischen Außenpolitik Straßburgs wäre es vor dem Hintergrund der weiteren verfassungspolitischen Veränderungen in der Stadt lohnenswert, mögliche Neuerungen und Weiterentwicklungen innerhalb des Gesandtschaftswesens im Verlauf des 15. Jahrhunderts in den Blick zu nehmen. Darüber hinaus könnten Forschungen zu unterschiedlichen Einzelaspekten des Themenbereichs bereichernd sein und für verschiedene Städte auch vergleichend untersucht werden, sofern noch weitere Einzelstudien zu weiteren Städten erscheinen, die sicherlich als Basis unabdingbar bleiben. Untersuchungen zur symbolischen Kommunikation, Fragestellungen zur Verbindung von städtischer Diplomatie und Krieg, Diplomatie und Wirtschaft wären hier möglich und wünschenswert. Auch die städtische Perspektive auf das Phänomen des Hofes könnte durch eine diesbezügliche Auswertung von Gesandtenberichten womöglich neue Blickwinkel eröffnen und aufschlussreiche Ergebnisse erzielen. Erstrebenswert wären weiterhin Arbeiten zu kleinen und mittelgroßen Städten, da das bisherige Interesse eher den großen Städten im Reichsgebiet galt.

Trotz der bisher vorhandenen Arbeiten zum städtischen Gesandtschaftswesen im späten Mittelalter ist das Forschungsfeld also weder ausgeschöpft, noch hat es sich in der Stadtgeschichtsforschung fest etabliert. Um vorhandene

Erkenntnisse in einem breiteren Rahmen vergleichen und in Beziehung zu anderen Themen der Stadtgeschichtsforschung setzen zu können, sind weitere Grundlagenarbeiten notwendig.

Die vorliegende Studie möchte hierzu einen Beitrag leisten. Es konnte herausgearbeitet werden, dass in der Stadt unterschiedliche Strukturen vorhanden waren, die zum Zweck der erfolgreichen Durchführung von Gesandtschaftsmissionen und städtischer Außenpolitik geschaffen wurden. Trotz der Rahmenbedingungen, Regeln und grundsätzlichen Organisationsformen war das Gesandtschaftswesen in dieser Zeit noch nicht komplett durchorganisiert. Weder waren Zuständigkeiten immer klar verteilt, noch waren alle Abläufe eindeutig geregelt. Das Gesandtschaftswesen war durch Flexibilität gekennzeichnet. Anhand der Analyse der innerstädtischen Voraussetzungen, Zuständigkeiten, Organisationsformen und Rahmenbedingungen städtischer Außenpolitik sowie durch die Untersuchung der Akteure und ihrer unterschiedlichen Tätigkeiten innerhalb und außerhalb der Stadt kann das Gesandtschaftswesen Straßburgs nun besser verstanden werden.

Darüber hinaus hat diese Arbeit gezeigt, dass das Themenfeld der städtischen Außenpolitik und des Gesandtschaftswesens in vielerlei Hinsicht nicht nur für die mittelalterliche Stadtgeschichte, sondern auch für die Reichs-, Kirchen- und Diplomatiegeschichte von Relevanz ist. Städtische Gesandte waren sowohl Zeugen bedeutender Ereignisse als auch handelnde Akteure in den unterschiedlichsten gesellschaftlich relevanten Kontexten. Die von ihnen hinterlassenen Quellen und ihre aktive Partizipation an verschiedenen Ereignissen sind für die Erforschung der mittelalterlichen Geschichte von großer Relevanz. So bietet eine Analyse des städtischen Gesandtschaftswesens zahlreiche Anknüpfungspunkte für verschiedene Forschungszweige der mittelalterlichen Geschichtswissenschaft.

Quellen- und Literaturverzeichnis

Quellenverzeichnis

Ungedruckte Quellen

Archives de la ville et de l'Eurométropole de Strasbourg (= AVES)
AA 89
AA 90
AA 116; AA 123; AA 131; AA 132; AA 135; AA 138; AA 148; AA 152; AA 163; AA 165; AA 166; AA 167; AA 168; AA 169
AA 1427; AA 1430; AA 1432; AA 1434; AA 1435; AA 1437; AA 1438; AA 1441; AA 1443; AA 1444; AA 1445; AA 1450; AA 1451; AA 1453; AA 1459
I, 15, 10
I, 16, 27
I, 16, 30
I, 16, 41
I, 16, 42
II, 51, 3
II, 118 b, 7
III, 24, 2
III, 166, 13
IV, 19, 3
VIII, 134, 52
X, 381
XII, 58, 7
Staatsarchiv Basel (= StABas)
Politisches A2 Briefe (Einläufe), Schachtel 1413–1416
Politisches A2 Briefe (Einläufe), Schachtel 1406–1419

Gedruckte Quellen

Arnold, Wilhelm (Hrsg.): Wormser Chronik, Stuttgart 1857. (= Wormser Chronik)
Brucker, Jean Charles: Straßburger Zunft- und Polizei-Verordnungen des 14. und 15. Jahrhunderts, Straßburg 1889. (= Brucker)
Eheberg, Karl Theodor von (Hrsg.): Verfassungs-, Verwaltungs- und Wirtschaftsgeschichte der Stadt Straßburg bis 1681, Bd. 1: Urkunden und Akten, Straßburg 1899. (= Eheberg)
Fester, Richard (Bearb.): Regesten der Markgrafen von Baden und Hachberg 1050–1515, Bd. 1: Markgrafen von Baden 1050–1431, Markgrafen von Hachberg 1218–1418, Insbruck 1900. (= Fester)
Finke, Heinrich (Hrsg.): Acta Concilii Constanciensis, Bd. 4, Münster 1928. (=ACC)

Fritz, Johannes (Bearb.): Urkundenbuch der Stadt Straßburg. Politische Urkunden von 1381 bis 1400, Bd. 6, erste Abtheilung, Straßburg 1899. (= UB VI)

Hatt, Jacques: Liste des membres du grand sénat de Strasbourg, des stettmeistres, des ammeistres, des conseils des XXI, XIII et des XV du XIIIe siècle a 1789, Strasbourg 1963. (= Hatt)

Hegel, Carl: Die Chroniken der oberrheinischen Städte. Strassburg, Bd. 1 Leipzig 1870 (Die Chroniken der deutschen Städte: vom 14. bis ins 16. Jahrhundert, Bd. 8). (= Hegel)

Huber, August (Bearb.): Urkundenbuch der Stadt Basel, Bd. 6, Basel 1902. (= UB Basel VI)

Janssen, Johannes (Hrsg.): Frankfurts Reichscorrespondenz nebst andern verwandten Aktenstücken, Bd. 1, aus der Zeit König Wenzels bis zum Tode Konig Albrechts II. 1376–1439, Freiburg i. Br. 1863. (= Janssen)

Kerler, Dietrich (Hrsg.): Deutsche Reichstagsakten unter Kaiser Sigismund 1410–1420, erste Abtheilung, Bd. 7, ältere Reihe, München 1878. (= RTA VII)

Kerler, Dietrich (Hrsg.): Deutsche Reichstagsakten unter Kaiser Sigismund 1421–1426, zweite Abtheilung, Bd. 8, ältere Reihe, Gotha 1883. (= RTA VIII)

Modestin, Georg (Hrsg.): Quellen zur Geschichte der Waldenser von Straßburg (1400–1401), Hannover 2007 (Monumenta Germaniae Historica – Quellen zur Geistesgeschichte des Mittelalters 22). (= Modestin, Quellen)

Mone, Franz Joseph (Hrsg.): Quellensammlung der badischen Landesgeschichte, Bd. 1, Karlsruhe 1848. (=Mone)

Weizsäcker, Julius (Hrsg.): Deutsche Reichstagsakten unter König Wenzel 1397–1400, dritte Abtheilung, Bd. 3, ältere Reihe, München 1877. (= RTA III)

Weizsäcker, Julius (Hrsg.): Deutsche Reichstagsakten unter König Ruprecht 1400–1401, erste Abtheilung, Bd. 4, ältere Reihe, Gotha 1882. (= RTA IV)

Weizsäcker, Julius (Hrsg.): Deutsche Reichstagsakten unter König Ruprecht 1401–1405, zweite Abtheilung, Bd. 5, ältere Reihe, Gotha 1885. (= RTA V)

Weizsäcker, Julius (Hrsg.): Deutsche Reichstagsakten unter König Ruprecht 1406–1410, dritte Abtheilung, Bd. 6, ältere Reihe, Gotha 1888. (= RTA VI)

Witte, Hans (Bearb.): Urkundenbuch der Stadt Straßburg, Privatrechtliche Urkunden und Rathslisten von 1332 bis 1400, Bd. 7, erste Abtheilung, Straßburg 1900. (= UB VII)

Witte, Hans/Wolfram, Georg (Bearb.): Urkundenbuch der Stadt Straßburg, Politische Urkunden von 1332 bis 1380, Bd. 5, erste Abtheilung, Straßburg 1896. (= UB V)

Literaturverzeichnis

ALIOTH, Martin: Gruppen an der Macht. Zünfte und Patriziat in Strassburg im 14. und 15. Jahrhundert; Untersuchungen zu Verfassung, Wirtschaftsgefüge und Sozialstruktur, Basel 1988 (Basler Beiträge zur Geschichtswissenschaft Bd. 156–156a).

ALTHOFF, Gerd: Demonstration und Inszenierung. Spielregeln der Kommunikation in mittelalterlicher Öffentlichkeit, in: Frühmittelalterliche Studien 27 (1993), S. 27–50.

ALTHOFF, Gerd: Der König weint. Rituelle Tränen in öffentlicher Kommunikation, in: MÜLLER, Jan-Dirk (Hrsg.): „Aufführung" und „Schrift" in Mittelalter und früher Neuzeit, Stuttgart 1996, S. 239–252.

ALTHOFF, Gerd: Spielregeln der Politik im Mittelalter. Kommunikation in Frieden und Fehde, Darmstadt 1997.

ALTHOFF, Gerd: Ira regis: Prolegomena to a history of royal anger, in: ROSENWEIN, Barbara H. (Hrsg.): Anger's past, Ithaca, NY 1998, S. 59–74.

ALTHOFF, Gerd (Hrsg.): Formen und Funktionen öffentlicher Kommunikation im Mittelalter, Stuttgart 2001 (Vorträge und Forschungen / Konstanzer Arbeitskreis für Mittelalterliche Geschichte 51).

ALTHOFF, Gerd: Die Macht der Rituale. Symbolik und Herrschaft im Mittelalter, Darmstadt 2003.

ALTHOFF, Gerd: Baupläne der Rituale im Mittelalter. Zur Genese und Geschichte ritueller Verhaltensmuster, in: WULF, Christoph/ZIRFAS, Jörg (Hrsg.): Die Kultur des Rituals, München 2004, S. 177–197.

ALTHOFF, Gerd u. a. (Hrsg.): Spektakel der Macht. Rituale im Alten Europa 800–1800, Darmstadt 2008.

ANGERMEIER, Heinz: Königtum und Landfriede im deutschen Spätmittelalter, München 1966.

AUGE, Oliver: König Ruprecht – Versuch einer Bilanz oder: Wie erfolgreich muss ein mittelalterlicher König sein?, in: PELTZER, Jörg Henning u. a. (Hrsg.): Die Wittelsbacher und die Kurpfalz im Mittelalter, Regensburg 2013, S. 169–190.

AUGE, Oliver/SPIESS, Karl-Heinz: Ruprecht (1400–1410), in: SCHNEIDMÜLLER, Bernd/WEINFURTER, Stefan (Hrsg.): Die deutschen Herrscher des Mittelalters, München 2003, S. 446–441.

AUTRAND, Françoise: Y-a-t-il des „affaires étrangères" dans la France XIVe et XVe siècles?, in: BERG, Dieter/KINTZINGER, Martin/MONNET, Pierre (Hrsg.): Auswärtige Politik und internationale Beziehungen im Mittelalter (13.–16. Jahrhundert), Bochum 2002 (Europa in der Geschichte 6), S. 23–29.

BEHRMANN, Thomas: Herrscher und Hansestädte. Studien zum diplomatischen Verkehr im Spätmittelalter, Hamburg 2004 (Greifswalder historische Studien 6).

BERG, Dieter: England und der Kontinent. Studien zur auswärtigen Politik der anglonormannischen Könige im 11. und 12. Jahrhundert, Bochum 1987.

BERG, Dieter: Imperium und Regna. Beiträge zur Entwicklung der deutsch-englischen Beziehungen im Rahmen der auswärtigen Politik der römischen Kaiser und deutschen Könige im 12. und 13. Jahrhundert, in: MORAW, Peter (Hrsg.): „Bündnissysteme" und „Außenpolitik" im späteren Mittelalter, Berlin 1988 (Zeitschrift für Historische Forschung Beihefte 5), S. 13–37.

Berg, Dieter: Deutschland und seine Nachbarn 1200–1500, München 2010 (Enzyklopädie deutscher Geschichte 40).

Berg, Dieter/Kintzinger, Martin/Monnet, Pierre (Hrsg.): Auswärtige Politik und internationale Beziehungen im Mittelalter (13.–16. Jahrhundert), Bochum 2002 (Europa in der Geschichte 6).

Berthold, Brigitte: Innerstädtische Auseinandersetzungen in Straßburg während des 14. Jahrhunderts, in: Jahrbuch für Geschichte des Feudalismus 1 (1977), S. 157–186.

Bischoff, Bruno: Die Gefangennahme der Straßburger Gesandten durch die Herren von Schwanberg 1395, in: Mitteilungen des Vereines für die Geschichte der Deutschen in Böhmen 18 (1880), S. 252–260.

Boockmann, Hartmut: Zur politischen Geschichte des Konstanzer Konzils, in: Zeitschrift für Kirchengeschichte 85 (1974), S. 45–63.

Boockmann, Hartmut: Reichstag und Konzil im 15. Jahrhundert, in: Meuthen, Erich (Hrsg.): Reichstage und Kirche, Göttingen 1991 (Schriftenreihe der Historischen Kommission bei der Bayerischen Akademie der Wissenschaften 42), S. 15–24.

Boockmann, Hartmut/Dormeier, Heinrich: Konzilien, Kirchen- und Reichsreform (1410–1495), Stuttgart 2005 (Gebhardt Handbuch der deutschen Geschichte 8).

Boschung, Dietrich/Hölkeskamp, Karl-Joachim/Sode, Claudia (Hrsg.): Raum und Performanz. Rituale in Residenzen von der Antike bis 1815, Stuttgart 2015.

Brandmüller, Walter: Das Konzil von Konstanz 1414–1418, 2. überarb. u. erw. Aufl., Paderborn u. a. 1999.

Braun, Hans: Könige, Päpste und Fürsten in Bern, in: Beer, Ellen J. (Hrsg.): Berns grosse Zeit, Bern 1999, S. 314.

Braun, Karl-Heinz (Hrsg.): Das Konstanzer Konzil. Weltereignis des Mittelalters 1414–1418, Stuttgart 2013.

Brinkmeier, Eduard: Genealogische Geschichte des uradeligen, reichsgräflichen und reichsfürstlichen, standesherrlichen, erlauchten Hauses Leiningen und Leiningen-Westerburg, Braunschweig 1890.

Brosius, Christiane/Michaels, Axel/Schrode, Paula (Hrsg.): Ritual und Ritualdynamik. Schlüsselbegriffe, Theorien, Diskussionen, Göttingen 2013.

Buchholzer, Laurence/Richard, Olivier: Jurer et faire jurer. Les serments des secrétaires municipaux (Rhin supérieur, XVe- XVIe siècles), in: Histoire Urbaine 39 (2014), S. 63–84.

Buchholzer-Rémy, Laurence/Richard, Olivier (Hrsg.): Ligues urbaines et espaces à la fin du Moyen-Age. Städtebünde und Raum im Spätmittelalter, Strasbourg 2012 (Sciences de l'histoire).

Buck, Thomas Martin/Kraume, Herbert: Das Konstanzer Konzil. (1414–1418); Kirchenpolitik; Weltgeschehen; Alltagsleben, Ostfildern 2013.

Burger, Gerhard: Die südwestdeutschen Stadtschreiber im Mittelalter, Böblingen 1960.

Chrisman, Miriam Usher: Strasbourg and the reform, a study in the process of change, New Haven, Connecticut 1967.

Clauss, Martin: Waffe und Opfer – Pferde in mittelalterlichen Kriegen, in: Pöppinghege, Rainer (Hrsg.): Tiere im Krieg. Von der Antike bis zur Gegenwart, Paderborn 2009, S. 47–64.

Deigendesch, Roland/Jörg, Christian (Hrsg.): Städtebünde und städtische Außenpolitik – Träger, Instrumentarien und Konflikte während des hohen und späten Mittelalters, Ostfildern 2019 (Stadt in der Geschichte 44).

Dinzelbacher, Peter: Warum weint der König? Eine Kritik des mediävistischen Panritualismus, Badenweiler 2009.

Dirks, Florian: Konfliktaustragung im norddeutschen Raum des 14. und 15. Jahrhunderts. Untersuchungen zu Fehdewesen und Tagfahrt, Göttingen 2015 (Nova mediaevalia 14).

Distler, Eva-Marie: Städtebunde im deutschen Spätmittelalter. Eine rechtshistorische Untersuchung zu Begriff, Verfassung und Funktion, Frankfurt am Main 2006 (Studien zur europäischen Rechtsgeschichte 207).

Dollinger, Philippe: L'emancipation de la ville et la domination du patriciat (1200–1349), in: Livet, Georges/Rapp, Francis (Hrsg.): Histoire de Strasbourg des origines à nos jours, Strasbourg 1981 (Collection Histoire des villes d'Alsace 2), S. 37–95.

Dollinger, Philippe: La ville libre à la fin du Moyen Âge (1350–1482), in: Livet, Georges/Rapp, Francis (Hrsg.): Histoire de Strasbourg des origines à nos jours, Strasbourg 1981 (Collection Histoire des villes d'Alsace 2), S. 97–175.

Dollinger, Philippe: Un grand Ammeister Strasbourgeois: Rulin Barpfennig (v. 1360–1436), in: Revue d'Alsace 112 (1986), S. 63–82.

Dotzauer, Winfried: Die Ankunft des Herrschers. Der fürstliche „Einzug" in die Stadt (bis zum Ende des Alten Reichs), in: Archiv für Kulturgeschichte 55 (1973), S. 245–288.

Dünnebeil, Sonja/Ottner, Christine (Hrsg.): Aussenpolitisches Handeln im ausgehenden Mittelalter. Akteure und Ziele, Wien 2007 (Forschungen zur Kaiser- und Papstgeschichte des Mittelalters 27).

Dürschner, Kerstin: Der wacklige Thron. Politische Opposition im Reich von 1378 bis 1438, Frankfurt am Main 2003 (Europäische Hochschulschriften Reihe 3 – Geschichte und ihre Hilfswissenschaften 959).

Egawa, Yuko: Stadtherrschaft und Gemeinde in Straßburg vom Beginn des 13. Jahrhunderts bis zum Schwarzen Tod (1349), Trier 2007 (Trierer historische Forschungen 62).

Escher, Monika/Haverkamp, Alfred/Hirschmann, Frank G. (Hrsg.): Städtelandschaft – Städtenetz – zentralörtliches Gefüge. Ansätze und Befunde zur Geschichte der Städte im hohen und späten Mittelalter, Mainz 2000 (Trierer historische Forschungen 43).

Finke, Heinrich: König Sigmunds reichsstädtische Politik von 1410–1418, Bocholt 1880.

Finke, Heinrich: Der Strassburger Elektenprozess vor dem Konstanzer Konzil, in: Strassburger Studien 2 (1884), S. 101–112, S. 285–304, S. 403–430.

Finke, Heinrich: Bilder vom Konstanzer Konzil, Heidelberg 1903.

Folkens, Christopher: Städtische Gesandte als Akteure im Spannungsfeld zwischen Reichsstadt, Reich und Königtum – Das Beispiel des Frankfurter Gesandten Walter von Schwarzenberg, in: Wittmann, Helge/Lau, Thomas (Hrsg.): Kaiser, Reich und Reichsstadt in der Interaktion, Petersberg 2016 (Studien zur Reichsstadtgeschichte 3), S. 181–206.

Frenken, Ansgar: Nürnberger Angelegenheiten in Konstanz. Präsenz und Interessenvertretung der Reichsstadt auf dem Konzil und den Reichstagen von 1414–1418, in: Annuarium Historiae Conciliorum 27/28 (1995/1996), S. 383–433.

FRENKEN, Ansgar: Nürnberg, König Sigmund und das Reich. Die städtischen Ratsgesandten Sebolt Pfintzing und Petrus Volkmeir in der Reichspolitik, in: Jahrbuch für fränkische Landesforschung 58 (1998), S. 97–165.

FRENKEN, Ansgar: Das Konstanzer Konzil, Stuttgart 2015.

FRIEDLÄNDER, Ernst: Zur Geschichte des Marbacher Bundes, Halle 1893.

FRIELING, Kirsten O.: Die feinen Unterschiede: Fürstliche Kleidung an der Wende vom Mittelalter zur Neuzeit, in: ORLOWSKA, Anna Paulina/PARAVICINI, Werner/WETTLAUFER, Jörg (Hrsg.): Vorbild, Austausch, Konkurrenz. Höfe und Residenzen in der gegenseitigen Wahrnehmung, Kiel 2009 (Mitteilungen der Residenzen-Kommission – Sonderheft 12), S. 95–101.

FRIELING, Kirsten O.: Sehen und Gesehen werden. Kleidung an Fürstenhöfen an der Schwelle vom Mittelalter zur Neuzeit, Ostfildern 2013 (Mittelalter-Forschungen 41).

FUCHS, Franz: „dem liecht der sunnen mit fackeln zu helfen…“. Zu Hans Pirckheimers Gesandtschaftsberichten vom Hofe Kaiser Friedrichs III. (1458/59), in: STAUB, Martial/VOGEL, Klaus A. (Hrsg.): Wissen und Gesellschaft in Nürnberg um 1500, Wiesbaden 1999 (Pirckheimer-Jahrbuch für Renaissance- und Humanismusforschung 14), S. 11–35.

FUCHS, Franz: Die Praxis des kaiserlichen Kammergerichts im Spiegel Nürnberger Gesandtschaftsberichte des 15. Jahrhunderts, in: SCHULTE, Petra/ANNAS, Gabriele/ROTHMANN, Michael (Hrsg.): Gerechtigkeit im gesellschaftlichen Diskurs des späteren Mittelalters, Berlin 2012 (Zeitschrift für Historische Forschung – Beihefte 47), S. 255–276.

FUCHS, Franz/SCHARF, Rainer: Nürnberger Gesandte am Hof Kaiser Friedrichs III., in: ZEY, Claudia/MÄRTL, Claudia (Hrsg.): Aus der Frühzeit europäischer Diplomatie, Zürich 2008, S. 301–330.

FÜRDERER, Bettina: Die Bündnispolitik der Stadt Straßburg in der zweiten Hälfte des 14. Jahrhunderts, in: Zeitschrift für die Geschichte des Oberrheins 153 (2005), S. 277–292.

FÜRDERER, Bettina: Das Rechnungsbuch Finanz E als Quelle für die Basler Diplomatie in der zweiten Hälfte des 14. Jahrhunderts, in: Basler Zeitschrift für Geschichte und Altertumskunde 107 (2007), S. 113–135.

FÜRDERER, Bettina: Bündniskonstellationen am Oberrhein im 14. Jahrhundert aus Straßburger Perspektive, in: BUCHHOLZER-RÉMY, Laurence/RICHARD, Olivier (Hrsg.): Ligues urbaines et espaces à la fin du Moyen-Age, Strasbourg 2012 (Sciences de l'histoire), S. 71–90.

GACHOT, Henri: Louffende Botten. Die geschworenen Läuferboten und ihre Silberbüchsen mit besonderer Berücksichtigung der Straßburger Botenordnungen, in: Archiv für deutsche Postgeschichte 2 (1964), S. 1–20.

GARNIER, Claudia: Zeichen der Fremden. Zur Bedeutung symbolischer Kommunikation im interkulturellen Gesandtenaustausch des 13. Jahrhunderts, in: Frühmittelalterliche Studien 40 (2006), S. 199–221.

GENGNAGEL, Jörg (Hrsg.): Ritualmacher hinter den Kulissen. Zur Rolle von Experten in historischer Ritualpraxis, Münster, Wien 2013 (Performanzen 17).

GERLICH, Alois: Habsburg, Luxemburg, Wittelsbach im Kampf um die deutsche Königskrone. Studien zur Vorgeschichte des Königtums Ruprechts von der Pfalz, Wiesbaden 1960.

GERLICH, Alois: König Ruprecht von der Pfalz (1352–1410), in: HARTHAUSEN, Hartmut (Hrsg.): Pfälzer Lebensbilder, Speyer 1987, S. 9–60.

GIESSMANN, Ursula: Der letzte Gegenpapst: Felix V., Köln 2014 (Papsttum im mittelalterlichen Europa 3).

GILOMEN-SCHENKEL, Elsanne: Henman Offenburg (1379–1459), ein Basler Diplomat im Dienste der Stadt, des Konzils und des Reichs, Basel 1975 (Quellen und Forschungen zur Basler Geschichte 6).

GLOOR, Maximilian: Politisches Handeln im spätmittelalterlichen Augsburg, Basel und Strassburg, Heidelberg 2010 (Heidelberger Veröffentlichungen zur Landesgeschichte und Landeskunde 15).

GROEBNER, Valentin: Gefährliche Geschenke. Ritual, Politik und die Sprache der Korruption in der Eidgenossenschaft im späten Mittelalter und am Beginn der Neuzeit, Konstanz 2000 (Konflikte und Kultur – historische Perspektiven 4).

GROEBNER, Valentin: Der Schein der Person. Steckbrief, Ausweis und Kontrolle im Europa des Mittelalters, München 2004.

GRÜNBART, Michael (Hrsg.): Geschenke erhalten die Freundschaft. Gabentausch und Netzwerkpflege im europäischen Mittelalter, Berlin 2011 (Byzantinistische Studien und Texte 1).

HÄBERLEIN, Mark/JEGGLE, Christof: Einleitung, in: HÄBERLEIN, Mark/JEGGLE, Christof (Hrsg.): Materielle Grundlagen der Diplomatie, Konstanz 2012 (Irseer Schriften / N.F. 9), S. 11–30.

HÄBERLEIN, Mark/JEGGLE, Christof (Hrsg.): Materielle Grundlagen der Diplomatie. Schenken, Sammeln und Verhandeln in Spätmittelalter und Früher Neuzeit, Konstanz 2012 (Irseer Schriften / N.F. 9).

HAFERLACH, Alfred: Das Geleitswesen der deutschen Städte im Mittelalter, Göttingen 1914.

HEIMANN, Heinz-Dieter: Brievedregher. Kommunikations- und alltagsgeschichtliche Zugänge zur vormodernen Postgeschichte und Dienstleistungskultur, in: HUNDSBICHLER, Helmut (Hrsg.): Kommunikation und Alltag in Spätmittelalter und früher Neuzeit, Wien 1992 (Veröffentlichungen des Instituts für Realienkunde des Mittelalters und der Frühen Neuzeit 15), S. 251–292.

HEIMPEL, Hermann: Regensburger Berichte vom Konstanzer Konzil. Der reichsstädtische Jurist Konrad Duvel von Hildesheim, in: WEGENER, Wilhelm (Hrsg.): Festschrift für Karl Gottfried Hugelmann, Aalen 1959, S. 213–272.

HEIMPEL, Hermann: Stadtadel und Gelehrsamkeit, in: FLECKENSTEIN, Josef/SCHMID, Karl (Hrsg.): Adel und Kirche, Freiburg i. Br. 1968, S. 417–435.

HEIMPEL, Hermann: Die Vener von Gmünd und Strassburg. 1162–1447: Studien und Texte zur Geschichte einer Familie sowie des gelehrten Beamtentums in der Zeit der abendländischen Kirchenspaltung und der Konzilien von Pisa, Konstanz und Basel. 3 Bde., Göttingen 1982 (Veröffentlichungen des Max-Planck-Instituts für Geschichte 52).

HEINIG, Paul-Joachim: Reichsstädte, freie Städte und Königtum 1389–1450. Ein Beitrag zur deutschen Verfassungsgeschichte, Wiesbaden 1983 (Veröffentlichungen des Instituts für Europäische Geschichte Mainz 108).

HESSE, Peter: Nachrichten aus Köln. Studien zu den Briefen des städtischen Rats in der Zeit des Neusser Krieges, Köln 2012.

Hirschbiegel, Jan: Étrennes. Untersuchungen zum höfischen Geschenkverkehr im spätmittelalterlichen Frankreich der Zeit König Karls VI. (1380–1422), München 2003 (Pariser historische Studien 60).

Hoensch, Jörg K.: Itinerar König und Kaiser Sigismunds von Luxemburg 1368–1437, Warendorf 1995 (Studien zu den Luxemburgern und ihrer Zeit 6).

Hoensch, Jörg K.: Kaiser Sigismund. Herrscher an der Schwelle zur Neuzeit, 1368–1437, München 1996.

Holenstein, André: Die Huldigung der Untertanen. Rechtskultur und Herrschaftsordnung (800–1800), Stuttgart 1991 (Quellen und Forschungen zur Agrargeschichte 36).

Holenstein, André: Rituale der Vergewisserung: Der Eid als Mittel der Wahrheitsfindung und Erwartungsstabilisierung in Mittelalter und in der Frühen Neuzeit, in: Bierende, Edgar/Bretfeld, Sven/Oschema, Klaus (Hrsg.): Riten, Gesten, Zeremonien, Berlin, New York 2008 (Trends in medieval philology 14), S. 229–252.

Holtz, Eberhard: Reichsstädte und Zentralgewalt unter König Wenzel, 1376–1400, Warendorf 1993 (Studien zu den Luxemburgern und ihrer Zeit 4).

Hübner, Klara: „Nüwe mer us Lamparten“. Entstehung, Organisation und Funktionsweise spätmittelalterlicher Botenwesen am Beispiel Berns, in: Schwinges, Rainer Christoph/Wriedt, Klaus (Hrsg.): Gesandtschafts- und Botenwesen im spätmittelalterlichen Europa, Ostfildern 2003 (Vorträge und Forschungen 60), S. 265–286.

Hübner, Klara: „Cito quam fas“ – so schnell als nötig. Zur Geschwindigkeit von Gesandten und Nachrichtenübermittlern in den Städten des eidgenössischen Raumes, in: Schiedt, Hans-Ulrich u. a. (Hrsg.): Verkehrsgeschichte, Zürich 2010 (Schweizerische Gesellschaft für Wirtschafts- und Sozialgeschichte 25), S. 83–95.

Hübner, Klara: Im Dienste der Stadt. Boten- und Nachrichtenorganisationen in den schweizerisch-oberdeutschen Städten des späten Mittelalters, Ostfildern 2010 (Mittelalter-Forschungen 30).

Hübner, Klara: Minderer Gesandter oder einfacher Briefträger? Auswahlkriterien für Nachrichtenübermittler und ihre Zuständigkeiten in den spätmittelalterlichen Städten des Westschweizer Raumes, in: Jörg, Christian/Jucker, Michael (Hrsg.): Spezialisierung und Professionalisierung., Wiesbaden 2010 (Trierer Beiträge zu den historischen Kulturwissenschaften 1), S. 191–202.

Isenmann, Eberhard: Die deutsche Stadt im Mittelalter 1150–1550. Stadtgestalt, Recht, Verfassung, Stadtregiment, Kirche, Gesellschaft, Wirtschaft, 2., durchgesehene Aufl, Köln 2014.

Jeckel, Katharina: Integrationsmechanismen eines Expertentums. Soziale Mobilität im Nördlinger Gesandtschaftswesen des 15. Jahrhunderts, in: Oberste, Jörg/Ehrich, Susanne (Hrsg.): Die bewegte Stadt, Regensburg 2015 (Studien / Forum Mittelalter 10), S. 189–201.

Jörg, Christian: Kommunikative Kontakte – Nachrichtenübermittlung – Botenstafetten. Möglichkeiten zur Effektivierung des Botenverkehrs zwischen den Reichsstädten am Rhein an der Wende zum 15. Jahrhundert, in: Günthart, Romy/Jucker, Michael (Hrsg.): Kommunikation im Spätmittelalter, Zürich 2005, S. 79–89.

Jörg, Christian: Teure, Hunger, Großes Sterben. Hungersnöte und Versorgungskrisen in den Städten des Reiches während des 15. Jahrhunderts, Stuttgart 2008 (Monographien zur Geschichte des Mittelalters 55).

JÖRG, Christian: Gesandte als Spezialisten. Zu den Handlungsspielräumen reichsstädtischer Gesandter während des späten Mittelalters, in: JÖRG, Christian/JUCKER, Michael (Hrsg.): Spezialisierung und Professionalisierung., Wiesbaden 2010 (Trierer Beiträge zu den historischen Kulturwissenschaften 1), S. 31–63.

JÖRG, Christian/JUCKER, Michael (Hrsg.): Spezialisierung und Professionalisierung. Träger und Foren städtischer Außenpolitik während des späten Mittelalters und der frühen Neuzeit, Wiesbaden 2010 (Trierer Beiträge zu den historischen Kulturwissenschaften 1).

JÖRG, Christian/JUCKER, Michael: Städtische Gesandte – Städtische Außenpolitik. Zur Einführung, in: JÖRG, Christian/JUCKER, Michael (Hrsg.): Spezialisierung und Professionalisierung., Wiesbaden 2010 (Trierer Beiträge zu den historischen Kulturwissenschaften 1), S. 11–30.

JUCKER, Michael: Körper und Plurimedialität. Überlegungen zur spätmittelalterlichen Kommunikationspraxis im eidgenössischen Gesandtschaftswesen, in: Das Mittelalter 8 (2003), S. 68–83.

JUCKER, Michael: Gesandte, Schreiber, Akten. Politische Kommunikation auf eidgenössischen Tagsatzungen im Spätmittelalter, Zürich 2004.

JUCKER, Michael: Geheimnis und Geheimpolitik. Methodische und kommunikative Aspekte zur Diplomatie des Spätmittelalters, in: JÖRG, Christian/JUCKER, Michael (Hrsg.): Spezialisierung und Professionalisierung., Wiesbaden 2010 (Trierer Beiträge zu den historischen Kulturwissenschaften 1), S. 65–93.

KAISER, Hans: Ulrich Meiger von Waseneck, in: Zeitschrift für die Geschichte des Oberrheins 55 (1901), S. 161–206.

KAISER, Hans: Die Konstanzer Anklageschriften von 1416 und die Zustände im Bistum Straßburg unter Bischof Wilhelm von Diest, in: Zeitschrift für die Geschichte des Oberrheins 61 (1907), S. 387–455.

KÄLBLE, Mathias: Fremdwahrnehmung und Selbstdarstellung. Zur Diffamierung von Grenzgängern in der Krise am Beispiel des Basler Bürgers Henmann Offenburg (1379–1459), in: FLUDERNIK, Monika/GEHRKE, Hans-Joachim (Hrsg.): Grenzgänger zwischen Kulturen, Würzburg 1999 (Identitäten und Alteritäten 1), S. 163–183.

KAUFHOLD, Martin: Entscheidungsstrukturen in Dynastie und Reich des 14. Jahrhunderts. Ein Versuch zur Formierung der Reichsverfassung am Beispiel der Wittelsbacher, in: Zeitschrift der Savigny-Stiftung für Rechtsgeschichte: Germanistische Abteilung 120 (2003), S. 126–149.

KAUFHOLD, Martin: Die Rhythmen politischer Reform im späten Mittelalter. Institutioneller Wandel in Deutschland, England und an der Kurie 1198–1400 im Vergleich, Ostfildern 2008 (Mittelalter-Forschungen 23).

KIEßLING, Rolf: Städtebünde und Städtelandschaften im oberdeutschen Raum. Ostschwaben und Bayern im Vergleich, in: ESCHER, Monika/HAVERKAMP, Alfred/HIRSCHMANN, Frank G. (Hrsg.): Städtelandschaft – Städtenetz – zentralörtliches Gefüge, Mainz 2000 (Trierer historische Forschungen 43), S. 79–116.

KINTZINGER, Martin: Westbindungen im spätmittelalterlichen Europa. Auswärtige Politik zwischen dem Reich, Frankreich, Burgund und England in der Regierungszeit Kaiser Sigmunds, Stuttgart 2000 (Mittelalter-Forschungen 2).

KINTZINGER, Martin: Cum salvo conductu. Geleit im westeuropäischen Spätmittelalter, in: SCHWINGES, Rainer Christoph/WRIEDT, Klaus (Hrsg.): Gesandtschafts- und Botenwesen im spätmittelalterlichen Europa, Ostfildern 2003 (Vorträge und Forschungen 60), S. 313–363.

Kintzinger, Martin: Europäische Diplomatie avant la lettre? Außenpolitik und internationale Beziehungen im Mittelalter, in: Hesse, Christian/Schwinges, Rainer Christoph (Hrsg.): Aufbruch im Mittelalter – Innovationen in Gesellschaften der Vormoderne, Ostfildern 2010, S. 245–268.

Kirchgaessner, Franz: Walter von Schwarzenberg, ein Frankfurter Gesandter des 15. Jahrhunderts, Marburg 1910.

Koller, Heinrich: Kaiser Siegmunds Kampf gegen Herzog Friedrich IV. von Österreich, in: Fahlbusch, Friedrich Bernward/Johanek, Peter (Hrsg.): Studia Luxemburgensia, Warendorf 1989 (Studien zu den Luxemburgern und ihrer Zeit 3), S. 313–352.

Korsch, Evelyn: Geschenke im Kontext von Diplomatie und symbolischer Kommunikation. Der Besuch Heinrichs III. in Venedig 1574, in: Häberlein, Mark/Jeggle, Christof (Hrsg.): Materielle Grundlagen der Diplomatie, Konstanz 2012 (Irseer Schriften / N.F. 9), S. 103–122.

Kreutz, Bernhard: Mainz, Worms und Speyer im Spannungsgefüge zwischen Bischof, Adel und Reich um 1300, in: Escher, Monika/Haverkamp, Alfred/Hirschmann, Frank G. (Hrsg.): Städtelandschaft – Städtenetz – zentralörtliches Gefüge, Mainz 2000 (Trierer historische Forschungen 43), S. 295–347.

Kreutz, Bernhard: Städtebünde und Städtenetz am Mittelrhein im 13. und 14. Jahrhundert, Trier 2005 (Trierer historische Forschungen 54).

Kreutz, Bernhard: Botenwesen und Kommunikation zwischen den mittelrheinischen Kathedralstädten von 1254 bis 1384, in: Jörg, Christian/Jucker, Michael (Hrsg.): Spezialisierung und Professionalisierung., Wiesbaden 2010 (Trierer Beiträge zu den historischen Kulturwissenschaften 1), S. 95–104.

Kubon, Sebastian: Die Grundzüge der Außenpolitik des Deutschordenshochmeisters Konrad von Jungingen (1393–1407), in: Blätter für deutsche Landesgeschichte : Neue Folge des Korrespondenzblattes 152 (2016), S. 85–98.

Kümmel, Ute: Fürsten im Wettstreit? Das Tafelgeschirr im Schatz der spätmittelalterlichen Reichsfürsten, in: Orlowska, Anna Paulina/Paravicini, Werner/Wettlaufer, Jörg (Hrsg.): Vorbild, Austausch, Konkurrenz. Höfe und Residenzen in der gegenseitigen Wahrnehmung, Kiel 2009 (Mitteilungen der Residenzen-Kommission – Sonderheft 12), S. 83–94.

Leibetseder, Mathis: Pferde und Hoflager. Beobachtungen zu Tier und Mensch im fürstlichen Repräsentationsbetrieb um 1500, in: Archiv für Kulturgeschichte 97 (2015), S. 315–332.

Liening, Simon: *das man unserm herren dem Roemischen kúnige dienen wolte úber berg gen Lamparthen.* Zur Straßburger Interessenvertretung und Informationsbeschaffung im Kontext des Romzugs König Ruprechts, in: Jörg, Christian/Dartmann, Christoph (Hrsg.): Der „Zug über Berge" während des Mittelalters, Wiesbaden 2014 (Trierer Beiträge zu den historischen Kulturwissenschaften 15), S. 191–206.

Liening, Simon: Überlegungen zum Gesandtschaftswesen der Stadt Straßburg zu Beginn des 15. Jahrhunderts, in: Zeitschrift für die Geschichte des Oberrheins 162 (2014), S. 129–148.

Liening, Simon: Honneur et conflit. Le contingent strasbourgeois pendant l'expédition du roi Robert vers Rome (1401–1402), in: Revue d'Alsace (2016), S. 251–265.

LIENING, Simon: Städtische Diplomatie und Krieg. Zur Verflechtung zweier Aufgabenbereiche in der Straßburger Außenpolitik zur Zeit des Rheinisch-Schwäbischen Städtebundes, in: DEIGENDESCH, Roland/JÖRG, Christian (Hrsg.): Städtebünde und städtische Außenpolitik – Träger, Instrumentarien und Konflikte während des hohen und späten Mittelalters, Ostfildern 2019 (Stadt in der Geschichte 44), S. 125–137.

LINDNER, Theodor: Deutsche Geschichte unter den Habsburgern und Luxemburgern. Von Karl IV. bis zu Sigmund. Die allgemeinen Zustände, Stuttgart 1893.

MANDEL, Gudrun: Studien zur „Außenpolitik" der Reichsstädte im Spätmittelalter. (Nach den deutschen Reichstagsakten von Wenzel bis Friedrich III.), Diss. masch., Heidelberg 1951.

MÄRTL, Claudia/ZEY, Claudia: Aus der Frühzeit der europäischen Diplomatie? Einleitung, in: ZEY, Claudia/MÄRTL, Claudia (Hrsg.): Aus der Frühzeit europäischer Diplomatie, Zürich 2008, S. 9–21.

MARTSCHUKAT, Jürgen/PATZOLD, Steffen: Geschichtswissenschaft und „performative turn". Eine Einführung in Fragestellungen, Konzepte und Literatur, in: MARTSCHUKAT, Jürgen/PATZOLD, Steffen (Hrsg.): Geschichtswissenschaft und „performative turn". Ritual, Inszenierung und Performanz vom Mittelalter bis zur Neuzeit, Köln 2003 (Norm und Struktur 19), S. 1–31.

MARTSCHUKAT, Jürgen/PATZOLD, Steffen (Hrsg.): Geschichtswissenschaft und „performative turn". Ritual, Inszenierung und Performanz vom Mittelalter bis zur Neuzeit, Köln 2003 (Norm und Struktur 19).

MATTHIESEN, Wilhelm: Ulrich Richentals Chronik des Konstanzer Konzils. Studien zur Behandlung eines universalen Großereignisses durch die bürgerliche Chronistik, in: Annuarium Historiae Conciliorum 17 (1985), S. 71–192, S. 323–455.

MAUÉ, Hermann: Verschlossene Briefe – Briefverschlußsiegel, in: HEIMANN, Heinz-Dieter/HLAVÁCEK, Ivan (Hrsg.): Kommunikationspraxis und Korrespondenzwesen im Mittelalter und in der Renaissance, Paderborn 1998, S. 205–231.

MAUÉ, Hermann: Siegel zum Verschließen von Briefen, in: SIGNORI, Gabriela (Hrsg.): Das Siegel, Darmstadt 2007, S. 181–188.

MENZEL, Victor: Deutsches Gesandtschaftswesen im Mittelalter, Hannover 1892.

MERSIOWSKY, Mark: Wege zur Öffentlichkeit. Kommunikation und Medieneinsatz in der spätmittelalterlichen Stadt, in: ALBRECHT, Stephan (Hrsg.): Stadtgestalt und Öffentlichkeit, Köln, Weimar, Wien 2010 (Veröffentlichungen des Zentralinstituts für Kunstgeschichte in München 24), S. 13–57.

METZ, Bernhard/PELZER, Erich/MÜLLENHEIM VON RECHBERG, Burkard Freiherr von: Art. Müllenheim (Mullenheim, Mùlnheim), von, elsässische Familie, in: Neue Deutsche Bibliographie, Bd. 18, S. 307–308.

MODESTIN, Georg: Ketzer in der Stadt. Der Prozess gegen die Straßburger Waldenser von 1400, Hannover 2007 (Monumenta Germaniae Historica – Studien und Texte 41).

MONNET, Pierre: Diplomatie et relations avec l'extérieur dans quelques villes de l'Empire à la fin du Moyen Âge, in: DUCHHARDT, Heinz (Hrsg.): Krieg und Frieden im Übergang vom Mittelalter zur Neuzeit, Mainz 2000 (Veröffentlichungen des Instituts für Europäische Geschichte Mainz – Beiheft 52), S. 73–101.

MONNET, Pierre: „Wan es stet ubel in disin landen mit grossem kriege…". Die Außenbeziehungen der Reichsstadt Frankfurt am Main im Spätmittelalter, in: BRUNNER, Horst

(Hrsg.): Die Wahrnehmung und Darstellung von Kriegen im Mittelalter und in der Frühen Neuzeit, Wiesbaden 2000 (Imagines medii aevi 6), S. 199–222.

Monnet, Pierre: Jalons pour une histoire de la diplomatie urbaine dans l'Allemange de la fin du moyen âge, in: Berg, Dieter/Kintzinger, Martin/Monnet, Pierre (Hrsg.): Auswärtige Politik und internationale Beziehungen im Mittelalter (13.–16. Jahrhundert), Bochum 2002 (Europa in der Geschichte 6), S. 151–174.

Moraw, Peter: Beamtentum und Rat König Ruprechts, in: Zeitschrift für die Geschichte des Oberrheins 116 (1968), S. 59–126.

Oschema, Klaus: ‚Dass' und ‚wie'. Performanz und performative Qualität als Kategorien historischer Analyse, in: Oschema, Klaus (Hrsg.): Die Performanz der Mächtigen, Ostfildern 2015 (Rank 5), S. 9–31.

Oschema, Klaus (Hrsg.): Die Performanz der Mächtigen. Rangordnung und Idoneität in höfischen Gesellschaften des späten Mittelalters, Ostfildern 2015 (Rank 5).

Oschema, Klaus: Die Herren und die Mädchen. Fürsten und städtische Prostitution im spätmittelalterlichen Reich, in: Auge, Oliver (Hrsg.): König, Reich und Fürsten im Mittelalter. Abschlusstagung des Greifswalder „Principes-Projekts". Festschrift für Karl-Heinz Spieß, Stuttgart 2017 (Beiträge zur Geschichte der Universität Greifswald 12), S. 223–253.

Peltzer, Jörg Henning/Schwedler, Gerald/Többelmann, Paul: Einleitung, in: Peltzer, Jörg Henning/Schwedler, Gerald/Többelmann, Paul (Hrsg.): Politische Versammlungen und ihre Rituale, Ostfildern 2009 (Mittelalter-Forschungen 27), S. 9–20.

Peltzer, Jörg Henning/Schwedler, Gerald/Többelmann, Paul (Hrsg.): Politische Versammlungen und ihre Rituale. Repräsentationsformen und Entscheidungsprozesse des Reichs und der Kirche im späten Mittelalter, Ostfildern 2009 (Mittelalter-Forschungen 27).

Péquignot, Stéphane: Europäische Diplomatie im Spätmittelalter. Ein historiographischer Überblick, in: Zeitschrift für Historische Forschung 39 (2012), S. 65–96.

Prietzel, Malte: Warten, verhandeln, berichten. Die Briefe der städtischen Gesandten vom Regensburger Tag 1471, in: Jaser, Christian/Müller, Harald/Woelki, Thomas (Hrsg): Eleganz und Performanz. Von Rednern, Humanisten und Konzilsvätern. Johannes Helmrath zum 65. Geburtstag, Köln 2018, S. 299–320.

Puhle, Matthias: Das Gesandten- und Botenwesen der Hanse im späten Mittelalter, in: Lotz, Wolfgang (Hrsg.): Deutsche Postgeschichten. Essays und Bilder, Berlin 1989, S. 43–56.

Reinle, Christine: Herrschaft durch Performanz? Zum Einsatz und zur Beurteilung performativer Akte im Verhältnis zwischen Fürsten und Untertanen im Spätmittelalter, in: Historisches Jahrbuch 126 (2006), S. 25–64.

Reitemeier, Arnd: Außenpolitik im Spätmittelalter. Die diplomatischen Beziehungen zwischen dem Reich und England 1377–1422, Paderborn 1999 (Veröffentlichungen des Deutschen Historischen Instituts London 45).

Rexroth, Frank: Rituale und Ritualismus in der historischen Mittelalterforschung. Eine Skizze, in: Goetz, Hans-Werner (Hrsg.): Mediävistik im 21. Jahrhundert, München 2003 (MittelalterStudien des Instituts zur Interdisziplinären Erforschung des Mittelalters und seines Nachwirkens, Paderborn 1), S. 391–405.

Richard, Olivier: Die verlorene Ehre der Patrizier. Reformen in oberrheinischen Städten im 15. Jahrhundert, in: Bihrer, Andreas/Schiersner, Dietmar (Hrsg.): Reformverlierer

1000–1800. Zum Umgang mit Niederlagen in der europäischen Vormoderne, Berlin 2016 (Zeitschrift für Historische Forschung – Beihefte 53), S. 159–177.

Rödel, Ute: König Ruprecht (1400–1410) als Richter und Schlichter, in: Cordes, Albrecht (Hrsg.): Mit Freundschaft oder mit Recht?, Köln 2015 (Quellen und Forschungen zur höchsten Gerichtsbarkeit im alten Reich 65), S. 41–83.

Rossiaud, Jacques: Dame Venus. Prostitution im Mittelalter, München 1989 (ital. Rom 1984).

Rothmann, Michael: Die Familie der Diplomaten – Drei Frankfurter Gesandte zwischen Stadt und Hof, in: Jörg, Christian/Jucker, Michael (Hrsg.): Spezialisierung und Professionalisierung., Wiesbaden 2010 (Trierer Beiträge zu den historischen Kulturwissenschaften 1), S. 143–160.

Rüther, Stefanie: Geleit, Gesandte und Gerüchte – mediale Strategien auf dem Weg zum spätmittelalterlichen Friedensschluß am Beispiel des ersten Süddeutschen Städtekriegs, in: Jörgensen, Bent/Krug, Raphael/Lüdke, Christine (Hrsg.): Friedensschlüsse, Augsburg 2008 (Documenta Augustana 18), S. 55–81.

Rüther, Stefanie (Hrsg.): Integration und Konkurrenz. Symbolische Kommunikation in der spätmittelalterlichen Stadt, Münster 2009 (Symbolische Kommunikation und gesellschaftliche Wertesysteme 21).

Rüther, Stefanie: Der Krieg als Grenzfall städtischer „Außenpolitik"? Zur Institutionalisierung von Kommunikationsprozessen im Schwäbischen Städtebund (1376–1390), in: Jörg, Christian/Jucker, Michael (Hrsg.): Spezialisierung und Professionalisierung., Wiesbaden 2010 (Trierer Beiträge zu den historischen Kulturwissenschaften 1), S. 105–120.

Schenk, Gerrit Jasper: Zähmung der Widerspenstigen? Die Huldigung der Stadt Worms 1494 zwischen Text, Ritual und Performanz, in: Paragrana. Internationale Zeitschrift für Anthropologie 12 (2003), S. 223–257.

Schenk, Gerrit Jasper: Zeremoniell und Politik. Herrschereinzüge im spätmittelalterlichen Reich, Köln 2003 (Forschungen zur Kaiser- und Papstgeschichte des Mittelalters 21).

Schmitt, Sigrid: Städtische Gesellschaft und zwischenstädtische Kommunikation am Oberrhein. Netzwerke und Institutionen, in: Kurmann, Peter/Zotz, Thomas (Hrsg.): Historische Landschaft – Kunstlandschaft?, Ostfildern 2008 (Vorträge und Forschungen 68), S. 275–306.

Schmoller, Gustav: Straßburg zur Zeit der Zunftkämpfe und die Reform seiner Verfassung und Verwaltung im XV. Jahrhundert, Straßburg 1875.

Schneider, Reinhard: Vom Dolmetschen im Mittelalter. Sprachliche Vermittlung in weltlichen und kirchlichen Zusammenhängen, Wien u. a. 2012 (Beihefte zum Archiv für Kulturgeschichte 72).

Schnith, Karl: Gedanken zu den Königsabsetzungen im Spätmittelalter, in: Historisches Jahrbuch 91 (1971), S. 309–326.

Schubert, Ernst: Königsabsetzung im deutschen Mittelalter. Eine Studie zum Werden der Reichsverfassung, Göttingen 2005 (Abhandlungen der Akademie der Wissenschaften in Göttingen, Philologisch-Historische Klasse Folge 3, 267).

Schubert, Ernst: Essen und Trinken im Mittelalter, 2., unveränd. Aufl., Darmstadt 2010.

Schuler, Peter-Johannes: Notare Südwestdeutschlands. Ein prosopographisches Verzeichnis für die Zeit von 1300 bis ca. 1520. 2 Bde., Stuttgart 1987 (Veröffentlichungen der Kommission für geschichtliche Landeskunde in Baden-Württemberg. Reihe B 90 u. 99).

SCHUSTER, Beate: Die freien Frauen. Dirnen und Frauenhäuser im 15. und 16. Jahrhundert, Frankfurt a. M. 1995 (Geschichte und Geschlechter 12).

SCHUSTER, Beate: Die unendlichen Frauen. Prostitution und städtische Ordnung in Konstanz im 15. und 16. Jahrhundert, Konstanz 1996.

SCHUSTER, Beate: Wer gehört ins Frauenhaus? Rügebräuche und städtische Sittlichkeitspolitik im 15. und 16. Jahrhundert, in: BLÄNKNER, Reinhard/JUSSEN, Bernhard (Hrsg.): Institutionen und Ereignis. Über historische Praktiken und Vorstellungen gesellschaftlichen Ordnens, Göttingen 1998 (Veröffentlichungen des Max-Planck-Instituts für Geschichte 138), S. 185–252.

SCHUSTER, Peter: Das Frauenhaus. Städtische Bordelle in Deutschland (1350–1600), Paderborn 1992.

SCHWARZ, Jörg: Mittelalter-Rezeption in der deutschen Geschichtswissenschaft des 19. und 20. Jahrhunderts. Die Aufnahme der Quellengattung der Gesandtenberichte in den Diskurs der Mediävistik, in: BUCK, Thomas Martin/BRAUCH, Nicola (Hrsg.): Das Mittelalter zwischen Vorstellung und Wirklichkeit, Münster 2011, S. 111–126.

SCHWARZ, Jörg: Politische Kommunikation – Selbstzeugnisse – Rechtfertigungsstrategien. Gesandtenberichte aus Nördlingen vom kaiserlichen Hof in Wiener Neustadt aus der Mitte des 15. Jahrhunderts, in: Historischer Verein für Nördlingen und das Ries (2011), S. 55–94.

SCHWEDLER, Gerald: Herrschertreffen des Spätmittelalters. Formen – Rituale – Wirkungen, Ostfildern 2008 (Mittelalter-Forschungen 21).

SCHWINGES, Rainer Christoph/WRIEDT, Klaus: Gesandtschafts- und Botenwesen im spätmittelalterlichen Europa – eine Einführung, in: SCHWINGES, Rainer Christoph/WRIEDT, Klaus (Hrsg.): Gesandtschafts- und Botenwesen im spätmittelalterlichen Europa, Ostfildern 2003 (Vorträge und Forschungen 60), S. 9–14.

SELZER, Stephan: Reitende Macht – Italienische Condottieri und ihre Pferde im 14. und 15. Jahrhundert, in: POESCHKE, Joachim/WEIGEL, Thomas/KUSCH-ARNHOLD, Britta (Hrsg.): Praemium Virtutis III, Münster 2008 (Symbolische Kommunikation und gesellschaftliche Wertesysteme 22), S. 75–94.

SELZER, Stephan: Überlegungen zur Optik des Reichstags. Kleidung und Heraldik fürstlicher Besucher auf spätmittelalterlichen Reichsversammlungen, in: PELTZER, Jörg Henning/SCHWEDLER, Gerald/TÖBELMANN, Paul (Hrsg.): Politische Versammlungen und ihre Rituale, Ostfildern 2009 (Mittelalter-Forschungen 27), S. 247–262.

SELZER, Stephan: Nachholende Professionalisierung. Beobachtungen zu den Gesandten des Preußischen Bundes in den Auseinandersetzungen mit dem Deutschen Orden (1440–1454), in: JÖRG, Christian/JUCKER, Michael (Hrsg.): Spezialisierung und Professionalisierung., Wiesbaden 2010 (Trierer Beiträge zu den historischen Kulturwissenschaften 1), S. 121–142.

SEYBOTH, Reinhard: Nürnbergs Rolle auf den Reichsversammlungen und Städtetagen des ausgehenden 15. Jahrhunderts, in: Mitteilungen des Vereins für Geschichte der Stadt Nürnberg 94 (2007), S. 1–47.

SEYBOTH, Reinhard: *Wollet in allen unseren sachen guten vleiß gebrauchen.* Nürnberger Gesandte auf Reichstagen des 15. und frühen 16. Jahrhunderts, in: APPL, Tobias/KÖGLmeier, Georg/Schmid, Peter (Hrsg.): Regensburg, Bayern und das Reich, Regensburg 2010, S. 291–307.

Signori, Gabriela/Studt, Birgit (Hrsg.): Das Konstanzer Konzil als europäisches Ereignis. Begegnungen, Medien, Rituale, Ostfildern 2014 (Vorträge und Forschungen 79).

Spach, Louis Adolphe: Kaiser Sigismund in Straßburg. Ein historisches Singspiel in fünf Aufzügen, Straßburg 1866.

Stollberg-Rilinger, Barbara: Symbolische Kommunikation in der Vormoderne. Begriffe – Thesen – Forschungsperspektiven, in: Zeitschrift für Historische Forschung 31 (2004), S. 489–527.

Stollberg-Rilinger, Barbara: Rituale, Frankfurt am Main 2013 (Historische Einführungen 16).

Teuscher, Simon: Bekannte – Klienten – Verwandte. Soziabilität und Politik in der Stadt Bern um 1500, Köln, Wien, Weimar 1998 (Norm und Struktur. Studien zum Wandel in MIttelalter und Früher Neuzeit 9).

Timpener, Evelien: Reichsstadt, Städtebund und Reich – Augsburg auf der Suche nach politischer Unterstützung bei regionalen Konflikten, in: Wittmann, Helge/Lau, Thomas (Hrsg.): Kaiser, Reich und Reichsstadt in der Interaktion, Petersberg 2016 (Studien zur Reichsstadtgeschichte 3), S. 127–146.

Timpener, Evelien: Diplomatische Strategien der Reichsstadt Augsburg. Eine Studie zur Bewältigung regionaler Konflikte im 15. Jahrhundert, Köln, Wien, Weimar 2017 (Städteforschung, Reihe A, Darstellungen 95).

Trautz, Fritz: Art. Gesandte, in: Lexikon des Mittelalters, Bd. 4, Sp. 1369–1370.

Vollrath, Hanna: Haben Rituale Macht? Anmerkungen zu dem Buch von Gerd Althoff: „Die Macht der Rituale, Symbolik und Herrschaft im Mittelalter", in: Historische Zeitschrift 284 (2007), S. 385–400.

von Heusinger, Sabine: Die Handwerksbruderschaften in Straßburg, in: Schmitt, Sigrid/Klapp, Sabine (Hrsg.): Städtische Gesellschaft und Kirche im Spätmittelalter, Stuttgart 2008 (Geschichtliche Landeskunde 62), S. 123–140.

von Heusinger, Sabine: Die Zunft im Mittelalter. Zur Verflechtung von Politik, Wirtschaft und Gesellschaft in Straßburg, Stuttgart 2009 (Vierteljahrschrift für Sozial- und Wirtschaftsgeschichte – Beihefte 206).

von Heusinger, Sabine: „Old Boys' Networks" – Die Verfassungswechsel in Straßburg im 14. Jahrhundert, in: Buchholzer-Rémy, Laurence u. a. (Hrsg.): Neue Forschungen zur elsässischen Geschichte im Mittelalter, Freiburg 2012 (Forschungen zur oberrheinischen Landesgeschichte 56), S. 153–175.

Walter, Bastian: Von städtischer Spionage und der Bitte, Briefe zu zerreißen: Alternative Kommunikationsnetze von Städten während der Burgunderkriege (1469–1477), in: Diskurs 2 (2008), S. 156–166.

Walter, Bastian: Kontore, Kriege, Königshof. Der Aufstieg der Berner Familie von Diesbach im 15. Jahrhundert im Hinblick auf städtische Außenpolitik, in: Jörg, Christian/Jucker, Michael (Hrsg.): Spezialisierung und Professionalisierung., Wiesbaden 2010 (Trierer Beiträge zu den historischen Kulturwissenschaften 1), S. 161–190.

Walter, Bastian: Informationen, Wissen und Macht. Akteure und Techniken städtischer Aussenpolitik: Bern, Strassburg und Basel im Kontext der Burgunderkriege (1468–1477), Stuttgart 2012 (Vierteljahrschrift für Sozial und Wirtschaftsgeschichte – Beihefte 218).

Walter, Bastian: Spionage am Oberrhein und im Elsass im Kontext der Burgunderkriege (1468–1477), in: Buchholzer-Rémy, Laurence u. a. (Hrsg.): Neue Forschungen zur elsässischen Geschichte im Mittelalter, Freiburg 2012 (Forschungen zur oberrheinischen Landesgeschichte 56), S. 131–152.

Walter, Bastian: Transmettre des secrets en temps de guerre. L'importance des cedulae inclusae pendant les guerres de Bourgogne (1468–1477), in: Revue d'Alsace 138 (2012), S. 173–190.

Walther, Helmut G.: Das Problem des untauglichen Herrschers in Theorie und Praxis des europäischen Spätmittelalters, in: Zeitschrift für Historische Forschung 23 (1996), S. 1–28.

Warken, Norbert: Mittelalterliche Geschichtsschreibung in Straßburg. Studien zu ihrer Funktion und Rezeption bis zur Frühen Neuzeit, Diss. masch., Saarbrücken 1995.

Weber, Max: Wirtschaft und Gesellschaft. Grundriss der verstehenden Soziologie, Affoltern a. A. 2010.

Wefers, Sabine: Versuch über die „Außenpolitik" des spätmittelalterlichen Reiches, in: Zeitschrift für Historische Forschung 22 (1995), S. 291–316.

Wefers, Sabine: Das Primat der Außenpolitik. Das politische System des Reichs im 15. Jahrhundert, Berlin 2013 (Historische Forschungen 99).

Weirich, Hans: Über das Königslager. Ein Beitrag zur Verfassungsgeschichte des spätmittelalterlichen deutschen Reiches, in: Deutsches Archiv für Erforschung des Mittelalters 3 (1939), S. 211–235.

Wriedt, Klaus: Gelehrte in Gesellschaft, Kirche und Verwaltung norddeutscher Städte, in: Schwinges, Rainer Christoph (Hrsg.): Gelehrte im Reich, Berlin 1996 (Zeitschrift für Historische Forschung – Beihefte 18), S. 437–452.

Wulf, Christoph/Zirfas, Jörg (Hrsg.): Die Kultur des Rituals. Inszenierungen, Praktiken, Symbole, München 2004.

Wunder, Gerhard: Das Straßburger Landgebiet. Territorialgeschichte der einzelnen Teile des städtischen Herrschaftsbereiches vom 13. bis zum 18. Jahrhundert, Berlin 1967.

Zey, Claudia/Märtl, Claudia (Hrsg.): Aus der Frühzeit europäischer Diplomatie. Zum geistlichen und weltlichen Gesandtschaftswesen vom 12. bis zum 15. Jahrhundert, Zürich 2008.

Orts- und Personenregister